货币信贷内生扩张及其经济效应研究

Endogenous Expansion of Money & Credit and Effects on Economy

朱太辉 著

中国金融出版社

责任编辑：肖　炜
责任校对：李俊英
责任印制：陈晓川

图书在版编目（CIP）数据

货币信贷内生扩张及其经济效应研究（Huobi Xindai Neisheng
Kuozhang Jiqi Jingji Xiaoying Yanjiu）/朱太辉著 . —北京：中国金融出
版社，2015. 10
　ISBN 978 - 7 - 5049 - 8031 - 1

　Ⅰ. ①货…　Ⅱ. ①朱…　Ⅲ. ①贷款管理—研究　Ⅳ. ①F830. 51

中国版本图书馆 CIP 数据核字（2015）第 151782 号

出版
发行　中国金融出版社

社址　北京市丰台区益泽路 2 号
市场开发部　（010）63266347，63805472，63439533（传真）
网 上 书 店　http：//www. chinafph. com
　　　　　　（010）63286832，63365686（传真）
读者服务部　（010）66070833，62568380
邮编　100071
经销　新华书店
印刷　保利达印务有限公司
尺寸　169 毫米×239 毫米
印张　25
字数　320 千
版次　2015 年 10 月第 1 版
印次　2015 年 10 月第 1 次印刷
定价　40. 00 元
ISBN 978 - 7 - 5049 - 8031 - 1/F. 7591
如出现印装错误本社负责调换　联系电话　（010）63263947

序

　　《货币信贷内生扩张及其经济效应研究》是朱太辉在其博士毕业论文的基础上，吸收国内外最新理论研究成果，并结合自己近年来在工作实践中对金融体系运行的观察与思考，修订而成。作者邀我作序，盛情难却，也愿意借此机会，谈谈这本书的研究主题以及自己关于货币理论的一些思考。

　　首先，经济学作为社会科学的一个分支，应该是"问题导向，事件推动"的，作者在博士论文的写作和毕业后的研究工作中，对此是深有体会的。本书从对 20 世纪 30 年代"大萧条"和 2008 年以来国际金融危机成因、影响、对策的疑问出发，研究了逻辑递进的两个问题：货币信贷扩张为什么具有"自我实现"的内生性，以及货币信贷内生扩张会对实体经济和政策调控产生什么影响？按照经济学教科书中传统的货币供给乘数理论，中央银行控制基础货币发放，商业银行在此基础上进行多倍存款创造（即货币供给），然后根据存款发放贷款。依此逻辑反推，除去货币供给乘数理论中相关技术参数的影响，货币供给最终是由中央银行控制，是外生的。然而，这一传统的货币供给理论与金融危机史、政策调控实践并不吻合。从金融危机史来看，大多数金融危机爆发前都出现了长期的内生性货币信贷扩张。同时，此次金融危机后，世界主要国家都实施了量化宽松的货币政策，但从欧美日的经济实践看，效果并不明显①，如同"推绳子"。此外，危机后巴塞尔委员会和世界各国推行了逆周期资本监管，如果货币信贷扩张确实存在较强的内生性，那么逆周期资本监管控制信贷扩张的能力及其预期效果也将存在疑问。

其次，作者跳出传统货币信贷扩张内外生争论的"存与贷"因果分析，从货币和信用的关系入手，基于现实中广泛存在的不确定性，论证了货币信贷扩张的内生性根源。作者对18世纪以来主要的货币信贷扩张内外生争论的历史背景、演变过程进行了较为详细的述评，指出传统货币供给乘数模型的三个重要潜在假设在现实中的局限性：一是经济活动具有无限大的信贷需求；二是银行的经营模式是"先存后贷"，即在时序上先有存款再有贷款；三是货币流通速度是稳定的。当前，货币学派和后凯恩斯学派的内外生争论集中在"存与贷"因果分析上，结果都是自说自话，又都缺乏对货币本质的解释，难免陷入了"鸡生蛋还是蛋生鸡"的争论迷局。作者抛弃"存与贷"的分析思路，基于货币和信用的内在关系，论证了货币供给和信贷扩张内生性的根源：由于不确定性的普遍存在，经济主体之间的商业信用需要通过信用级别更高的商业银行信用来代替和清算，通过信用升级来降低风险。这样的思论颇有新意！

对此，我们可以用一个简单的思想实验来深化理解。假设 A 的院子里突然掉下来一块陨石，价值 100 万元，这是一笔纯粹的新增财富。B 想向 A 借用这块陨石，将其加工成更值钱的工艺品。如果 A 和 B 住在一个偏远的荒岛上，B 给 A 写一张欠条就可以了。这张欠条代表一份私人借贷关系，也就是商业信用。但在现代复

---

① 这得到了圣路易斯联邦储备银行 2015 年 7 月一份研究报告的支持。

杂的市场经济中，这张私人欠条的价值既缺乏信用保证，也没有办法转手流通，因此 A 要求 B 支付现金货币。如果 B 在银行有存款，取现支付，便会破坏经济中原有的货币数量和财富之间的对应关系，导致通货紧缩。由于 B 利用陨石可以创造更大的价值，因此为了满足新增财富流通需要、维持价格水平稳定和促进未来经济发展，一个可行的方法是商业银行从中央银行申请再贷款。同时假设货币流通速度不变，那么商业银行的再贷款会导致 100 万元的基础货币从中央银行流到商业银行，再由商业银行贷给 B 用于购买支付，最终流到 A 的手里。这个例子简要描述了货币信贷的创造过程，从中可以清晰地看出，现代经济中的信用货币表面上看是中央银行的负债，实质上是中央银行信用（欠条）对私人部门商业信用（欠条）的替代，货币信贷的扩张是商业银行信用替代私人部门信用和中央银行信用替代商业银行信用的信用升级过程。这也同时表明，货币的作用并不是简单地降低经济活动中的交易成本，其更重要的意义在于它维系现代经济中政府信用、银行信用、商业信用的等级关系。在货币的基础上，各种借贷关系或者商业信用才能发展起来，经济发展才能富于弹性。

再次，作者关于货币信贷扩张的内生性论证考虑了货币金融制度和实践的最新发展，从实践中来，到实践中去。作者综合货币信贷扩张的内外生争论述评、两次大危机的案例分析以及不同货币银行制度对货币信贷扩张影响的制度分析，甄别出货币信贷扩张的内生性是本质存在的，与货币银行制度无关。而且，货币信贷扩张的内生性并不是要否认外生性，货币信贷扩张由内生和外生双轮驱动，货币金融制度、金融实践发展以及经济增长阶段影响的只是内生性和外生性的相对大小。2008 年美国次贷危机的爆发，很大程度上是由于资产证券化、信用衍生品交易、"发起—分销"的信贷经营模式、金融监管制度改革滞后等提高了经济主体的风险偏好，强化了货币信贷扩张的内生性，与持续宽松的货币政策等外生因素一起推动了货币信贷的长期扩张。作者由此补充论证，随着金融制度和金融创新的发展，当外生的货币信贷供给与内生的货币信贷需求不一致时，货币在支付手段职能和价值储藏职能之间的转换、货币在实体经济循环和在金融体系循环之间的转换、准货币（即货币化程度较高的金融产品）对货币的替代、影子银行体系对传统银行体系的替代等内生力量，会缓解甚至消除外生因素对货币信贷扩张的控制。这种系统全面、贴近现实的论证较为少见，大大增加了所述观点的说服力。

最后，作者在后凯恩斯理论分析框架的基础上，尝试引入奥地利学派的结构主义思想，修正传统的 IS – LM 分析框架，分析了货币信贷内生扩张的经济影响。作者吸收后凯恩斯学派中货币流通理论的时序分析、适应性理论的适应性分析以及结构性理论的流动性偏好分析，初步构建了一个货币信贷内生扩张的多阶段动态模型，推动了货币信贷内生理论的发展。在此基础上，作者将货币信贷内生扩张引入 IS – LM 分析框架，修正了原有的 IS 和 LM 模型。修正后的 IS – LM 分析框架结合奥地利学派的结构主义分析，既有助于解释货币如何进入经济系统，也更好地论证了货币信贷的内生反馈机制使得货币信贷容易陷入扩张过度，从而引发资源错误配置——总量错配或者结构错配，在经济扩张阶段加速经济扩张，在经济衰退阶段延长经济衰退。在某种意义上，修正后的分析框架进一步解释了明斯基的经济金融不稳定假说。

本书思路清晰，观点新颖，论证翔实，但也还存在一些值得充实和改进的地方。

在理论上，货币经济学的一个根本性难题是如何将货币真正纳入宏观经济分析框架，而解决好这个难题需要深刻地理解货币与信用的关系。在书中，作者论证指出，货币的本质是信用，与商业信用都是经济主体之间的借贷关系，区别是货币的信用级别要高于商业信用。出于分析货币信贷扩张的内生性需要，这一论证并无不妥，但还不完整。要想将货币信贷引入宏观经济分析框架，进一步完善现有的宏观经济周期理论，还需要对货币和信用的关系进行深入分析。静态地从商业银行的资产负债结构看，其负债为广义货币，在数量上大致等于贷款（即信用）。但从动态分析看，银行的负债与贷款具有截然不同的意义。其负债是基于基础货币扩张形成的，代表的是过去已经存在的财富和价值；而贷款则是将已有的财富进行重新配置，在一个不断扩大的生产结构中，由于不确定性的普遍存在，代表的是预期的未来价值。换言之，货币代表的是过去的既有价值，而信用则是在此基础上，对既有资源的跨期配置，代表的是未来的不确定价值，因此货币是中性的，而信用是非中性的①。就此而言，作者将货币供给和信贷扩张笼统论之，有失偏颇。

在实证上，作者关于货币信贷扩张内生性的根源在于，经济主体在不确定性普遍存在的经济环境中，需要将低等级的商业信用转化为高等级的银行信用的理论观点，如果辅以必要的实证支持，无疑会大大提升说服力。其实，作者自己也认识到了这一问

---

① 本人曾于 2005 年在《经济学动态》上发表了一篇小文章《货币理论的困境与展望》，简要分析了货币理论面临的困境，并在分析货币和信用的联系和区别的基础上，提出了一个新的分析框架。

题，但认为货币（银行负债）和信用（银行资产）在统计上没有前后时序关系，已有的计量检验无力而为。其实，一个可行的方法是进行资金流量表分析。在广义的资金流量表中，资金流量包括实物资金运动和货币资金运动，前者反映收入分配及消费、储蓄、投资、进出口等引致的资金活动，后者则反映为调剂资金余缺而进行金融交易所产生的资金运动，这两个部分通过资金余缺联系在一起，完整地反映了资金在企业、家庭、政府、国外部门、银行体系之间的变化和联系。如果对资金流量表进行时段切片分析，分析各个时期国内商业信用（企业投资、家庭消费带来的信用需求）、政府信用（政府债务变化）以及国外信用（净出口贸易带来的外汇储备变化）对银行贷款（商业银行信用）的影响，以及银行贷款与基础货币（中央银行信用）的变化关系，应该会对商业信用与银行信用的转换关系得出一个较为清晰的印证。事实上，英格兰银行一直非常注重从资金流量表来分析货币供给和银行信贷的变化。

当前国内外的主流经济学和货币金融学教科书中，货币供给大多局限于传统的外生理论——货币乘数理论，极少涉及货币供给内生理论。因此，本书对于经济金融领域的理论研究与实际工作具有较高的参考价值。

作者有志于学术，假以时日，不断探索，相信在上述领域能够做出更多有价值的学术成果。

瞿 强
中国人民大学财政金融学院教授
中国财政与金融政策研究中心主任

2015 年 10 月

目　　录

第 1 章　引　言

1.1　研究问题与研究背景

1.1.1　问题提出

经济发展史表明，金融危机或者经济危机爆发前，经济的持续增长和高涨在很大程度上是由货币和信贷持续扩张引致的，并且这种信贷扩张体现出了"自我实现"（Self‐fulfilling）的特点。具体而言，货币、信贷与 GDP 的比率在经济增长阶段通常会上升，而在经济衰退期间通常又会下降（Kliesen 和 Tatom，1992）；而且在经济增长达到最高点之前，信贷扩张通常已经结束，在经济下滑或者衰退之前信贷收缩已经开始。我们暂且将货币信贷扩张的这种"自我实现"称为货币信贷扩张的内生性或货币信贷内生扩张，其准确定义下文给出。

　　1929 年开始的经济大萧条和此次国际金融危机就是货币信贷内生扩张引发危机的例证①，美国经济在两次危机爆发前都经历了长期的货币信贷扩张。从第一次世界大战开始的 1914 年到股市崩盘的 1929 年期间，除了 1921 年的信贷缩减外，美国经济经历了长达 15 年的信贷扩

---

　　① 奥地利学派将 1929 年金融危机及之后的大萧条归因于美国政府之前的干预导致的货币和信贷持续扩张，而 Taylor（2009）认为次贷危机引发的这次金融危机的根源也在于美联储过于宽松的货币政策引致的信贷持续扩张。

张，商业银行信贷总额增长了近两倍①。次贷危机爆发前，美国联邦基金利率从 2000 年 9 月的 6.52% 多次持续下调，到 2003 年 7 月低落至 1.01% 的极低水平，并且 1% 左右的联邦基金利率一直持续到了 2004 年 5 月②，此后联邦基金利率虽然上调，但仍处于低位；在美联储这种宽松货币政策的刺激下，美国的信贷持续扩张，从利率开始下调的 2000 年到次贷危机爆发的 2007 年，美国商业银行的信贷余额增长了近一倍③。

对于货币和信贷扩张的这种"自我实现"及其给经济带来的灾难性影响，Kindleberger（2005）的名著《疯狂、惊恐和崩溃》（*Manias, Panics and Crashes*）列举了大量的史实证据④。另一部危机史著作《这次不一样》（*This Time Is Different*）基于大量的数据资料和充实的经验分析，认为各类危机的一个共同特征是过度举债（excessive debt accumulation），无论是政府、银行、企业还是消费者，繁荣时期的过度举债酿成了更为巨大的系统性风险（Reinhart 和 Rogoff，2009）⑤。相对于 Kindleberger（2005）、Reinhart 和 Rogoff（2009）的历史研究，Mendoza

---

① 美国大萧条前信贷扩张的详细情况参阅 Persons（1930）。

② 这期间，美国联邦基金利率最高水平为 2003 年 8 月，最低水平为 2003 年 12 月的 0.98%。

③ 美国各年的信贷数据来源于美联储网站（http：//www. federalreserve. gov/）。值得一提的是，格林斯潘（Alan Greenspan）1966 年在其"黄金与经济自由（Gold and Economic Freedom）"一文中将美国 1929 年的金融危机及之后经济大萧条的原因归结为政府干预引发的信贷扩张，但他却在 40 年后重蹈了他曾经批评过的政策，结果在 21 世纪初引致了又一次大危机和大萧条。

④ Kindleberger 在该书中明确指出，"很可能就是货币和信贷的扩张促成了投机狂潮"，"将经济引向过热和崩溃的投机主要建立在信贷固有的不稳定性基础之上"。

⑤ Reinhart 和 Rogoff（2009）认为，之所以会出现过度负债，是因为社会大众每次都相信，过去的许多繁荣景象曾造成灾难性的崩溃，但这次不一样，当前的繁荣是建立在坚实的经济基础、结构改革、技术创新以及良好的政策之上的。

其实，早在 19 世纪中期，英国学者查尔斯·麦基（中文版，2009）的金融史著作《幻想与癫狂》就已反映了经济主体的"这次不一样"心理。麦基通过分析历史上的典型金融危机发现，每次金融危机之后，人们都会反省自身的愚昧和疯狂，但是一旦经济复苏和持续增长，人们的愚昧和疯狂又会悄然而生，引致泡沫和危机。

和 Terrones（2008）对新兴国家和工业国家在过去 40 年的信贷扩张（credit booms）进行了详细的实证研究。他们研究的结论是，不论是在经济总量的宏观层面上，还是在银行和企业的微观层面上，信贷扩张与经济增长存在系统性关系；信贷扩张不是等到金融危机爆发才结束，并且新兴国家的大部分金融危机都与信贷扩张紧密相连。此外，Mill（1848）、Minsky（1964）、Eckstein 和 Sinai（1986）、Wojnilowner 等（1992）、Kliesen 和 Tatom（1992）、Bernanke（1993）、瞿强（2001、2005）、Lewis - Bynoe 等（2010）研究也先后对这一经济现象进行了描述。

在这些史实证据下，如果我们认可货币信贷扩张的这种"自我实现"性及其对经济可能产生的破坏性影响，那么我们就无法回避两个重要的经济学问题：为什么中央银行和监管机构等不能有效抑制货币信贷扩张？货币信贷持续扩张为什么会导致金融或者经济危机？

（1）第一个问题的实质是，货币信贷扩张为什么具有"自我实现"的内生性，以及货币信贷扩张的内生机制是什么？按照经济学教科书中传统的货币供给乘数理论，中央银行决定基础货币的发放，商业银行以基础货币为基础，成倍地创造存款（即货币供给），然后根据存款发放贷款。在货币供给乘数理论假定的商业银行"先吸收存款、后发放贷款"（以下简称"先存后贷"）的经营模式下，中央银行通过法定准备金率、公开市场操作以及再贴现率三大手段控制着基础货币的发放量，在货币流转速度短期内不发生大的变动的情况下，自然就控制了货币供给量（商业银行的存款）和商业银行的贷款供给①。既然货币信贷扩张是可以由中央银行等控制②，其扩张上限也是由中央银

---

① 商业银行类贷款机构的贷款扩张除了在资产方要遭受中央银行设定的存款准备金的约束外，还会在负债方遭受资本充足率等方面的经营监管，这会进一步削弱信贷内生扩张的程度。

② 除中央银行外，其他经济主体的行为会对货币供给乘数中的变量（如通货比率、存款结构、超额准备金率）产生影响，因而会在一定程度上影响到最终的货币供给和信贷扩张。

行等外在设定的，那么为什么还会不断地出现货币信贷"自我实现"式地持续扩张呢？

对此，有一种可能的解释是，中央银行一直没有调控货币供给和信贷扩张，但这种解释并不成立。首先，中央银行实施货币政策的目的就是要维护经济的平稳增长，既然不断出现的经济和金融危机表明了货币信贷持续扩张会对经济运行产生破坏性的影响，那么中央银行就不可能会再三地"玩忽职守"，对信贷扩张坐视不管。其次，次贷危机表明，并不是中央银行不对货币和信贷扩张进行调控，而是信贷一旦进入到了"自我实现"的扩张轨道，中央银行就难以对其调控。此外，即使是可以调控，中央银行还可能存在一个矛盾，如果不调控或者实施温和的调控政策，信贷扩张还会继续；如果在短时间内实施大幅度的紧缩政策，即使信贷扩张被控制住了，但这同样可能会给经济运行造成极大的波动，甚至引发危机。在次贷危机爆发前，美联储就处于这种两难境地。2004 年 5 月之后，美联储不断调高联邦基金利率，但是这种温和的紧缩政策并没有阻止美国信贷继续扩张，最终还是爆发了次贷危机。① 因此，可以据此初步判断，货币和信贷扩张具有"自我实现"的内生性。现在的问题是货币和信贷的内生扩张是如何实现的？或者说，货币信贷扩张的内生机制是什么？

（2）如果货币信贷扩张的确具有内生性，还有一个需要深入思考的问题是，货币和信贷持续的内生扩张为什么会引致经济或金融危机？对于这个问题，各主流经济学派都没有给出明确的回答。在宏观经济学教科书中的 IS – LM 分析框架下，影响经济运行的是商业银行负债方的存款，即货币供给，而商业银行资产方的信贷并没有被纳入分析的

---

① 此外，在这次金融危机后，Stiglitz（2010）认为中央银行不是不调控信贷扩张，而是大多数中央银行在危机之前对信贷与系统性风险的相互关系并不重视，"货币政策通过信贷的可获得性（以及获得信用的条款，尤其是针对中小企业的条款）来影响经济……除了少数例外，大多数央行很少注意系统性风险和信贷相互关联造成的风险"。

范畴。随着金融体系的发展，"Credit – GNP"之间的联系相对于"Money – GNP"而言已变得更加紧密（B. Friedman，1982），IS – LM分析框架的缺陷显而易见①。为此，一些学者对 IS – LM 分析框架进行了修改，如 Bernanke 和 Blinder（1988）建立的 CC – LM 模型、Brunner和 Meltzer（1990）建立的 CM – MM 模型，考虑了信贷市场对经济的影响，但这些修改之后的模型仍然以中央银行控制货币供给为前提，即分析的是货币和信贷外生扩张的经济影响，并且没有考虑产品市场、信贷市场和货币之间相互之间的影响。要分析货币和信贷内生扩张及其经济影响，这些基于货币和信贷外生扩张的传统模型就不再适用了。因此，对于货币和信贷内生扩张如何影响经济这一问题，还需要构建新的分析框架。

货币信贷内生扩张给传统的货币经济理论带来了挑战，需要从新的理论视角进行解释。同时，如果货币信贷扩张的确具有内生性，那么也会引发我们对当前一些经济政策和制度改革的重新思考。例如：

（1）此次国际金融危机之后，各主要国家都实施了大幅宽松的货币政策，如危机后美联储实施了两轮总金额高达 2.05 万亿美元的宽松货币政策，以防范经济持续衰退和刺激经济复苏，但效果并不明显②。同样的情形在 20 世纪 30 年代"大萧条"期间的美国、20 世纪 80 年代末经济泡沫破裂后的日本也都出现过，日本经济甚至还从 20 世纪 80年代末开始遭受了"失去的 20 年"。我们为此需要思考的是，为什么经济陷入萧条或者金融危机时，宽松的货币政策像"推绳子"一样无法发挥功效？这是货币政策不够"宽松"，还是信贷需求不足造成"供

---

① 对于这一问题的相关研究，Bernanke（1993）做了一个评论性的文献综述。

② 在美国危机之后实施的"第二轮量化宽松"（QE2）行将结束时，《华尔街日报》的一篇评论性文章指出，美联储推出的 6000 亿美元的"第二轮量化宽松"政策"给美元计价的金融资产催生了一个巨大的新泡沫。从美股到黄金均是如此"；"与此同时，其对实体经济并未产生明显效果……只不过将 60 万或 70 万兼职工人转变成了全职工人"。2015 年 7 月圣路易斯联储关于整个量化宽松政策经济效应的研究评述（Williamson，2015），再次证实了这一观点。

给创造需求"的萨伊定律失效了？

（2）为防止我国经济在外部金融危机的冲击下迅速下滑，我国政府在2008年11月制定和实施了4万亿元的经济刺激方案①，并实施了宽松的货币政策予以支持，效果却大不相同。在宽松的货币政策背景下，我国2009年新增人民币信贷9.63万亿元，是2008年的两倍还多，此后的2010年和2011年信贷又分别增长了7.95万亿元和7.36万亿元，同时经济也保持了平稳较快发展，2009年至2011年的GDP实际增长速度分别高达9.2%、10.3%和9.2%。我们为此需要思考的是，实施的都是宽松货币政策，为什么我国危机之后的宽松货币政策就维持了经济的快速增长？并且，我国危机后的信贷快速扩张是由中国人民银行主动发放基础货币而创造出来的吗，传统货币供给乘数理论下的货币供应机制还能给出足够的解释吗？

（3）对于此次国际金融危机的爆发，金融监管特别是银行业监管备受指责，各国也因此在危机后对金融监管体系进行了重大改革。作为改革中的一项重要内容，各国大力提倡并已准备实施"逆周期"的资本监管制度，如改革之后的《巴塞尔协议Ⅲ》提出了"反周期缓冲"的资本要求。如果信贷扩张具有内生性，那么我们需要重新思考的是，"逆周期"的资本监管能够控制住信贷扩张（如此次危机之前那样），达到预期的监管效果吗？

这些国内外的经济实践都在启示我们重新审视传统经济学中中央银行主导的货币和信贷扩张外生机制，研究货币和信贷扩张是否具有"自我实现"的内生性。

---

① 在4万亿元的经济刺激方案中，中央政府提供的资金是1.18万亿元，剩下的2.82万亿元由地方政府配套提供。由于地方政府的投资积极性远大于中央政府，各地方政府的投资总额远大于2.82万亿元。2008年底，中央政府宣布4万亿元的刺激经济计划之后，地方政府随之提出的投资计划总额超过了24万亿元（史宗瀚，2010）。

1.1.2 概念界定

关于什么是货币、信用以及信贷,以及三者之间的关系和异同,货币经济学领域一直存有争论。为了本书论述的清晰,有必要对三者做出一个基本界定,并在此基础上给出货币和信贷内生扩张的准确定义。

1. 信用、信贷及货币

关于三者之间的界定和区分,理论界有多种方式,如 Mises (1912)、Marshall (1922)、Tobin (1998)、黄达 (2009) 等都在这方面进行了尝试,但目前还没有就此问题达成共识。针对所要研究的主要问题,本书将尝试围绕银行体系(中央银行—商业银行—借款者和存款者)来展开经济中的各类信用关系,但重在说明货币、信用及信贷三者之间的联系,并不力求准确界定各自的定义和功能。

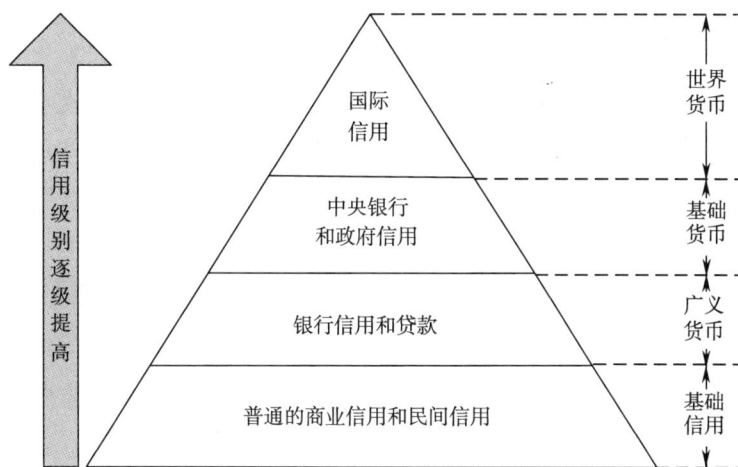

图 1-1 信用、信贷及货币的金字塔关系

在当前的信用货币制度下,信用、信贷和货币三者之间的关系可以"金字塔"形式来描述。如图 1-1 所示,货币只是信用的表现形式之一，广义货币（存款）是银行信用的表现形式，基础货币是中央信用和政府信用的表现形式，而世界货币则是国际信用的表现形式，信用级别逐级提高。在数量关系上，由普通商业信用和民间信用组成的基础信用额度最大，随着信用级别的不断提高，广义货币、基础货币和世界货币（一国持有的）在数额上逐级减少。

（1）在经济体中的信用金字塔中，最底层的是企业之间的商业信用，例如企业之间的应收账款（即贸易信用，Trade Credit）、企业发行的融资工具（如股票、债券、信托等），以及经济主体之间的民间信用（非企业之间的债务关系），例如企业拖欠员工工资、家庭之间的拆借等。这类信用是最原始和最广泛的信用，在银行和货币制度出现之前就已存在，也不会随着银行和货币制度的发展而消失。

（2）在信用金字塔中，银行信用（即存款）是相对于商业银行和民间信用更高级别的信用。银行信用是随着银行制度的出现而出现的，并随着银行制度的发展而不断发展。起初银行信用（银行券）是金属货币的代表物，或者与金属货币保持着一定比率的兑换关系，因此自然要高于一般的商业银行和民间信用。纯信用货币制度出现后，银行信用（存款）虽然不再有实物支撑，但最后贷款人（中央银行）、存款保险等制度的建立，以及银行信用可以随时转变为信用级别更高的中央银行信用或者政府信用（即基础货币），使得银行信用的级别仍然要高于一般的商业银行和民间信用。在不确定性普遍存在的经济环境中，银行信用的出现是由于经济主体（债权方）不满足于信用级别较低商业银行和民间信用，银行信贷的需求和扩张是经济主体要求商业信用和民间信用向银行信用转变的必然结果①。在此情形下，银行贷款是那些自身信用（即一般的商业信用和民间信用）不被交易对手接受的经济主体向银行借入的银行信用。

---

① 对此，后文将进行详细论证。

（3）在纯粹的信用货币制度下，中央银行信用的级别高于商业银行信用，其代表形式是基础货币。中央银行发行的基础货币由国家政府强制流通和使用，潜在地由国家税收担保和支撑，因而代表着政府信用。在部分准备金制度下，中央银行信用对应的基础货币是商业银行信用（存款）多倍创造的基础，其创造机制是货币供给乘数模型。当一国发生银行危机或者金融危机时，通常会发生存款挤兑或者交易对手挤兑，即将银行信用转化为中央银行信用或者政府信用。因此，基础货币的需求和扩张不仅仅是存款准备金制度的要求，更重要的是经济主体在不确定的经济条件下要求银行信用向中央银行信用和政府信用转变的必然结果。

（4）从全球视角来看，信用金字塔的顶层是国际信用，其代表形式是世界货币或者贵金属。世界货币具有三个特点：自由兑换性，即可以自由兑换成其他货币；普遍接受性，即在国际经济活动中可以被其他国家普遍接受和使用；可偿性，即可以保证得到偿付。当前的世界货币主要是主权国家国币（如美元）或者区域货币（如欧元），其信用状况本质上由货币发行国或者发行地区的经济实力和经济状况决定。相对于一般国家而言，世界货币发行国的经济实力相对较强，因此世界货币的信用级别通常也会高于一般国家主权货币（即该国的基础货币）的信用级别。

正是由于普通信用、银行货币、基础货币和世界货币在信用级别上的上述递进关系，商业银行才会集信用中介与支付中介于一身（Corrigan，1982，2000）①，银行货币成为了企业、家庭等经济主体之间信用的清算工具，基础货币成为商业银行信用的清算工具，而世界货币则成为单个国家基础货币的清算工具。而且，除了上述信用关系外，随着金融制度的发展和金融产品的创新，金融市场的其他信用关

① 除此之外，Corrigan（1982，2000）还认为银行同时还是"货币政策中介"。

系越来越丰富，这些金融产品也在越来越多地承担着交易媒介和价值储藏的职能，以各种新的方式实现信用的"货币化"（"monetization" of credit）（Kindleberger，2005，p60）[①]。金融创新和金融产品的货币化对货币的定义、货币的统计和货币乘数带来了极大的挑战（盛松成，2015）。

在此，我们可以明确说明，本书研究的信贷指的是银行信贷，即商业银行借出的自身信用，而非其他经济主体借出的信用。下文出现的"信贷"，如无特殊说明，都指的是银行信贷。

2. 货币信贷的外生扩张与内生扩张

在信贷与经济活动之间的因果关系上，是信贷供给的变化引致经济活动相应变化，还是信贷需求随经济活动变化，进而导致信贷供给和货币供给的变化？

按照教科书中的传统货币供给理论，特别是货币供给的乘数理论，在货币流通速度一定的情况下，中央银行通过存款准备金率、再贴现以及公开市场等操作手段，是可以控制基础货币发放，进而控制银行类机构的存款货币创造（即货币总量）的。而且，传统货币供给理论的一个潜在假设是，银行类机构的信贷经营模式是"先存后贷"，贷款的持续扩张需要存款的持续增加作为前提。因此，在传统的货币供给理论看来，中央银行通过控制基础货币的数量可以控制存款的增长速度，进而控制信贷的扩张速度，即货币信贷扩张是中央银行等外生决

---

① 英国的拉德克利夫（Radcliffe）委员会 1959 年的报告也认为，"存在着许多种类各异的金融机构"，"有许多流动性较强的资产，他们近似于货币，便于持有，只有在真正需要支付的时候才有所不足"。在现实经济中，汇票就是这方面的典型代表。

定的^①。

与货币信贷外生扩张相反，货币信贷内生扩张（或者信贷扩张的内生性）指的是银行类机构的信贷经营模式是"先发放贷款、后吸收存款"（即"先贷后存"）；商业银行的信贷供给是由经济活动的信贷需求决定的，而不是由中央银行通过调整基础货币的发放量来控制的。货币和信贷内生扩张的具体机制是，"投资扩张—信贷需求增加—商业银行信贷供给增加—货币存量（银行存款）增加—基础货币增加"。

货币信贷扩张的内生性强调的是信贷需求对货币供给的影响，而货币信贷扩张的外生性则强调货币供给对信贷扩张的影响，两者的逻辑关系截然相反。

1.1.3　信贷扩张、货币供给与经济活动的关系变化

银行信贷与货币供给（主要是银行存款）分属于银行资产负债表的资产与负债，在银行资产负债结构基本保持不变的情况下，银行信贷与货币存款的变动趋势基本上是一致的，两者与经济活动的关系也应该相似。但随着经济金融制度、环境和创新的发展，信贷扩张、货币供给与经济活动关系也发生了显著变化。

---

① 银行在实际的信贷经营过程中，还会受到资本充足率等方面的约束，因此监管机构对监管标准的调整也会对银行信贷扩张产生重要影响。但是，从财务结构的剖析可知，存款准备金率与资本充足率两个约束指标的变动具有同向性，如下式所示。

$$资本充足率 = \frac{资本}{r \cdot 资产} = \frac{1}{r} \cdot \frac{资产 - 负债}{资产} = \frac{1}{r} \cdot (1 - 资产负债率)$$

$$= \frac{1}{r} \cdot \left(1 - \frac{负债}{负债 + 准备金}\right) = \frac{1}{r} \cdot \left(1 - \frac{存款}{存款 + 准备金}\right)$$

$$= \frac{1}{r} \cdot \left(1 - \frac{1}{1 + 准备金率}\right) = \frac{1}{r} \cdot \frac{准备金率}{1 + 准备金率}$$

式中：r 为资产加权平均的风险系数。从该式可以看出，一般情况下，资本充足率与准备金率是同向变动的，只要准备金率符合央行要求，资本充足率也应该是满足监管要求的。因此，为了简化分析，就暂先不考虑监管约束变动的影响。

（1）随着金融体系的发展，"Credit－GNP"之间的联系相对于"Money－GNP"而言已变得更加紧密（B. Friedman，1982）。而且在很多情形下，如经济遭受危机陷入了衰退，决定经济走势的可能是银行信贷，而非货币供给（Bernanke，1983；Koo，2008）。在金融或者经济危机爆发后，若出现"流动性陷阱"，则货币供给变动对于经济活动的影响微乎其微，而信贷变动与经济活动则紧密相连。在这种情况下，判断经济是否复苏的重要指标是信贷扩张，而不是货币供给的变化。

（2）在当前的中央银行制度下，特别是在存款准备金制度下，相对于存款货币创造，商业银行在信贷方面的自主权也在逐渐超出政府和中央银行的控制范围（Gurley 和 Shaw，1955）。同时，正如后文将要论证的，随着金融工具和交易模式的发展，如以资产证券化、回购市场为代表的影子银行的快速发展，商业银行的信贷扩张有时候并不需要其资产负债表另一方的存款（即货币供给）发生相应变化，或者说商业银行的信贷扩张有时候是可以独立于货币供给的。

（3）货币的准确定义一直存有争议，货币供给量的层次划分（即 M_1、M_2、M_3 等，有的学者甚至将货币供给量划分到了 M_7 等）也没有一个统一的口径。而且，即使货币的定义和范围以特定流通资产的形式被明确下来，经济活动也会将该定义之外的其他信用"货币化"（Kindleberger，2005，p60）。另外，正如 Gurley 和 Shaw（1960a）以及 Tobin 等所强调的，银行的负债——货币存在着许多完美的替代品，而银行的资产——信贷的替代性却较低，银行在信贷供给上具有特殊的地位（James，1987；Chirinko 和 King，1987）。

（4）在现实的经济活动中，有些经济交易并不需要货币作为交易媒介，也不经过银行交易结算体系，而只是一种商业信用或者民间信用交易（即形成债权债务关系，如应收账款、汇票等），债务关系的终结最终也不是通过支付货币来完成的，而是通过债务的流转和抵消①。虽然商业信用和民间信用的方式种类繁多，也对经济具有重要影响，但从额度来说，银行信贷占据了信用总额的绝大部分，对经济的影响也要大得多。

1.2 相关文献综述

在经济学领域，关于货币信贷的研究主要集中在两个方面：一方面是主流经济学派关于货币信贷与宏观经济关系的争论，即货币信贷波动是否会对经济活动产生影响？另一方面是货币信贷扩张/收缩是由外生还是内生决定的？为此，下面将从这两个方面进行相关研究的评述，为后文的研究做一个理论铺垫。

1.2.1 主流学派关于货币信贷对宏观经济影响的争论

在 20 世纪 30 年代之前虽然已经出现了大量关于经济波动（或经济周期）方面的研究，但是现代宏观经济学无疑起始于美国大萧条②。大萧条不仅使宏观经济学研究作为学术研究的一个独立分支得以问世，而且围绕如何解释大萧条形成了各个经济学派，他们的理论观点至今争论不断③。货币信贷是否影响以及如何影响经济活动？或者具体地说，货币信贷（特别是信贷）是否应该以及如何纳入经济理论模型？

---

① 例如，在产业集群内，企业相互之间形成应收账款，然后通过应收账款的转移和冲销来解决企业之间的债务关系（Taihui 和 Zhongqun，2008）。

② 美国大萧条之前的宏观经济学研究就像是一个知识的大杂烩，涉及很多方面，有些研究是新奇的，也有很多研究极具洞察力，但极为混乱（Blanchard，2000）。

③ 正因为如此，Bernanke（1995）认为"解释大萧条是宏观经济学中的'圣杯（Holy Grail）'"。此次危机爆发后，Bernanke（2010）在普林斯顿大学的一次演讲中再次强调了这一观点，"理解金融市场和金融机构在经济中所扮演的角色，理解经济发展对金融的影响，变得越来越重要"。

这类问题在经济学理论发展过程中引起过多次争论。

1. 第一次争论：费雪—凯恩斯—弗里德曼

在大萧条期间，起初经济学家们认为金融系统的变化对于大萧条负有重要责任。例如，费雪（Fisher，1933）为解释大萧条提出了"债务—通货紧缩理论"（Debt – deflation Theory）[①]，认为大萧条期间的经济下滑是由于金融市场的表现不佳。在费雪看来，"过度负债"和"通货紧缩"相互作用引发了信贷的扩张和收缩，进而导致了经济的周期性波动。美国经济之所以在1929年爆发金融危机并陷入长期的萧条，是因为借贷阶层的高杠杆经营或投资。在对经济发展前景乐观预期的引领下，整个社会逐渐产生"新时代心理"，进而出现过度投资并诱发经济繁荣，这些投资的资金主要是通过银行信贷等债务融资筹集的，信贷扩张引致存款和货币供应量的增加并进而推动价格水平不断上升，债务实际价值的降低会快于名义价值的上升，这会刺激企业不断借贷投资；依赖银行信贷的过度投资在超过某一临界点以后，任意一个"意外冲击"都有可能会改变对经济前景的预期，导致企业盈利减少、资产价格暴跌，之前"过度负债"的投资者不得不出售资产偿还贷款，同时由于资产净值的下跌企业的信贷资金获取变得更加困难，信贷不断收缩，而信贷收缩与企业业务一起会推动物价不断下降、企业盈利进一步减少，进而使得实际利率逐步上升，债务人实际偿债额不断增加，信贷和经济进一步向下螺旋，出现"通货紧缩"。在费雪看来，这

---

① Fisher 在1933年提出的债务—通货紧缩理论其实是他之前一些相关研究的总结，例如1911年写的《货币购买力》和1920年写的《稳定美元》。在《货币购买力》中，费雪的经济周期理论可以表述如下：经济增长开始，存货减少，生产增加→萨伊定律在有效界限内，生产刺激需求→生产赶不上订单需求→银行扩大信贷支持生产扩张→贴现率降低，经济进一步扩张；在一些银行信贷扩张的基础上，其他银行的储备增长，刺激进一步信贷→萨伊定律失效，国民收入大于需求→存货大于正常需求，订单减少→企业不断偿还贷款，信贷不断收缩→资产价格下跌，存货价格下跌→债务偿还赶不上价格下跌步伐，债务偿还失败，经济发展不断下沉或者陷入萧条。费雪强调，经济周期的关键在于银行信贷，原因在于银行能够创造和收缩货币。

种恶性循环会一直持续到过度负债被消除，或者出台新的政策刺激经济和通货膨胀。一旦经济调整之后开始复苏，良好预期又会吸引过度负债，推动新一轮的信贷扩张。除费雪之外，其他的学者也意识到了金融体系与实体经济活动之间的关系，如费雪（1933）在文中所说明的，"债务—通货紧缩"的思想在 Veblen（1904）、Hawtrey（1926）以及其他一些学者的研究中就已经出现了。

1936 年《就业、利息和货币通论》（以下简称《通论》）的出版在经济学界引发了"凯恩斯革命"，凯恩斯的理论观点主导了整个经济学界，中断了金融体系影响实体经济的深入研究。在《通论》中，金融体系并不是产出波动的决定因素，凯恩斯认为金融因素（如利率和货币供给）只是投资的一个次要决定因素，影响投资的关键因素是"信心状态（state of confidence）"，借款者和贷款者信心的消失会引发经济衰退。《通论》之后的经济学研究大都忽视了信贷市场运行与产出波动之间的潜在联系，关注的只是凯恩斯的"流动性偏好"（liquidity preference）理论中金融市场与实体经济活动之间的间接联系，如 Hicks（1937）和 Modigliani（1944）。在流动性偏好理论中，影响经济活动的金融变量只有货币，而不是信贷或者广义的信用，这在经济学教科书中的传统 IS－LM 模型中得到了充分体现。

直到 20 世纪 60 年代晚期，凯恩斯模型"似乎在宏观经济学领域是独一无二的"，凯恩斯主义的理论在宏观经济学领域和政策制定中还发挥着主导型作用。但从 20 世纪 50 年代和 60 年代开始，以米尔顿·弗里德曼（M. Friedman）为首的货币主义者领导了"货币主义反革命"。与凯恩斯学派强调诸如财政政策和乘数机制等"实际因素"影响经济表现不同，货币学派将货币存量的变化视为解释货币收入的主导因素——尽管不是唯一因素。M. Friedman 和 Schwartz（1963）关于货币存量与产出之间关系的历史研究为货币是影响收入的主导因素提供了强有力的支持，但同时也忽视了金融体系的其他方面。

总的来说，在凯恩斯的流动性偏好理论和弗里德曼的货币理论中，货币是宏观经济学框架中唯一的金融因素，而商业银行也是唯一受到关注的金融机构。但是商业银行之所以受到关注，并不是因为其资产负债表资产方的信贷，而是其负债方的存款，因为存款是货币供给的主要构成部分。

2. 第二次争论：格里 + 肖—莫迪里安尼 + 米勒

将注意力集中在货币供给上必然会忽视经济活动与金融体系其他方面的联系，从格里（Gurley）和肖（Shaw）（1955）的研究开始，经济学界又开始关注金融结构与实体经济活动之间的关系。格里和肖（1955）研究的一个显著特点是强调金融中介的作用，特别是金融中介在信贷供给（而不是货币供给）过程中的作用。他们认为，相对于非发达国家，发达国家拥有更为发达和强大的金融中介系统来促进储蓄者和投资者之间的可贷资金流通，说明金融中介在改善跨期交易方面的作用是影响总体经济活动的一个重要因素。

在商业银行作为主要金融中介的金融系统里，从货币供给（商业银行的负债）还是银行信贷（商业银行资产）来分析经济活动的变化并没有太大的区别。但随着金融中介系统的发展，通过非货币负债来发放信贷的金融中介的兴起，还只是关注货币就不合理了。总的来说，相对于信贷或者金融系统来说，货币重要性不断递减的原因是：首先，随着金融体系的发展，货币变动也不能准确地代表金融中介的信贷变动；其次，非银行金融中介的债务为公众提供了另外一个持有现金余额的选择。此外，随着金融体系的发展，许多货币的替代品不断涌现，即使中央银行能够控制狭义的货币供给，但是货币替代品的供给会抵消货币供给或者需求的变化对实体经济带来的影响。

相对于货币与宏观经济表现之间的关系，格里和肖（1955）认为经济"融资能力"（financial capacity）与宏观经济表现之间的关系更为紧密。"融资能力"衡量的是借款人在不减少当前或者未来支出的情况下，吸收债务的能力。金融中介的存在克服了储蓄者和投资者之间资金流动的障碍，相对于借款人直接向贷款人发行证券融资，金融中介可以帮助借款人获得数量更多、期限更合适的信贷资金[①]。

在格里和肖（1955）的研究之后，Brainard 和 Tobin（1963）等的研究将他们的一些观点跟已有的理论结合起来，建立了包含银行信贷的宏观经济模型；Minsky（1975）在吸收《通论》中"投资周期理论"的基础上，进一步研究了为投资而进行的融资过程，认为投资在未来产生的现金流的不确定性将会对资产负债表，进而对投资性融资的偿还产生重大影响，为此发展出了"投资融资理论"（Financial Theory of Investment），指出为投资进行融资是经济不稳定的重要来源。Kindleberger（2005）更是直接指出，"很可能就是货币和信贷的扩张促成了投机狂潮"、"将经济引向过热和崩溃的投机主要建立在信贷固有的不稳定性基础之上"。

在格里和肖（1955）强调银行信贷及金融机构信用与实体经济活动关系紧密的研究不久后遭到了莫迪里安尼（Modigliani）和米勒（Miller）（1958）提出的"MM"定理的反驳，"MM"定理认为公司价值与融资结构无关。企业的融资结构对应着金融体系结构（银行体系与资本市场体系），公司价值对应着实体经济表现，将这一定理延伸开来，则可自然地得出金融体系不影响实体经济表现的结论（张晓朴和朱太辉，2014）。尽管格里和肖（1955）研究的背景虽然不是"MM"定理完美市场的阿罗—德布鲁世界，但由于莫迪里安尼和米勒（1958）的观点是以正式定理提出的，而且相对于格里和肖（1955）的研究，莫迪里安尼和米勒（1958）为"MM"定理提供了严密证据，因此与

---

① Patinkin（1961）在这方面进行了详细讨论。

银行信贷及金融结构无关的"MM"定理在理论界更具吸引力。

格里和肖（1955）强调银行信贷及金融结构重要性的观点没有得到重视和继续深入研究下去的另一个原因是，20世纪70年代宏观经济学崇尚经济模型和方法改革。当时受到推崇的经济模型——如Brock和Mirman（1972）建立的随机竞争的均衡增长模型，本质上还是阿罗—德布鲁模型，在这一类模型中充当交易媒介的金融体系是无关紧要的。

此外，在实证方面，向量自回归模型（Vector Autoregressions）广泛应用于宏观经济时间序列的分析，这使得研究的关注点又回到了货币这一金融总量。受Sims（1972）研究的引导，经济学者们花费了大量精力在简化的货币和产出的双变量模型上。尽管这类研究的结论大都认为货币供给量是预测产出波动的重要变量，但这种简化的计量模型并没有考虑金融结构对产出波动的影响。

3. 第三次争论：争论之后的共识

20世纪70年代后期，宏观经济学的实证研究和理论方法的发展再次兴起了经济学者对经济波动金融因素研究的兴趣，自此之后政策层、学术界在货币信贷是否影响经济行为这一问题上达成了一定程度的共识。

这个阶段的实证研究大致可以分为两大类：一是对美国大萧条金融因素的实证检验，二是对货币作为实体经济主导因素的实证检验。在对美国大萧条金融因素的实证检验方面，Mishkin（1978）首先实证检验了产出、消费者资产负债表以及消费者支出之间的相互关系，发现家庭的净财务状况（financial positions）实际上对消费者需求具有显著影响；收入下降和通货紧缩会导致真实债务余额上升，进而导致消费者减少耐用品和住房支出，反过来放大经济下滑。此后，Bernanke（1983）实证检验了大萧条中货币因素与金融因素（特别是银行信贷）的相对重要性，认为M. Friedman和Schwartz（1963）强调的货币因素并不足以解释大萧条，金融体系的崩溃，特别是银行业危机，是大萧条深化和持续的决定因素。Bernanke（1983）认为，银行业破产引发的恐慌，银行减少甚至中断了对一些实体经济部门和企业的贷款，疏导资金流动的主要渠道受到了破坏，而这些企业又没有其他渠道获取资金，这验证了信贷市场受到破坏对实体经济崩溃的重要影响。

对货币作为实体经济主导因素的实证检验方面，Sims（1980）、Litterman 和 Weiss（1985）等利用战后的时间序列再次检验了货币与产出之间的相互关系，其结论对货币作为实体经济波动的主导力量提出了怀疑。尽管这类实证研究在货币对实体经济的重要程度上没有达成一致，但却说明不考虑金融市场的其他因素，仅从货币供给量的角度来预测经济的未来走势是不合理的。在这些研究的引导下，经济学者们抛弃了简单凯恩斯主义和货币主义关于货币与产出之间的简单模型，开始探索解释金融体系影响宏观经济的其他方法。King 和 Plosser（1984）的研究发现，相对于基础货币（monetary base）而言，内在货币（inside money）对实体经济行为的解释力更强。B. Friedman（1980，1982）对比了债务和货币与实体经济之间的关系，发现"信贷—GNP"之间的关系相对于"货币—GNP"来说更加紧密。B. Friedman 的研究结论与格里和肖（1955）的观点是一致的，虽然不能用来直接判断信贷与货币的相对重要性，但至少说明了信贷的重要性。

此外，经济学领域关于信息和激励的研究取得进展，为研究金融市场和金融中介对实体经济活动的影响提供了新的方法。Akerlof（1969）关于"柠檬问题"（Lemons Problem）的研究首先提出，交易双方对产品的信息不对称会影响到市场的有效运转。Akerlof 认为，由于产品价格反映的是所销售产品的平均质量，因此低质量产品（柠檬）的销售者会获得一部分溢价，而高质量产品的销售者会损失一部分溢价，质量和价格之间的这种扭曲最终会促使高质量产品的销售者离开市场，情况严重的话还会导致市场关闭。此后，关于金融市场的研究采用了 Akerlof 对"柠檬问题"的分析思路，认为金融市场由于"柠檬问题"导致的低效率会扭曲经济行为。例如，Jaffee 和 Russell（1976）解释了为什么借款者之间的差异会导致单个借款者在额度上遭受信贷配给（Credit Rationing）；而 Stiglitz 和 Weiss（1981）解释了借贷双方的信息不对称导致的另一种信贷配置，即市场会拒绝与已获得贷款的借款者的特征相同的其他借款者的贷款需求；Mankiw（1986）在前两个研究的基础上研究了一般意义上的信贷配置，认为即使单个借款者不存在信贷上限，相同类型的借款者在信贷上的待遇是一致的，信贷配置也会存在，并解释了信息不对称导致的信贷配置为什么会使无风险利率的小幅上升就会导致银行贷款的大幅缩减，甚至信贷市场的崩溃。此外，另外一些研究还指出，信息不对称导致的"柠檬问题"同样会导致股票市场和债券市场出现配置问题，如 Greenwald、Stiglitz 和 Weiss（1984）的研究。

信息经济学的一个基本观点，交易双方中的任何一方拥有信息优势就会导致交易的无效率；合约或者其他具有识别和监控的工具，可以构造激励最小化交易的无效率。这些用于分析不完美信息条件下交易的方法被扩展到了金融市场的分析，在 Jensen 和 Meckling（1976）、Leland 和 Pyle（1977）等的研究之后，经济学界很快采用这种分析方法来解释资本结构和金融中介存在的原因及其对实体经济的影响。

回顾整个宏观经济学的发展历程和货币信贷如何影响宏观经济的历次争论，可以发现，早期的主流宏观经济理论一直以来都有这样的倾向：否认或忽视货币、信贷（或者说信用）及其他金融因素在经济产出决定中的重要性，绝大部分经济学者也正是在这种理论范式下成长起来的。一般均衡理论模型被誉为"高等经济理论"的巅峰（Hahn，1983），20 世纪后半叶以来的主流经济理论大都是建立在瓦尔拉斯或者阿罗—德布鲁一般均衡框架下。这一理论框架假设金融体系运作顺畅，本质上讨论的是物物交易，而非货币化生产，金融体系与经济的关系一直没有得到充分体现（Gertler，1988）。换言之，主流经济学试图建立一种没有货币和金融体系的科学，"货币中性"、"货币是面纱"等术语和口号就是这方面的典型反映。此外，尽管有些宏观经济理论试图纳入金融体系，但所用的代理变量大都是货币或者利率，对信贷或者广义信贷的考虑不够。[①] 此后信贷扩张是否影响经济运行在经济学界达成了肯定性共识，此次国际金融危机的影响更是强化了这一共识。但是在货币信贷如何影响经济运行这一问题上，各经济学派仍然存在较大争议。伯南克在反思此次金融危机对经济学的启示时指出，在宏观经济学领域，理解好金融稳定和经济稳定之间的关系是现有研究尚未完成的重要任务，已有将信用（广义信贷）和金融中介纳入经济波动理论的研究只是一个可行的起点（Bernanke，2010）。

1.2.2 货币信贷扩张影响宏观经济的机制：外生还是内生？

尽管 20 世纪 70 年代后，经济学界在信贷与宏观经济之间是否存在联系这个问题上逐渐达成了共识，但在货币信贷如何扩张这个问题上，主流经济学界又出现了较大的分歧，形成了逻辑上截然相反的两个观点：信贷外生扩张与信贷内生扩张。

如图 1－2 所示，货币信贷外生扩张的机制是自上而下的，中央银行通过调控基础货币控制货币供给——商业银行的存款，货币供给限制商业银行的信贷扩张，它的主要倡导者是以米尔顿·弗里德曼为首的货币学派以及持"信贷观点"的经济学者。与外生观点相反，货币信贷内生扩张机制是自下而上的，企业和公众的信贷需求引致商业银行发放信贷，商业银行信贷扩张存款——货币供给，然后商业银行向

---

① 瞿强和王磊（2012）、张晓朴和朱太辉（2014）对此进行了研究综述。

中央银行或者金融市场寻求基础货币以满足中央银行的存款准备金要求。

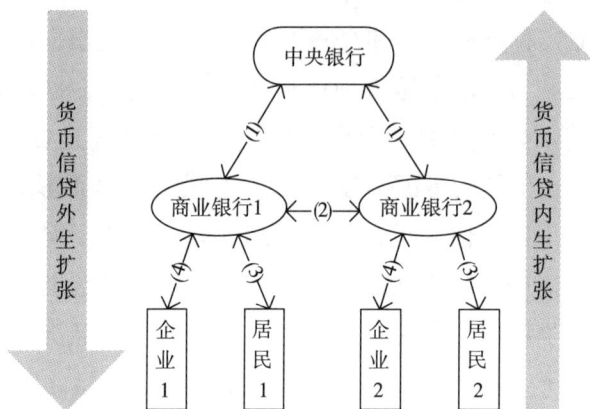

图 1-2　货币信贷内生、外生扩张结构图

1. 货币信贷外生扩张及其经济影响

货币主义者和持"信贷观点"的经济学者虽然都认同或潜在地假设货币信贷扩张的机制是外生的，但两者的分析焦点有所不同。货币主义者强调的是中央银行对基础货币发行量的控制，进而通过存款准备金制度控制商业银行的信贷扩张；而持"信贷观点"的经济学者强调商业银行对信贷供给的控制，进而对信贷扩张的影响。

（1）货币主义的解释

现有的经济学教科书基本上都没有区分货币供给和信贷扩张的外生性和内生性，而是直接给出了货币供应和信贷扩张的外生机制，而这种外生机制理论基础主要是货币学派的货币供给乘数理论。

货币供给乘数理论最早源自 Phillips（1920）构建的银行信贷扩张模型，在该模型的基础上，先后发展出了货币供给乘数的米德（1952）模型、弗里德曼—施瓦茨（1963）模型和卡甘（1965）模型、乔丹（Jordan，1969）模型、Brunner—Meltzer（1964）模型、Burger（1971）

模型、Anderson（1965）模型等，货币供给乘数理论不断丰富和完善。这些货币供给乘数模型虽然在细节上有所差异，但总体思路上还是一致的，即都认为货币供给由两部分决定：基础货币和货币供给乘数。在这些理论看来，基础货币是由中央银行主动决定的，而由于公众的现金偏好、商业银行的负债结构（即存款结构）以及社会环境（即货币流通速度）等在短时间内不会发生大的变动，因此货币供给乘数在短期内基本上是稳定的，货币供给和商业银行的信贷都是由中央银行外生决定的。

将货币供给乘数理论和经济学教科书中的传统 IS - LM 分析框架结合起来，我们就会对外生扩张机制下信贷扩张是如何引致经济活动变化的过程有一个清晰的认识。这种影响的具体过程是，中央银行通过公开市场操作、存款准备金率的调整以及对商业银行的再贴现增加基础货币供给；在货币流转速度不降低的情况下，基础货币增加通过货币供给乘数导致货币存量增加；在 IS - LM 分析框架下，货币存量增加意味着商业银行的信贷供给增加，最终导致利率的下降和产出的增加①。信贷外生扩张，或者信贷扩张的外生性，就是指信贷通过"基础货币增加—货币存量增加—商业银行信贷供给增加—投资扩张、产出增长"这一过程实现扩张的过程。当然这个过程的顺利实现需要一个潜在假设作为保证，即银行类机构的信贷经营模式是"先存后贷"，贷款的持续扩张需要存款的持续增加作为前提。

（2）"信贷观点"的解释

在支持货币信贷外生扩张的理论中，货币主义着重分析的是中央银行通过调整基础货币的发行量对商业银行存款货币创造的控制，此外还有一些学者将分析的重点移到了商业银行的信贷供给上，主要分

---

① 概括而言，封闭经济体中货币政策的传导机制可以分为三大类：货币渠道、利率渠道以及信贷渠道，而文中所述的只是其中的利率渠道。

析商业银行信贷供给的变化对经济活动的影响，我们将其称为"信贷观点"。

A. "金融加速因子"模型中信贷扩张的经济影响

经济周期中一直存在着"小冲击，大周期"① 之谜，Bernanke、Gertler 和 Gilchrist（1996）基于信息不对称这一假设，将金融市场纳入真实经济周期模型（RBC）对其进行了解释。他们认为信贷会放大市场的真实状况从而促进初始小冲击的发展，并将初始冲击引起信贷市场状况的改变进而放大初始冲击的这一过程称为金融加速因子（Financial Accelerator）。由于信息不对称和信贷中介成本②的存在，逆向的外部冲击发生或者经济扩张的自然结束都会显著地降低企业和家庭的净值，提高他们在融资过程中的中介成本，从而损害他们获取信贷的能力，造成信贷收缩，进而导致需求和产出的双双下降，而这一过程会不断循环下去；按照这一逻辑，信贷扩张的过程与此恰恰相反。

具体而言，信贷中介成本的存在具有三方面的影响：一是外源融资的成本比内源融资高，除非外部融资是完全担保的；二是在融资额给定的情况下，外源融资支付的溢价随着借款者的净值（net worth）③波动；三是借款者净值的下降会提高其外源融资支付的溢价，并且外源融资需求量会随之增加，从而减少借款者的消费和生产。最后一点是金融加速因子的核心所在：经济遭受反向冲击后借款者的净值会减少（正向冲击则相反），初始冲击对支出和生产造成的影响会因此被放大。当然，外源融资支付的溢价随着借款者净值的波动，不一定只是"金融加速因子"模型中的代理成本，也可能是由于甄别成本（Screen-

① 即大规模的经济波动有时只是来源于一个非常小的冲击。
② 在金融加速因子模型中，信贷中介成本（cost of credit intermediation）指的是将资金从最终存款人/贷款人手中引导到优良借款人手中所花费的成本，其中包括甄别成本、监督成本、会计成本以及不良借款人所造成的期望损失（Bernanke，1983）。
③ 此处定义的净值（Net Worth）＝企业的内部资金（流动性资产）＋非流动性资产的抵押价值。

ing cost）（Stiglitz，1975）、状态识别成本①（Costly state verification，CSV）、柠檬溢价（Lemon premium）等，抑或是所有这些因素的综合影响。在金融加速因子模型中，信贷波动对经济活动的影响过程可以概括为：负面冲击→借款者净值的降低→信贷代理成本上升→信贷收缩→支出和生产收缩→借款者净值的进一步降低→信贷代理成本进一步上升→信贷进一步收缩；在经济经历正向刺激后，信贷扩张则与上述过程相反。

需要说明的是，在这一过程中，并不是所有借款者都面临相同的信贷紧缩或扩张。因为信息不对称或者不完全下的信贷市场并不是完全竞争市场，而更倾向于垄断竞争（Stiglitz，2002）②。规模不同的企业在获取信贷的代理成本上会存在较大差异，因此在经济下滑或者政策当局实施紧缩性的政策时，他们在信息不完全的信贷市场中会有不同的表现，小企业由于获取信贷更加困难，其销售额、存货等方面的变化比整个部门的平均变化要显著得多（Gertler 和 Gilchrist，1993、1994）。也就是说，信贷可能会出现"逃往质量"（Flight to quality）的现象，从"低净值"的借款者转移到"高净值"的借款者（Bernanke 和 Gertler，1989）。

B. "信贷周期"模型中信贷扩张的经济影响

Kiyotaki 和 Moore（1997a）同样基于信息不对称的分析框架，在一个信贷约束内生决定的经济体中，研究了对技术或收入相对较小的临时性冲击如何对产出和资产价格产生大的持续性冲击，进而如何引致信贷的扩张或收缩，提出了"信贷周期"波动模型。在"信贷周期"模型中，耐用性资产具有双重功能——生产要素和贷款抵押物；信贷波动与抵押资产之间存在着互动，借款者的信贷约束受抵押资产价格

---

① 状态识别成本也称为审计成本（auditing cost）。
② 因为在信贷市场中：（1）贷款利率有别于一般商品的价格，是一种对未来支付的承诺；（2）每笔贷款或者每个借款者都是异质的；（3）甄别借款人的信息需要支付大量的沉没成本。

的影响，同时这些抵押资产的价格也受信贷约束的影响，两者之间的互动使得初始冲击不断持续、放大并且溢出到其他部门。与"金融加速因子"模型相同的是，Kiyotaki 和 Moore 的"信贷周期"模型也是分析信贷约束与"净值"的关系，但是"信贷周期"模型将这种关系具体化为了企业抵押资产的价值与信贷约束之间的关系，而且将"金融加速因子"模型描述的静态关系扩展为了动态发展机制。

在"信贷周期"模型中，Kiyotaki 和 Moore（1997a）认为作为生产要素和贷款抵押物的资产与信贷供给之间存在着互动，这种互动的传导机制包括单期的静态乘数效应和跨期的动态乘数效应：静态乘数效应指的是，反向冲击降低了资产的价格，由于信贷约束企业存在较高的财务杠杆，企业的资产净值会极大地降低①，从而使得他们可获取的信贷额度降低，资产投资减少，而同时为了保证资产市场的出清，资产价格会进一步降低；动态乘数效应指的是，企业在遭受冲击当期及之后各期对资产需求的下降，会降低企业下一期的净值，削减企业的可用信贷额，降低企业的资产需求，而这些又会促使资产价格的进一步下跌。静态乘数效应在冲击发生的时期将冲击放大，而动态乘数效应除了放大冲击外，还会在将来将冲击持续下去，并且传染到别的企业或者部门，其影响要远大于静态效应②。但值得一提的是，最终的总效应并非静态效应与动态效应之和，而是两者之积。

然而，Kiyotaki 和 Moore（1997a）并没有对"信贷周期"模型中抵押物与企业投资之间的关系进行实证检验，因为这存在着两方面的

---

① 因为在资产价格下降的同时，名义债务价值固定不变，而实际债务价值还会随着资产价格下降和通货紧缩而上升，所以企业的资产净值会下降。

② 青泷信宏（1997）将这种包含静态效应和动态效应的信贷周期形象简单地类比成"猎食模型（Predator - Prey Model）"，其中捕食者指的是遭受信贷约束的企业的债务（未偿还信贷），而猎物指的是企业拥有的资产额。一方面，企业持有的资产量增加意味着他们将有更大的净值来借贷，这相当于是猎物为捕食者提供食物；另一方面，高额的债务会削减企业的可用资金，限制企业在资产上的投资，这相当于捕食者猎杀猎物。

困难：一是由于缺乏交易的二级市场，抵押资产的价值难以确定；二是抵押物具有内生性（Gan，2003）。作为日本企业贷款主要抵押物的土地，其价值在1990—1993年外生性地骤跌了50%，Jie Gan（2003）利用日本这段时期的数据分析发现，抵押物对日本企业投资的影响方式有两种：一是抵押物损失效应（Collateral – damage Effect），即抵押物价值的损失会降低投资；二是间接的内部流动性效应（Internal – liquidity Effect），即随着借贷能力的下降，企业必须更多地依赖自身的现金来为投资提供资金。Cordoba和Ripoll（2004）放宽了"信贷周期"模型中关于消费者偏好和生产技术的假设，发现抵押物虽然能够放大初始冲击，但放大作用通常较小；而且在冲击的传染过程中，放大效应和持续效应存在着一定的互补性，放大效应较大时持续效应通常较弱。

另外，"信贷周期"模型中抵押资产与信贷互动的乘数效应的产生和传播有赖于企业之间由于商品供给而现成的信贷链（Credit Chain）。企业之间由于相互的贸易往来彼此之间形成了复杂的供给链或供给网，并且存在着相互借贷（如应收债款），当一家企业遭受顾客违约时就有可能面临流动性短缺的问题，从而对它自己的供应商违约；这一系列的违约会通过供应链传播初始冲击，并最终放大初始冲击，因为随着违约链的不断发展，初始违约企业的顾客自身也会没有能力偿还他们的债务，从而开始新一轮违约。信贷的供应链波动机制是Kiyotaki和Moore（1997b）最早提出的，基于的是局部均衡分析，此后Cardoso – Lecourtois（2004）以及Boissay（2006）在一般均衡分析的框架下对这一传播和放大机制进行了扩展。顾客遭受的冲击除了沿供应链向其供应商传导外，企业之间的贸易信贷（Trade Credit）也会传导客户遭受的初始冲击，因为顾客的供应商面临流动性问题时会缩减其对客户的贸易信贷（Coricelli和Masten，2004），或者选择在客户真正违约之前就停止向陷入财务困境的客户提供贸易信贷。

在"信贷周期"理论中,青泷信宏非常强调银行信贷的杠杆效应,在经济上升阶段促进企业和经济更快地发展,而在经济下沉阶段推动企业生产更快地缩减,经济更快衰退。其实,这种杠杆效应也是相互的,信贷对资产价格和投资波动有放大作用,同时资产价格的波动也会不断收缩或者扩张企业的信贷约束,这种互动关系就像两根绳子螺旋式地交集在一起。

(3)"金融不稳定假说"中信贷扩张的经济影响

明斯基(Minsky,1975)在吸收《通论》中"投资周期理论"的基础上,进一步研究了为投资而进行的融资过程,认为投资未来所产生的现金流的不确定性将会对资产负债表,进而对投资性融资的偿还产生重大影响,为此发展出了"投资融资理论"(Financial Theory of Investment),指出为投资进行融资是经济不稳定的重要来源。明斯基认为资本主义经济的主要问题是凯恩斯所提倡的"资本积累"(Capital Development),而非奈特(Knightian)所谓的"给定资源在不同替代性用途之间的分配"。

根据经济主体的运营现金流—债务关系,明斯基将融资结构划分为三个类别:对冲性融资(Hedge Finance)[1]、投机性融资(Speculative Finance)和庞氏融资(Ponzi Finance)[2](Minsky,1986)。在此基础上,明斯基认为在注重"资本积累"的资本主义经济制度下,逐利本性使得资本主义经济容易出现投机繁荣,在利润"发动机"的牵引

---

[1] 对于"Hedge Finance",国内大多数按字面翻译为"对冲性融资",但其内在的含义应该是稳健性融资或者安全性融资。

[2] 对冲性融资的主体从资本资产或者投资中期望获得的现金流除了满足现在和未来的债务本息的偿还外还有剩余;投机性融资的主体预期从营运资本中获取的现金流会在某段时期(特别是投资后的近期)少于债务的偿还承诺(例如可以偿还债务利息,却无力偿还本金),需要对他们的债务"展期"(roll over)(或者借新债还旧债,利用短期融资为其长期头寸融资),其实银行本身就是这种融资主体的典型代表;庞氏融资的主体运营现金流不足以偿还债务本金或者利息,需要重新借债或者变卖资产才能履行债务合约,这种融资通常与边缘性的或者欺诈性的融资活动联系在一起。

下投资不断扩张，整个经济对应的融资结构将会从对冲性融资占据主导地位的融资结构向投机性融资和庞氏融资主导的融资结构"大跃进"，信贷不断扩张，信贷风险不断积累，因为在扩张的过程中，信贷规模是持续地以快于名义国民生产总值增长的速度增长；当不断扩张的信贷造成了高速的通货膨胀，政策当局实施紧缩性的货币政策，那么在投机性融资和庞氏融资主导的融资结构下，经济主体的净值很快地蒸发，经济发展和投资的利润预期会急速掉头下降，此时信贷便会以快于名义国民生产总值下降的速度收缩。

在资本主义的经济中，资本积累必然会伴随着当前货币与未来货币之间的交换，投融资活动将过去、现在和未来联系在了一起，而金融不稳定也是在这种投融资活动中演化出来的。"金融不稳定假说"包含着两个基本命题：第一个是经济在某些融资机制下是稳定的，而在另一些融资机制下却是不稳定的；第二个是随着持久繁荣的结束，经济将会经历有利于体系稳定的金融关系转变成有利于系统不稳定的金融关系（Minsky，1992）。这两个命题揭示出，资本主义经济由于其投资和融资过程中引入了大量内生的不稳定因素而存在着天然的缺陷，具体表现为：盈利依靠投资、偿还企业债务依靠盈利、投资依赖于获得外部融资（Minsky，1986）。资本主义的不稳定，其核心在于它是一个"融资（过去）—投资（现在）—盈利（未来）"捆绑在一起的资本积累体系。

可以看出，在信贷波动方面，明斯基与其他的主流经济学家的观点明显不同。正如 Fazzari（1999）指出的，在主流经济学的研究中，金融起到了传播波动的作用，研究金融的作用是用以解释为什么波动是真实存在的。但在明斯基的研究中，金融不仅传播经济波动，而且就是经济波动的源头，经济的发展并不依靠外生的冲击来产生剧烈程度不同的商业周期。相对于传统的货币数量理论假设银行只是充当交易媒介，"金融不稳定假说"将银行业务视为寻求利润的行为。

（4）奥地利学派经济周期理论中信贷扩张的经济影响

明斯基的"金融不稳定假说"分析的是在"资本积累"过程中为投资进行的融资最终引致了金融不稳定和经济危机，注重的是总量分析，并没有区分资产之间的异质性。与此不同，奥地利学派对货币信贷扩张进行了结构分析，认为货币信贷持续扩张最终会引致资源在不同行业和生产环节的错误配置，严重的情况下最终会引发危机。

米塞斯（L. V. Mises）和哈耶克（F. A. Hayek）是奥地利学派的领军人物，也是少有的几位在 1929 年股市大崩盘之前就警告经济危机可能到来的经济学家。按照米塞斯（中文版 1981）和哈耶克（1931）的经济周期理论，经济周期是由货币因素引起的，政府或中央银行干预引发的货币信贷扩张扰乱市场经济的正常运转，造成资本的错误配置，最终引发经济危机和经济萧条。具体来说，政府干预引发的货币信贷扩张—资源错误配置—经济危机和萧条的具体过程是这样的：货币信贷扩张导致利率降低，企业被信贷扩张所误导，认为储蓄资金的供给要高于其实际数量，从而对"更为长期生产过程"进行投资，特别是那些"高级"（远离消费者）生产领域的投资，而相对减少"低级"（接近消费者）生产领域的投资，即拉长了资本结构①，这会抬高资本价格和相关生产资料的价格；利率的变化反映的只是金融市场的变化，而消费者的时间偏好并没有发生改变，在收入因为投资的增加而上升后，消费者仍然会按照原来的投资（储蓄）—消费比例来花费，这时企业就会发现对"高级"（远离消费者）生产领域的投资显得多余而浪费。按照这一逻辑，货币信贷扩张持续的时间越长，程度越大，繁荣持续的时间也会越长；当货币信贷扩张停止时，繁荣持续的时间也会越长；繁荣的时间越长，资本错误配置导致的投资浪费就会越多，最后引发的危机和萧条的程度

---

① 即促使投资从消费品行业向资本品行业转移（罗斯巴德，2009，p37）。关于投资结构与银行信贷的关系，参见 Hayek（1935）。

就会越剧烈，经济需要在萧条中调整的时间也会越长。在奥地利学派看来，20 世纪 20 年代美国经济出现的繁荣就是政府干预货币信贷扩张的结果，其后陷入危机和萧条也是在所难免的。

2. 货币信贷内生扩张及其经济影响

与货币信贷外生扩张的观点截然相反，后凯恩斯学派（Post - Keynesian School）① 认为货币供给和信贷扩张是内生的，不受或者不完全受中央银行的控制。具体来说，后凯恩斯学派和货币流通学派认为货币信贷扩张的内生逻辑是：信贷需求→信贷供给（银行贷款）→货币供给（银行存款）→基础货币，即货币供给和创造源自信贷需求，信贷需求决定信贷供给，Lavoie（1984a）将其描述成"贷款创造存款，存款创造准备"。在货币信贷内生理论框架下，贷款需求是第一位的，存款准备是第二位的，银行类金融机构的经营模式是"先贷后存"，即先发放贷款、后吸收存款，贷款创造存款。按照货币信贷扩张内生理论的逻辑，信贷需求决定信贷供给（即银行类金融机构的存款），信贷供给决定货币供给，信贷扩张是信贷需求主导的，并不受中央银行和银行类金融机构的控制，因此货币信贷扩张的"自我实现"是可能的。

在货币信贷扩张的内生框架下，后凯恩斯学派内部对于商业银行在贷款创造存款后如何获取存款准备金却保有争议，并因此分化出了"适应性"（也叫"水平性"）内生扩张理论和"结构性"内生扩张理论两大派别②。"适应性"内生扩张理论代表性研究有 Kaldor（1982，1985）、Weintraub（1978）等，其中 Moore 对这一理论的贡献颇多，其1988 年的著作"Horizontalists and Verticalists"是其中的杰出代表。

① 此处所说的后凯恩斯学派包括货币流通学派（Money Circulation School），也有些研究将两者的关系视为平行关系，Deleplace 和 Nell（1996）对后凯恩斯理论和货币流通理论进行了较为详细的对比分析。

② 也还有研究将后凯恩斯的内生货币理论分为三类：适应性理论、结构性理论和流动性偏好理论，流动性偏好理论认为流动性偏好直接构成信贷需求的一部分，会对货币供给创造的整个过程都会产生影响，但其货币和信贷内生的主要思想都已经被前两种理论所涵盖。

Lavoie（2006）的综述性论文对该理论做了详细介绍。适应性内生扩张理论认为，信贷扩张和货币供给是内生的，中央银行外在设定利率，银行适应信贷需求而发放贷款，中央银行作为最后贷款人，为了维持金融系统的稳定，必定适应性地满足银行的储备需求。Lavoie（1984a，p71）将这一理论概括成："在一般情况下，银行愿意提供所有的贷款①，中央银行愿意满足既定利率条件下的所有准备需求，利率由中央银行或者银行系统决定。这可以用既定利率水平下的货币供给曲线来表示。"

对于适应性理论关于中央银行必定适应银行信贷扩张的准备金需求的论断，结构性内生理论并不赞同，认为中央银行不会完全满足商业银行的准备金需求，贴现窗口不是公开市场的完全替代；银行主要是依靠金融创新和负债管理到金融市场寻求准备；利率不是外生的，而是由中央银行和金融市场共同决定的。这一内生理论的代表性研究有：Minsky（1982，1986）、Rousseas（1985，1986）、Earley（1983）等，Dow（2006）的综述性论文对该理论做了详细介绍。此外，Fontana 和 Venturino（2003）、Wray（2007）和 Palley（2008）对适应性理论和结构性理论的差异进行了对比分析。

概括而言，在货币供给和信贷扩张方面，主流理论认为银行的信贷经营模式是"先存后贷"，而后凯恩斯理论力争"先贷后存"模式。纵观经济金融危机史，"先存后贷"的信贷模式的确有据可查，但"先贷后存"的信贷模式也是现实存在的，并且也受到了政策层的重视。美国联邦储备银行纽约分行前副主席 Holmes（1969，p73）曾说："在现实世界中，银行扩张信贷，并在这一过程中创造存款，然后再寻求存款储备金。"

---

① 准确地说，银行是满足所有符合银行信用标准的有效信贷需求（Lavoie，2003；孙伯银，2003）。

1.3　研究思路和框架设计

货币信贷扩张为什么具有"自我实现"的内生性？以及货币信贷这种"自我实现"式的持续扩张为什么最终会引发金融危机或经济危机？围绕这两个逻辑递进的问题，本书将从货币信贷扩张的内生视角进行研究和解答。由于理论界对信贷扩张是否具有内生性还存有争论，本书将以货币信贷扩张的内生性论证为出发点。概括而言，本书的研究主线为：货币信贷扩张的内生性论证→货币信贷扩张的内生机制和综合模型构建→货币信贷内生扩张的经济效应分析→中国的例证→货币信贷内生扩张的政策应对，具体的结构安排如图1－3所示。

第1章为引言部分。

第2章为货币信贷扩张的内生性论证，将主要从理论争论评述、案例检验和制度分析三个视角开展。其中，理论争论评述将主要梳理和评价18世纪古典经济学关于货币与物价的因果争论、19世纪通货主义与银行主义的"通货争论"、20世纪初凯恩斯理论中的内／外生观点，以及20世纪70年代以来货币学派与后凯恩斯学派关于货币信贷扩张的内外生争论，从理论逻辑上分析货币信贷扩张的内生性。案例检验将利用近一百年来世界经济爆发的两次最严重的危机——20世纪30年代的"大萧条"和此次国际金融危机的史实材料，比较分析两次危机期间货币供给、信贷扩张以及其他经济指标的波动情况，从典型事实角度分析货币信贷供给的内生性。制度分析将货币金融制度划分为五个不同的发展阶段，对"演变式制度分析"和"变革式制度分析"两种分析范式的合理性逐一评价，在此基础上结合货币信贷扩张的现实表现，对货币信贷扩张的内生性与货币金融制度的关系作出判断。

第3章将主要分析货币信贷的内生扩张机制，构建信贷内生扩张的多阶段动态模型。后凯恩斯学派的货币经济理论是当前关于货币信

第1章 引言
　　1.问题的提出
　　2.概念的界定
　　3.相关文献综述

第2章 货币信贷扩张的内生性论证
　　1.内外生理论评述.
　　2.实证分析方面
　　3.制度分析方面

第3章 货币信贷内生扩张机制和模型构建
　　1.货币信贷内生扩张的货币流通机制
　　2.货币信贷内生扩张的适应性机制
　　3.货币信贷内生扩张的结构性机制
　　4.货币信贷内生扩张综合模型的构建

第4章 资本市场发展与货币信贷内生扩张新机制
　　1.资本市场发展与银行信贷经营模式转变
　　2.资本市场发展下信贷内生扩张的新机制
　　3.货币信贷内生扩张新机制的检验

第5章 货币信贷内生扩张的经济效应、理论与模型
　　1.货币信贷内生扩张与资源错误配置
　　2.货币信贷内生扩张与IS-LM模型修正
　　3.货币信贷内生扩张与经济危机

第6章 中国例证：2008—2014年
　　1.危机应对与货币信贷内生扩张
　　2.政策紧缩后的货币信贷内生扩张
　　3.货币信贷内生扩张的结果

第7章 货币信贷内生扩张的政策应对
　　1.货币信贷内生扩张与货币紧缩政策的效力
　　2.货币信贷内生扩张与经济刺激政策的效力
　　3.货币信贷内生扩张与金融监管的效力

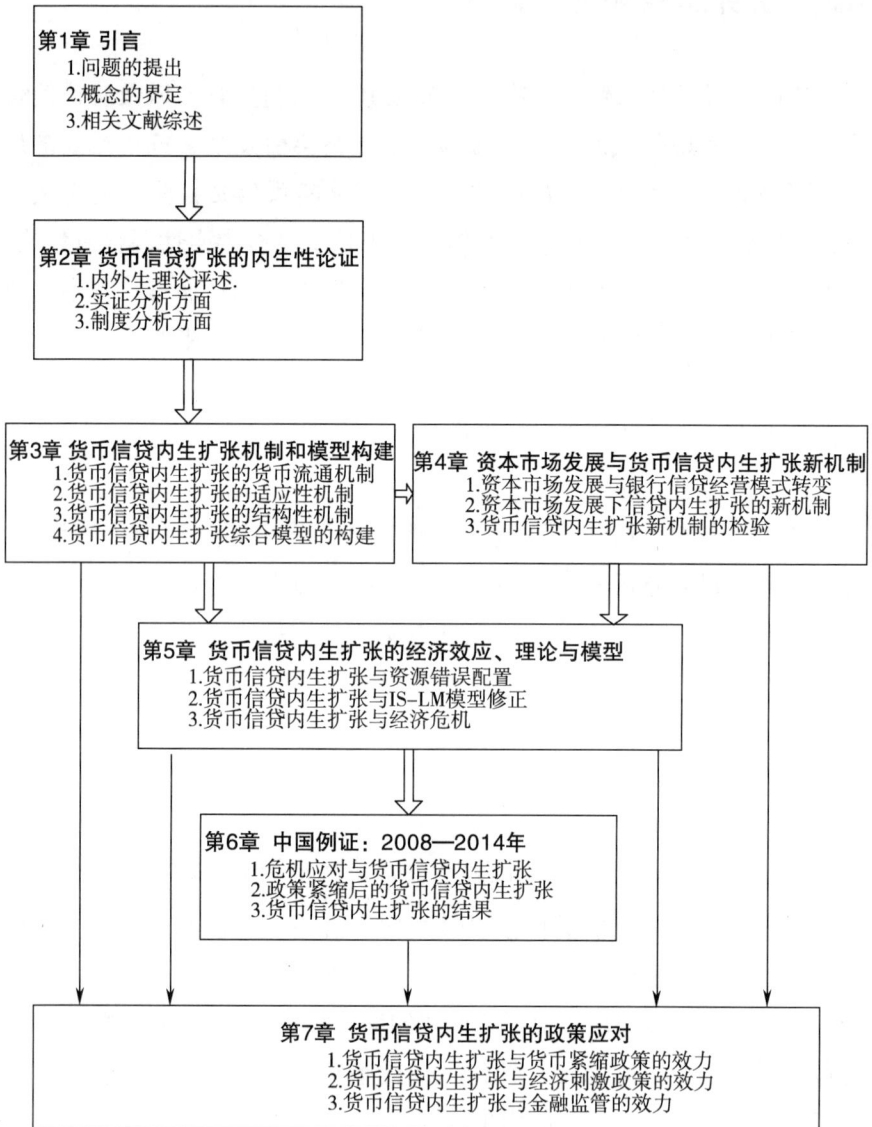

图1-3　研究框架和主要内容

贷内生扩张最主要的理论，本章将首先梳理后凯恩斯学派内部三个主要的内生理论派系：货币流通理论、适应性内生理论和结构性内生理论，归纳三者关于货币信贷内生扩张的机制和模型。其次，基于货币与信用的关系，解释经济活动为什么需要货币和信贷这一基础性问题，破解后凯恩斯学派与货币学派僵持了半个多世纪的货币信贷扩张内/外生争论迷局——"贷款创造存款还是存款创造贷款"。最后，本章综合货币流通理论、适应性内生理论和结构性内生理论的优点和合理部分，建立一个货币信贷内生扩张的多阶段动态模型，综合考虑在货币信贷流转的各个环节，经济主体流动性偏好及其行为对货币信贷内生扩张的影响。

第4章主要分析近些年来资产证券化和资本市场发展对货币信贷扩张内生机制的影响。随着资本市场的发展，特别是以资产证券化、回购市场为主的影子银行以及信贷相关衍生品的发展，商业银行等贷款机构的经营模式正在从传统的"发放—持有"向"发起—分销"转变。本章将分析在"发起—分销"的信贷经营模式下，影子银行和传统商业银行、商业银行和资本市场在信贷发放上的关系和角色，它们之间的相互作用对现有货币信贷内生扩张机制的影响。同时，具体分析影子银行、资本市场、"发起—分销"信贷模式等发展在放松金融机构扩张信贷的约束条件、提高贷款参与者的风险偏好、强化经济主体的信贷需求等方面的具体影响机制，及其对货币信贷扩张内生程度的影响。此外，基于美国次贷危机的案例，分析"发起—分销"信贷模式下"个体理性"带来的"合成谬误"，即该模式下的货币信贷内生扩张对整个金融体系风险积累的影响。

第5章将货币信贷内生扩张引入 IS－LM 分析框架，修正 IS 和 LM 模型，分析货币信贷内生扩张的经济效应。传统的 IS－LM 模型和之后发展起来的 CC－LM 模型、CM－MM 模型等假定货币信贷扩张是由中央银行外生决定的，并且没有考虑到产品市场、货币市场、信贷市场之间的相互联系，因此无法用于分析货币信贷内生扩张对经济波动的影响。本章将基于前文梳理的货币信贷扩张内生机制和构建的货币信贷内生扩张多阶段动态模型，引入货币信贷内生扩张修正传统的 IS - LM 分析框架，并以此解释信贷和货币是如何进入经济系统，货币信贷扩张为什么容易陷入扩张过度。同时，基于修正模型，结合费雪的"债务—通缩理论"以及辜朝明的"资产负债表衰退理论"，分析持续的货币信贷扩张在总量上导致的资源错误配置；结合明斯基的"金融不稳定假说"和奥地利学派的资本结构理论，分析持续的货币信贷扩张在结构上导致的资源错误配置，较系统地描述货币信贷扩张导致经济繁荣和衰退的全过程。

第 6 章将利用我国 2008—2014 年货币信贷扩张与经济发展实践，对货币信贷内生扩张的内生机制以及修正后的 IS - LM 分析框架进行了案例检验。首先，分析 2008—2009 年，我国应对金融危机的一揽子刺激政策带来的货币信贷内生扩张，并着重分析地方政府融资平台和房地产市场的货币信贷内生扩张过程。其次，分析 2010—2014 年，我国政策收紧后信贷借道影子银行的内生扩张过程，着重分析银信合作、民间借贷等推动的货币信贷继续内生扩张。最后，分析我国持续的货币信贷扩张带来的资源错配与风险积累，集中在地方政府融资平台的债务风险、房地产泡沫、民间借贷风险三个领域。此外，本章还将分析在现有经济金融体制和经济发展模式下，我国货币信贷内生扩张机制的独特性，主要是政府行为对货币信贷内生扩张的影响。

第 7 章是将理论研究回归经济实践，分析货币信贷内生扩张的政策应对。在货币政策方面，将主要讨论货币信贷内生扩张下的货币政策调控方式选择——关注利率还是货币总量，利率调控的传导机制及其效力。同时，考虑到当前危机应对的特殊时期，将有选择性地分析危机后"量化宽松"政策与"信贷宽松"政策的不同影响效力，以及在货币信贷扩张内生性较强情形下，积极财政政策的作用和影响效力。

在金融监管方面，将主要分析货币信贷内生扩张对逆周期资本监管效力的影响，金融监管在控制信贷过快增长方面的着力点，以及立足于整个金融体系的宏观审慎监管的必要性。

第8章为结论部分，概括本书的主要结论，分析研究结论的政策启示，并简要评价研究的创新和不足之处。

第 2 章　货币信贷扩张的内生性论证

　　准确把握货币信贷与经济波动之间的关系，进而分析货币信贷扩张的经济效应，需要化解一个基础性分歧，即要论证货币信贷扩张与经济活动之间的因果关系。具体而言，这需要回答这样一个核心问题，即货币信贷扩张是外生还是内生的？正如前文所界定的，货币信贷扩张的外生性，或者说货币信贷外生扩张，指的是中央银行通过控制基础货币的发放和调节存款准备金率来控制银行体系的存款（即货币供给）和可贷资金，进而间接地控制银行体系的信贷扩张；而货币信贷扩张的内生性，或者说货币信贷内生扩张，是指货币信贷扩张是由经济活动的信贷需求决定的，经济体的信贷需求增加后，银行体系适应增加的信贷需求而增加贷款供给，贷款创造存款，为了满足存款准备金要求，银行体系在存款增加后再向中央银行或者系统外寻求准备金。具体而言，货币信贷内生扩张的逻辑链条为：信贷需求增加→商业银行贷款供给增加→商业银行存款增加 + 货币供给增加→存款准备金需求增加→中央银行准备金或者基础货币的供给增加。为此，本章将从理论述评、案例检验和制度分析三个视角，对货币信贷扩张的内生性进行较为全面的论证。①

---

　　① 第 2 章和第 3 章详细梳理了货币信贷扩张内外生观点的争论历程，最终从信用视角解释了货币信贷内生扩张的根源是，在不确定性普遍存在的经济环境中，商业信用需要向商业银行信用转换，以及商业银行信用需要向中央银行信用转换，从而解开了货币信贷扩张内外生观点在"贷款与存款之间因果关系"论证范式下陷入的"鸡生蛋还是蛋生鸡"争论迷局。如读者对详细的争论历程不感兴趣，可以跳过这两章，阅读附录"货币供给的内外生争论迷局"。

2.1　货币信贷扩张的内生性：理论发展述评

针锋相对的货币信贷扩张内/外生争论起始于英国 19 世纪初英国"通货主义"（Currency Principle）和"银行主义"（Banking Principle）的"通货争论"（Currency Controversy）。此后随着经济现实问题对经济理论的挑战以及货币经济理论的发展，这一争论也日益激烈和明确化，直到 20 世纪 70 年代后凯恩斯学派成立，完整的货币信贷扩张内生理论才真正建立并逐渐发展起来。

2.1.1　通货主义与银行主义的内/外生争论

1. "通货争论"的理论背景：古典经济学家关于货币与物价的因果争论

尽管信贷扩张和货币供给正面的内/外生性争论起始于英国 19 世纪初的"通货争论"，但争论的理论渊源却可向前追溯到 18 世纪古典经济学关于货币供给和物价水平因果关系的争论。该争论的焦点在于逻辑链条"货币供给—信贷—货币流通数量—物价水平"的发展方向（即向左还是向右），其中隐藏着信贷扩张的内/外生争论。

在货币供给和物价水平因果关系的争论中，詹姆斯·斯图亚特（James Denham Steuart）、亚当·斯密（Adam Smith）等在综合考虑货币支付手段和价值储存两项职能的基础上，认为其中的因果关系很大程度上是物价水平决定货币供给。

斯图亚特是第一个提出"流通中的货币量决定于商品价格还是商品价格决定于流通中的货币量这个问题"的人①，主张商品的市场价格是由需求和竞争决定的。斯图亚特认为货币既是支付手段又是价值

_____

① 摘自《马克思恩格斯全集》第 13 卷：《政治经济学批判》（马克思），p155。

储存手段，而一国的商品流通只能吸收一定的货币量，过多的货币会转化为价值储存手段退出流通，而当流通中货币短缺时原本处于价值储存手段的货币或者其他信用又会进行补充①。"每个国家的流通，必须同生产投入市场的商品的居民的生产活动相适应……　因此，如果一国的硬币太少，与提供销售的产业活动的价格不成比例，人们就会想出象征性的货币之类的办法为此创造一个等价物。但是，如果金属货币在比例上超过了产业活动的规模，它就不会使价格提高，也不会进入流通：它将当作贮藏货币堆积起来……一国的货币数量不论比世界上其他部分大多少，留在流通中的只能是同富者的消费和贫者的劳动和产业活动大致成比例的数量"，而这个比例不是决定于"国内实际存在的货币量"（Steuart，1767，Vol.1，p400 - 401）。

与斯图亚特同样，亚当·斯密也认为一国流通所需要的货币量是由流通的商品价值决定的，即取决于该国销售商品的价格总额，而非货币流通量决定商品的价格总额。当流通的是金币时，过剩的金币会"溢而旁流"，"或以铸币形式输往国外，或熔成金块输往国外"（斯密，1983中文版上卷，p278），而且过剩多少就会输出多少；如果流通的是银行券，斯密认为"各种纸币能毫无障碍到处流通的全部金额，绝不能超过其所代替的金银的价值，或者（在商业状况不变的条件下）在没有这些纸币的场合所必需的金银币的价值……如果超过了这个总额，那过剩的部分，既不能行使于国内，又不能输往国外，结果，会马上回到银行去，兑换金银"（斯密，1983中文版上卷，p275 - 276）。在斯密的"银行券流通规律"或者说真实票据贴现理论中，贴现真实

---

① "商品的市场价格是由需求和竞争的复杂作用决定的，需求和竞争同一国中存在的金银数量完全无关。那么，不需要用作铸币的金银又怎样呢？他们当作贮藏货币积累起来，或当作奢侈品的原料被加工。如果金和银的数量低于流通所需要的水平，人们会用象征性的货币或其他辅助手段来代替金银。如果一个有利的汇率使国内货币过剩，同时又切断了把它运出国外的需要，那么货币常常就会在保险箱里堆积起来，就像躺在矿山里一样无用"（Steuart，1767，Vol.2，p379 - 380）。

票据的贷款数额小、期限短，只能供借款者应付不时之需，银行券是随着商品流通的需要而发行和流通，随着商品退出而退出①。

在货币供给和物价水平因果关系的争论中，早期的货币数量理论②支持者与斯图亚特、亚当·斯密等持有的内生观点完全相反，认为货币数量是因，物价水平是果。

早期的货币数量论者认为，"在其他条件不变的情况下，物价水平的高低和货币价值的大小为一国的货币数量所决定；货币数量增加，物价即随之作正比例的上涨，而货币价值则随之作反比例的下降；货币数量减少，物价即随之作正比例下跌，而货币价值则随之作反比例的上升"（刘絜敖，2010，p40）。因此，早期的货币数量理论学者持有的是货币供给外生理论，即货币数量决定物价水平，那么按照货币供给与信贷扩张之间的逻辑关系，也就潜在地支持信贷扩张外生观点。

货币供给和物价水平之间因果关系的上述争论在"通货争论"中得到了延续，并且斯图亚特和斯密的内生观点成为了"通货争论"中银行学派的理论基石，并得到了银行学派领军人物图克（Thomas Tooke）、福拉顿（J. Fullarton）等的进一步发展；而早期的货币数量理论则成为了"通货争论"中货币学派的理论基石，并得到了货币学派领军人物奥威尔斯顿（Loyd Overstone）等的发展。

2. "通货争论"的实践起源：英国 19 世纪初的"金块争论"

除了上述的理论背景外，"通货争论"还有着极强的现实经济背

---

① 由于斯密所处时代的货币体系是金本位或者金块本位，亚当·斯密没有考虑到银行贷款（即银行券的发行）满足的是企业生产资金需求的情况，而这种生产或者投资贷款与纯粹的真实票据贴现贷款的经济意义是截然不同的。

② 货币数量理论的创始人为法国的重商主义者博丹（Jean Bodin），此后休谟（David Hume）、李嘉图（David Ricardo）、穆勒父子都是该理论的拥护者，进入 20 世纪后，费雪（Irving Fisher）、马歇尔（A. Marshall）、庇古（Arthur Cecil Pigou）、熊彼特（J. A. Schumpeter）等又从不同的视角丰富了货币数量说，推动了该理论的发展。对于这些学者关于货币流通数量或者货币供给量与价格水平之间关系的论述，刘絜敖（2010）做了较为详细的梳理。

景，即 1793 年英法战争之后英国国内关于货币制度长达数十年的"金块争论"（Bullion Controversy）①。1793 年开始的英法战争使得英国政府入不敷出，从而增发银行券为财政筹集资金。但是后来银行券增发过多，使得黄金准备日益不足，英国政府遂于 1797 年 2 月停止了银行券的兑换，并于该年 5 月颁布了《银行限制法案》（*Bank Restriction Act*）来强制执行。在银行券停止兑换之后，银行券不断贬值，金价不断上涨，英国的物价也不断上涨，这些问题在 1809 年引发了英国民众的不满。为此，英国议会于 1810 年设立"金块委员会"（Bullion Committee）对是否恢复银行券兑换进行辩论，结果出现了两个相互对立的观点。

"金块论者"（Bullionists）认为，银行券不断贬值和物价不断上涨是因为银行券发行过多和被停止兑换，因而主张恢复银行券对黄金的兑换②；与此相反，"反金块论者"（Anti - Bullionists）认为货币（包括银行券）供给是按需求发行的，银行券即使被停止兑换，只要有需求就不会发行过多，因此主张保持当前银行券不兑换的状态。这两种观点相互争论，僵持不下，形成了英国历史上著名的"金块争论"。尽管以李嘉图为首的"金块论者"的观点对"金块委员会"的报告产生了重要影响，但是"金块委员会"的报告经过了多次讨论，最终还是于 1811 年 5 月遭到了下议院的否决，"反金块论者"维持银行券和纸币不兑换的主张得到了采纳。

但是，1815 年英国爆发经济危机后，"金块论者"的观点影响不断扩大，这促使英国于 1819 年制定了《恢复兑换法案》（*Bank Resumption Act*）。该法案于 1821 年 5 月开始实施，银行券恢复平价无条件兑

---

① 本小节内容根据刘絜敖（2010，p118 - 119）提供的资料撰写。

② "金块论者"的领袖是英国著名的古典经济学家李嘉图，他在 1809 年发表的《金的价格》和 1810 年发行的《金块高价论》中极力论证银行券被停止兑换后的过量发行导致了银行券不断贬值和物价不断高涨。

换。但是银行券恢复兑换不久，英国又接连在 1825 年和 1836—1839 年遭遇了两次非常严重的经济危机，银行券的兑换也日趋紧张。为彻底弄清问题的根源，英国议会于 1840 年设立"众议院发行银行委员会"（Select Committee of the House of Commons upon Bank of Issue），商讨银行券的发行制度问题。这一讨论又掀起了一场空前的"通货争论"（Currency Controversy），争论双方分别为"通货主义"和"银行主义"，两派观点针锋相对。

3. "通货争论"的争论焦点：货币信贷扩张内生还是外生？

"通货主义"和"银行主义"的"通货争论"持续了四年，涉及的范围要远大于"金块论战"，包括信用、货币、银行、物价等多个领域，但信贷扩张和货币供给内生还是外生却是其中的一大焦点①。

"通货主义"和"银行主义"争论的基本分歧点在于货币数量与物价之间的因果关系，这延续了斯图亚特、斯密与早期的货币数量论者之间的争论。"通货主义"在继承的基础上进一步发展了早期的货币数量理论，认为货币供给量对物价水平的影响取决于货币数量与商品数量的相对变化②，并且货币数量对物价的影响在短期和长期之间也会存在差异，同时还会受到通货效率（即货币流转速度）的影响。"银行主义"继承了斯图亚特和斯密的内生观点，对"通货主义"的上述观点极力反对，认为通货主义者犯了"用原因来代替结果"的错误（图克，1993 年，p118），真实情况应该是通货数量由交易商品的价格总额决定。"银行主义"的领军人物托马斯·图克（图克，1993 年中文版）认为，商品的价格不取决于由银行券数量所表示的货币数量，也不取

---

① 双方的争论最终并没有得出一致性的结论，但当时作为首相的庇尔信奉"通货主义"的理论，依据"通货主义"的主张拟成了《英格兰银行法案》，在下议院遭到否决，而在上议院得到了一致通过，后来由英王裁决颁布，被称为《庇尔法案》。

② "物价的变动或由于通货数量的变动，或由于商品数量的变动。这两个变动有时一致，有时相反……因而物价变动，便有时为两个变动之和，有时为两个变动之差"（Overstone，1857，p437 – 438）。

决于全部流通媒介的数量；与此相反，流通媒介的数量是物价的结果[1]；银行主义另外两名代表人物富拉顿（1844，p101）和威尔逊（1847，p85）也都认为，通货数量的变化是物价变动的结果，通货数量的变化不是先行于物价，而是追随于物价[2]。

在此基础上"通货主义"和"银行主义"对信贷扩张和货币供给的内/外生性进行了直接的争论，焦点在于银行是否能够控制信贷扩张和货币供给。"通货主义"认为银行可以任意增减货币供给和扩张信贷，而"银行主义"则认为商品流通和需求决定货币的流通量，银行既不能任意增加也不能任意减少银行券的发行。

"通货主义"认为银行可以任意增减货币供给和扩张信贷，这其中"货币"指的是"银行券或者不可兑现的纸币"。在"通货主义"看来，

① 图克认为只有在这种情况下，货币数量才会对物价产生影响，即"该货币数量构成了不同阶层人民的各种收入，这些收入的名称是地租、利润、薪金和工资，它们均用于经常开支。只有这种货币价格可以正当地称为总物价。既然生产成本是决定供给的因素，用于消费支出的货币收入总额也就是决定和限制需求的因素"（图克，1993中文版，p118）。另外，图克认为兑换的银行券和不兑换的银行券（或者纸币）对物价的影响也是有所区别的，并分别进行了阐述。（1）在可兑换的银行券与物价之间的关系方面，图克继承了斯密的观点，将商品流通分为"商人与商人之间的流通"和"商人与消费者之间的流通"两大类，对于不同的流通，货币对物价有不同的影响。一方面，如果银行发行的银行券属于长期信用，贷款人可以用于扩张生产，那么当这些银行券被用于购买生产要素时，便成为新的收入，在"商人与消费者之间"流通，此类银行券的发行量是造成物价变动的原因；另一方面，如果银行发行的银行券属于短期信用，贷款人只能将其用于周转资本，那么此时的银行券便是在"商人与商人之间"流通，在银行发行后不久就会被存入或者归还于银行，从而不会对物价造成影响。（2）在不可兑换的纸币与物价之间的关系方面，图克认为不可兑换的纸币是政府为其开支而发行的，"通常是用于支付：1. 君主亦即统治者的个人消费；2. 公共工程和公共建筑物；3. 文职人员的薪金；4. 陆军和海军的费用。政府发行并如此支付出的纸币，不会回到发行人那里，将成为一种新的需求来源，被迫进入各条流通渠道。因此，每一次新发行超过一定水平之后（以前的发行已使物价和工资上涨至这一水平，并使兑换率下降至这一水平），立即就会使商品价格和工资进一步上涨并使兑换率进一步下跌，贬值幅度与强制增加的发行数量相等"（图克，1993年中文版，p72）。所以，图克认为通常情况下是物价决定货币数量，但也存在货币数量影响物价的情况，该情况的存在要基于两个必要条件：一、通货要引致新的商品需求，或者说新增货币是"作为收入的通货"；二、新增通货要具有长期影响，即货币发行后不能马上流回，而是要长期地流通于市场。

② 转引自刘絜敖（2010，p136）。

由于英格兰银行和各地方银行在当时的银行制度下都有发行银行券的权力，各银行彼此之间在银行券发行方面相互竞争，因此容易导致银行券发行过多。基于此，通货主义认为需要限制银行自由发行银行券的权力，主张银行券的发行要以黄金储备为基础，维持与纯粹金属铸币流通一样的状况，并将其奉为英国银行制度改革和货币调节的首要目标，这也是英国 1844 年《英格兰银行法案》的主要原则。而在金币本位制下，通货主义者继承了李嘉图的"金属铸币自动调节理论"①，认为货币具有自动调节机制，从而会永远保持适度的水平，再加上铸币材料——金银矿藏的稀缺性，因此银行自然不能任意控制货币的供给。

　　然而，"银行主义"认为，无论是地方银行还是英格兰银行都没有能力直接扩大银行券的发行额（因为他们的预付是以证券担保的，纸币是可以自由兑换的）②，只有非常小一部分的政府银行券（即纸币）可以按照发行人的意愿扩张（图克，1993 年中文版，p69）。银行主义者将货币制度分为三种情况，分别对银行扩张信贷和供给货币的自主性和权力进行了讨论。（1）在纯粹金币流通的情形下，流通中的货币数量完全是由需求大小来决定的，银行不能任意增减货币的供给。这一方面是由于通货主义也认可的金属铸币自动调节理论，另一方面是由于货币的价值储存职能。（2）在银行券、其他信用工具与金币混合流通的情形下，货币数量特别是银行券数量的变化，是货币需求的结果，银行不能任意控制货币的供给数量。在该货币制度下，"银行主

---

　　① "金属铸币自动调节理论"也叫黄金分配理论，指的是"流通世界货物所用的贵金属，在银行创设以前，已以一定的比例，在地球上各文明国家间，按照各国的商业和财富状态，从而按照各国必须支付的数额与频度分配好了…… 在财富的进步上，某一国较其他各国更为迅速，则该国自必需较多的货币，该国的商业、货物及支付数额亦比较前增加，因而世界的同伙总量必以新的比例重新分配，而其他各国都须对此有效需求提供其份额"。

　　② 马克思对于银行货币供给的这种内生观点也大为赞同，"只要银行可以随时兑换货币，发行银行券的银行就绝不能任意增加流通的银行券的数目…… 流通的银行券的数量是按照交易的需要来调节的，并且每一张多余的银行券都会立即回到它的发行者那里去"（《马克思恩格斯全集》：第 3 卷《资本论集》，p594）。

义"一方面继承了斯密的"银行券流通规律"①，同时强调各种支付手段之间存在着替代性，在信贷和货币需求存在的情况下，银行若减少银行券的发行量，经济活动主体之间会采用汇票、账簿信用等商业信用，甚至相消结算发来代替银行券②（图克，1993 年中文版，p20 - 22）。（3）在不兑现纸币流通的情形下，"银行主义"认为银行也不能全然控制纸币的供给数量。在"银行主义"看来，不兑现纸币通常是政府为消费性支出而发行的，发行后大部分不会回流，只有小部分会因为缴纳租税、购买公债等而回流到政府，所以是比较容易陷入供给过量的。③ 总的来说，"银行主义"学派认为，信贷扩张和货币供给的数量绝不是银行可以自由控制的，而是由经济活动的需求内生决定的。由此可以看出，"银行主义"已经初略地提出了货币供给内生理论的核心观点。

"银行主义"关于信贷扩张和货币供给的内生理论可以概括为，货币数量对于物价水平是被动的，银行对于货币供给也是被动的。在银行主义者看来，物价变动是经济状况变动的反映，物价上涨象征着经济繁荣，而物价下跌象征着经济下滑；同时，货币供给的变化是物价水平变化的原因而非结果。因此，货币供给的增减是经济状况变动的

---

① 富拉顿继承了此前亚当·斯密的观点，认为银行是以贴现的方式发放银行券，因而难以过多地发放银行券。银行若因收购黄金而发放银行券，则银行券的持有人不会一直持有银行券，而是会去购买有价证券或者票据，这会减少其他人到银行借贷的银行券的数量，或者减少可以贴现银行券的票据。所以，如果经济参与者没有货币需求，银行难以增发银行券。同理，如果经济参与者有银行券的实际需求，则银行也难以减少银行券的发行量。富拉顿（1844，p70）曾明确指出，"银行券若无需要，银行绝难发行。金币与纸币，通常作为支付手段流入市场。银行券则以贴现贷款的方式发出，到贷款期满后，所发出的银行券又依然流回于银行"（转引自刘絜敖，2010，p143）。

② 用于收入分配的情况，即用于支付薪金、工资、地租的小额银行券，才不能被这些信用形态所代替。

③ 对此，富拉顿（1844）则认为，不管不兑现的纸币是政府还是银行发行，只要其有相应的回流渠道，则其供给量不会陷入泛滥；而威尔逊（1847）也认为若不兑现纸币以贴现方式或短期贷款的形式发行，则也是应商品的生产和流通需要而发行，在任务完成后，会以偿还借款的方式回流到银行，从而银行也没有滥发的必然性（转引自刘絜敖，2010，p144 - 145）。

结果而非原因，两者不能颠倒过来。在此基础上，"银行主义"得出了更加直接的信贷扩张和货币供给内生观点，即信贷扩张和货币供给依赖于社会的需求，也就是物价和生产交易的状态。

2.1.2　凯恩斯理论中的内/外生观点

尽管在"通货主义"和"银行主义"之间的"通货争论"持续四年之后，英国于 1844 年颁布了倾向于"通货主义"主张的《英格兰银行法案》，但后续关于信贷扩张和货币供给的内/外生争论并没有因此消停。由于理论上双方都无法完全驳倒对方，加上经济实践中并没有频繁出现大的经济危机，后续争论并没有产生 1840 年"通货争论"那么大的影响，直到 20 世纪 30 年代经济学界"凯恩斯革命"的发生。

1.《货币论》从债务视角主张信贷扩张和货币供给的内生性

在《货币论》（*A Treatise on Money*）（Keynes，1930）中，凯恩斯认为货币（银行信用）与企业债务（一般的企业信用）具有很大的相似，而银行可以通过主动扩大自身债务的方式来适应企业的信贷需求。货币（计价货币）是和债务一起诞生的，而债务是延期支付的契约，因此货币、债务都和生产支付联系紧密；并且，债权的转移和货币本身的转移对交易清算同样有用，因此人们"往往会满足于可转移债权的所有权，而不去设法把他们转变为现金"（Keynes，1930，p23）。

在凯恩斯看来，银行作为货币供给方，除了接受人们以现金的方式或以授权转移其他银行存款通知（如支票）的方式创造"消极存款"外，还可以通过对自己建立债权的方式来创造"积极存款"。对自己建立债权指的是，银行"可以自行购置资产（如投资或放贷），但却以对自己造成债务的方式付款（即以银行信用付款），至少在起始是如此。要不然，银行也可以由于借款者允诺往后归还而使之对银行负有债务；也就是说，它可以放款或垫款"（Keynes，1930，p24）。而且，"银行造成消极（即创造消极存款）的程度，一部分取决于它造成积极

47

存款的程度"（Keynes，1930，p25）。对于银行为什么可以通过贷款而创造"积极存款"，凯恩斯认为"因为借款的顾客虽然可能很快地使用他们所获得的贷款，但付与的人中有些可能是同一银行的存款客户"（Keynes，1930，p25）。在此基础上，凯恩斯认为银行通过发放贷款创造了"积极存款"，进而增加了货币供给，"只要经济正常运行，银行安全创造信用的能力是没有止境的"（Keynes，1971，Vol. 5，p23）。以需求为导向的透支便利（Overdraft Facilities）就是信贷和货币供给内生扩张的典型表现，《货币论》中银行通过"放款或垫款"向企业提供的透支便利满足了企业的融资需求，而且凯恩斯认为只要银行愿意提供这种便利，信贷和货币供给就会自动增加（Foster，1986）。

此外，凯恩斯认为即使在中央银行的存款准备金制度下，银行的信贷扩张和货币供给仍然可以不受存款准备金的限制。凯恩斯在《货币论》里明确指出，"假定中央银行就是钞票发行当局，那么只要中央银行能控制其钞票发行与存款总量，会员银行的准备基金总量便在其控制之下。……但中央银行本身所造成的存款量可能由于法律或风俗习惯规定不得由其自由控制，而由某种硬性的法规调节，这时我便可以把这种体系称为'自动'体系。最后，会员银行本身也可能有一些权力（也许有一定程度），可以随意增加其中央银行存款量，或增加其从中央银行钞票发行部门所取得的钞票量"（Keynes，1930，p28）。也就是说，凯恩斯认为中央银行并不能完全控制银行准备金及其存款的数量，而只能决定贴现率（Keynes，1971，Vol. 6，p189）。

因此，在《货币论》中，凯恩斯认为信贷和货币供给是内生扩张的，在贷款需求的情况下，银行就可以通过贷款来创造存款（货币供给），进而实现信贷和货币供给的扩张。但是凯恩斯在《货币论》以及之后的研究中没有解决的问题是，货币（银行信用）和债务（商业信用）都可以用于生产支付，那么为什么企业还有信贷需求，即对银行信用的需求？对此问题，本书将在下一章进行详细论证。

2.《通论》表面设定信贷扩张和货币供给外生，实嵌内生机制

尽管在《货币论》中，凯恩斯主张信贷和货币供给的内生扩张，但到《就业、利息和货币通论》（以下简称《通论》）中，凯恩斯对信贷扩张和货币供应机制又转向了外生观点①，即假定货币数量是由货币当局外生决定的。

在《通论》中，凯恩斯为了分析便利，将货币供给假定为由中央银行决定的外生变量。《通论》是为解决1929年开始的"大萧条"而撰写的，其中凯恩斯关注的问题已不是货币供应与价格水平的问题了，而是转向了经济萧条、工人失业等方面，要解决的问题是如何恢复经济增长和扩大就业。在他看来，恢复生产和扩大就业的关键在于资本边际效率要大于利率，而在资本边际效率较低的萧条环境下，压低利率便是主要任务；同时，在流动性偏好居高不下的情况下，利率的降低只能通过增加货币供给来实现。在此基础上，凯恩斯认为货币供给的生产弹性极小，无法让银行体系单方面地降低利率，而需要通过政府当局来增加基础货币供给。因此，凯恩斯对货币供应机制的认识从内生性转向了外生性，但凯恩斯也说明了其在《通论》中将货币供给假定为中央银行决定的外生变量纯粹是为了分析便利（Keynes，1936，p167）②。

在意识到《通论》关于信贷扩张和货币供给外生假设的不足后，凯恩斯在《通论》出版的第二年提出了货币需求的第四种动机——融资需求。凯恩斯认为之所以存在融资需求，是因为企业的投资决策很多是在事前做出的，这使得企业在实施实际投资之前需要一笔资金

---

① 在《通论》中，凯恩斯并没有去论证货币供给是内生的还是外生的，只是假设性地认为货币供给是由中央银行控制的。例如，"货币的数量不是由公众决定的"，"货币的数量是由货币当局创造的"，"货币的数量是由中央银行决定的"，等等（Keynes，1936，p84、p167 - 168、p174、p205、p230、p247以及p267 - 268）。

② 对此，罗宾逊（Robinson，1971）则认为凯恩斯是为了引起视听重视才在《通论》中做出了信贷扩张和货币供给的外生假设。

（Keynes，1973）①。对于凯恩斯基于融资动机提出的"循环资金理论"（Theory of Revolving Funds）②，即如果银行对某投资项目进行融资，该笔贷款资金就会释放到下一个投资项目中去（Keynes，1973，Vol. 4，p210；Vol. 5，p219－222），Foster（1986）认为如果将其延伸到当今高度发达的金融体系中，其实质便是存款机构适应贷款需求而进行信贷扩张，最终导致货币供给扩张。在货币需求的融资需求动机下，信贷和货币供给的扩张显然是由需求内生决定的。

凯恩斯在《通论》中虽然简单地假定信贷扩张和货币供给是由中央银行外生决定的，但其理论逻辑背后却隐含着《货币论》的内生思想。《通论》的政策启示是，政府通过预算赤字增加公共支出会带动经济发展、增加国民收入和扩大就业。然而，在凯恩斯的分析框架下，积极的财政政策具有"挤出效应"（Crowding Out），即政府的财政赤字会导致利率上升，从而引致私人投资的减少。《通论》中本来矛盾的这两方面需要信贷和货币供给的内生机制来克服，否则积极财政政策的"乘数效应"就难以显现。具体来说，政府预算赤字所需要的货币可以选择的融资渠道有：（1）向中央银行借款，即将财政赤字货币化；（2）向商业银行借款；（3）发行债券从公众手里借款，这意味着将资产组合中流动性低（企业债券或贷款）的资产转变为了流动性高的资产（政府贷款或国债）（Foster，1986，p961）。不论政府采用哪种融资方式，结果都会导致货币数量的增加。利率在货币数量增加的情况下不会上升，政府的预算赤字在消费不足和私人投资不足的情况下也不会产生挤出效应。同时，政府通过预算赤字增加公共支出还可能会带动私人投资的增加，因为公共支出增加导致收入的上升，收入的上升

---

① 凯恩斯的融资动机之后得到了后凯恩斯主义者的继承和发展，Davidson（1965）就曾重新强调过融资动机的重要性。

② 之所以被称为"循环资金"，是因为随着投资和生产的进行，事前投资所需要融入的资金可以由事后投资收益所释放的资金来偿还。

会通过 "加速原理" 刺激私人投资 （Clark，1935，p15、p218 -
235）①。在这一过程中，中央银行发现货币量增加，通过减少货币供给
来提高利率，或者直接提高利率，那么挤出效应就不是政府的赤字支
出导致的了，而是中央银行的货币紧缩导致的 （Foster，1986，p962）。
但进一步分析会发现，如果政府公共支出的资金是从市场取得的，那
么在政府支出之前这会对利率造成上升压力，但是在政府的公共支出
发生后，资金回归市场，政府融资对利率造成的上升压力就不存在了，
即其对利率造成的上升压力是暂时的。

　　因此，凯恩斯《通论》关于信贷扩张和货币供给的外生假定只是
出于分析便利，其理论的背后隐含着信贷扩张和货币供给的内生机制。
政府的财政赤字和私人投资不是吸收储蓄，而是创造储蓄，《通论》的
收入决定理论基于的是货币供给内生理论，而不是像凯恩斯表面上所
假设的货币供给是外生的。在传统的经济学理论中，投资与储蓄的因
果关系是先储蓄后投资 （即信贷扩张），而在凯恩斯的《通论》中，
该因果关系是先投资 （信贷发放）后储蓄，即信贷扩张和货币供给是
内生的。

2.1.3　货币信贷扩张外生理论的发展和内生修正

　　1. 货币学派基于货币数量论和货币供给乘数理论的货币信贷扩张
外生理论

　　货币学派是在凯恩斯学派的理论受到现实挑战的情况下，通过对
凯恩斯学派的批判逐渐发展起来的，因此其在信贷扩张、货币供给以

---

　　①　此外，Parguez （1984，p116） 对此作了清楚的总结，"政府赤字不仅不会减少储蓄，而
且还是私人储蓄的来源"。

及货币政策等方面的观点与凯恩斯学派大不相同。① 在理论和政策主张方面，货币学派强调货币供应量的变动是引起经济活动和物价水平发生变动的根本的和起支配作用的原因。而在货币供给和信贷扩张方面，货币学派基于货币乘数理论（也叫存款派生理论），认为最大限度的货币供给等于基础货币乘以法定准备金率的倒数。由于中央银行发放基础货币并设定法定存款准备金率，因此中央银行可以外生地控制商业银行的信贷扩张和存款创造，最终控制货币供给总量②。

由于货币学派认为商业银行和其他金融机构、货币与其他金融资产之间存在着根本区别，货币只是由商业银行通过派生存款机制来创造的，因此相对于格里和肖、托宾（Tobin）等在这方面的观点，货币学派关于货币供给的观点被称为"旧观点"，而后者的观点被称为"新观点"（The New View）（Tobin，1963）。

货币学派"旧观点"的理论基础是传统的货币数量论和货币供给乘数模型，后者研究的是中央银行的基础货币与货币供给总量之间的关系，其发展源自 Phillips（1920）《银行信用》（*Bank Credit*）构建的银行信贷扩张模型。货币主义者之后提出的更加复杂的货币乘数模型都是在 Phillips（1920）的银行信贷扩张模型的基础上发展起来的，因此银行信贷扩张模型是现代货币供给理论的奠基石（Pesek，1988）。

在 Phillips 的银行存款派生模型中，所有的银行被合并成一个银行

---

① 第二次世界大战后，美英等发达资本主义国家，长期推行凯恩斯主义扩大有效需求的管理政策，虽然在刺激生产发展、延缓经济危机等方面起了一定作用，但同时却引起了持续的通货膨胀。自 20 世纪 60 年代末期以来，美国的通货膨胀日益剧烈，特别是 1973—1974 年大多发达资本主义国家出现的剧烈的物价上涨与高额的失业同时并存的"滞胀"现象，凯恩斯主义理论无法作出解释，更难提出应对政策。以此为契机，货币学派在米尔顿·弗里德曼（Milton Friedma）等学者的领导下迅速发展，并流行起来。

② 这在国内外货币经济的教科书中被广泛论及，如托马斯（Lloyd B. Thomas，2008），黄达（2009）、Mishkin（2010）等。

体系，准备金—存款比率为 R，如果银行体系收到一笔数额为 C 的净现金存款，则由此造成的存款扩张 D 和贷款扩张 X 分别为（Phillips，1920，p38 - 39）：

$$D = \frac{C}{R} \qquad\qquad (2 - 1)$$

$$X = \frac{C(1 - R)}{R} \qquad\qquad (2 - 2)$$

　　Phillips（1920）的上述模型可以简单地表述为，当银行体系新增一笔现金存款或准备金 C，则银行体系的新增存款 D 等于新增现金存款或准备金 C 与准备金率 R 倒数的乘积。但是，Phillips（1920）的货币供给乘数模型是以下述假设为前提的：（1）银行仅持有法定存款准备金，而没有超额准备金；（2）公众不持有任何现金，任何新增的现金都将成为银行的准备金；（3）银行只有一种存款类型，该种存款的准备金率要求为 R；（4）整个银行体系被假设成一家银行。在银行信贷扩张模型中，货币供给的动态增加过程为：当银行拥有新增准备金 C 时，银行便会增发贷款；获得贷款的客户将资金存入或转入自己的银行账户，该银行也拥有新增准备金，从而进入发放贷款—存款—贷款—再存款—再贷款的反复循环，直到初始新增准备金 C 所能支持的最高贷款总额 C/R。最终的存款总额 C/R 由两部分组成，分别是初始存款 C 和派生存款 $C(1 - R)/R$（等于贷款总额）。

　　Phillips（1920）的货币供给乘数模型过于简单和机械，其假设条件并没有反映商业银行、公众等对货币供给过程的现实影响。在 Phillips（1920）模型基础上，先后发展出了货币供给的米德（1952）模型、弗里德曼—施瓦茨（1963）模型和卡甘（1965）模型、乔丹（Jordan，1969）模型、Brunner—Meltzer（1964）模型、Burger（1971）模型、Anderson（1965）模型等①，货币供给乘数模型不断丰富和成

---

① 关于这些模型的介绍，详见盛松成（1993）。

熟。这些货币供给模型虽然在存款准备金、存款结构、基础货币来源等方面的处理上有所差异，但总体思路一致，都认为货币供给由两部分决定：基础货币和货币供给乘数。

将后续各个模型的特点综合起来，考虑更为复杂的银行资产负债结构，我们可以总结出一个货币供给乘数理论的一般模型（Papademos 和 Modiligliani，1990，p420 - 428）。假设 $D = (D_1, D_2, \cdots, D_N)$ 表示银行体系总共设置的 N 类存款账户或者融资工具，其中 D_1 为活期存款；令 $d = (d_1, d_2, \cdots, d_N) = (1, D_2/D_1, \cdots, D_N/D_1)$，为各类存款账户或者融资工具对活期存款账户的比率；令 $z = (z_1, z_2, \cdots, z_N)$，为各类存款账户或者融资工具对应的法定准备金率构成的向量；C 为公众持有的通货，c 为 C 占活期存款 D_1 的比率，即 $c = C/D_1$ 表示通货比率；银行体系的存款准备金 R 有两种不同的分类方法，一种是分为法定准备金 RR 和超额准备金 RE，即 $R = RR + RE$；另一种是分为非借入准备金 RU 和扣除了银行间拆借之后的净借入准备金 RB，即 $R = RU + RB$，则银行体系的超额准备金 RE 减去借入准备金 RB 为自由准备金 RF，令 RF 占活期存款 D_1 的比率为 f，即有 $f = RF/D_1$。因此，第 J 类货币供给 $M_J = C + D_1 + D_2 + \cdots + D_N$，其对应的货币供给乘数（Money Multiplier）m_J 为

$$m_J = \frac{\left(c + \sum_{i=1}^{N} d_i \right)}{\left(c + \sum_{i=1}^{N} d_i z_i + f \right)} \qquad (2 - 3)$$

如果中央银行主动发放的基础货币为 B，则总货币供给量 M_J 可以简单地表述为

$$M_J = m_J \cdot B \qquad (2 - 4)$$

根据银行体系资产负债表的简化结构 $L + R = D$ [①]，其中 L 表示整个银行体系的贷款规模，那么根据式（2-3）和式（2-4）可以得到货币学派外生理论下的信贷扩张乘数 l_m 和信贷扩张乘数模型：

$$l_m = \frac{\sum_{i=1}^{N} d_i}{\left(c + \sum_{i=1}^{N} d_i z_i + f \right)} - 1 \qquad (2-5)$$

$$L = l_m \cdot B \qquad (2-6)$$

上面的货币供给乘数综合模型式（2-3）、式（2-4）和信贷扩张乘数模型式（2-5）、式（2-6）考虑了银行更加复杂的资产负债结构以及金融中介机构对货币供给影响，其中的 c、z_i、f 以及 f 决定了货币供给和信贷扩张的总规模。货币主义者认为在货币供给乘数模型和信贷扩张乘数模型中：c 是由公众的流动性偏好决定的，在经济增长的大多数时间都是稳定不变的；d_i 由商业银行的负债结构决定，而商业银行的经营模式和负债结构短期内不会发生大的变化，因而也是基本稳定的；中央银行控制着 z_i，因而对 f 也具有较大的影响力。再考虑到中央银行控制着基础货币的最终来源，其可以通过公开市场操作和对商业银行的再贷款来控制基础货币的规模，因此中央银行外生决定着货币供给和信贷发放规模，至少对货币供给和信贷扩张具有绝对的影响力。

另外，货币主义者在分析和推导货币供给乘数和信贷扩张乘数时还有一个潜在的重要假设，即商业银行的经营模式是"先存后贷"，在时序上是先有存款（货币供给）再有贷款。与商业银行经营模式"先存后贷"假设相伴随的另外一个假设是，经济体存在无限大的货币需求。该假设意味着贷款市场是卖方市场，只要商业银行愿意放贷，并

---

①　将银行体系的资本金或者资本充足率约束考虑到银行体系的资产负债表结构中，信贷扩张乘数和信贷扩张乘数模型并不会因此发生本质的改变，只是模型会随之变得更加复杂而已。

且有基础货币支撑，那么信贷和货币供给就可以不断扩张下去。依照这两个假设，货币学派认为，货币供给是由中央银行外生决定的，在中央银行没有意愿维持货币（存款）持续增长的情况下，信贷不可能实现长期持续扩张，但这显然与现实情况不相吻合。

2.《拉德克利夫报告》对传统货币数量论的外生观点进行了内生修正

凯恩斯《通论》的问世不仅标志着宏观经济学的诞生[1]，同时其政策启示也引发了经济学家和政策制定者们对传统货币数量说作为货币政策制定理论基础的怀疑，《拉德克利夫报告》就是其中的典型代表。

1957 年 5 月，为了"调查（英国）货币和信用体系的运行情况，并提出建议"[2]，英国财政部成立了由拉德克利夫勋爵（Lord Radcliffe）领导的"货币体系运行委员会"（The Committee on the Working of the Monetary System）[3]。经过两年的调查和研究，该委员会于 1959 年提交了一份长达 350 万字的报告——《拉德克利夫报告》（即《货币体系运行报告》，"*Report of the Committee on the Working of the Monetary System*"）。

《拉德克利夫报告》通过广泛的实证指出，以 $MV = PY$ 为核心的传统货币数量理论并没有真正把握经济活动与货币数量之间的内在关系。这表现在：其一，货币供给（"M"）与以国民收入为代表的经济

---

[1] 尽管凯恩斯之前的经济学家已经对宏观经济学的许多议题，例如经济周期（或者说经济波动）、通货膨胀、失业、经济增长等，但对总体经济现象进行系统和一致分析的现代宏观经济学的诞生还是以凯恩斯 1936 年 2 月《通论》的出版为标志的（Snowdon 和 Vane，2005，p13）。

[2] "to inquire into the working of the monetary and credit system and to make recoomendation".

[3] 该委员会的成员除了拉德克利夫勋爵（Lord Radcliffe）外，还包括 2 个经济学家——A. K. Cairncross 和 R. S. Sayers、2 个银行家、2 个工会专家（trade unionists）和 2 个企业家。对于此次英国成立该委员会调查研究其货币和信用体系运行状况的详细背景，可以参阅 Kaldor（1960）。

活动（"Y"）之间并不存在直接的联系；其二，货币难以定义，而且也不存在测量货币供给总量的统一标准；其三，货币流通速度（"V"）并不是传统货币数量理论所声称的稳定不变①（刘波和盛松成，1986，p66）。因此，《拉德克利夫报告》认为应该抛弃传统的货币数量理论，货币数量不应该成为货币政策的调控目标。

在这些分析的基础上，《拉德克利夫报告》提出了它的中心观点，随着金融体系的发展，相对于货币供给，经济中的"流动性"（Liquidity）或者说"总的流动性状况"（the whole liquidity position）更为重要。《拉德克利夫报告》指出，真正影响经济的不只是传统意义上的货币供给，还包括经济体中除货币供给以外的其他流动性；决定货币供给的不只是商业银行，还包括金融体系中除商业银行以外的其他非银行金融机构；货币当局所需要控制的也不只是货币供给，还包括整个经济体的流动性（盛松成，1993，p164；盛松成，2011）。"《拉德克利夫报告》认为货币只是众多（金融）资产中的一种，银行只是众多金融机构中的一类，货币控制也只是众多金融政策中的一种"（Gurley，1960b）。既然同需求有关的是整个经济体的流动性状况，"我们必须以流动性这一范围广泛的概念来代替传统的'货币供给'的概念，并以这一更为广泛的货币供给作为影响对商品和劳务总有效需求的货币量"（Sayers，1960，p712），而不仅仅是银行体系的货币供给（即银行体系的流动性）。

需要指出的是，尽管《拉德克利夫报告》一直强调流动性对于经济活动以及货币政策调控的作用，却没有给出流动性的准确定义或者界定，只是模糊说"公众的支出并不受到已有货币存量的限制，而只同他们预期可以得到的货币数量相关，这些货币可能是作为收入获取

---

① "我们没有使用货币流通速度的概念，因为我们无法找到能够证明货币流通速度存在任何限制（保持稳定）的证据，也没有在货币史上发现任何类似的证据"（《拉德克利夫报告》，p133）。

的，也可能是通过出售资产而获取的，还有可能是借来的"（《拉德克利夫报告》，p133）。根据这段话来理解，"公众的流动性不仅仅是由货币供给，还由公众能够掌握的货币供给量所构成"（Gurley，1960b），这"似乎意味着，'消费者为了购买商品和劳务而试图筹集货币的难易程度'。这里的筹集货币包括出售资产和借款"（Newlyn，1972）。之后，"货币体系运行研究委员会"的成员之一 Sayers（1960，p713）教授在其文章"英国的货币思想与货币政策"中指出，流动性"不只是包括银行的存款负债，还包括范围更为广泛的其他金融中介机构的短期负债"。在此基础上，Sayers（1960，p713）进一步指出，流动性应该是广义的信用，不仅包括银行的存款和其他金融中介机构的短期负债，还包括企业之间的商业信用（贸易信用）①。

在分析完流动性和经济活动之间关系之后，《拉德克利夫报告》认为流动性才是货币政策传导机制的中心，有效的货币政策传导机制应该是：货币政策调整→货币供给变化→利率变化→流动性状况变化→消费、投资、政府支出等经济活动。在这样的货币政策传导机制中，居民的支出是由其拥有的流动性决定的，货币供给甚至利率与经济活动之间没有直接的联系，只要经济体的流动性不发生改变，中央银行就难以通过货币政策调节商业银行的流动性来控制货币供给（彭兴韵，2007），因为商业银行可以从银行体系外借入流动性。因此，货币供给本身并不是货币政策调控的关键所在，重要的是要控制整个经济体的

---

① Sayers（1960，p173）认为，提供流动性的不只是商业银行，并且"也不限于所谓的金融中介机构。在那些以制造或者贸易作为主要业务的企业中，大多数参与了许多贷和借的活动：他们向客户提供'商业信用'，他们也会接受其他企业提供的'商业信用'。许多企业在借和贷两方面都非常活跃，而几乎所有的企业都参与信用交易中的这两个方面的某一方面。在货币领域，把银行作为信用的创造者，而把其他企业作为信用的使用者或者中介人，这种界定如果不是完全错误的，那么就是混淆视听的。从对有效需求产生压力的视角来看，关键在于是什么提高了大众获得商品和劳务的能力。……银行绝不是唯一将这种能力赋予别人的企业"。

信用规模（Newlyn，1972；刘波和盛松成，1986）①。

在《拉德克利夫报告》中，对经济活动更为重要的是流动性，即包括各种信贷在内的广义信用，而非货币供给；中央银行难以通过调节银行体系的流动性来控制银行体系的信贷和货币供给，更不用说整个经济体的信贷或者信用。因此，《拉德克利夫报告》从流动性视角对货币学派外生观点的理论基石之一——传统的货币数量理论进行了批判，认为信贷扩张和货币供给很大程度上并不是由中央银行外生控制的。

3. 货币供给"新观点"对货币乘数模型中的外生观点进行了内生修正

货币学派信贷扩张和货币供给的外生理论依赖于传统的货币数量理论和货币供给乘数理论，《拉德克利夫报告》基于对货币数量理论的批判对外生理论进行了修正，而格里和肖、托宾等则通过对货币供给乘数模型的批判提出了货币供给的"新观点"，对外生理论进行了修正。

对于货币供给乘数模型对货币供给过程的简单和机械描述，不少经济学家进行过批评。Fond（1967）曾批评货币供给乘数模型过于简单，"在货币银行学教材中，银行准备金、存款与货币之间存在着简单明了的联系。其中银行使用他们所有的准备金，没有自由准备金，而银行和公众的资产组合也没有任何变动。于是，我们没有必要考虑货币供给的问题，因为它基本上就是一个算术问题。一旦我们抛弃了准备金、存款和货币之间的这一简单和机械的联系，货币供给就作为一个经济变量而成为一个独立的存在物——这个经济变量决定于各经济主体的行为，并且可以作为经济分析的对象"。此外，主张货币供给

---

① 但是，正如本书第 1 章的"信用金字塔"图所示，经济体中范围最大的信用是企业之间的商业信用以及民间信用，而这些信用很大程度上是不受政府和中央银行控制的，因此"控制整个经济体的信用规模"是否可行还需要进一步斟酌。

"新观点"的格里和肖（1955、1956、1960a）、托宾（1963）等从金融机构和金融创新的角度论证了中央银行等对信贷扩张和货币供给的有限控制力，认为信贷扩张和货币供给主要是经济过程内部活动的结果。

货币学派的货币供给乘数模型局限于货币与银行类金融机构，而格里和肖等则考虑到金融创新和金融机构发展的现实背景，具体分析了包括其他非银行类金融机构在内的整个金融体系对货币供给（银行信用）和其他信用创造的影响。

格里和肖将金融机构分为货币系统的金融机构和非货币系统的金融机构，前者包括中央银行和吸收存款和发放贷款的银行类金融机构，通过购买初级证券①而创造经济运行过程中所需要的货币；而后者是指储蓄银行、保险公司等非银行类金融中介机构，他们通过购买初级证券而提供非货币的间接证券。在此基础上，格里和肖认为两类金融机构在充当信用中介的过程中创造出了特定的金融债权工具，根据持有的某类资产创造出成倍的债务；并且，两类金融机构创造的信用并没有本质的区别②，货币与其他金融资产，特别是"准货币"，存在极高的替代性，因此两类金融机构在信用创造方面存在竞争，这大大削弱了中央银行通过货币政策调控货币供给和信贷扩张的能力。"在战后，虽然货币供给的增加已被抑制，但金融统治对于阻碍物价水平的上升，却并没取得多大成功。……这是由于过去数十年间经济情况发生了根本变化，致使金融政策对物价与产量的影响力显著削弱。根本变化之一就是在金融当局直接统治外的非货币的金融中介机构的急速的成长"

---

① 格里和肖（1960a）所言的"初级证券"包括非金融支出单位发行的一切债务和股权。

② 格里和肖认为，"货币系统和非货币系统的中介机构有许多相似之处，而且这些相似之处比那些不同之处来得更重要。这两类金融中介机构都创造金融债券，他们都可以依据所持有的某类资产而创造出成倍的特定负债。……他们都能创造可贷资金，都能引起超额货币量，并都能产生大于事前储蓄的超额事前投资"（格里和肖，1960a，p175－176）；并且，"货币系统和非货币系统的中介机构在这方面的区别，并不在于这个创造了而那个没创造，而在于各自创造了独特形式的债务"（格里和肖，1960a，p172）。

（格里，1960c）[1]。

与格里和肖的观点相似，托宾（1963）也认为各种金融机构都是资金借贷的中介，并且创造出的债务工具存在着高度替代性，因此非银行类金融机构也能像银行一样创造信用来影响经济活动。但不同的是，托宾（1963）是基于资产组合理论和一般均衡理论来分析，从包括货币在内的所有资产的供求来研究信贷扩张和货币供给。根据一般均衡理论，托宾（1963）认为所有金融中介机构资产和负债的扩张是受边际收益等于边际成本这一规律制约的，所有金融中介机构都会不断创造和扩张信用（包括银行信贷），直到信用扩张的边际收益等于边际成本。同时，根据资产组合理论，托宾（1963）认为货币的供求状况不仅仅取决于自身的收益和价格（成本），同时也会受到其他资产的收益和价格的影响；商业银行的存款创造也不只是由商业银行自身决定的，还在很大程度上取决于其他金融机构和公众偏好、行为的影响[2]。在托宾（1963）的研究之后，众多学者延续和扩张了他的这一分析框架，强调资产的相对价格机制对货币供给和商业银行信贷扩张的影响[3]。

从格里和肖、托宾的"新观点"可以看出，货币供给并不是中央银行存款准备金制度下的一个技术性或者算术性问题，商业银行是作为资产组合管理者进行信贷发放和货币创造，存款准备金比率只是通过成本—收益关系来发挥作用（杨力，2005，p107－108）；不能单独从中央银行的角度来孤立地研究信贷扩张和货币供给过程，其他经济主体的行为对于信贷扩张和货币供给也非常重要；其他金融机构也与

---

① 亨利·考夫曼（Henry Kaufman，2000）也表述过这一观点。

② 正因为如此，有学者将托宾的"新观点"称为"货币供给的'资产组合理论'"，当然这除了托宾的"新观点"采用了资产组合分析方法，还因为托宾是现代资产组合理论主要开拓者之一。

③ 尽管托宾的"新观点"提出后受到了众多学者的追捧，但是受到了 Brunner（1968）等货币主义者的强烈批评，详见盛松成（1993，p194－201）对此的介绍和评论。

银行类金融机构一样在创造信用，货币供给和信贷扩张的过程应该是一个综合反映商业银行与其他经济参与主体行为的内生过程。

2.1.4　后凯恩斯学派货币信贷扩张内生理论的构建

除了《拉德克利夫报告》以及格里和肖、托宾的"新观点"对货币学派外生理论的批判外，也有不少学者，例如早期的后凯恩斯主义者明斯基（Hyman Minsky）、卡尔多（Nicholas Kaldor）、罗西斯（Stephen Rousseas）等，从货币供给乘数模型中的各个变量入手，批判或者修正了货币学派关于货币供给和信贷扩张的外生论断①。但这些批判还没有从根本上动摇货币学派关于货币供给和信贷扩张的外生理论，只是在其外生框架下进行了内生性修正，基于这些批判得出的信贷扩

---

① 首先，在基础货币方面，中央银行控制了其来源，可以通过公开市场操作和对商业银行的再贷款发放。但从流向来说，基础货币主要是用于公众持有的货币和商业银行的准备金，因此商业银行和公众的行为可以决定基础货币的分配，从而削弱中央银行通过基础货币的发放和回收来控制货币供给的力量。除此之外，尽管中央银行是基础货币的最终供给者，但是又分为主动供给和被动供给，货币供给的内生论者认为中央银行负有最后贷款人的职责，并可能会受到政府部门的干预，而被动地满足商业银行对基础货币的需求。

其次，在通货比率方面，其变动主要是受公众流动性偏好的影响，但其他的市场和经济因素也会对其产生影响。这些因素包括利率、其他金融资产的报酬率、预期的通货膨胀率等影响持有货币机会成本的因素；公众可支配收入以及收入分配方面的因素；经济周期、地下经济规模、季节性因素等。

再次，银行的资产负债结构方面，银行存款结构的变化会因为不同存款类型派生存款能力以及准备金要求差异两个方面影响货币供给乘数；银行资产结构方面，贷款结构及其与存款结构的匹配情况也会影响到货币供给乘数的大小。

最后，在存款准备金方面，法定准备金由中央银行制定，而超额准备金和借入准备金（包括向中央银行借入的准备金和通过金融市场融入的准备金）则是由商业银行自行决定的。在中央银行调整法定准备金时，商业银行可以根据自己的经营决策、存款中定期存款和活期存款的比例和期限结构、自己非存款负债能力的大小、超额准备金的机会成本以及对未来提现的预期等，对持有的超额准备金做出调整，从而抵消或制约了中央银行调整法定准备金率对货币供给的影响。

此外，从各国的经济发展史来看，经济的长期波动是在所难免的，即使是短期也可能会发生大幅的波动，各经济主体的行为会有所调整，货币供给乘数以及基础货币的供给量可能都是经济本身决定的内生变量。并且，这些货币供给乘数模型在分析货币供给的创造过程中，没有分析基础货币与货币乘数各决定变量的相互作用，以及金融市场状况（如利率）等与货币供给的相互作用，而这些对货币供给机制的作用不容忽视。

张内生结论还不是真正的信贷扩张和货币供给内生理论。

前文的分析已经指出，除了被广为论及的货币流通速度稳定的假设条件外，货币学派的货币供给乘数模型还依赖于两个重要的潜在假设：其一，银行类金融机构的贷款经营模式是"先存后贷"；其二，经济活动具有无限大的信贷需求。如果上述两个假设条件在实践中不成立，那么货币学派关于货币供给和信贷扩张的外生理论的合理性就会大打折扣。表面上看，存款准备金比率、基础货币等是外生变量，货币学派基于传统货币数量论和货币供给乘数理论的货币供给和信贷扩张的外生理论似乎是正确的；但在实践中，银行只有在拥有足够多贷款需求的前提下才能通过贷款的发放实现存款的创造和多倍扩张，而贷款需求在很大程度上取决于经济发展水平和经济运行状况（Tobin 和 Brainard，1963）。因此，如果从实践中的贷款需求来看，信贷扩张和货币供给的逻辑链条应该是：贷款需求→贷款扩张→存款供给（货币供给）增加→基础货币增加，而这一逻辑链条与货币学派基于传统货币数量理论和货币供给乘数的外生链条正好相反。

上述关于信贷扩张和货币供给的逻辑链条以信贷需求为出发点，废弃了货币学派关于无限信贷需求的假设，同时这一逻辑成立的另一个关键是银行类金融机构的贷款经营模式从"先存后贷"转变为了"先贷后存"。后凯恩斯学派正是基于这一逻辑链条建立了一整套信贷扩张和货币供给内生理论，认为银行类金融机构的贷款经营模式是"先贷后存"，信贷扩张和货币供给的过程是"贷款创造存款，存款创造准备"（Lavoie，1985）。在信贷扩张和货币供给的内生理论框架下，贷款需求是第一位的，存款准备是第二位的，银行的经营模式是"先贷后存"。

随着后凯恩斯主义货币理论的发展，其内部关于信贷需求决定信贷扩张和货币供给没有争论，但在商业银行适应信贷需求后如何增加或者创造基础货币方面（满足存款准备金要求）保有争论，凯恩斯学

派的内生理论也因此分化为了三个小阵营：欧洲的货币流通理论
（Money Circulation Theory）、"适应性"（Accommodative，也叫"水平
性"，Horizontal）内生理论和"结构性"（Structural）内生理论（Pol-
lin，1991）①。

货币流通理论主要是由法国和意大利的经济学家发展起来的。该
理论也认为货币创造的流程源自银行与企业之间的借贷，企业的投资、
工资支付最终会引起一系列的生产、分配、交换、消费，而企业在销
售产品获得销售收入后偿还贷款，整个货币流程结束。货币流通理论
强调信贷扩张和货币供给的内生性，但是在分析方法上与后凯恩斯学
派的另外两个内生理论大不相同。货币流通理论没有采用另外两个理
论所采用的货币供求均衡分析框架，而是强调时序和流程分析，从信
贷需求—信贷供给扩张—货币创造（存款）—货币流通—货币回流的
流程来分析信贷的内生扩张。Deleplace 和 Nell（1996）、孙伯银
（2003）、Fontana（2009）的著作对货币流通理论和后凯恩斯学派的另
外两个内生理论进行了较详细的对比分析。

适应性内生理论阵营的代表性研究有：Kaldor（1982，1985）、
Weintraub（1978）、Moore（1984、1988、1989、1991）等，其中 Moore
对这一理论的贡献颇多，其 1988 年的著作 "Horizontalists and Vertical-
ists" 是其中的杰出代表，Lavoie（2006）的综述性论文对该理论做了
详细介绍。信贷扩张和货币供给的适应性内生理论认为，信贷扩张和
货币供给是内生的，中央银行外在设定利率，银行适应信贷需求而发
放贷款，中央银行作为最后贷款人，为了维持金融系统的稳定，必定
适应性地满足银行的存款准备金（或者基础货币）需求。Lavoie
（1985，p71）将这一理论概括成："在一般情况下，银行愿意提供所有

---

① 根据本书的结构安排，在此对后凯恩斯学派内生理论的三大阵营不做详细介绍，下一章
将详细讨论三者的信贷内生扩张机制。

的贷款①，中央银行愿意满足既定利率条件下的所有准备需求，利率由中央银行或者银行系统决定。这可以用既定利率水平下的货币供给曲线来表示。"

"结构性"内生理论阵营的代表性研究有：Minsky（1982，1986）、Rousseas（1985，1986）、Earley（1983）、Pollin（1991）等，Dow（2006）的综述性论文对该理论做了详细介绍。对适应性内生理论关于中央银行必定适应银行信贷扩张后的准备金需求的论断，结构性内生主义者并不赞同，认为中央银行不会完全满足商业银行的准备金需求，贴现窗口不是公开市场的完全替代；银行主要是依靠金融创新和负债管理到金融市场寻求准备；利率不是外生的，而是由中央银行和金融市场共同决定的。Pollin（1991）、Moore（1991）、胡海鸥（1997）、Fontana 和 Venturino（2003）、Wray（2007）、Palley（1991、1996a、2008）和 Fontana（2009）对适应性内生理论和结构性内生理论的差异进行了对比分析。

正是由于信贷扩张和货币供给的逻辑链条与货币学派的观点相反，相对于货币学派货币供给和信贷扩张的乘数模型，后凯恩斯学派建立了信贷扩张和货币供给的"除数"模型（Lavoie，1984b，p779）。相对于货币学派的货币乘数模型（2-3）和货币供给乘数模型（2-4），后凯恩斯学派建立的货币"除数"（d_J）和货币供给除数模型则可以表述为

$$d_J = \frac{1}{m_J} = \frac{\left(c + \sum_{i=1}^{N} d_i z_i + f\right)}{\left(c + \sum_{i=1}^{N} d_i\right)} \tag{2-7}$$

$$B = d_J \cdot M_J \tag{2-8}$$

---

① 准确地说，银行是满足所有符合银行信用标准的有效信贷需求（Lavoie，2003；孙伯银，2003）。

相应地，后凯恩斯学派内生理论下的信贷除数 l_d（Credit Divisor）和信贷扩张除数模型可以表述为

$$l_d = \frac{1}{l_m} = \frac{\left(c + \sum_{i=1}^{N} d_i z_i + f\right)}{\sum_{i=1}^{N} (1 - z_i) d_i - f} \qquad (2-9)$$

$$B = l_d \cdot L \qquad (2-10)$$

对比式（2-3）和式（2-7）、式（2-4）和式（2-8）、式（2-5）和式（2-9）、式（2-6）和式（2-10）可以发现，在模型的数学描述上，后凯恩斯学派关于信贷扩张和货币供给的除数模型与货币学派的乘数模型并没有根本性差异，区别在于两个学派模型背后的逻辑关系。货币学派的逻辑关系是从中央银行发放基础货币到货币供给（存款）再到贷款，而后凯恩斯的逻辑关系是从贷款需求到货币供给（存款）再到基础货币。

后凯恩斯学派认为信贷扩张和货币供给起始于信贷需求，银行类金融机构的贷款经营模式是"先贷后存"，"货币乘数"其实并不存在，而仅仅是一种事后的计算（Moore，1991）。因此，后凯恩斯学派的内生理论认为，正确描述和解释信贷扩张和货币创造过程的模型是信贷除数和货币除数模型，而非货币学派的货币乘数和信贷乘数模型。

后凯恩斯学派建立了相对完整的信贷扩张和货币供给内生理论①，从信贷扩张和货币供给的逻辑关系上对货币学派为首倡导的外生理论进行了有力批判，信贷扩张和货币供给的内/外生争论至此演化为了两个具体经济学派的争论。米尔顿·弗里德曼曾在其著作中提到，对货币数量论最顽强的挑战也许来自后凯恩斯学派的经济学家们（Lavoie，1992b）。此后，两个学派的争论逐渐聚焦为"存款创造贷款"还是

---

① 之所以说是"相对完整"，而非"完整"，是因为后凯恩斯学派现有的信贷扩张和货币供给内生理论缺乏对信贷需求根源的解释。

"贷款创造存款",但由于都没有解释为什么会存在货币需求,以及货币需求与银行信贷需求的关系是什么,两个学派的争论僵持了半个世纪也没有得出一致性的结论,并逐渐陷入了"鸡生蛋还是蛋生鸡"的迷局。在本书第 2 章,作者将试图从银行信贷需求的根源出发破解这一迷局,以进一步完善信贷扩张的内生理论框架。

2.2 货币信贷扩张的内生性:两次大危机的案例分析

上一部分以货币理论的发展脉络为线索,梳理了主要货币理论关于信贷扩张和货币供给的内/外生争论。但随着经济研究方法的丰富,理论研究通常离不开实证检验。对于信贷扩张和货币供给的内生性,除了理论分析的支持之外,还有很多研究文献是从实证分析方面给予了验证。

2.2.1 货币信贷内生扩张的计量检验

后凯恩斯主义的现代货币内生理论自初创以来,其发展已历经半个多世纪,其中涌现了大量关于信贷内生扩张和货币内生供给的实证研究。在国外,Moore(1983、1984)、Pollin(1991、1996)、Palley(1996b)、Mookerjee 和 Peebles(1998)、Nell(2000)等利用宏观经济变量对信贷扩张或者货币供给的内生性进行了验证,而 Cuberes 和 Dougan(2010)等则利用微观的企业融资数据检验了信贷扩张的内生性。在国内,相关的研究大多局限在国外已有研究的框架下,利用我国的经济数据来识别我国货币供给和信贷扩张的内生性情况,如万解秋和徐涛(2001)、孙伯银(2003)、谢罗奇和胡昆(2005)、于泽(2008)、王国松(2008)、刘志雄和李剑(2010)等。

这些实证研究大都是采用计量经济学中的格兰杰—西姆斯因果检验(Granger – Sims Test)方法,只是在变量的选取上有所不同,为此本书不再对这些研究进行详细介绍。除此之外，信贷扩张和货币供给的内生性也得到了一些中央银行官员的承认。例如，前纽约联邦储备银行副主席 Alan Holmes（1969，p73）曾说："在现实世界中，银行扩张信贷，并在这一过程中创造存款，然后再寻求存款储备金"，"关于银行体系只能在获得（中央银行）系统（或者市场）准备金注入的情况下才去扩大信贷发放的说法是一个天真的假设"。

2.2.2　两次大危机期间货币信贷波动的比较分析

经济危机是检验经济理论最好的证据，美国 20 世纪 30 年代遭受的大萧条以及由次贷危机引发的此次国际金融危机是近一百年来世界经济爆发的两次最严重的危机①，因此这两次危机期间货币政策、货币供给、信贷状况与经济活动之间相关关系无疑是验证信贷扩张和货币供给内生性的最好史料。

在这两次大危机期间，美联储的应对政策大不同，危机后美国经济的信贷扩张和货币供给的复苏状况大不相同，这究竟是什么原因？或者说这些差异应该由信贷扩张和货币供给的外生理论还是内生理论来解释呢？② 本章将通过对比两次大危机期间的信贷状况、货币供给和经济表现来解答这一问题。

下面十组图描绘了大萧条和此次大危机的发展过程和阶段，并比较了两次大危机期间的经济表现和信贷、货币状况。本章将结合下面

---

① 关于这两次危机的影响，Bordo 和 Lane（2010）比较了两次危机中美国 GNP 和就业的变动情况；Krugman（2009）的博客文章对美国 1929 年中期和 2007 年后期的工业生产高峰进行了对比；Almunia 等（2009）、Grossman 和 Meissner（2010）比较了两次危机对世界对外贸易的冲击；而 Short（2009）通过其"坏熊"（Bad Bears）图比较了 1929—1930 年和 2008—2009 年美国股票市场的崩溃情况。

② Gertler 和 Kiyotaki（2011）在两人之前的"金融加速因子"模型和"信贷周期"的基础上，合作构建了一个金融中介与经济波动的传统均衡模型，并利用此模型对美国财政部和美联储在此次危机中的干预、救助政策的效力进行了解释。

十组图对两次危机的真实过程进行描述，在此基础上，利用图中的信息对信贷扩张和货币供给的内生性进行验证。

在图 2 - 1 中，上下两幅统计图分别描绘了美国大萧条期间（以1929 年初为基准期）和美国此次大衰退期间（以 2007 年初为基准期）真实 GNP 的变动情况。从两条 GNP 统计曲线的波动轨迹可以清楚地发现，相对于 20 世纪 30 年代的大萧条期间高达 35% 的经济衰退，在这次起始于 2007 年底的"大衰退"期间，美国经济的衰退程度大约为5%，显然要更加温和。在图 2 - 2 中，失业率的变动情况也是如此。在大萧条期间，失业率从 0 附近上升到了 25% 以上；而在这次衰退期间，失业率只不过是从 4% 上升到了 10%。

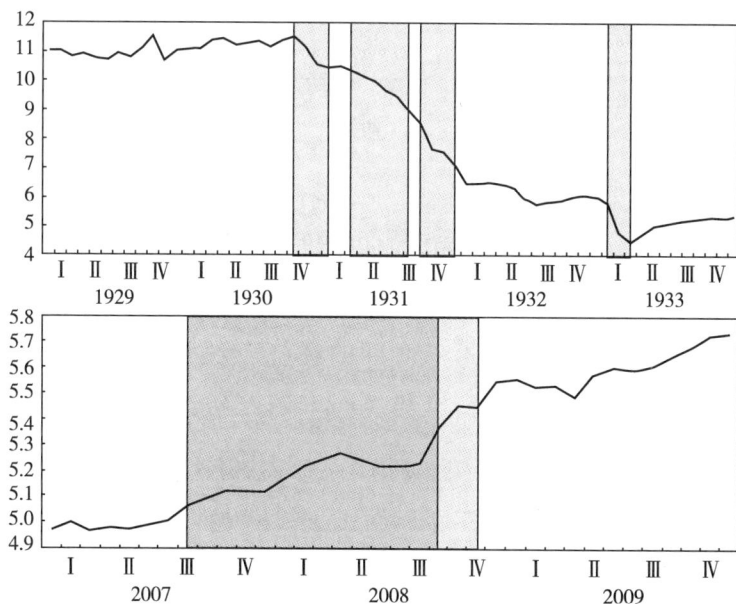

数据来源：Friedman 和 Schwartz（1963）、Bordo 和 Lane（2010）。

图 2 - 1　两次危机期间真实 GNP 比较

在货币供给方面，后面的几组对比图表明，由于公众的"存款—现金"比率、银行的"存款—准备金"比率以及货币供给乘数（M_2

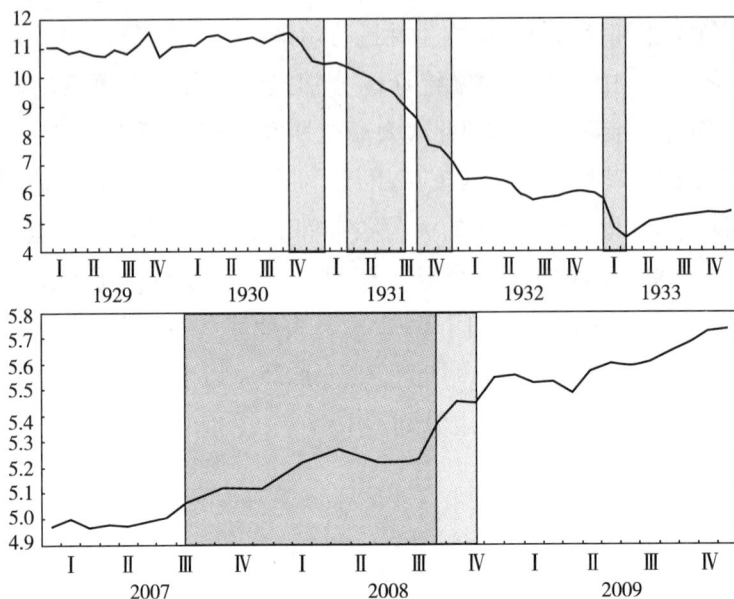

数据来源：Friedman 和 Schwartz（1963）、Bordo 和 Lane（2010）。

图 2-2　两次危机期间失业率比较

乘数）的下降速度和幅度更大，大萧条期间美国的货币供给经历了大幅的紧缩。关于美国大萧条时期的经济表现和货币、信贷状况，Friedman、Schwartz（1963）和 Bernanke（1983）提供了更加详细的资料。

　　然而，在此次大衰退期间，由于美联储果断实施了扩张性的以及量化宽松（QE）的货币政策，美国的货币供给并没有下降，反而在持续增加。而且，在 2008 年 9 月雷曼兄弟倒闭后，美联储和美国财政部实施了创新性的救助措施，美国联邦存款保险机构也积极应对，美国的"存款—现金"比率在这次危机中只在 2008 年危机发展和 2009 年危机恶化期间经历了短暂的下滑，而总体上却保持着不断提高的趋势。

在此次危机中，美国没有爆发大萧条时期的大规模银行挤兑和倒闭风波，这一方面是因为应对 20 世纪 30 年代商业银行遭受的存款人挤兑，美国罗斯福政府在 1934 年建立了联邦存款保险体系，并且在危机之后大幅提高了存款保险的限额和范围①；另一方面是因为，次贷危机的爆发和发展主要是因为金融机构之间的交易对手挤兑，而非存款人挤兑，美联储、联邦存款保险公司和美国财政部的积极应对和合力协作②极大地控制了交易对手挤兑风险的蔓延。

两次大危机期间，美国的"存款—准备金"比率都经历了下降，但原因却有所不同。大萧条时期"存款—准备金"比率的下降是由于 20 世纪 30 年代商业银行担心存款人挤兑而争夺流动性导致的，而这次危机期间"存款—准备金"比率的下降是因为扩张的货币政策导致银行持有了大量的超额准备金。

---

① 为了帮助美国人民"对银行系统保持信心"，美国当时的乔治·布什总统签署了《2008 紧急经济稳定法案》（*Emergency Economic Stabilization Act of* 2008），临时性地将每个存款人的存款保险额度从 10 万美元提高到 25 万美元。这一暂时性调整从 2008 年 10 月 3 日开始，截至 2009 年 12 月 31 日，此后联邦存款保险的基本保额将重新回归到 10 万美元，后来这一期限延长到了 2013 年底。2010 年 7 月 21 日，美国通过了改革金融体系的《多德—弗兰克华尔街改革与消费者保护法案》（*Dodd – Frank Wall Street Reform and Consumer Protection Act*，由奥巴马总统签署）。该法案第 335 条将危机中临时性调高的存款保险限额永久化。并且，联邦存款保险扩宽了保险范围，该法案第 343 条规定为不计息的活期交易账户余额提供联邦存款保险，有效期从 2010 年 12 月 31 日起算为两年。

除此之外，2008 年 10 月，联邦存款保险公司还宣布了一个临时性流动性担保计划（Temporary Liquidity Guarantee Program），为所有"合格机构"在 2009 年 7 月 30 日或者在此之前发行的高级无抵押债务担保（senior unsecured debt），为 2009 年到期的大量未担保银行债务的再融资提供便利，该计划后来也得到了延期。

② 作者（2011）在国务院发展研究中心课题"中国存款保险制度研究"的研究报告"危机后美国存款保险制度的改革及变化"中对联邦存款保险公司、美联储和美国财政部的救助措施进行了较详细的比较分析，该报告的部分内容已经于 2012 年发表在《金融发展评论》上。

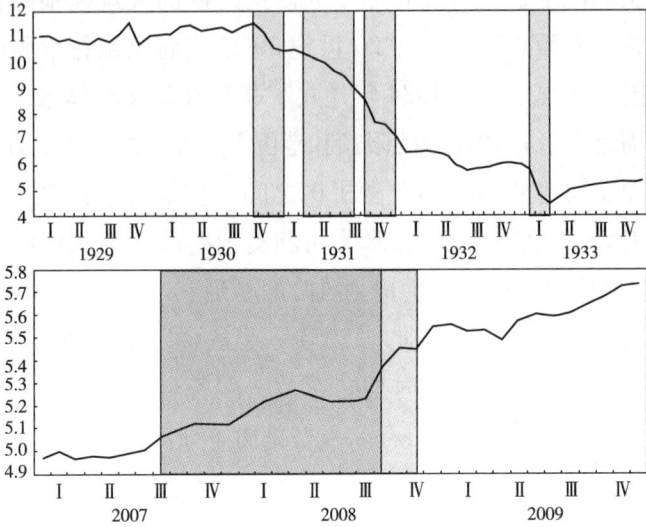

数据来源：Friedman 和 Schwartz（1963）、Bordo 和 Lane（2010）。

图 2 - 3　两次危机期间货币存量（M₂）比较

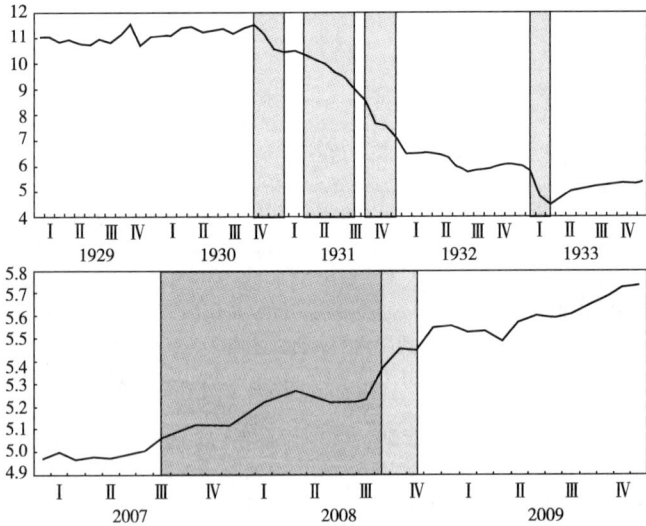

数据来源：Friedman 和 Schwartz（1963）、Bordo 和 Lane（2010）。

图 2 - 4　两次危机期间"存款/现金"比率比较

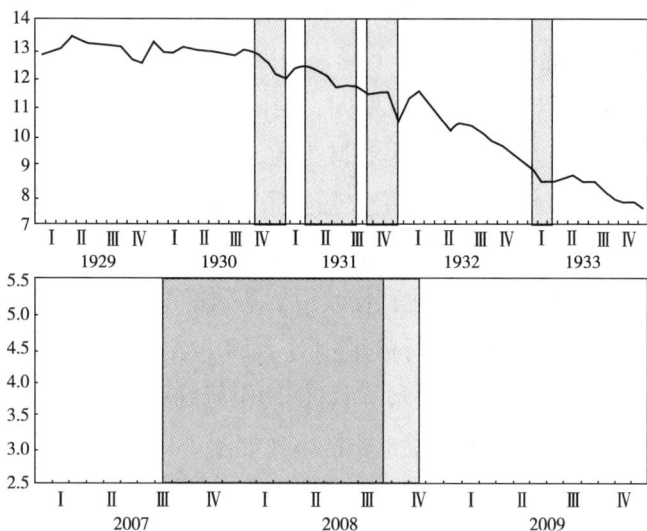

数据来源：Friedman 和 Schwartz（1963）、Bordo 和 Lane（2010）。

图 2 - 5 两次危机期间"存款/准备金"比率比较

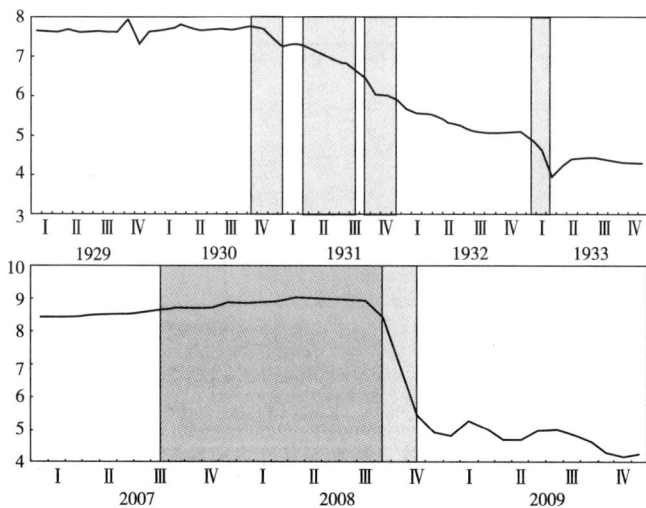

数据来源：Friedman 和 Schwartz（1963）、Bordo 和 Lane（2010）。

图 2 - 6 两次危机期间"M$_2$/基础货币"比率比较

此外，美国的货币供给乘数在两次危机期间都经历了下降。美国的货币供给乘数在此次危机中的下降，是因为基础货币大量增加导致的。从图2－7可以看出，在大萧条期间，美国的基础货币在1929年的股市崩溃至1930年10月这段时间是在减少的，此后才有小幅增加①；而此次危机爆发后，美联储果断实施了大幅扩张的货币政策，美联储资产负债表中的基础货币也因此在2008年下半年和2009年期间增长了一倍多。此后美联储还实施了三轮量化宽松政策，基础货币供给进一步大幅扩张。此外，此次危机中倒闭的银行数量相对于20世纪30年代大萧条期间来说要小得多（如图2－8所示），而且倒闭银行的存款量占银行体系总存款量的比率相对于大萧条来说也非常小（如图2－9所示）。

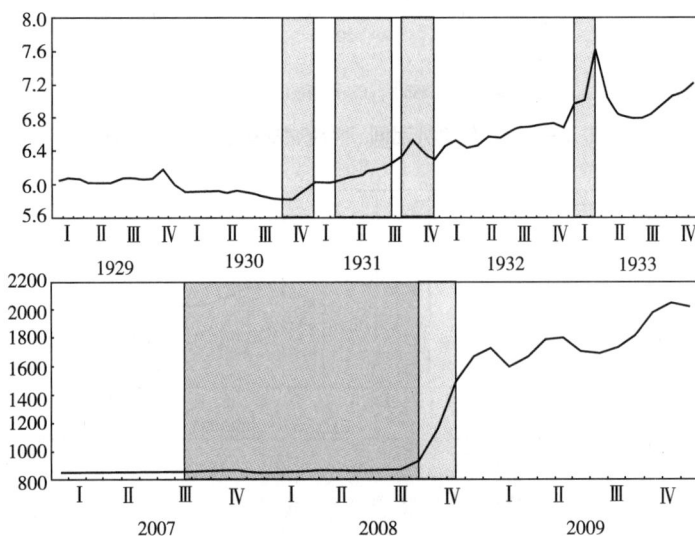

数据来源：Friedman 和 Schwartz（1963）、Bordo 和 Lane（2010）。

图2－7　两次危机期间基础货币数量比较

---

① 关于美联储在大萧条期间为什么没有果断积极地实施扩张性的货币政策，详见 Friedman 和 Schwartz（1963）第7章 "The Great Contraction：1929－33" 的分析。

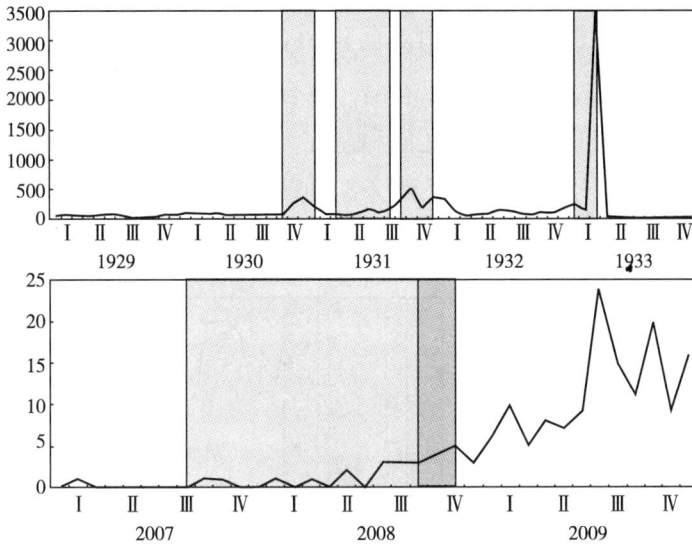

数据来源：Friedman 和 Schwartz（1963）、Bordo 和 Lane（2010）。

图 2 - 8　两次危机期间银行倒闭数量比较

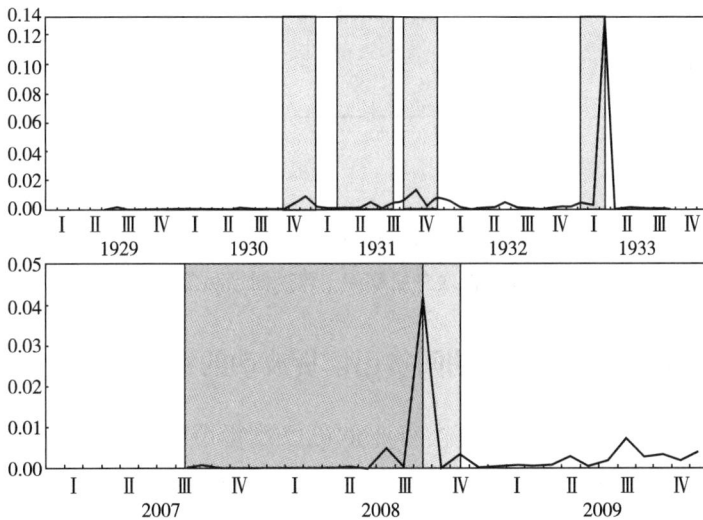

数据来源：Friedman 和 Schwartz（1963）、Bordo 和 Lane（2010）。

图 2 - 9　两次危机期间倒闭银行存款占比比较

图 2 - 10 描述了美国 Baa 级综合国债（Composite Treasury）收益利差的情况，该收益利差经常用来衡量信贷市场的混乱状况（Bordo 和 Haubrich，2010）。从该图可以看出，综合国债的收益利差在两次危机中走势并没有大的差异，只是该利差在大萧条期间的高点更高、持续时间更长，说明经济主体在大萧条期间的风险厌恶程度更大，流动性偏好更大。

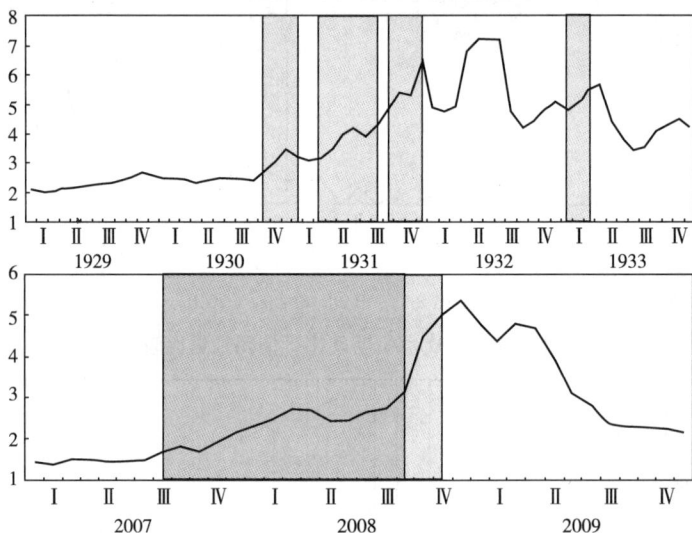

数据来源：Friedman 和 Schwartz（1963）、Bordo 和 Lane（2010）。

图 2 - 10　两次危机期间十年期国债利差比较

2.2.3　两次大危机期间货币信贷波动的实证检验

对于大萧条期间的各次银行业危机以及货币供给下降的原因，理论界一直存有争论。Friedman 和 Schwartz（1963）通过详细的数据分析，认为 1929 年至 1933 年的四次全国性银行业恐慌都是由于货币供给下降导致的流动性冲击引起的。在 Friedman 和 Schwartz（1963）看来，1929 年危机爆发后，美联储在货币政策上并没有实施持续宽松的货币政策，贴现率的升降反复，"逆回购"操作不坚决，特别是在 1931 年英国放弃金本位制之后，美联储采取提高利率和"逆回购"的政策组合反倒收缩了基础货币的投放，因此美联储在 1932 年之前实施的政策总体上属于"紧缩"，而非"宽松"，这是引致大萧条期间第四次银行业危机并将美国经济拖入长时间萧条的根源。此后 Wicker（1996）利用非总量数据、当地报纸和美联储文献等资料检验了 Friedman 和 Schwartz（1963）的观点。Wicker（1996）的分析表明，1930 年秋和 1931 年春的两次银行业恐慌是区域性的，而非全国性的；1931 年秋和 1933 年冬的另外两次银行业恐慌是全国性的；此外，Wicker（1996）也认为这四次银行业危机都是由于银行体系流动性缺乏造成的，如果美联储通过公开市场操作实施宽松的货币政策就可以防范这些银行业危机和持续的经济萧条。Friedman、Schwartz（1963）和 Wicker（1996）的实证分析表明，大萧条的发生以及期间发生的银行业危机是由于美联储的不作为造成的，也就是说信贷扩张和货币供给是外生的。

　　Temin（1976）并不赞同 Friedman 和 Schwartz（1963）的货币供给下降是外生性事件的观点，而是认为货币供给是对经济衰退的反应，而经济衰退和收入的下降是消费支出和出口自动下降造成的，收入的下降减少了信贷和货币需求，货币供给进而随之下降。此外，Temin（1976）认为，1930 年 10 月开始的银行崩溃并不是"传染性的流动性冲击"造成的，而是之前的经济活动，特别是遭受 20 世纪 20 年代商品价格下降冲击较大的农业区域的经济活动放缓所导致的"债务清偿能力不足"引起的。总的来说，大萧条期间的银行倒闭、信贷紧缩和货币供给下降是股市崩盘后经济衰退导致信贷需求不足（有效信贷需求不足）造成的，从而是内生性的。

　　与 Friedman 和 Schwartz（1963）以及 Temin（1976）的总量分析不同，White（1984）利用结构数据对美国大萧条期间的银行业危机进行了检验，认为最初的 1930 年银行业恐慌并不是流动性事件，而是由于南部和中西部农业地区的银行缺乏债务偿还能力导致的，这两个地区的银行主要是小规模的单一银行，这些单一银行受经济衰退的影响而不断衰弱。另外，Calomiris 和 Mason（2003）利用结构数据进行的实证研究也表明，银行倒闭的时间是受规模、是否有分支机构、资产净值等多个因素影响的，Friedman 和 Schwartz（1963）所认为的流动性冲击对银行倒闭的影响非常小。

近年来，Richardson（2007）为了辨析大萧条期间的银行危机是流动性冲击造成的还是债务偿还力冲击造成的，将银行停业分为暂时停业和永久停业；将存款者挤兑、资产价格下跌、相关银行倒闭、兼并、挪用资金等多个因素综合起来分析；将每一个银行停业分为是流动性冲击造成的、债务偿还能力冲击造成的或者两者综合造成的；在这些数据的基础上，Richardson（2007）构建了流动性不足指数和债务清偿力不足指数。在这些技术处理的基础上，Richardson（2007）的实证结果表明，大萧条期间的银行停业 60% 是债务清偿能力不足导致的，40% 是流动性不足导致的，即信贷收缩和货币供给下降很大程度上是由于经济衰退后有效信贷需求不足引致的。

从上述实证分析的结果来看，基于总量数据的分析倾向于认同 20 世纪 30 年代的四次银行业危机是由于美联储没有实施宽松货币政策导致的流动性不足引发的，银行业危机进而造成了大萧条；而基于结构和分解数据的分析倾向于认同经济衰退造成的债务清偿力不足（即有效信贷需求不足）导致了 20 世纪 30 年代的四次银行业危机。

在 Richardson（2007）实证分析的基础上，Bordo 和 Lane（2010）对大萧条和此次大危机进行了对比分析。通过 VAR 和脉冲反应的计量分析，Bordo 和 Lane（2010）认为，银行业危机的确反映了传染性的流动性不足，但是内生性的债务清偿能力不足在各次银行业危机中也非常重要；大萧条期间的前两次银行业危机主要是由于流动性不足的冲击导致的[①]，而 1933 年的最后一次银行业危机则主要是由于债务偿还能力不足导致的；另外，与大萧条期间的银行业危机主要是由于流动性不足造成的不同，此次危机主要是由于金融机构的债务偿还能力不足造成的。

Bordo 和 Lane（2010）的实证结论得到了 Mitchener 和 Mason（2010）的支持。Mitchener 和 Mason（2010）认为，由于大规模的黄金流入美国，同时价格和工资并没有调整到更高的水平，这使得真实货币供给量（M_1）从 1933 年底到 1936 年底增长了 27%，从 1937 年 12 月至 1942 年 12 月增长了 56%，但是货币总量的增长并不是需求引致的货币乘数变化带来的。Friedman 和 Schwartz（1963）认为准备金率的提高减少了货币供给，因为银行需要持有超额的准备金（银行为了规避风险）。Mitchener 和 Mason（2010）进行了反驳，认为这误解了银行家们的动机，商业银行积累大规模的准备金表明经济还很脆弱。其中的原因或许是企业缺乏资金需求，抑或是银行不愿意向投资项目贷款，总之是有效信贷需求不足[②]。

此外，日本学者辜朝明（Koo，2008）基于建立的"资产负债表衰

---

①　另一个证据对此提供了支持。大萧条期间，对于美联储纽约分行提出的通过公开市场操作来增加货币供给的方案，以美联储芝加哥分行为首的很多分行都认为进一步地公开市场购买只能导致各储备中心银行的准备金不断积累；此后，其他的美联储分行也很快认识到随着区域性的危机不断发展，储备城市银行都在通过回收贷款（call loans）和投资短期的政府债券来寻求流动性。因此，公开市场购买的作用只是降低了这些政府债券的收益率。之前 Epstein 和 Ferguson（1984）的研究也表明，随着存款人信心的降低使得很多银行为了维持流动性，在 1929 年 10 月至 1933 年 3 月，不得不在资产组合中减少贷款的比例，而增加短期资产的比例，特别是政府债券。

②　另一方面的原因是银行风险偏好的转变。1932 年早期，美联储纽约分行主席哈里森（Harrison）无奈承认，"面对价值缩水，（银行的）态度自去年以来在逐渐发生改变"，并且"银行的兴趣更多的是避免可能的损失，而不是（通过扩展信贷供给）扩大当前的收益"（Friedman 和 Schwartz，1963）。银行不愿意向投资项目贷款和风险偏好的降低都说明，银行提高了有效信贷的标准，缩减了有效信贷的额度。

退"（Balance Sheet Recession）理论①对两次大危机进行了研究，认为经济在危机后陷入衰退的原因不是货币供给不足，而是危机后企业主动偿还债务导致的信贷需求不足引发了长期的经济衰退。大萧条期间的 1929 年至 1933 年，美国的货币供给量减少了 33%；银行储备减少了 30%，即 177 亿美元；银行对私人部门的贷款减少了 47%，即 198 亿美元。对于 Friedman 和 Schwartz（1963）"美联储流动性供给不足—银行倒闭—银行存款损失和公众持有现金增加"导致了货币供给减少的观点，辜朝明（2008）认为这只能解释银行储备和贷款减少的 15%，而剩下的 85% 是由于企业自发地削减债务造成的。企业全力削减债务是因为在经济泡沫时期，企业通过借贷购买的资产价格在美国股市崩盘后快速下跌，导致企业最终负债累累。也就是说，随着企业偿还贷款，信贷和货币需求的减少将经济带入了大萧条，而不是货币供给不足。

此外，辜朝明（2008）认为此次危机与大萧条一样，也属于"资产负债表衰退"，但又有所不同。这次危机中出现问题的主要是个人与银行，而非大萧条时期的企业。对于那些因为房地产泡沫破灭后无法继续支付贷款本息的个人住房贷款者（即次级房屋贷款者）来说，最后只能是拖欠银行贷款；银行因为不良贷款增加而遭受损失，资本充足率不断下降，为此银行不得不减少放贷（提高有效信贷需求的标准）以恢复资本充足率，但这会导致信贷紧缩。在这样的背景下，单个银行以为通过减少放贷可能会提高自身的资本充足率，但对整个经济来

---

① "资产负债表衰退"理论（Balance Sheet Recession）认为，经济衰退是由于股市以及不动产市场的泡沫破灭后，市场价格的崩溃造成在泡沫期过度扩张的企业资产大幅缩水，资产负债表失衡，企业负债严重超出资产，因此企业即使运作正常，也已陷入了技术性破产的境地。在这种情况下，大多数企业会自然地将经营目标从"利润最大化"转为"负债最小化"，在停止借贷的同时，利用可利用的资金进行债务偿还，不遗余力地修复受损的资产负债表，以尽快走出技术性破产的境地。企业经营目标向"负债最小化"的大规模转变最终会造成合成谬误（Fallacy of Composition），导致即便银行愿意继续发放贷款，也无法找到借贷方的异常现象。

说会带来合成谬误，因为所有银行的信贷紧缩会导致经济更加恶化，银行提高资本充足率的目标更加难以实现。

关于这两次大危机的实证研究表明，危机爆发后的银行业危机、信贷紧缩和货币供给减少，在一定程度上可能是由于中央银行没有实施宽松的货币政策导致的，但是危机爆发后长期的经济衰退、信贷紧缩和货币供给减少则可能是由于债务清偿能力不足、企业经营目标从"利润最大化"向"债务最小化"转变等引发的信贷需求不足导致的，即信贷紧缩和货币供给减少具有非常大的内生性。而在经济复苏和货币供给增长的关系上，更多的是"货币量的增加是经济复苏以后所带来的结果，而不是起因"（斯基德尔斯基，2011，pXV）。

2.3 货币信贷扩张的内生性：制度视角的分析

前面的理论争论述评表明，信贷扩张和货币供给的内生观点早已潜藏在古典经济学理论中，但随着银行制度的变革和金融市场的发展，真正意义上的信贷扩张和货币供给内生理论才在 20 世纪 70 年代被后凯恩斯学派建立，并逐渐发展；基于两次大危机的案例检验也表明，随着经济金融制度的发展，信贷扩张和货币供给的内生性在逐步加强，大萧条和此次大危机期间的经济金融表现就是最好的例证。那么，这是否说明信贷扩张和货币供给的内生性是金融制度，特别是银行制度变革的产物呢？为此，这一节将从制度视角对信贷扩张和货币供给的内生性进行论证。

2.3.1 货币信贷内生扩张的"演变式制度分析"

到 20 世纪 90 年代，后凯恩斯学派的内生理论已经逐步完善，其与货币学派关于信贷扩张和货币供给的内/外生争论也变得更加激烈。在此背景下，Chick（1986）、Niggle（1990）提出信贷扩张和货币供给是内生还是外生，或者说货币内生理论对现实货币政策的指导作用，需要置于特定的货币银行制度进行判定，不同的货币银行制度孕育了不同内生程度的信贷扩张和货币供给。正因为如此，以 Chick（1986）、Niggle（1990）为代表的一批学者基于货币银行制度的演变来论证信贷扩张和货币供给内生性，他们的分析也被称为"演变式制度分析"（Evolutionary Analysis）①。

Niggle（1990）将世界的货币银行制度粗线条地划分为五个阶段，并逐个讨论了信贷扩张和货币供给在各个阶段的内/外生性。

阶段一：商品货币（commodity money）时期，包括金本位制和金汇兑本位制。Niggle（1990）认为金本位制下的货币数量和信贷总额是由贸易差额、国外投资以及黄金产量决定的，因此信贷扩张和货币供给是外生的；而在金汇兑本位制下，国家发行的法币或者银行发行银行券存在着黄金兑付比例要求，因此信贷扩张和货币供给也是外生决定的。

阶段二：银行券（bank notes）充当交易媒介时期，类似于美联储建立之前的美国金融制度。商业银行在该制度下发行银行券不用存储法定存款准备金，Niggle（1990）认为此时的货币供给是由信贷需求、贷款偿还和银行家的审慎程度决定的，因此信贷扩张和货币供给具有一定的内生性。

阶段三：中央银行制度时期，该阶段类似于美联储建立初期。在该制度下，中央银行对商业银行存款强制实施法定准备金要求，并且可以通过调节法定存款准备金率、再贴现率和实施公开市场操作来控制银行的贷款规模和存款货币创造，因此 Niggle（1990）认为该制度下的信贷扩张和货币供给是中央银行外生决定的。

---

① "演变式"（Evolutionary）和后面的"变革式"（Revolutionary）两个概念是由 Rossi 等（2004）明确提出的。

阶段四：金融创新快速发展时期。在该制度阶段，商业银行可以利用金融创新工具来放松中央银行的法定准备金约束和对基础货币的控制，并且可以通过资产和负债管理来创造更多的货币。然而，Niggle（1990）认为这虽然弱化了单个银行在信贷扩张和货币创造上受到的束缚，促使整个银行体系的货币创造和信贷扩张达到最大限额，增加了信贷扩张和货币供给的内生性①，但中央银行仍然控制着整个银行体系的存款准备金和基础货币的发放量，因此货币供给总体上由中央银行外生决定的，但在外生框架下具有一定的内生性。

阶段五：中央银行充当最后贷款人（lender of last resort）时期。在该制度阶段，中央银行负有防范金融不稳定的责任，商业银行满足客户的贷款需求，银行体系如果因为贷款扩张而导致存款准备金不足，会造成利率上升、证券价格下降，此时中央银行为了防范金融危机会通过再贴现和公开市场操作为银行体系提供流动性，因此 Niggle（1990）认为该制度下的信贷扩张和货币供给，甚至商业银行的存款准备金供给，是内生的。

除 Chick（1986）、Niggle（1990）外，后凯恩斯学派中 Davidson（1972）、Davidson 和 Weintraub（1973）、Minsky（1991）、Moore（1996）等的研究也是对信贷扩张和货币供给的内生性进行"演变式制度分析"的代表。Minsky（1991，p208）曾指出，"在有些历史时期和经济条件下，货币供给主要是外生的，而在另外一些历史时期和经济条件下，货币供给则主要是内生的"；Moore（1996，p89）也宣称内生性/外生性争论在被误导，因为"这两种观点都是正确的，但是，……每一种观点都适用于一个不同的历史时期"。

"演变式制度分析"强调信贷扩张和货币供给的内生性有着不可忽

---

① 特别是，商业银行对于客户的贷款承诺使得商业银行需要适应客户的贷款需求，从而增加了信贷扩张和货币供给的内生性。

视的制度背景，但这种"演变式制度分析"得出的结论并非合理，特别是 Niggle（1990）关于阶段一、阶段三制度下货币供给的外生论断，因为他们的分析忽视了信贷需求和扩张的根源①。

2.3.2 货币信贷内生扩张的"变革式制度分析"

在信贷扩张和货币供给内生性的制度分析方面，与 Niggle（1990）极力推崇的"演变式制度分析"对立的是"变革式制度分析"（Revolutionary Analysis）。在"变革式分析"范式下，信贷扩张和货币供给的内生性是本质存在的，与货币和金融制度无关，唯一能够限制信贷和货币数量的是信贷需求（Lavoie，1992a）。"变革式制度分析"的思想在早期斯图亚特、亚当·斯密以及银行学派的理论中就得到了体现，后凯恩斯学派的一些学者，特别是 Lavoie（1992，p186；1996）等学者，发展了这一理论分析范式②。

信贷扩张和货币供给的"变革式制度分析"认为，即使在金本位制度下，货币扩张和货币供给也是内生的。在金本位制度下，黄金的开采量受到一定的限制，但是银行会创造必要的货币数量以满足经济体的信贷需求和货币需求，因此金本位制下的信贷和货币会适应需求而扩张。正如 Robinson（1956，p32）所指出的，"尽管受到地质资源的限制，地面上黄金存量的增长速度赶不上流动性需求的增长，那么银行会进入来补充货币供给"，这一观点后来得到了 Graziazi（1989）、Lavoie（1999）、Rochon（2001）、Gnos 和 Rochon（2003）等研究的支持。因此，信贷扩张和货币供给的内生性一方面与特定的历史时期无关，另一方面也不是某一货币银行制度产生的结果，而是在货币和银行出现之前就已存在。

---

① 本书第 3 章将对此展开详细分析。

② Rossi（2004）等对信贷扩张和货币供给内生性的"演变式制度分析"和"变革式制度分析"进行了对比分析。

在信贷扩展和货币供给内生性的"演变式制度分析"范式下，Niggle（1990）认为在阶段一的商品货币制度下，金银或者可兑换的银行券作为流通手段，货币供给取决于黄金的产量，因而其关于信贷扩张和货币供给在这一制度下外生的观点无疑是继承了传统货币数量理论的观点；同时，他又认为信贷扩张和货币供给也取决于贸易差额和国外投资（其结果会影响一国的黄金拥有规模），这说明信贷扩张和货币供给是由经济活动决定的，从一个国家来看，这说明货币供给仍然是内生的。

在阶段三的中央银行制度初期，Niggle（1990）认为中央银行可以通过调节法定存款准备金率、再贴现率和实施公开市场操作来控制基础货币和货币供给，因此信贷扩张和货币供给是由中央银行外生决定的。然而，中央银行的上述三种工具调节的只是基础货币，但最终的货币供给规模是由基础货币和货币供给乘数（后凯恩斯学派认为是货币除数）共同决定的。前面的货币供给乘数模型表明，货币供给乘数受通货比率、商业银行的资产负债结构、借入准备金率（或者超额准备金率）、法定准备金率的共同影响，而这其中只有法定准备金率是由中央银行决定的，而其他三个变量则是由公众、商业银行的偏好以及企业的贷款需求结构（这决定商业银行的资产结构）决定的。因此，即使中央银行可以控制基础货币和法定准备金率，银行体系仍然可以通过货币供给乘数的调整适应信贷需求的扩张，信贷扩张和货币供给还是具有较大的内生性。此外，此时的中央银行即使不充当最后贷款人，但不论货币政策的目标是为了实现充分就业和经济增长，还是维护币值稳定和控制通货膨胀，中央银行都不可能完全拒绝商业银行适应信贷需求后增加的存款准备金需求，否则经济就会遭受衰退或者通货紧缩的风险。

2.3.3 货币信贷扩张的内生性本质

有证据表明，在银行出现之前，货币供给的内生性就已显现了。在一篇关于英国 1520 年至 1640 年"大通胀"（Great Inflation）的文章中，Arestis 和 Howells（2002，p4）指出，"即使在最早期的'银行业阶段'，（货币供给）也已经出现了一定程度的内生性"。因此，信贷扩张和货币供给的内生性与货币制度是否是金本位制或者金汇兑本位制无关。

其次，Niggle（1990）等的"演变式分析"只考虑了货币的支付或者流通手段职能，而忽略了货币的价值储藏职能。如果将货币的这两项职能结合起来考虑，那么在金本位制度下，金属铸币会自动调节，流通中货币过多时就会转化为价值储藏退出流通，而流通中货币短缺时原本处于价值储藏的货币就会进行补充（斯图亚特，1767；富拉顿，1844；威尔逊；图克，1993）。同时，由于"物价—现金流动机制"（Price Specie – Flow Mechanism）的存在，如果一国的黄金数量过多而导致该国的汇率下降，那么该国的黄金会"或以铸币形式输往国外，或熔成金块输往国外"；如果是在金汇兑本位制度下，银行券的流通会遵循斯密的"银行券流通规律"（斯密，1776），银行券数量的变化也是信贷和货币需求的结果，银行同样不能任意控制其供给数量（富拉顿，1844）。因此，即使在金本位和金汇兑本位制度下，信贷扩张和货币供给仍然是由需求内生决定的（孙杰，1995；孙伯银，2003；杨力，2005）。

此外，在金本位和金汇兑本位制度下，金属货币供给的弹性较小，而信贷需求的弹性较大，供需之间的缺口会通过增加银行券为代表的其他信用来弥补。金属货币供给的弹性较小，而信贷需求的弹性较大，这种供需之间的缺口会通过信用货币的增加予以弥补。从下面的货币供给结构统计表可以看出，1885 年至 1913 年，信用货币的增长远远大

于金属货币黄金和白银，确实弥补了金属货币供给的不足，适应了增
加的信贷需求。这也说明，随着货币银行制度的变革，货币的信用化
程度不断增加，信贷扩张和货币供给的内生性也在不断增强。此外，
在信用货币占总货币供给量的比率上，英法美"三国"要高于"十一
国"，而"十一国"又高于世界，考虑这些国家在经济发展水平上的差
异，这说明随着经济发展，货币供给的内生性也将会得到加强（杨力，
2005）。此外，由于货币在履行支付和流通职能上的替代性较大，即使
银行限制银行券的发行，经济参与主体可以采用汇票、商业票据等商
业信用，甚至债务债权的抵消结算来代替银行券（图克，1993）。

表 2-1　　　　　1885 年和 1913 年的货币供给结构

	三国[1]		十一国[2]		世界	
	1885 年	1913 年	1885 年	1913 年	1885 年	1913 年
总量（10 亿美元）						
货币供给	6.3	19.8	8.4	26.3	14.2	33.1
a. 黄金	1.4	2.0	1.8	2.7	2.4	3.2
b. 白银	0.7	0.6	1.0	1.2	3.0	2.3
c. 信用货币	4.1	17.2	5.6	22.4	8.8	27.6
ⅰ 通货	1.6	3.8	2.3	5.9	3.8	8.1
ⅱ 活期存款	2.6	13.3	3.3	16.5	5.0	19.6
货币准备金	1.0	2.7	1.5	4.0	2.0	5.3
a. 黄金	0.6	2.1	0.9	3.2	1.3	4.1
b. 白银	0.4	0.6	0.6	0.8	0.7	1.2
黄金和白银总量	3.1	5.4	4.3	7.9	7.4	10.8
a. 黄金	2.0	4.1	2.7	5.9	3.7	7.3
b. 白银	1.1	1.3	1.6	2.0	3.7	3.5
占比（%）						
货币供给	100	100	100	100	100	100
a. 黄金	23	10	21	10	17	10
b. 白银	11	3	12	5	21	7

续表

	三国[1]		十一国[2]		世界	
	1885 年	1913 年	1885 年	1913 年	1885 年	1913 年
c. 信用货币	66	87	67	85	62	83
ⅰ 通货[3]	25	19	27	22	27	25
ⅱ 活期存款	41	67	39	63	35	59
货币准备金	16	14	18	15	14	16
a. 黄金	9	11	11	12	9	12
b. 白银	7	3	7	3	5	4
黄金和白银总量	49	27	51	30	52	33
a. 黄金	32	21	32	22	26	22
b. 白银	17	6	19	8	26	11

注：1. "三国"指的是美国、英国和法国；2. "十一国"指的是美国、英国、法国、德国、意大利、荷兰、比利时、瑞士、瑞典、加拿大和日本；3. "通货"指的是（非银）辅助铸币，最后一列除外。

数据来源：Eichengreen 和 Flandreau（1997，p111 - 112）。

因此，货币金融制度的变化不是信贷扩张和货币供给内生性的根本原因，信贷扩张和货币供给具有内生性本质（Endogenous Nature），这与货币银行制度、银行业的发展阶段、金融创新等无关。从制度演变的视角来分析信贷扩张和货币供给的内生性，并没有把握信贷扩张和货币供给的内生性本质（Rochon 和 Rossi，2004）。

2.3.4 中央银行制度下货币信贷内生扩张的现实表现

除此之外，如果我们回顾世界主要国家中央银行的政策目标、操作目标的变换历史，我们也同样会发现，现实中的中央银行制度无法保障货币供给和信贷扩张的外生性。

在美国：美联储在成立之初，选择了贴现率作为最基本的货币政策工具；20 世纪 20 年代，受 1920—1921 年经济衰退的影响，美联储的贴现贷款急剧萎缩，美联储为了寻找收入来源发现了公开市场操作；大萧条期间，美联储对于货币政策工具的选择模棱两可；第二次世界大战和朝鲜战争期间，美联储受政府主导，其政策工具是盯住利率，以帮助财政部以较低的利率筹集战争资金；20 世纪 50 年代和 60 年代，美联储的独立性大幅提升，选择将货币市场状况，尤其是利率，作为政策目标；20 世纪 70 年代，受货币学派理论的影响，美联储将货币总量作为货币政策中间目标，而将联邦基金利率作为操作目标，但实际操作中，中间目标和操作目标却经常不相容①；1979 年 10 月至 1982 年10 月，美联储的操作目标放弃了联邦基金利率，转为银行体系的非借入准备金，尽管这可以帮助美联储更加自由地应对通货膨胀，但仍然没有改善对于货币供给状况的控制，利率的大幅波动、商业周期以及金融创新使得货币增长波动剧烈；1982 年 10 月至 20 世纪 90 年代早期，美联储不再强调货币总量，并将操作目标改为借出的准备金总额，这虽然降低了利率的波动幅度，但货币供给增长率的波动依然非常大；20 世纪 90 年代至今，美联储重新使用联邦基金利率作为政策目标。除此之外，德国、英国、日本、加拿大等国家的中央银行曾在对于货币供给总量和信贷扩张的控制也并不成功②。

　　这些国家中央银行的现实经历表明，中央银行的货币政策由于政策目标之间的不一致、操作目标和中间目标的不相容等原因，其控制货币总量的目标很难落实。Goodhart（1994，p1425）曾经明确指出，"如果中央银行试图控制基础货币，它将会失败"。正如加拿大银行前总裁约翰·克劳（John Crow）所说，"不是我们抛弃了货币总量目标，而是它抛弃了我们"（摘引自 Mishkin 和 Eakins，2006，p209）。因此，中央银行在货币政策执行过程中的现实表现进一步印证了信贷扩张和

---

①　本书第 7 章将对两者的不相容进行详细分析。

②　详见 Mishkin 和 Eakins（2006，Chapter 8）的分析。

货币供给的内生性（Rossi，2001）。

总的来说，在信贷扩张和货币供给内生性与货币银行制度之间的关系方面，货币银行制度的变化不是信贷扩张和货币供给内生性的根本原因，相反，货币银行制度的变化还可能是信贷扩张和货币供给内生性发展的结果。信贷扩张和货币供给具有内生本质，这与货币金融制度、金融体系的发展阶段、金融创新等无关。但不可否认，金融体系的发展，例如金融工具创新和金融交易体系创新、资产证券化、商业银行的资产负债管理（杨力，2005）等，在逐渐强化信贷扩张和货币供给的内生性。

2.4 小结

本章从理论争论评述、案例检验和制度分析三个视角对信贷扩张和货币供给的内生性进行了论证，三个方面的论证结果证实了信贷扩张的内生性。在理论争论述评方面，信贷扩张和货币供给的内/外生争论自古典经济学时期就一直存在，但直接针锋相对的内/外生争论起始于英国 19 世纪初英国"通货主义"和"银行主义"的"通货争论"。此后随着货币经济理论的发展，内/外生争论也日益激烈，但到 20 世纪 70 年代后凯恩斯学派成立以来，相对完整的信贷扩张和货币供给内生性理论才真正建立起来，此后信贷扩张和货币供给的内/外生争论逐渐演变成了后凯恩斯主义和货币主义两个学派之间的争论。货币学派外生理论的主要代表是信贷扩张和货币供给乘数模型，认为信贷扩张的过程是"中央银行发放基础货币→商业银行创造多倍存款→信贷发放和扩张"，存款决定贷款；而后凯恩斯学派内生理论的主要代表是其标志信贷扩张和货币供给除数模型，认为货币信贷扩张的过程是"信贷需求增长→商业银行信贷供给增长和存款货币增长→中央银行适应性发放基础货币"，贷款扩张引致存款增加。随着货币信贷扩张内生理论的发展，后凯恩斯学派内部逐渐分化为了货币流通理论、适应性内生理论和结构性内生理论三个阵营，但这三个阵营的观点目前正朝着相互吸收融合的方向发展。

在案例检验方面，本章首先综述了利用格兰杰—西姆斯因果检验对货币信贷波动的内生性进行过计量分析的已有研究，在此基础上，利用近一百年来世界经济爆发的两次最严重的危机——大萧条和此次国际金融危机的史实材料，对货币信贷扩张/收缩的内生性进行了典型案例分析。两次危机的对比分析结果表明，危机爆发后的银行业危机、信贷紧缩和货币供给减少，在一定程度上可能是由于中央银行没有实施宽松的货币政策导致的，但是危机爆发后长期的经济衰退、信贷紧缩和货币供给减少则可能是由于债务清偿能力不足、企业经营目标从"利润最大化"向"债务最小化"转变等引发的需求不足导致的，即信贷紧缩和货币供给减少具有非常大的内生性。

而制度视角的论证则表明，信贷扩张和货币供给的内生性是本质存在的，与货币银行制度无关，其内生性在货币和银行出现之前就已存在；相反，货币银行制度的变化很大程度上是应对信贷扩张和货币供给内生性发展的结果。但是，金融体系的发展，例如金融工具创新和金融交易体系创新、资产证券化、商业银行的资产负债管理等，强化了信贷扩张和货币供给的内生性，货币信贷扩张的内生程度总体上在不断提高。

综合三方面的论证结果，我们大致可以得出结论：信贷扩张和货币供给的内生性是本质存在的，但在不同的历史时期和货币银行制度下、在不同的经济和金融发展水平下，以及特定的经济周期阶段（例如繁荣、复苏、衰退），信贷扩张和货币供给内生性的大小程度会有所差异，需要具体条件具体分析。因此，在任何时期和任何货币银行制度下，都不能否认信贷扩张和货币供给的内生性。

第3章 货币信贷内生扩张机制和模型构建

信贷扩张和货币供给的内生性已经通过内/外生理论争论述评、案例检验和制度分析三个方面得到了初步论证，那么在研究货币信贷扩张如何影响经济行为这一核心问题之前，接下来需要分析和梳理的是货币信贷内生扩张的机制。当前相对完整的信贷扩张和货币供给内生理论（尽管还并不完善）主要是由后凯恩斯学派建立和发展起来的，为此本章将根据后凯恩斯学派中的三大内生理论：货币流通理论、适应性内生理论和结构性内生理论，梳理出三大理论各自的货币信贷内生扩张机制，在此基础上构建出货币信贷内生扩张的动态综合模型。

3.1 货币信贷内生扩张的货币流通机制

3.1.1 货币流通理论的起源与特点

凯恩斯的研究成果和理论观点是后凯恩斯学派创立和发展的基础，特别是他的三部名著《概率论》（*A Treatise on Probability*，1921）、《货币论》和《通论》（King，2003；Fontana，2009）。正是在凯恩斯这三部著作的基础上，后凯恩斯学派分为了三个小阵营，分别是以《概率论》为基础发展起来的新正统凯恩斯主义（New Fundamentalist Keynesians）、在《货币论》基础上发展起来的货币流通理论，以及以《通论》的有效需求和非自愿实业理论为基础发展起来的后凯恩斯货币理论（Non – ergodic/Monetary Post Keynesians）（Fontana，2009）。分属于新正统凯恩斯学派的后凯恩斯经济学家认为凯恩斯截然不同的方法是理解其理论和政策的核心,该学派主要研究的是凯恩斯的概率和决策理论。由于该理论与本书研究的货币信贷内生扩张没有太多的直接联系,因而在此不做详细介绍和解释①。

货币流通理论强调经济运行的货币特征,并以支付链(chain of payment)来分析信贷扩张、货币供给和经济活动,认为生产过程是借助信贷和货币来实施的,因为劳务的支付和原材料的购买大都是以货币进行支付的。在货币流通理论对于信贷扩张和货币创造的流程分析中,支付链起始于企业由于劳务支付和购买原材料的信贷需求,银行发放信贷满足企业的信贷需求后(信贷和货币就被银行在这一环节创造出来了),信贷资金便会运用到经济中的生产、交换、分配、消费以及金融市场投资等环节中去;当借贷企业获取收入偿还初始贷款资金时,信贷资金的整个流通过程就结束了,支付链条经过多个环节后又回到了原点,信贷规模和货币数量也就因此回到了贷款之前的水平。货币流通理论主要是由法国和意大利的经济学家创立和发展起来的,Graziani(1989、2003)等是该理论的主要代表。关于该理论更为详细的介绍,可以查阅 Deleplace 和 Nell(1996)、Ponsota 和 Rossi(2009)等的著作。

货币流通理论认为凯恩斯关于货币经济运行最正确的描述应该是他的《货币论》,以及他在《通论》出版后 1937—1939 年的研究成果,而不是他 1936 年出版的《通论》。在《通论》的草稿中,凯恩斯曾将《通论》与古典经济理论的基本区别设定为 "M—C—M′"(Money—Commodities—Money′)与 "C—M—C′"(Commodities—Money—Commodities′)之间的区别(Keynes,1979,p81)。在古典理论关于货币经

---

① 若要详细了解新正统凯恩斯主义,可以查阅 Lawson(1985)、Carabelli(1988)、Fitzgibbons(1988)和 O'Donnell(1989)等学者的研究。

济的"C—M—C′"分析框架中，组织劳动和资本进行生产是为了获取实物收益（Real Return），并且单个经济的自利行为和整个社会的福利最大化是完全一致的，货币的作用只是便利商品和劳务的交换，因此货币是中性的，不会对经济活动产生实质性的影响。与此相反，在"M—C—M′"中，经济主体的行为是为了获取货币，商品和劳务的购买以及交换，都是获取货币收益的方式，企业组织生产也不是为了获取实物收益，因此货币是非中性的，是对经济活动产生影响的重要因素。货币流通理论认为，现实的经济运行更符合"M—C—M′"的分析，而在这一框架下，为了理解货币经济的运行以及其与物物交换经济的区别，弄清楚作为最后支付工具的货币是如何被创造出来、如何流通以及如何形成货币存量变得非常重要（Graziani，1989、2003；Smithin，1994；Parguez，1996）。简言之，货币流通理论认为合理的分析框架是"M—C—M′"，应当通过货币流通分析来准确描述货币经济的运行，这也是为什么凯恩斯的《货币论》成为该理论创建和发展基础的原因。

3.1.2　货币流通理论的货币信贷内生扩张机制

在货币流通理论下，信贷内生扩张的机制可以通过五个阶段来分析，银行系统、作为生产者的企业和作为劳务提供者的家庭在不同阶段有着不同的关系①。在不存在政府部门的封闭信用经济体中，货币流通理论认为银行作为疏通家庭储蓄和企业投资的中介机构，其创造的货币间接代表着企业和家庭之间的"借—贷关系"（debit - credit relation），而银行、企业和家庭三者之间的行为关系是信贷扩张和货币供给的核心（如图 3 - 1 所示）。

---

① Realfonzo（1998，Ch. 1）、Fontana（2000，p33 - 37；2009）和 Graziani（2003，p26 - 31）都对这五个阶段进行了描述或者介绍。

第一阶段：根据对未来商品销售情况（即家庭消费）的预期，生产企业确定生产规模和招工数量，并与家庭签订劳务合同。由于所有的生产企业被视为一个整体，企业相互之间的交易忽略，因此工资支出是企业唯一的支出。企业没有用于支付工资所需要的启动资金，或者说企业没有用于进行生产扩张所需要的资金，因此企业需要向银行申请贷款，贷款需求的规模就是用于工资支付的款项。银行经过审查后，对有效信贷需求的企业发放贷款，这就是企业的"初始融资"。经过"初始融资"环节后，信贷扩张便已实现，即图3-1中的环节①。

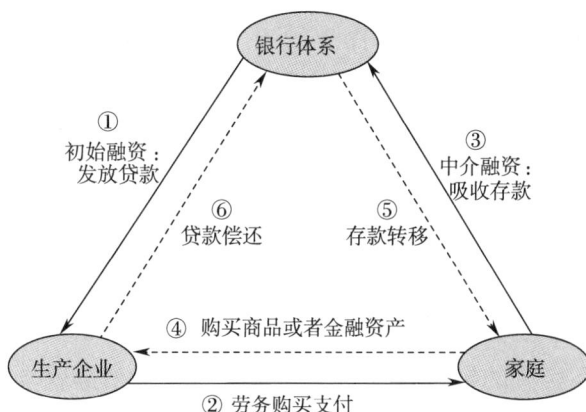

图3-1　信贷和货币流通流程

第二阶段：在获得初始贷款后，企业便对提供劳务的家庭支付工资。家庭在获得工资后，将其存入银行，形成家庭的存款，货币供给因此增加。经过这一环节，银行应企业需求而创造的初始贷款就转变成了家庭在银行的存款，银行成了贷款企业的债权人，同时又是存款家庭的债务人，如图3-1中的环节②和③所示。

第三阶段：企业在向家庭支付工资后，便开始生产。需要指出的是，货币流通理论假定，就业规模、生产的消费品和投资品规模完全是由企业决定的，但是家庭与生产企业商定名义工资水平①。如果企业的生产规模刚好等于家庭需求的消费品数量，那么家庭的价格预期就是确定的，价格与消费品数量的乘积就是实际工资。如果企业的生产规模与家庭的消费规模不一致，消费品的价格水平就会发生变化，家庭也会变更他们的消费计划，从而造成家庭存款的变化，企业的生产决策也会因此发生改变。

第四阶段：家庭利用他们的银行存款在商品市场购买消费品，并在金融市场购买金融资产（企业出售）。由于生产企业被假定成为一个整体，家庭并不购买投资品，但是通过购买企业发行的金融资产，家庭可以间接地购买投资品。如图 3 - 1 中的环节④和⑤所示，商品购买和金融资产的购买是通过"存款转移"来支付的，因此"存款转移"就是企业在商品市场和金融市场获得的总收益②。经过"存款转移"之后，家庭在银行的存款转变为企业的存款，企业便可利用获得总收益偿还初始贷款，如图 3 - 1 中的环节⑥所示。如果家庭在商品市场和金融市场的支出少于他们从企业赚取的工资，并持有现金余额，那么企业获得的收益就会少于其最初从银行获得"初始融资"贷款，企业也就不能偿还所有的银行贷款。家庭持有的现金余额就会导致流通中的银行存款的增加，即货币供给存量的增加③。增加的货币供给既是企业对于银行体系的债务，也是家庭对于银行体系的债权。

第五阶段：如果家庭在商品市场和金融市场的支出等于从企业获得的工资收入，那么企业就可以利用最终获得的总收益偿还所有的初始银行贷款，信贷和货币流程也就因此结束了。其中，家庭通过购买

---

① 因为价格水平以及实际工资要在后面的阶段，即家庭（消费者）利用银行存款（即工资）购买消费品的时候才可知道。

② 支持货币流通理论的学者也将其称为"最终融资"（final finance），如 Fontana（2009，p67）。

③ 前面的家庭由于获取收入而导致的银行存款的增加，可以看作是货币供给流量的暂时增加。

商品获得了总产出的一部分，企业也获得了总产出的一部分，该部分产出将被企业用于未来的生产（Graziani，2003）。如果企业设定的商品价格在弥补生产成本（工资支付）后还有盈余，那么这些盈余便是企业获得的利润。

由此可以看出，货币流通理论认为信贷扩张和货币供给是由于企业的信贷需求引致的，并且只要企业的信贷需求是有效信贷需求，企业对于银行体系的信贷需求不会受到限制（Fontana，2009，p67），信贷也就会得到持续扩张，货币供给也会因此增加[①]。

尽管上述五个阶段描述了货币信贷内生扩张的整个机制，以及银行创造的货币在整个生产过程中的作用，但是还存在一个基础性的问题，即为什么需要银行创造的货币充当最后的支付手段，而不选择其他商业信用方式？或者说，为什么会有信贷和货币流程的发生？货币流通理论的支持者认为，生产过程（从一开始的组织生产到产品最终销售出去）中之所以需要银行发放信贷进而创造货币作为最终的支付手段，是因为生产活动面临着大量的不确定（Graziani，2003；Fontana和Realfonzo，2005）。在充满不确定的经济条件下，违约的存在需要银行创造货币作为最后的支付手段来满足或者缓解不确定条件下的索求问题，同时也是经济主体流动性偏好的重要原因之一。

3.1.3 货币流通理论中货币信贷内生扩张机制的独特性

货币流通理论认为整个支付链和资金流程起源于信贷需求，支持信贷扩张和货币供给的内生性，这与后面将要介绍的后凯恩斯货币理论是一致的。尽管如此，货币流程理论与后凯恩斯货币理论——适应性内生理论和结构性内生理论还是有所差别的。

首先，在理论基础和研究焦点上，货币流通理论的理论基础和研

---

① Graziani（2003，p25）对货币流通理论的主要观点进行了归纳。

究核心是凯恩斯《货币论》中的货币理论，而后凯恩斯货币理论的理论基础是凯恩斯《通论》中的有效需求和非自愿失业理论，只是抛弃了《通论》关于货币供给由中央银行决定的外生假设，转而在货币供给内生框架下来研究如何增加有效需求和解决非自愿失业问题。

其次，在研究方法上，货币流通理论对信贷扩张和货币供给的研究，强调时序和流程分析，从"信贷扩张—货币创造（存款）—货币流通—货币回流和信贷偿还"的流程来分析信贷的内生扩张，并以这种流程来分析可能发生的经济危机；而在后凯恩斯货币理论中，不论是适应性内生理论还是结构性内生理论，采用的主要是货币供求均衡分析框架，以此分析信贷扩张和货币供给过程中信贷市场、存款市场、存款准备金市场是如何实现均衡的。由于均衡分析倾向于时点分析，时间在这一分析框架下被抽象掉了，经济活动和信贷扩张的动态过程被割裂成了一个个静止状态，因此难以把握信贷扩张和货币供给的全过程，而货币流通理论的时序和流程分析刚好可以克服这一缺陷。为此，在后面信贷内生扩展的综合模型构建中，本书会将货币流通理论的这一优点考虑进去。

再次，货币流通理论和后凯恩斯货币理论都放弃了主流理论对于经济主体的"理性"假设，都将不确定性引入了理论分析框架（Brown，2003—2004），在更加贴近现实的不确定条件下来研究信贷扩张和货币供给[①]。但不同点在于，如表3-1所示，货币流通理论的不确定性指的是主流经济理论形成定理性结论的假设条件是不充分的（Incomplete，即不确定性1），因此基于主流理论假设条件得出的经济定理也还不足以成为经济主体在现实经济环境中进行行为决策的可靠

---

① 对于不确定性在凯恩斯理论中的重要性，《凯恩斯传》的作者斯基德尔斯基（R. Skidelsky，2009）指出，"凯恩斯理论的核心是未来存在着不可避免的不确定性。……目前很少有经济学家把不确定性当回事，但是认真对待不确定性具有很深刻的意义"（斯基德尔斯基，2011，pX）。

向导；而后凯恩斯货币理论认为现实经济中的不确定性更加严重，完全不像主流理论假设条件设定的那样（即不确定性2），因此这些假设条件是非决定性的（Inconclusive），基于主流理论假设条件得出的经济理论在现实经济中根本行不通（Fontana，2009，p59 – 70）。

表 3 – 1　　　　货币流通学派与后凯恩斯货币学派的差异

不同点	货币流通学派	后凯恩斯货币学派
理论基础	《货币论》中的货币理论	《通论》中的有效需求和非自愿失业理论
分析方法	流程分析	均衡分析
适用条件	不确定性1： 假设不充分； 经济理论不可靠	不确定性2： 假设没有决定意义； 经济理论不存在
关注的货币职能	支付手段	价值储藏

资料来源：作者整理绘制。

最后，在货币职能上，货币流通理论和后凯恩斯货币理论的侧重点也并不相同。两者都认为，正是由于实体经济中不确定性①的广泛存在，所以经济主体才会有流动性偏好，经济活动才需要货币的参与。但是在对待货币职能上，货币流通理论是以支付链（chain of payment）来分析信贷扩张、货币供给，因此强调的货币职能是支付手段（Fontana 和 Realfonzo，2005）；而在后凯恩斯货币理论看来，对有效需求和非自愿失业影响更大的则是货币的价值储藏职能。后面关于信贷内生扩张机制的分析将会表明，对于流动性偏好的不同处理，也是货币流

①　不确定性与风险是两个不同的概念，描述的是不同的经济条件或者经济状况。风险是经济参与者不知道事物未来发展的具体路径或者结果，但是知道会有哪些供选择的路径或者结果以及每种选择出现的概率，而不确定性则是连有哪些选择都不知道。Hicks（1977，pⅶ）曾将不确定性描述为这样一种状态，经济参与者"不知道将会发生什么，并且知道他们不会知道将会发生什么。正如历史所表明的那样"。凯恩斯在《通论》第十二章"长期预期状态"中的脚注中也曾明确指出："所谓'非常不确定'（very uncertain）并不是指'非常小的可能性'（very impossible）"，而其在《概率论》的第六章对两者的差异进行了详细的论证。

通理论和后凯恩斯货币理论下信贷内生扩张机制不同的原因之一。

当然，货币流通理论和后凯恩斯货币理论的区别不限这些，上述差异分析只是出于后文分析货币信贷内生扩张机制的需要，Deleplace 和 Nell（1996）、孙伯银（2003）、Fontana（2009）、Ponsota 和 Rossi（2009）的著作对货币流通理论和后凯恩斯货币理论做了更加详细的介绍和对比。

3.2　货币信贷内生扩张的适应性机制

3.2.1　适应性内生理论的起源与发展

前面的分析表明，后凯恩斯学派对于货币经济学的一大贡献是认为货币除了充当计价单位（也叫价值标准）外，还为生产和交换活动中合约的制定提供了便利，同时货币的本质是"借—贷关系"，而这正是经济主体在充满着不确定的现实经济环境进行决策所需要的（Laidler，1997；Dow 和 Smithin，1999，p77）。因此，在不确定性的经济条件下，货币的职能还表现为最后的支付手段和价值储藏。上面的货币流通理论主要是从货币支付手段的职能，分析了不确定性条件下（表3-1中的"不确定性1"）信贷扩张和货币供给的内生机制。那么，如果从货币价值储藏的职能来分析，信贷扩张和货币供给的内生机制也将是怎么样的呢？为此，后凯恩斯货币理论立足于《通论》的有效需求和非自愿失业理论，但又抛弃了《通论》中关于货币供给由中央银行外生决定的简单假设，从货币价值储藏职能出发，研究了不确定条件下（表3-1中的"不确定性2"）信贷扩张和货币供给的内生机制。

后凯恩斯货币理论仍然认为货币是经济运行和经济活动的副产品（by-product），货币的供给源自收入增长过程中银行负债（存款）的创造（Moore，1988）。换言之，一国的信贷规模和货币存量是由贷款需求决定的，而贷款需求又取决于那些能够影响经济产出的变量。正是由于信贷扩张和货币供给是在经济系统内由于经济活动对于信贷的需求而创造出来的，而不是货币学派认为（以及凯恩斯在《通论》中假设的）的由中央银行决定的，因此信贷扩张和货币供给是内生的，后凯恩斯货币理论也因此被称为信贷扩张和货币供给的内生理论（Cottrell，1986）。后凯恩斯货币理论对于信贷扩张和货币供给的内生过程可以简化为用两句话来描述，即"贷款创造存款，存款创造准备"（Lavoie，1985）。但是在"存款创造准备"如何实现方面，后凯恩斯货币理论内部有所分歧，该理论也因此分向为两个小的阵营：适应性内生理论和结构性内生理论。

从发展历史来说，适应性内生理论是最早完整提出信贷扩张和货币供给内生观点的理论，该理论起始于 Kaldor（1970、1982、1985）和 Weintraub（1978）对于货币主义理论和政策的批判。之后，Moore（1988）的著名著作《水平主义和垂直主义》（*Horizontalists and Verticalists*）进一步发展了 Kaldor 和 Weintraub 的观点，并且更加直观地将后凯恩斯学派货币理论和货币学派货币理论中的货币供给曲线分别描绘成一条水平直线和一条垂直直线。因此，后凯恩斯货币理论中的适应性内生理论是在对货币主义理论的批判中发展起来的。

货币学派认为，一国的货币准备金（也叫基础货币或者高能货币）是由中央银行控制的，而货币准备金在存款准备金制度下又决定了银行存款的供给上限。货币准备金可以支持银行存款的多倍创造，而存款又被银行用来发放贷款。在此基础上，货币学派将货币供给乘数模型与货币数量理论（$MV = PQ$）结合起来，认为货币供给和信贷扩张是外生的，中央银行可以通过控制基础货币（货币准备金）来调节信贷扩张和货币供给。

在货币供给"新观点"（Gurley 和 Shaw，1955、1956、1960；Tobin，1963；等等）对货币供给乘数理论批判、《拉德克利夫报告》和银行学派对于货币数量理论批判等的基础上，适应性内生主义者对货币学派关于信贷扩张和货币供给的外生观点和外生逻辑进行了最终批判。适应性内生主义者认为银行的经营模式并不是货币学派潜在假设的"先存后贷"，而是"先贷后存"；在贷款需求出现后，银行适应有效信贷需求提供信贷，信贷创造存款（即货币供给）；在存款因信贷扩张而增加后，银行为了满足存款准备金要求，向中央银行借入存款准备金（或者基础货币）；中央银行或是迫于政府在产出下降和失业率高居不下时施加的压力（Weinbteaub，1978），或是充当最后贷款人维持金融体系稳定的职责所迫（Kaldor，1982），最终会增加基础货币的供给量，满足商业银行的准备金需求。"中央银行不能拒绝贴现'合法票据'……如果它这样做了，即如果它为每天或者每周打算贴现的票据确定一个固定的数额……中央银行就不能履行其作为银行体系最后贷款人的职能。而这一职能对于确保清算银行不至于因为缺少流动性而丧失偿付能力是极为重要的。正因为货币当局不能接受银行体系崩溃这一灾难性后果……在信贷—货币经济中，'货币供给'是内生而不是外生的——它直接随着公众对持有现金和银行存款'需求'的变化而变化，而不能独立于这种需求的变化"（Kaldor，1977）。

因此，适应性内生主义者认为信贷扩张和货币供给是由经济活动对信贷和货币的需求内生决定的，具体的内生逻辑是：贷款需求→贷款扩张→存款（货币供给）增加→基础货币增加，这与货币学派基于货币供给乘数的外生逻辑链条正好是相反的。

当然，这里有一个前提问题需要澄清，即为什么会出现信贷需求？Keynes（1973）在《通论》出版后的第二年提出了货币需求的第四种动机——融资需求，认为企业在进行实际投资之前需要预先准备资金。企业在实际投资经营过程中，产品生产和收入实现之间存在着一定的时间间隔，需要通过借款为其生产筹集资金（Rochon，1999）。但从经济实践看，企业筹集的资金不只是货币流通理论说的用于支付工资的流动性资金（Weintraub，1978；Moore，1988），也有用于购买资本品的长期资金（Seccareccia，1996）。

3.2.2　适应性内生理论的货币信贷扩张机制

基于适应性内生主义者"贷款创造存款，存款创造准备"的信条，可以利用资产负债表分析货币信贷内生扩张的具体机制（Godley和Lavoie，2007；Fontana，2009）。

适应性内生理论分析的是纯粹的信用经济体；生产企业和家庭之间的所有交易都是通过银行体系来进行的；企业之间的交易可以忽略，所有的生产企业被视为一个整体；整个银行体系中银行分为两类：贷款大于存款类银行，即资金赤字银行，以银行 L 代替；贷款小于存款类银行，即资金盈余类银行，以银行 D 代替。

假设企业由于增加投资或者扩大生产需要 200 万元的支出，如前文分析，这 200 万元用于向给家庭支付工资。由于企业的投资、生产和产品销售需要时间，因此企业需要在获得产品销售收益之前向银行借入贷款。适应性内生理论认为，在贷款零售市场，银行是贷款利率的制定者和贷款数量接受者（Moore，1991），信贷供给的限制条件是企业的贷款意愿和银行对贷款企业的资信要求，即信贷供给取决于有效信贷需求。因此，面对企业的有效信贷需求，银行设定贷款利率，然后适应所有的信贷需求。

对于适应性内生理论的"贷款创造存款"过程，可以通过表 3 - 2 来描述。如表中"①"对应行所描述的，面对企业 200 万元的有效信贷需求，银行 L 和银行 D 各自为企业发放贷款 100 万元，各自在资产方增加"企业贷款"100 万元，在负债方增加"企业存款"100 万元；企业获得贷款后，向家庭支付工资，银行 L 和银行 D 各自在负债方的100 万元"企业存款"也随之转化为"家庭存款"，如表中的"②"对应行所示；在获得企业的工资支付后，银行 L 的存款家庭向银行 D 的存款家庭净转移支付 50 万元，受此影响，银行 L 负债方起初的 100 万元"家庭存款"转变为 50 万元的"家庭存款"和 50 万元的"银行 D 存款"，而银行 D 负债方起初的 100 万元"家庭存款"转变为 150 万元的"家庭存款"，同时银行 D 资产方起初的 100 万元"企业贷款"转变为 100 万元的"企业贷款"和 50 万元的"银行 L 贷款"，如表中"③"对应行所示。

表 3 – 2　　　　　　　　适应性内生理论中的"贷款创造存款"

	银行 L		银行 D	
	资产	负债	资产	负债
①	企业贷款：+100 万元	企业存款：+100 万元	企业贷款：+100 万元	企业存款：+100 万元
②	企业贷款：+100 万元	家庭存款：+100 万元	企业贷款：+100 万元	家庭存款：+100 万元
③	企业贷款：+100 万元	家庭存款：+50 万元 银行 D 存款：50 万元	企业贷款：+100 万元 银行 L 贷款：50 万元	家庭存款：+150 万元

在经过"③"对应行所示的操作后，银行 L 和银行 D 结成了 50 万元的借贷关系，在不考虑中央银行制度的情况下，只要银行 D 原意向银行 L 贷款 50 万元，那么表 3 – 2 中银行 L 和银行 D 的资产负债表中的账款就会保持平衡。除了银行 D 直接向银行 L 提供贷款外，银行 L 还可以通过向银行 D 发行大额可转让存单 CDs 等方式来获得银行 D 的贷款。当然，银行 L 和银行 D 在账款上的这种平衡状况有一个前提条件，即银行 L 对银行 D 贷款的利率或者 CDs 的利率要合适，即该利率的大小要在银行 D 向家庭支付的存款利率和银行 L 向企业索要的贷款利率之间。

以上通过对银行 L 和银行 D 资产负债表的动态分析揭示了信贷内生扩张过程中"贷款创造存款"的部分，对于剩下的"存款创造准备"过程可以通过对中央银行和银行 L、银行 D 的银行资产负债表的分析来解释。

如表 3 – 3 所示：表中"①"和"②"对应行所示的内容与上表中"①"和"②"对应行所示的内容一样，区别在表中"③"对应行所示的操作。银行 L 的存款家庭在获得企业支付的 100 万元工资后，一方面向银行 D 的存款家庭净转移支付 30 万元，但这时银行 D 不再向银行 L 提供贷款或者接受银行 L 发行的 CDs 等融资工具，因此银行 L 不得不向中央银行融入 30 万元用于支付银行 D 的资金索求；另一方面，银行 L 的存款家庭将其中的 20 万元存款兑换为了现金，为此银行 L 又必须要向中央借入 20 万元现金以满足存款家庭的兑现要求。此外，由于中央银行实施存款准备金制度，假定存款准备金率为 10%，银行 L 还必须得向中央银行借入 5 万元（50 万元 × 10%）存入中央银行充当存款准备金。

　　与银行 L 的变化相对应的是，银行 D 的存款家庭收到了银行 L 存款家庭 30 万元的净转移支付，其负债方的"家庭存款"由原来的 100 万元增加为 130 万元；在资产方，银行 D 在收到银行 L 存款家庭 30 万元的转移支付后，没有向银行 L 提供贷款，而是要求现金支付，并将其存入了中央银行，因此其在"中央银行的存款"应该增加 30 万元。但是，在中央银行 10% 的存款准备金率要求下，银行 D 需要向中央银行存入 13 万元（130 万元 × 10%）充当存款准备金，因此其 30 万元的"中央银行的存款"又转化为 17 万元的"中央银行的存款"和 13 万元的"存款准备金"。

表 3 - 3　　　　　适应性内生理论中的"存款创造准备"

	银行 L		银行 D	
	资产	负债	资产	负债
①	企业贷款：+100 万元	企业存款：+100 万元	企业贷款：+100 万元	企业存款：+100 万元
②	企业贷款：+100 万元	家庭存款：+100 万元	企业贷款：+100 万元	家庭存款：+100 万元
③	企业贷款：+100 万元 存款准备金：+5 万元	家庭存款：+50 万元 存款兑现：+20 万元 向中央银行贷款：+35 万元	企业贷款：+100 万元 存款准备金：+13 万元 中央银行存款：+17 万元	家庭存款：+130 万元

续表

	中央银行	
	资产	负债
④	银行 L 贷款: +55 万元	发行现金: +20 万元 银行 L 准备金存款: +5 万元 银行 D 存款: 17 万元 银行 D 准备金存款: +15 万元

在银行 L 和银行 D 的借贷行为及其资产负债表变动的同时,中央银行的资产负债表也会相应地发生变化。如表 3 - 3 中④对应行所示,在中央银行资产负债表的资产方,"银行 L 贷款"会相应地增加 55 万元。在中央银行资产负债表的负债方,由于银行 L 存款家庭兑现了 20 万元的存款,因此其中的"发行现金"会增加 20 万元;由于交纳准备金,其中"银行 L 准备金存款"增加 5 万元,"银行 D 准备金存款"增加 15 万元;此外,中央银行的负债项目"银行 D 存款"增加 17 万元。

适应性内生理论认为,在货币信贷内生扩张过程的"贷款创造存款"阶段,在商业银行和企业参与形成的贷款零售市场,商业银行是贷款利率的制定者和贷款数量接受者,商业银行在制定的利率水平下满足企业所有的有效信贷需求。但是,只有资信(Creditworthiness)高的企业才会获得银行的贷款,此时贷款需求才会成为有效贷款需求;只有银行对企业(贷款者)未来的贷款偿还保持信任时,银行才会在设定的利率下发放信贷;只有家庭(存款者)对于银行存款可以随意转换成现金有信心时,家庭才会乐于将存款保留在银行。因此,资信、信任和信心在"贷款创造存款"的过程中非常重要(Lavoie,2003)。

　　而在货币信贷内生扩张过程的"存款创造准备"阶段，适应性内生理论认为，在中央银行和商业银行参与形成的贷款批发市场，中央银行是准备金贷款利率的制定者和贷款数量接受者，商业银行变成了贷款需求者，因而准备金贷款利率是由中央银行外生决定的，不受商业银行贷款行为的影响。在贷款批发市场，中央银行在制定的准备金贷款利率水平上适应商业银行所有的准备金贷款需求。这一方面是因为中央银行要确保商业银行存款作为支付手段的普遍接受性，而一旦不适应商业银行的准备金需求，商业银行的存款客户就会对其存款随时兑现失去信心，从而导致商业银行的挤兑和影响货币体系的有效运行。在此基础上，适应性内生主义者认为，中央银行除了适应商业银行的准备金或者基础货币的需求外没有别的其他选择，否则将会导致公众信心的丧失和整个金融系统的崩溃，甚至系统性危机，这是中央银行作为最后贷款人的职责所不能容忍的。另一方面，中央银行还可能迫于提高就业率和促进经济快速增长的政治压力，当然这些可能也是一些中央银行自身的目标，也必须要发放基础货币，适应商业银行对准备金或者基础货币的贷款需求（胡海鸥，1997）[1]。

　　除此之外，对于中央银行适应性的分析还有一种"财政内生性"（Fiscal Endogeneity）的观点。该观点认为政府的财政赤字需要通过中央银行发行货币来融资，从而增加货币供给（Christ，1968；Solow，1973）。Kaldor（1970）早期在对货币主义的批判中就强调过货币供给的财政内生性，认为货币供给统计显著反映了政府财政赤字对于货币供给的影响。[2] 不过，信贷扩张和货币供给的"财政内生性"要取决

---

　　[1]　从更大的范围来说，这涉及的是中央银行的独立性。一种更加激进的观点认为，中央银行也是政府部门，如果政府做不到独立性，那么中央银行自然也难以做到完全独立。因为政府承受压力的能力应该比央行要大，如果一些压力（例如保持经济增长、降低通货膨胀）政府都承受不了，放在中央银行就更加承受不了（该观点来自廖建民 2011 年在中国金融四十人论坛"通胀成因与央行独立性"研讨会上的发言，详见《中国金融四十人论坛》2011 年第 8 期）。

　　[2]　对于财政赤字影响货币供给的详细过程，可以参阅黄达（2009，第十五章）。

于中央银行的独立性和货币政策对于财政政策的反应（Palley，2002；孙伯银，2003[①]），以及一国政府对投融资体系的控制程度。在常规时期，中央银行可能是"逆风向而动"（lean against the wind）实施货币政策，这意味着政府如果出台任何扩张的财政刺激政策，中央银行都可能会提高短期利率，从而降低货币供给的"财政内生性"（Hall，2010）。

如果考虑的是开放经济，一国的国际收支情况也会影响信贷和货币供给的内生扩张，但这与汇率制度无关（Arestis 和 Eicher，1988；孙伯银，2003）。"只要认识到货币供给是由信贷驱使，由需求决定，汇率制度对货币和信贷的决定就无足轻重了"（Arestis 和 Eicher，1988，p1015）。

3.2.3 适应性内生理论的货币信贷扩张模型

在上面资产负债表分析的基础上，借助于 Palley（2003，2004）和 Fontana（2003b）的象限图分析，可以更好地解释货币信贷的适应性扩张过程。

根据适应性内生理论，中央银行会外生决定短期名义利率（准备金贷款利率），在决定的短期名义利率水平上完全适应商业银行的准备金需求；商业银行的贷款利率是在短期名义利率的水平上加成得出的，而且在决定的贷款利率上完全适应企业和家庭的有效贷款需求。因此，在适应性内生理论下，准备金供给曲线与贷款供给曲线都是由利率确定的水平直线，如图 3-2 所示，两者对利率具有无限弹性。对于贷款—存款曲线，即图中"贷款—存款"象限的 $L-D$ 曲线，根据适应性内生理论，贷款创造等额的存款，因此 $L-D$ 曲线与45°线重合，斜率

[①] 孙伯银（2003，p151-160）分财政可以透支和财政不能透支两种情况分析了财政赤字对信贷扩张和货币供给的影响，而两种情况下的分析结论都支持"财政内生性"。

为 1。但如前文分析所示，如果存款者将一部分存款转化为现金，则 L-D 曲线会逆时针旋转，更加靠近"银行贷款"坐标轴。对于存款—准备金曲线，即图中"存款—准备金"象限的 D-R 曲线，其斜率由中央银行的存款准备金决定；如果存款人将存款转化为现金，这同样会导致 D-R 曲线斜率的变化[①]。在中央银行对不同类型存款实施差别准备金率的制度下，D-R 曲线的斜率还受银行业的存款结构影响。

　　首先看图 3-2 右上方的"利率—贷款"象限，企业信贷需求的增加使得贷款需求曲线从 L_0^D 从向右平移到 L_1^D，且是有效需求，L_1^D 与商业银行的初始贷款供给曲线 L_0^S 确定了商业银行的贷款供给量从 L_0 增加到 B 点对应的 L_1。商业银行在发放贷款后，如果存款客户没有额外的现金需求，存款会马上随之从 D_0 增加到 D_1，如图 3-2 右下方的"贷款—存款"象限所示。由于存款准备金制度和法定准备金率的要求，商业银行在存款增加到 D_1 后，相应的准备金需求（即在中央银行的准备金存款）也至少要从 R_0 增加到 R_1，如图 3-2 左下方的"存款—准备金"象限所示。如果中央银行在当前的准备金贷款利率水平 r_0 上适应了商业银行的所有准备金需求，那么信贷内生扩张的过程就到此结束了，正如"强式适应性内生主义者"[②] 所坚持的那样。

　　然而，根据上面的分析可知，在商业银行的准备金需求增加后，

────────────

①　不过存款人这种流动性偏好的变化并没有被适应性内生主义者所强调，其对贷款内生扩张的影响将会在贷款结构性内生扩张的模型中被考虑到。

②　根据中央银行对商业银行准备金需求的适应程度和商业银行对企业和家庭贷款需求的适应程度，适应性内生理论可以划分为"强式适应性内生理论"（也称为"强式水平主义内生理论"，Strong Horizontalism）和"弱式适应性内生理论"（也称为"弱式水平主义内生理论"，Weak Horizontalism），前者认为商业银行的贷款供给曲线应该是水平的，而后者认为商业银行的贷款供给曲线的斜率是正的（Palley，2008）。由于适应性内生理论是在对货币学派的批判中发展起来的，"强式适应性内生理论"的支持者认为存款准备金和贷款的供给曲线是利率水平上的水平线，任何其他形态都是对信贷扩张和货币供给内生理论的误解，任何偏向于货币理论的观点都不属于内生理论，这自然过于极端。相对于"强式适应性内生理论"，"弱式适应性内生理论"与结构性内生理论有很大的重合。

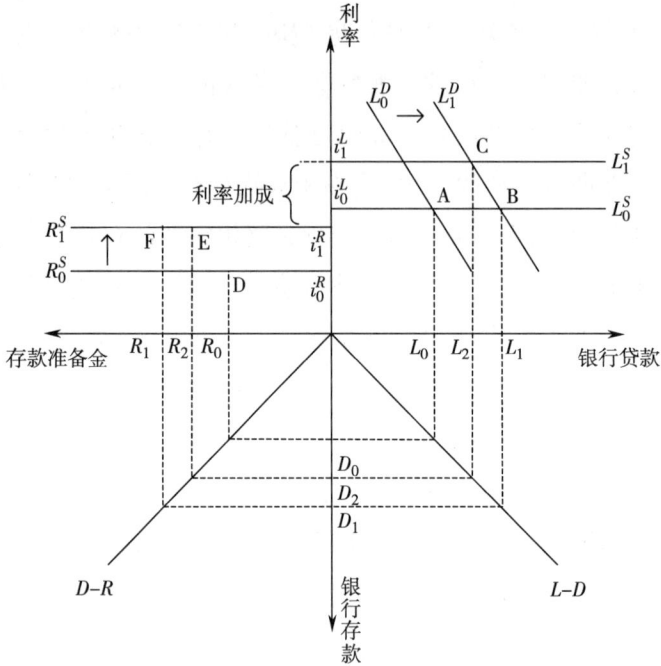

图 3 - 2　货币信贷的适应性内生扩张过程

中央银行会适应商业银行的需求，但是会提高准备金贷款市场的利率（如再贴现利率）。如图 3 - 2 左上方的"准备金—利率"象限所示，中央银行会将准备金贷款利率从 r_0 提高到 r_1，因此准备金供给曲线也会从 R_0^S 向上移动到 R_1^S。由于商业银行贷款利率是在准备金市场利率的基础上加成（即图中所示的"利率加成"）得出的，假定利差不会随着利率高低而变化，因此商业银行会在贷款市场将贷款利率从 i_0 提高到 i_1，相应的贷款供给曲线从 L_0^S 向上移动到 L_1^S，如"利率—贷款"象限所示。由于贷款需求与利率负相关，贷款利率的提高会抑制一部分信贷需求，因此贷款需求量会随着利率的提高从一开始的 L_1 缩减到 L_1^S 与 L_1^D 相交确定的 L_2。到这时，中央银行会在提高的准备金贷款利率水平上适应商业银行的准备金需求，同时商业银行也在新的贷款利率水平上适应了企业和家庭的所有信贷需求，由信贷需求引致的信贷和货币供给的内生扩张过程便结束了。最终的均衡结果为：贷款为 L_2，贷款利率为 i_1^L；存款规模为 D_2；准备金规模为 R_2，准备金贷款利率为 i_1^R。

3.3　货币信贷内生扩张的结构性机制

适应性内生理论是在对货币学派的批判中发展起来的，而结构性内生理论又是在对适应性内生理论的修正中发展起来的。

3.3.1　结构性内生理论的起源与发展

1. 结构性内生理论对适应性内生理论的修正

结构性内生理论承认适应性内生理论关于信贷扩张和货币供给的内生逻辑，即"贷款创造存款，存款创造准备"，但是对于企业、家庭、商业银行、中央银行的行为以及金融市场的发展对信贷扩张的作用有着不同的观点。总体来说，结构性内生理论对适应性内生理论的修正主要表现在以下几个方面[①]。

其一，在中央银行适应商业银行的准备金或者基础货币贷款需求方面，适应性内生主义者通常认为在准备金贷款市场（即贷款批发市场），中央银行是贷款利率的决定者和贷款数量的接受者，而商业银行是贷款利率的接受者和贷款数量的决定者（Moore，1991），中央银行

---

① Palley（1991）、Pollin（1991）、Moore（1991）、胡海鸥（1997）、Fontana 和 Venturino（2003）、Wray（2007）和 Palley（1996、2008）、Fontana（2009）等对适应性内生理论和结构性内生理论的差异进行了对比分析，本书对这些研究的观点进行了概括。

会完全适应商业银行的贷款需求（例如贴现贷款）①；但是，中央银行可以设定准备金贷款市场的利率（即基准利率），因此利率是外生的，准备金或者基础货币的供给是一条水平曲线（Palley，2008）。适应性内生主义者的这一观点是基于中央银行维护金融稳定的最后贷款人职能、迫于政府维持经济增长和降低高失业率的政治压力（这些政府要求也可能是中央银行的货币政策目标）以及财政赤字货币化（即"财政性内生"）等多个方面的分析得出的。

结构性内生主义者对此并不认同，认为中央银行并不会完全适应商业银行的准备金需求。这一方面是因为中央银行可以通过调整利率水平降低一部分需求，另一方面商业银行向中央银行进行贴现贷款，但是贴现贷款并不能说明中央银行就完全适应商业银行的准备金需求，因为中央银行可以通过公开市场操作来控制整个经济系统的基础货币。

因此，结构性内生主义者认为，如果考虑中央银行的流动性偏好，中央银行可以在一定程度上根据银行体系的稳定情况或者为了维护银行体系甚至金融体系的稳定而主动进行准备金供给决策；准备金贷款利率也不是外生的，而是由中央银行的基础货币供给和商业银行的准备金需求共同决定的。

其二，在商业银行信贷扩张后如何获取必要的存款准备金方面，适应性内生主义者认为在商业贷款市场（即贷款零售市场），商业银行是贷款利率的制定者和贷款数量的接受者，而企业和家庭是贷款利率的接受者和贷款数量的决定者（Moore，1991）；商业银行在发放贷款后，存款随之增加，由此增加的准备金需求会得到中央银行准备金供给的满足；商业银行的贷款利率是在中央银行准备金贷款利率的基础

---

① Lavoie（1985）曾认为，"中央银行必须要顺应商业银行的决策及其创造的环境。否则，中央银行将会失去对金融体系运行的掌控，这或者导致金融和非金融机构（通过创新）避免需求银行货币和高能货币，或者导致一些金融机构倒闭，金融市场因此陷入悲观的恐慌中。由于政府不会让事态失控，所有的经济单位也会认识到这一点，因此中央银行将会陷入尴尬境地"。

加成得出的，贷款利率是外生的，因此贷款供给曲线是一条由贷款利率决定的水平线。

结构性内生主义者认为，适应性内生主义者对于商业银行在贷款批发市场和贷款零售市场的二元分析是矛盾的，即商业银行不可能同时是贷款利率的决定者和接受者以及贷款数量的决定者和接受者；其次，适应性内生主义者没有考虑商业银行的资产负债管理在规避存款准备金率约束方面的主动作用；此外，适应性内生主义者没有考虑商业银行的流动性偏好，而随着商业银行的贷款发放量不断增加，贷款的风险也会提高，其流动性偏好会增强，其结果是减少有效信贷需求。

因此，结构性内生主义者认为，如果将商业银行的资产负债管理和流动性偏好综合考虑起来，商业银行的贷款供给曲线应该是向上倾斜（斜率大于0），贷款市场的利率也不是外生的。

其三，在企业、家庭等非金融部门的行为对信贷扩张和货币供给的影响方面，适应性内生主义者潜在地假定企业、家庭以及各自之间的交易都是通过银行系统的转账来进行的，没有对现金和其他资产的需求和偏好，因此企业、家庭等非金融部门只是信贷的需求者。

结构性内生主义者认为，银行存款只是众多资产（包括其他金融资产）中的一类，企业、家庭等实体经济部门的流动性偏好和资产偏好的变化，会造成其资产组合的变化，进而对信贷扩张和货币供给产生重要影响。此外，与实体经济部门的流动性偏好和资产偏好一样，其他非银行类金融机构产品的流动性、风险、收益的变化也会对信贷扩张和货币供给产生重要影响。

2. 结构性理论和适应性理论关于流动性偏好理论的争论

结构性内生主义者赞同适应性内生理论的货币信贷内生扩张框架："贷款创造存款，存款创造准备"，但认为适应性内生理论对于信贷扩张的内生机制和过程的分析过于简单，没有充分考虑中央银行、商业银行、企业、家庭以及其他金融机构的流动性偏好以及行为对货币信贷内生扩张的影响（Fontana，2009），而这些对信贷扩张和货币供给内生性的影响却非常大。

然而，适应性内生主义者，特别是"强式适应性内生理论"的支持者，认为存款准备金和贷款的供给曲线都是水平线，流动性偏好理论不应该被纳入信贷扩张和货币供给的内生理论。适应性内生理论代表人物 Kaldor 曾指出，"如果我们认为货币是一个内生因素，那么流动性偏好和货币需求的利率弹性就不再具有任何意义了"[①]；Dow 和 Chick（2002，p587）也曾总结性地指出，"内生货币理论被认为与凯恩斯的流动性偏好理论是截然相反的，并且是对流动性偏好理论的替代"；适应性内生理论的另一位代表人物 Moore（1988，p312）更是据此认为，凯恩斯主义的乘数理论是存在"根本缺陷的"[②]。除此之外，Rousseas（1986）、Lavioe（1985）等适应性内生主义者也都认为信贷扩张和货币供给的内生理论削弱了流动性偏好理论。

结构性内生主义者认为，流动性偏好理论不应该局限在对无利率风险的货币需求的研究，至少应该扩展到对流动性资产和欠流动性（或者非流动性）资产之间利率差异的解释。以此，结构性内生主义者认为凯恩斯在《通论》中对于流动性偏好的解释过于简化[③]，而应该结合《货币论》和《概率论》来理解一般意义上的流动性偏好（Dow，2006；Fontana，2009）。更一般地说，流动性偏好需要跟不确定性结合起来理解，流动性是经济参与主体在不确定的经济条件下防范资产价值损失的工具。Shackle（1989，p49）就将流动性定义为，"是对尚不存在（事物）缺乏认识的处理方式，如果一项资产可以回避这种认识缺乏所带来

---

① Kaldor 的这一言论被众多适应性内生主义者引用，如 Lavoie（1992，p193）、Kaldor（1982，p26）、Moore（1988，p195－199）以及 Rochon（2000）。

② 关于信贷扩张和货币供给的内生性与投资乘数的更多讨论，参阅 Cottrell（1994）。

③ 在《通论》中，凯恩斯将流动性偏好简化为"在各种不同环境下，一个人希望将多少资源用货币形式来持有"，详见《通论》第十三章"利率通论"。

的后果，那么这项资产就是流动性的"。也正是基于对流动性偏好更一般意义上的理解，结构性内生主义者认为流动性偏好理论和适应性内生理论逻辑上的不一致是可以化解的（Brown，2003—2004），流动性偏好理论可以转化成对中央银行、商业银行、企业、家庭之间借贷关系的分析（Wray，1995；Bell，2003），从而纳入到不确定性经济条件下信贷扩张和货币供给的内生分析框架中（Dow，2006；Bibow，2006）。

因此，结构性内生理论是在对适应性内生理论的修正中发展起来的，而适应性内生理论是结构性内生理论的一个特例（Palley，1996a），是在没有考虑各经济主体流动性偏好影响、认为商业银行会完全适应有效信贷需求且中央银行会完全适应商业银行准备金贷款需求的结构性内生理论。

3.3.2　结构性内生理论的货币信贷扩张机制

在适应性内生理论的"贷款创造存款，存款创造准备"信贷内生扩张框架下，结构性内生理论的信贷扩张机制考虑了不确定性条件下，商业银行、中央银行、家庭、企业的流动性偏好行为以及经济参与主体行为之间的反馈效应对信贷扩张和货币供给过程的影响。

1. 商业银行的流动性偏好及其行为的影响

结构性内生主义者一开始关于适应性内生理论的批判主要集中在商业银行的流动性偏好以及资产负债表管理方面，其对适应性内生理论的修正一开始也主要集中在对商业银行偏好和行为的分析（Dow，1996）。结构性内生主义者认为，商业银行不仅仅是适应信贷需求来供给信贷，其流通性偏好也对信贷扩张和货币供给有着重要的影响。

首先，商业银行流动性偏好的高低直接影响到信贷的扩张程度。商业银行流动性偏好的变化一方面关系到商业银行的贷款数量，即对贷款需求的适应程度，这会直接影响到信贷的扩张程度；另一方面，商业银行流动性偏好的变化还会影响到信贷利率，从而增加/减少有效信贷需求，间接影响贷款扩张。例如，当商业银行流动性偏好减弱时，其通常会扩大贷款供给规模，或者提高贷款增长速度，还可能会降低贷款利率，这会促进信贷需求的增长，其结果通常是商业银行的资本杠杆率不断升高；反之则反。

如表3-4所示，时期"1"企业贷款需求增加100万元，商业银行适应了企业的信贷需求。企业获得的贷款用于向家庭支付工资，结果如表中"1"对应行所示，企业贷款增加100万元，家庭存款也增加100万元。由于商业银行贷款的年利率为10%，因此一年后企业需要偿还的贷款金额变成了110万元；银行同时向家庭存款支付5%的年利率，因此一年后家庭的存款金额变成了105万元，存贷之间的5万元差额为银行的留存收益或者转变为银行的资本，如表中"2"对应行所示。从银行的经营杠杆率来看，其一年后的杠杆率为110/5＝22。如果一年后，商业银行的流动性偏好降低，而此时又有企业提出了100万元的贷款需求，因而商业银行适应企业新增的100万元贷款需求。结果如表中"3"对应行所示，此时商业银行的杠杆率随其流动性偏好的降低而提高到了（110＋100）/5＝42。当然，这里只是单纯地分析了商业银行流动性偏好的变化对信贷扩张的影响，而没有考虑到其他约束条件的影响，例如中央银行要求的存款准备金率和银行监管部门要求的资本充足率。

表3-4　　　　　　　　商业银行流动性偏好对信贷扩张的影响

	商业银行	
	资产	负债
1	企业贷款：＋100万元	家庭存款：＋100万元
2	企业贷款：100（1＋10%）万元	家庭存款：100（1＋5%）万元 资本或留存收益：＋5万元
3	企业贷款：110万元 企业贷款：＋100万元	家庭存款：105万元 家庭存款：＋100万元 资本或留存收益：5万元

结构性内生理论认为，只要商业银行的流动性比率降低，愿意放贷，那么对于存款准备金率和资本充足率方面的约束，商业银行可以通过资产负债表外来规避，例如发行 CDs 和资产证券化（Palley，1996；Wray，2008）。

2. 中央银行的流动性偏好及其行为的影响

对于中央银行在信贷扩张和货币供给中的作用，结构性内生主义者认为中央银行不只是适应性内生主义者所坚持的被动地适应商业银行的准备金需求，而是可以根据其政策目标主动地在准备金贷款方面做出决策（Sawyer，1996）。因此，在商业银行向中央银行进行准备金贷款时，中央银行是否决定适应商业银行的贷款需求是跟整个经济、金融形势以及中央银行货币政策的目标相关的。这里，中央银行的流动性偏好取决于经济、金融形势与自己的政策目标。

当中央银行预期经济增长、金融状况与自己的政策目标一致时，例如通货膨胀水平、经济增长速度等，中央银行就会适应商业银行的准备金贷款需求；否则，就会相应地调整准备金贷款利率的水平，以促使经济、金融状况向货币政策目标靠近。例如，在面对商业银行的准备金贷款需求增加时，中央银行基于经济金融形势可以提高短期利率，或者通过公开市场操作来间接影响短期利率，准备金贷款利率的提高会影响到商业银行的贷款利率，进而降低贷款需求。

当然，中央银行通过调整准备金贷款利率能在多大程度上抑制信贷和货币供给的内生扩张，还要取决于多方面的因素，如准备金市场利率对整个银行体系各种期限贷款利率引导作用的大小、需求者（如企业和家庭）信贷需求的利率弹性、商业银行的资产负债管理能力等。除此之外，中央银行的独立性也很重要，这关系到中央银行是否会迫于政治压力和财政压力而被动适应信贷需求。如果中央银行的货币政策存在多个目标，这些目标之间以及其中间目标和操作目标是否协调也会影响中央银行对商业银行准备金贷款需求的适应程度。

3. 家庭的流动性偏好及资产组合选择的影响

在适应性内生理论的信贷扩张过程中，家庭的作用几乎被忽略了，他们被假设成了一个完全被动的存款者。然而，结构性内生主义者认为家庭的流动性偏好行为和资产组合选择对信贷扩张和货币供给的影响非常大，这主要体现在两个方面。

一方面是家庭在其流动性偏好下的资产组合结构，这会影响到经济体中的流动性分配。家庭资产组合的变化会影响到企业的盈利和市场融资，进而间接地影响到信贷扩张和货币供给。例如，当家庭的流动性偏好增加时，家庭就会减少金融资产的投资，增加银行存款，甚至持有现金。如果所有的家庭都这样行动时，就会导致企业市场融资的减少，对银行信贷的依赖程度提高，并且企业利用市场融资偿还银行贷款的比例降低（如前面分析货币流通理论的信贷扩张机制所说明的那样），从而促使贷款市场利率上涨。

另一方面是家庭资产组合的规模，这会直接影响到信贷扩张和货币供给。当家庭的流动性降低时，家庭通过银行贷款消费的意愿也会上涨，例如汽车贷款和住房抵押贷款等，这会直接导致银行贷款的增加和家庭资产负债的膨胀。Mishkin（1978）在对 20 世纪 30 年代大萧条的一篇文章就指出，家庭的资产负债表状况是大萧条期间经济衰退和萧条的重要原因，其中的一个方面是家庭流动性偏好的上升和需求水平的下降，降低了消费需求和信贷需求。此外，家庭流动性偏好的降低以及相应的资产组合行为也会增加企业的盈利水平，增强企业扩大生产规模的意愿，进而间接地增加企业的信贷需求。

在经济实践中，随着消费信贷市场的不断发展，家庭信贷的增长在很多国家已经成为信贷扩张非常重要的组成部分。英国当前的家庭消费信贷已经超过了企业贷款，而美国次贷危机也是家庭住房信贷的非理性扩张引致的。

4. 企业的流动性偏好及融资选择的影响

正如家庭的流动性偏好对信贷扩张和货币供给的影响，企业的流动性偏好行为也会从两个方面来影响信贷扩张和货币供给。

一方面，企业流动性偏好的改变也会导致经济体中的流动性重新分配。例如，如果企业的流动性偏好下降，投资和扩张意愿非常大，那么企业便会将其流动性资产转化为非流动性或者欠流动性资产，例如增加生产设备和厂房的投资，这些投资在很多时候都会形成沉没成本。此外，企业也可以将持有的流动性资产，例如现金、短期国债、货币基金等，转化成长期金融资产或者对其他企业的股权投资（不一定是上市流转的股票）。企业这种流动性偏好导致的流动性重新分配最终会影响企业的投资和生产决策，进而间接地影响到信贷需求。

另一方面，企业流动性偏好行为也会直接影响到信贷扩张和货币供给。例如，企业在其流动性偏好降低时除了将流动性较强的资产转化为欠流动性或者非流动性的资产，另一个相伴行为是在已持有的流动性水平上，增加投资和扩张生产，这会直接增加企业对银行的信贷需求。

此外，企业对市场融资和银行信贷的偏好变化也会直接影响到银行信贷的扩张和利率水平。当所有企业的市场融资偏好增强且市场融资可实现的情况下，企业对银行信贷的需求降低，这会直接减缓银行信贷扩张和货币供给增长的速度。

对于企业的流动性偏好行为对信贷扩张和货币供给的影响，最好的例证是 20 世纪 30 年代大萧条期间的"债务紧缩"过程（Fisher，1933），以及日本自 20 世纪 90 年代初以来的"资产负债表衰退"（Koo，2008）。"债务紧缩"过程描述的是资产价格下跌后，企业资不抵债，在银行要求信贷偿还的压力下出售资产和降价销售产品来换取流动性，结果导致资产价格和物价水平的进一步下跌；"资产负债表衰退"描述的同样是企业在资产价格下跌导致资不抵债后的行为，但是企业之后的信贷偿还和流动性偏好增强，不是来自银行要求偿还贷款的压力，而是企业经营目标从"利润最大化"转向"债务最小化"的自发行为。但是不论是被迫还是自发，上述研究都表明了企业流动性偏好的变化对信贷扩张和货币供给的显著影响。除此之外，Bernanke（1983）关于大萧条非货币因素的分析、Bernanke、Gertler 和 Gilchrist（1996）的"金融加速因子"模型、Kiyotaki 和 Moore（1997a）的"信贷周期"模型，以及 Gertler 和 Kiyotaki（2011）的最新研究等，也都为企业的流动性偏好和资产负债表状况对银行信贷扩张的影响提供了证据。但是，这些研究不仅仅分析了企业流动性偏好的影响，同时也考虑了银行流动性偏好的重要影响。

3.3.3　结构性内生理论的货币信贷扩张模型

在前面分析的基础上，同样可以利用象限图来建立结构性内生理论的货币信贷内生扩张模型。在适应性内生理论的货币信贷内生扩张模型的基础上，结构性内生理论的货币信贷内生扩张模型重点强调各个经济主体流动性偏好变化对信贷扩张过程的影响。

不同于适应性内生理论，结构性内生主义者认为短期名义利率（准备金贷款利率）是由中央银行和商业银行的相互作用决定的，是内生的。中央银行可以根据自己的流动性偏好调整利率，决定对商业银行准备金需求的适应程度。因此，中央银行的准备金供给曲线应该是向上倾斜的，如图 3 - 3 左上方"准备金—利率"象限中的 R^s 所示。并且，结构性内生主义者认为商业银行也可以根据自己的流动性偏好来决定对信贷需求的适应程度，贷款利率是由商业银行和贷款需求者共同决定的，也是一条向上倾斜的曲线。如图 3 - 3 右上方"利率—贷款"象限中的 L^s 所示，其斜率取决于商业银行对贷款需求的适应程度。两条贷款供给曲线的斜率，即贷款供给对利率的弹性，分别取决于贷款需求增长后中央银行以及商业银行流动性偏好的变化程度。

对于"贷款—存款"象限中的 $L - D$ 曲线，结构性内生主义者认为其斜率的大小取决于存款人的流动性偏好以及商业银行的资产负债管理能力。当存款人的流动性偏好增强，其资产组合中减少对其他金融资产的比例时，$L-D$ 曲线的斜率就越接近于 1，即越靠近 45°线；商业银行的资产负债能力越强，例如其通过发行债券融资或者信贷证券化的比例越高，那么 $L-D$ 曲线的斜率就越接近于 0，即越靠近"银行贷款"坐标轴。

对于"存款—准备金"象限中的 $D-R$ 曲线，结构性内生主义者认为其斜率除了取决于适应性内生主义者所考虑到的存款准备金率、存款结构外，还会受到商业银行和存款人流动性偏好的影响。当商业银行的流动性偏好增强时，其持有的超额存款准备金就会增加，即超额准备金率会上升，这会导致 $D-R$ 曲线就会顺时针旋转趋近于"存款准备金"轴。存款人的流动性偏好提高也会提高商业银行的基础货币需求，也会导致 $D-R$ 曲线顺时针旋转趋近于"存款准备金"轴。

首先，如图 3-3 的"利率—贷款"象限所示，企业贷款需求的增加，贷款需求曲线从 L_0^D 从向右平移到 L_1^D，且是有效需求，L_1^D 与商业银行的贷款供给曲线决定了新的均衡贷款量 L_1'。需要说明的是，商业银行的流动性偏好和资产负债管理能力被结构性内生主义者反映到了贷款供给曲线 L^S 的斜率中，因此贷款供给曲线不会随着贷款需求的变化而变化。

商业银行发放贷款后，存款随之增加。但与适应性内生理论不同的是，如图 3-3 的"贷款—存款"象限所示，除了存款人的流动性偏好导致贷款—存款曲线 $L-D^0$ 的斜率发生变化外，结构性内生理论下的贷款—存款曲线 $L-D^0$ 还会因为商业银行流动性偏好的变化而发生旋转。随着贷款需求的增加和贷款的发放，如果商业银行为了维持自己已有的流动性水平，如保持自己的杠杆率不至于太高，商业银行通过资产负债管理，以及资产证券化、衍生品交易等资产负债表外管理等，使得存款的增加小于增发的贷款，结果便是 $L-D^0$ 逆时针旋转到 L

$-D^1$，商业银行发放贷款后最终使得存款增加到 D'_1。

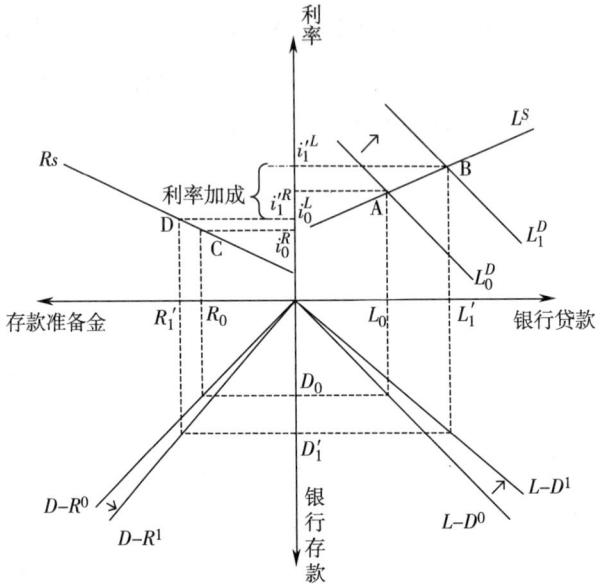

图 3 - 3　货币信贷的结构性内生扩张过程

　　贷款导致存款增加后，商业银行需要寻求基础货币来维持中央银行的存款准备金率要求。与适应性内生理论不同的，结构性内生理论认为商业银行的基础货币需求除了会受到存款准备金率、存款结构的影响外，还会受到存款人流动性偏好和商业银行流动性偏好的影响。当存款增加后，商业银行可以通过资产负债管理改变存款结构（或者债务结构）和资产规模、从市场融入货币等，从而减少或者规避存款准备金率的约束促使 $D - R^0$ 逆时针旋转到 $D - R^1$，减少存款准备金需求。如果存款人的流动性偏好增加，则 $D - R^0$ 会发生顺时针旋转，增加商业银行的准备金需求。最终，在商业银行的新存款水平 D_1 上，其存款准备金需求将要增加到 R'_1。

　　最后回到中央银行，中央银行根据自己的流动性偏好来提供流动性，即按照既定的向上倾斜的准备金供给曲线来适应商业银行最终的准备金需求。最终，中央银行会在 $i_1'^R$ 的新准备金贷款利率上，适应商业银行的准备金需求 R_1'。需要说明的是，由于这里的 R_1' 是根据自己的流动性偏好以及资产负债管理之后得出的准备金需求量，而中央银行是根据 R_1' 来确定准备金贷款利率 $i_1'^R$ 的，因此准备金贷款利率是由中央银行与商业银行共同决定的。此后，商业银行会根据准备金贷款的利率 $i_1'^R$，通过一定程度的利率加成，将其贷款利率决定为 $i_1'^L$。

到此，结构性内生理论下货币信贷内生扩张就结束了，最终的均衡结果为：贷款水平为 L_1'，存款水平为 D_1'，准备金需求水平为 R_1'，准备金贷款利率水平为 $i_1'^R$，商业银行贷款的利率水平为 $i_1'^L$。

3.4　货币信贷内生扩张的综合模型构建

后凯恩斯学派的内生理论，即货币流通理论、适应性内生理论和结构性内生理论分别从不同的角度给出了货币信贷内生扩张的机制，但是对于货币信贷为什么会内生扩张，或者说为什么有银行信贷需求进而创造存款？并没有给出足够解释，而这是在构建货币信贷内生扩张模型之前需要弄清楚的基础性问题。

3.4.1　货币学派和后凯恩斯学派的内/外生争论迷局

货币学派和后凯恩斯学派在信贷扩张和货币供给内/外生争论的焦点在于：是贷款创造存款还是存款创造贷款？

货币学派基于传统的货币数量论（即 $MV = PQ$）和货币供给乘数理论，提出了信贷扩张和货币供给的外生观点。在货币学派的外生观点看来，货币信贷外生扩张的具体过程是：中央银行增加基础货币供给→商业银行进行存款和货币供给的多倍创造→贷款供给增加→贷款实现扩张。在货币学派外生理论的逻辑链条中，商业银行等贷款类机构的经营模式是"先存后贷"，因此是存款创造贷款，这是货币学派外生理论的核心。

而在后凯恩斯学派看来，不论是其中的货币流通理论、适应性内生理论还是结构性内生理论，信贷扩张和货币供给是内生的，具体的内生过程是：贷款需求增加→商业银行适应性增加信贷供给→存款和货币供给增加→基础货币增加。在后凯恩斯学派内生理论的逻辑链条中，商业银行等贷款类机构的经营模式"先贷后存"，因此是贷款创造存款，这也是该学派信贷扩张和货币供给除数理论建立的基础。

对于贷款创造存款还是存款创造贷款这一问题，两个学派的争论已经持续了约半个世纪，一直没有得出一致性的结论。这其中的原因，除了各自完整的理论逻辑都难以被对方驳倒之外，还有双方的实证检验也都只是支持各自的观点，而无法否定对方的观点。因为从实证的角度来看，不论是贷款创造存款还是存款创造贷款，事后对于贷款和存款的统计结果都是一样的。

在理论逻辑上和实证检验上的难分伯仲，使得货币学派和后凯恩斯学派关于信贷扩张和货币供给的内/外生争论一直在围绕"贷款创造存款还是存款创造贷款"这一问题在原地旋转，陷入了"鸡生蛋还是蛋生鸡"的迷局。要解开这一迷局，不能还是停留在贷款扩张和存款增加两者之间因果关系的争论上，而是要从经济活动需要银行信贷和货币的本源进行分析。由于商业信用是与经济活动紧密联系在一起的，因此一个可以尝试的视角是，审视银行信用（存款或者货币）与一般商业信用的区别和关系。

3.4.2 货币信贷内生扩张的基础：商业信用向银行信用转变

在没有银行和政府部门存在的经济条件下，即在没有银行信用（存款货币）和政府信用（基础货币）的经济体中，商品从生产到销售再到实现收入之间存在着一定的时间间隔，企业需要通过商业信用为其投资和生产筹集资金。由于资本的逐利本性以及折旧的存在，企业需要增加投资和扩大生产，甚至是竞争性投资。当企业自身的资本和利润积累不足以支撑快速的投资增长和生产扩张时，这种信用需求就会非常普遍。在银行出现之前，企业没有整合和配置资源的强制权力（像古代朝廷和现代政府可以强制征税这样的权力），又不能获得更高级别信用的担保。企业作为一个整体，这种信用需求只能由提供劳务的家庭来满足。这种信用活动的结果便是企业与家庭之间的借贷关系增加，商业信用实现扩张。

同时，正如后凯恩斯学派所强调的，现实经济中不确定因素普遍存在（Fontana，2009），信用提供方（例如家庭）对债务人（例如企业）未来如期按合约履行偿还义务缺乏信心，使得债务人的信用需求难以得到满足。即使存在资质较好的企业，但由于信息甄别成本（Screening Cost）（Stiglitz，1975）、状态识别成本①（Costly State Verification）、柠檬溢价（Lemon Premium）等问题的存在，家庭提供的商业信用仍然会满足不了企业的需求。例如，不确定的情况之一是，企业可能不能售完所有的产品（商品或者劳务）。如果企业在生产开始时没有足够的资金或者家庭需要的产品来支付工资，家庭就可能不会接受企业的商业信用（如原始的欠条）为企业提供劳务，因为家庭会怀疑在他们未来以商业信用向本企业或者其他企业索求自己需要的产品得不到满足（Goodhart，1989，p25 - 29）。除此之外，现实世界中的企业在彼此之间也存在着交易，也需要信用，不确定性的存在也会让企业之间的信用需求得不到满足。因此，在充满不确定性的经济条件下，经济参与主体需要更高级别的银行信用——货币来间接代替生产企业与家庭之间、企业之间的信用关系，以减弱或消除不确定性可能带来的后果。

---

① 状态识别成本也称为审计成本（auditing cost）。

此后，银行作为专门经营信贷的机构出现了，并不断发展。由于政府金融安全网（包括审慎监管、最后贷款人和存款保险）支持等原因，银行的信用级别高于一般的企业和家庭；银行在经营贷款时对于借款人的资质审查具有信息和专业优势①；银行大规模的专业经营可以享受规模效应；银行还可以作为私人债务的结算枢纽，即支付中介。另外，银行还可以通过借短贷长进行期限转换，从而为存款者（即债权人）提供流动性（Diamond 和 Dybvig, 1983），降低了债权人的不确定性。银行一方面可通过发行银行券和开设存款账户吸收家庭的存款，作为债务人与家庭结成借贷关系，即储蓄（货币供给的主要构成部分）；另一方面向有大量信用需求的企业发放贷款，作为债权人与企业结成借贷关系，即信贷。因此，银行一方面可以通过发行银行券和开设存款账户吸收家庭的存款，作为债务人与家庭结成借贷关系；另一方面又向有大量信用需求的企业发放贷款，作为债权人与家庭结成借贷关系。如果将企业这一整体打开，那么企业之间的交易也需要银行信用的介入，进行信用转变和升级，最明显的就是海外贸易中的信用证需求等。这样，本来存在于企业与家庭之间的商业信用转化为了银行信用②，如图 3 - 4 所示。但需要说明的是，在不确定普遍存在的经济环境中，经济主体对银行信用（存款货币）的需要不只是让其充当最终的支付手段③，也有出于价值储藏和价值尺度的需要。

在现代信用经济中，银行的存款（即银行与储蓄者的借贷关系）是广义上的货币，因此货币的本质仍然是借贷关系（Debit – credit Re-

---

① 在比较研究银行主导的金融体系和市场主导的金融体系的文献中可以得到这方面的更多信息，例如 Allen 和 Gale（2001）。

② 信贷内生扩张的基础是商业信用需要向银行信用转变，这一分析思路得到了瞿强老师的特别指导，特此说明和感谢。

③ 货币流程理论支持者 Graziani（2003）、Fontana 和 Realfonzo（2005）等也认为银行信贷的需求来自于不确定性条件下经济主体需要利用银行信用（货币）替换一般的商业信用，但强调的只是货币的支付手段职能。

第3章 货币信贷内生扩张机制和模型构建

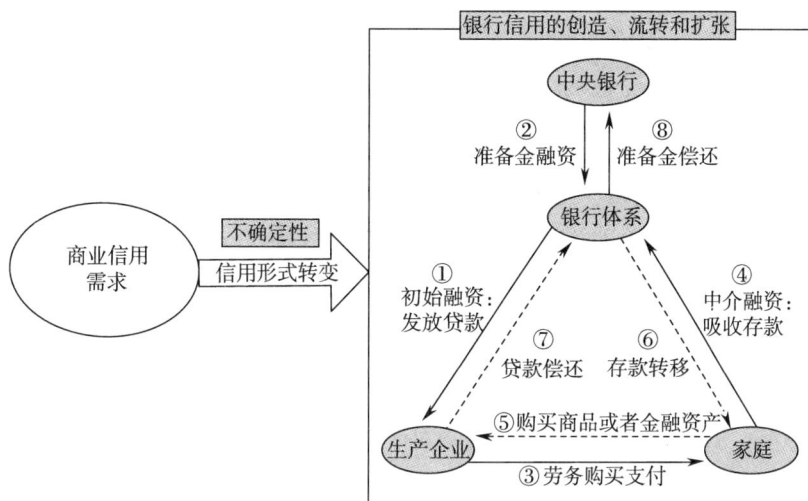

图3-4 信用转变和货币信贷内生扩张过程

lation)①。对货币的这一认识与后凯恩斯学派的观点是一致的②。由此可以得出的一个推论是，货币既不是商品，也不是"法令"（fiat）。货币不是商品，是因为它的购买力并不是由币材的内在价值决定的，而是取决于其货币职能③；货币也不是"法令"，因为它是有相应负债对应的资产（Fontana，2009，p88-89）。

对于货币的信用或者债务属性，Innes（1913、1914）早在20世纪

---

① 从这个角度来说，早期的实物货币与现在的信用货币是没有区别的。"信用货币制度区别于实物货币制度。在实物货币制度下信用与货币是分开的，货币仅仅是信用的载体，信用行为本身不能创造货币，不能改变货币量"（孙国峰，2001，p34），这一说法有待商榷。

② 正是因为货币的本质是"借—贷关系"，所以信贷扩张和货币供给并不是覆盖在经济活动表面的一层"面纱（Veil）"（Arestis，1992，p201；Palley，2002）。

③ 一些货币银行的教材一方面忽视了货币（即银行信用）起源于商业信用这一发展历史，另一方面又没有认识到经济实践中普遍存在的不确定性对经济主体行为决策的影响，从而得出了货币的本质就是商品的结论。例如，胡庆庚（2001，p3）认为，"货币是商品，货币的根源在于商品本身，这是为价值形式发展的历史所证实了的结论。但货币不是普通的商品，而是固定地充当一般等价物的特殊商品，并体现一定的社会生产关系"。

127

初就注意到了。Innes（1913，p393）认为销售并不是为了获取"一些被称为'交易媒介'的中介商品"，"商品的交易是为了获取信用（credit）"，并将这称为"商业基本法则"（primitive law of commerce）："信用和债务被连续不断地创造，只要另一方存在，他们就不会消失……"具体而言，"我们通过购买变成债务人，通过销售变成债权人，所有的购买者和销售者就是我们所有的债务人和债权人。作为债务人，我们可以通过向债权人转让一份他自己已经负有的相同额度的债务，来迫使我们的债权人消除我们对他的债务责任"（Innes，1913，p393）。因此，Innes 认为货币背后代表的是借贷关系（债权—债务关系），市场并不只是商品的交易场所，更是债务和债券的清算中心；债权、债务及其他们的清算是市场的主要活动，而商品和服务的交易是次要的，只是人们变成债务人、债权人或者进行债务清算的方式之一。

在不确定性广泛存在的经济现实中，在没有更高级别的信用形式出现的情况下，企业信用需求和家庭信用供给之间的信用缺口会持续存在，并且会最终制约企业投资和生产的扩张。银行出现后，大量的原始商业信用转变成了信用级别更高的银行信用[1]。信用升级大大降低了不确定性，也填补了初始的信用供求缺口，促进了交易的发生和投资扩展[2]，这会进一步扩大银行信贷的需求和推动银行信贷的扩张。尽管现在银行信用（信贷）很普遍，现代的商业票据很多也都是利用银

---

[1] 查阅货币史与银行史的相关研究，例如（Davies，2002）、Chown（2005），可以对此有更加直观的了解。

[2] 在历史上，银行业起初的贷款对象主要是政府和封建贵族，并且利率很高。17 世纪末到 18 世纪初，随着经济的发展和社会化大生产的出现，企业的信贷需求不断增大，这需要银行业的发展和银行信贷的扩张。银行业在这一背景下迅速发展，这种发展主要通过两种途径：一是起初面向政府和封建贵族的高利贷性质的银行逐渐适应新的经济条件和需求，演变为了资本主义银行；二是新兴的资产阶级按照资本主义生产关系组织的股份制银行迅速发展。1694 年，英国政府支持创办了第一家资本主义股份制商业银行——英格兰银行，标志着资本主义商业银行制度以及现代银行的产生。继英格兰银行之后，欧洲各资本主义国家都相继成立了资本主义商业银行，现代银行开始在世界范围迅速发展。

行信用支撑来减少违约风险，但企业的生产和交易所需要的信用很多仍然是没有银行参与的原始贸易信用（Gardiner，2004）。

商业信用是与消费、生产等经济活动联系在一起的，而银行信贷和货币扩张是因为在不确定性普遍存在的情况下，经济主体需要商业信用的升级。首先，生产起始于信用，因为企业必须在生产出产品之前购买需要投入的生产要素，但企业可以利用的信用形式多种多样，贸易信用、民间信用、银行存款，甚至可以直接拖欠员工的工资；当企业将产品销售后，便可利用第三方的信用来消除他的债务。其次，现实社会的信用、债务关系是一个"信用金字塔"（Foley，1989；Bell，2001；朱太辉，2012）①，货币和信用体系正常运转的前提条件是，这其中必须要有一种信用资产集价值尺度、支付手段和价值储藏职能于一身②。债务人不可以通过转让自身的"欠条"来消除其债务，通常需要更高级别经济主体（处于"信用金字塔"更上端，例如银行）发行的债务（信用）来偿付自身的债务；也有一小部分是通过债务转让，利用债权人的债务来消除自身对债权人的债务。每次经济危机爆发后，需要政府注资或者中央银行再贴现贷款来拯救危机中的商业银行、金融机构，因为政府信用或者中央银行的信用级别（即基础货币）要高于商业银行信用（即存款货币）。而如果更高级别的政府信用也遭受质疑，那么就需要国外政府或者国际组织的救助了，这也是为什么此次国际金融危机爆发后，金融危机逐渐演变成了主权债务危

---

① 如本书第1章的图1－1所示，在信用金字塔中，商业银行的信用位于一般商业信用的上端，规模要小于所有商业信用的规模；中央银行或者政府的信用（例如基础货币）则又位于商业银行信用的上端。"信用金字塔"上端的信用可以用于其下方的所有信用的清算。对于这一点，如果我们去了解一下现代经济中的整个支付体系（Payment Systems）的运作状况，对此的理解将会更加深入（Rossi，1998）。

② Dow 和 Smithin（1999）只强调了这种信用资产的价值尺度和支付手段职能，这显然是不够的。Dow, S. , and J. Smithin, The Structure of Financial Markets and the "First Principle" of Monetary Economics, Scottish Journal of Political Economy, 1999, 46, 72 – 90.

机的重要原因之一。① 最后，在现代货币经济中，生产的目的是为了获取更多的货币（More Money），货币经济的运转框架是马克思和凯恩斯所描述的"M—C—M′"，而不是古典经济理论设定的"C—M—C′"，货币不是覆盖在生产过程上的一层"面纱"，而是生产活动的目的（Wray，2007）。

再回到货币学派和后凯恩斯学派关于贷款扩张和存款增加之间因果关系的争论迷局上来。由于商业信用是在债务方（信用需求方）有信用需求时（例如投资购买、生产交易等）向债权方（信用供给方）索求的，而银行信用是在不确定条件下对于商业信用的替代，同时也是商业信用清算的需要，因此贷款扩张和存款增加两者之间因果关系应该是贷款需求引致的贷款扩张导致了存款增加。也就是说，贷款扩张是因，存款增加是果。正是银行信用在本质上是对商业信用的替代和升级，所以银行信贷扩张和货币供给具有本质内生性。

3.4.3 货币信贷内生扩张的动态综合模型

银行和货币的起源表明，银行信用是对商业信用的替代和升级，这也揭示了信贷扩张和货币供给内生的根源。那么对于信贷扩张和货币供给而言，接下来的问题便是：信贷和货币供给是如何实现多倍扩张的？

随着后凯恩斯货币经济学的发展，适应性内生主义者关于信贷扩张和货币供给的观点正逐渐向结构性内生理论靠拢（Lavoie，2006；Godley 和 Lavoie，2007；Palley，2008）。其中一种重要的例证是，Lavoie 是适应性内生理论的代表人物，他在 20 世纪 80 年代和 90 年代

---

① 此外，在20世纪90年代，我国企业之间"三角债"的清理最终也是利用银行信用来替代企业之间的商业信用。截至1991年6月，我国的"三角债"规模累计达3000亿元左右，到1992年底基本清理完毕。在这两年期间，政府共注入清欠资金555亿元，其中银行贷款520亿元（朱镕基，2011（第一卷），p241-242）。

的研究都是支持适应性内生理论的，其 1992 年出版的教材《后凯恩斯主义经济分析基础》（*Foundations of Post – Keynesian Economic Analysis*）就是其中的最好表现，然而在其 2007 年与 Godley 合作的著作中，结构性内生理论已经成为核心。适应性内生理论和结构性内生理论的融合是信贷扩张和货币供给内生理论未来的发展趋势。

另外，考虑到货币流通主义者时序和流程分析的优点，我们在构建信贷内生扩张的动态模型时将会将时间因素纳入模型，采用连续时期分析而非单一时期分析，以便更好地追踪和描述货币信贷内生扩张的全过程。

根据货币信贷扩张的整个过程，货币信贷内生扩张的综合模型可以用下列方程式来描述：

信贷需求：
$$L^D = L(i^L, lp_D, p^E \cdots) \qquad (3-1)$$

贷款利率：
$$i^L = (1 + k) \cdot i^R \qquad (3-2)$$

商业银行的资产负债表约束（不考虑自有资本）：
$$L^S + R = D + T + RB \qquad (3-3)$$

商业银行的贷款供给：
$$L^S = (D + T + RB - R) = L^S(lp_B, i^R, i^L, c, r_D, r_T, r_E, d, \cdots) \qquad (3-4)$$

商业银行的存款结构：
$$T = d \cdot D \qquad (3-5)$$
$$d = (d_1, d_2, \cdots, d_N) = (T_1/D, \cdots, T_N/D) \qquad (3-6)$$

商业银行的存款准备金结构：
$$R = RR + RE = RU + RB \qquad (3-7)$$
$$RR = r_D \cdot D + r_T \cdot T \qquad (3-8)$$
$$RE = r_E \cdot D \qquad (3-9)$$

商业银行的借入准备金：
$$RB = r_B \cdot D = RB(lp_B, i^R, d, r_D, r_T, r_E, \cdots) \qquad (3-10)$$

流通中的通货：
$$C = c \cdot D = D(lp_D, i^D, \cdots) \qquad (3-11)$$

商业银行的基础货币需求：

$$M_b^D = C + RR + RE = M_b(i^R, c, r_D, r_T, r_E, d, \cdots) \quad (3-12)$$

中央银行的基础货币供给： $M_b^S = M_b(lp_{CB}, i^R, \cdots)$ $\quad (3-13)$

基础货币市场均衡： $M_b^D = M_b^S$ $\quad (3-14)$

贷款市场均衡： $L^D = L^S$ $\quad (3-15)$

货币供给： $M_S = C + D + T$ $\quad (3-16)$

式中符号的含义如表 3-5 所示。

表 3-5　　　　　　　　　　　模型中的符号解释

符号	释义	符号	释义
L^D	信贷需求	L^S	信贷供给
i^L	贷款利率	p^E	企业投资预期利润
i^R	准备金贷款利率	i^D	存款利率
k	商业银行的利率加成	D	活期存款
T	其他存款或债务（向量）	d	T 占 D 的比率（向量）
d_i	T 中 i 类存款占 D 的比率	R	商业银行存款准备金需求
RR	法定准备金	RE	超额准备金
RU	非借入准备金	RB	借入准备金
r_D	活期存款准备金率	r_T	其他存款准备金率
r_E	超额准备金率	r_B	借入准备金率
C	流通中的通货	c	通货占活期存款的比率
lp_L	贷款人的流动性偏好因子	lp_B	商业银行的流动性偏好因子
lp_D	存款人的流动性偏好因子	lp_{CB}	中央银行的流动性偏好因子
M_b^D	商业银行的基础货币需求	M_b^S	中央银行的基础货币供给
M_S	广义货币供给量		

资料来源：作者整理。

方程（3-1）表明贷款需求是贷款利率 i^L、贷款人流动性偏好 lp_L 等变量的函数；方程（3-2）表明贷款利率 i^L 是商业银行通过在准备金贷款利率 i^R 上加成 k 得到的；方程（3-4）为商业银行的贷款供给

L^S，其由贷款利率 i^L、通货比率 c、各项存款准备金比率、存款结构 d 等决定，并且受商业银行流动性偏好 lp_B 的影响；方程（3-7）揭示了商业银行准备金 R 的结构，R 既可以分解为法定准备金 RR 和超额准备金 RE，也可以分解为非借入准备金 RU 和借入准备金 RB，其中借入准备金 RB 受准备金贷款利率 i^R、存款结构、商业银行的流动性偏好 lp_B 以及不同类型存款准备金率等因素的影响；方程（3-11）表明流通中的通货受存款人流动性偏好 lp_D、存款利率 i^D 等因素影响；方程（3-12）表明商业银行的基础货币需求是由通货比率 c（包含了存款人的流动性偏好 lp_D）、商业银行的流动性偏好 lp_B、存款结构 d 以及各准备金率等因素决定的；方程（3-14）、方程（3-15）分别是贷款零售市场和贷款批发市场（准备金贷款市场）的均衡条件。需要说明的是，本书建立的信贷内生扩张模型是将时间考虑在内的多阶段动态模型，在不同阶段的信贷扩张过程中，各经济参与主体的流动性偏好因子也是不同的。

根据方程（3-1）～方程（3-10），可以得出信贷扩张后商业银行的活期存款 D 与银行信贷之间的关系：

$$D = L \cdot \frac{1}{\left(1 + d + r_B - r_D - \sum\limits_{i=1}^{N} r_i \cdot d_i - r_E\right)} \qquad (3-17)$$

式（3-17）中，L 为最终的均衡贷款，取决于企业等的贷款需求量与商业银行对贷款需求的适应程度，这与两者的流动性偏好 lp_L 和 lp_B、贷款利率 i^L 以及预期利润 p^E 等相关。

根据方程（3-7）、方程（3-8）、方程（3-9）、方程（3-12）和方程（3-17），可以得出信贷扩张后商业银行的基础货币需求 M_b^D：

$$M_b^D = M_b^S = C + RR + RE$$
$$= \left(c + r_D + \sum\limits_{i=1}^{N} r_i \cdot d_i + r_E\right) \cdot D$$

$$= L \cdot \frac{(c + r_D + \sum_{i=1}^{N} r_i \cdot d_i + r_E)}{(1 + d + r_B - r_D - \sum_{i=1}^{N} r_i \cdot d_i - r_E)}$$

$$= L \cdot \frac{1}{\dfrac{(1 + d + r_B + c)}{(c + r_D + \sum_{i=1}^{N} r_i \cdot d_i + r_E)} - 1} \qquad (3-18)$$

由于不确定性的存在,在货币信贷扩张过程中,各个经济主体的流动性偏好会发生变化,并且会相互影响,因此货币信贷内生扩张过程需要进行多阶段的动态跟踪和描述。为此,本章将通过图3-5来描述货币信贷内生扩张的动态综合模型。

对于商业银行来说,在不确定性普遍存在的情况下,随着信贷供给的不断增加,其流动性偏好会逐渐加强,以防范可能出现的信用风险。这反映在信贷供给曲线上就是,在信贷供给每增加一定规模,信贷供给曲线会从原始的轨迹向上移动一段距离,上移的距离就是商业银行的流动性偏好增加的幅度,如图3-5"贷款—利率"象限中的L^s所示。从贷款利率来说,就是随着贷款规模的扩大,商业银行的信贷利率会额外增加一部分。因此,商业银行的贷款供给曲线就是一条向上倾斜的阶梯状曲线,而不是适应性内生主义者认为的水平曲线,或者结构性内生主义者认为的向上倾斜的光滑直线。

对于中央银行来说,预期到信贷扩张后对整个经济、金融体系的影响,参考其货币政策的未来目标,随着商业银行发放信贷而对准备金贷款的需求不断增加,中央银行的流动性偏好也会逐渐上升,以防范过度信贷扩张在未来对经济、金融产生过大的负面冲击。这表现在准备金贷款供给曲线上就是,在对商业银行的准备金贷款适应一段规模后,准备金贷款供给曲线会从原来的轨迹向上移动一段距离,上移的距离就是中央银行的流动性偏好增加的幅度,如图3-5"准备金—

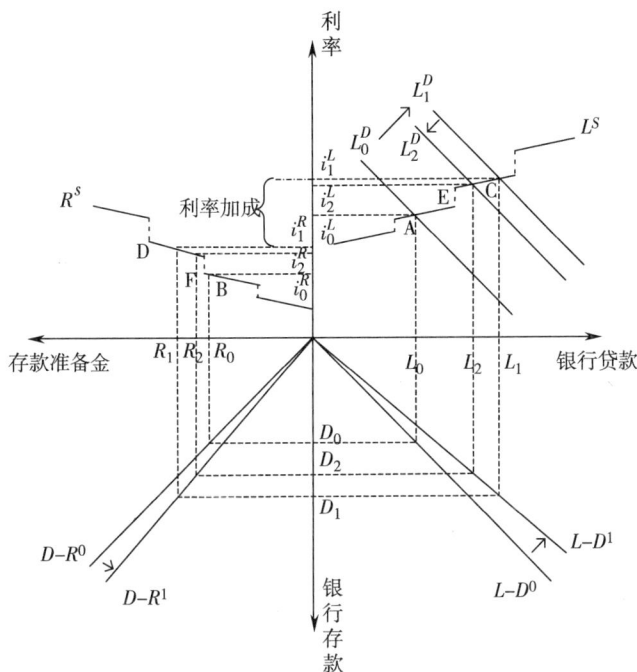

图 3-5　货币信贷内生扩张综合模型

利率"象限的 R^S 所示。从准备金贷款的利率来说，就是随着准备金贷款规模的不断扩大，中央银行对准备金贷款会额外征收一部分利率。因此，中央银行的贷款供给曲线就是一条向上倾斜的阶梯状曲线，而不是适应性内生主义者认为的水平曲线，或者结构性内生主义者认为的向上倾斜的光滑直线①。

在信贷扩张过程中，对于商业银行和中央银行流动性偏好的变化，贷款需求者的反应也会对贷款内生扩张产生影响。贷款需求增加后，

---

①　从数学的角度来说，如果准备金供给量每增加一单位，流动性偏好也都增加一部分，当供给量每增加的"一单位"足够小时，这种向上倾斜的阶梯状曲线就是结构性内生主义者提出的向上倾斜的光滑直线。不过，现实情况更适合用向上倾斜的阶梯状曲线来描述，而不是向上倾斜的光滑直线。

由于贷款规模的扩大导致商业银行和中央银行的流动性偏好增加，贷款利率较原始贷款供给曲线预计的利率会额外提高一部分。贷款利率的增加会提高贷款企业或者家庭的流动性偏好，并且贷款需求较初始计划的贷款需求减少。反映在贷款需求曲线上就是，初始扩张后的贷款曲线会向回收缩一些，如图 3 – 5 "贷款—利率"象限中的贷款曲线的移动过程 "$L_0^D \rightarrow L_1^D \rightarrow L_2^D$" 所示。在新的贷款需求上，如果商业银行和中央银行的流动性偏好不再发生变化，那么新的贷款需求曲线和贷款供给曲线的交点就决定了最终的信贷内生扩张规模，即图 3 – 5 的 L_2。

此外，如上述模型所揭示的，存款人的流动性偏好也不能忽视。如式（3 – 17）、式（3 – 18）所示，存款人的流动性偏好与中央银行的流动性偏好、商业银行的流动性偏好即资产负债管理能力，都是决定基础货币供给和存款供给的重要因素。反映在图 3 – 5 中，其变化会导致贷款—存款曲线（即 L – D 曲线）斜率和存款—准备金曲线（即 D – R 曲线）斜率的变化。这在前面结构性内生理论下信贷内生扩张过程的分析时已经给出明确解释，在此不再赘述。

具体来看货币信贷内生扩张的过程，经济体的初始均衡位置为 A 点：均衡贷款规模为 L_0，相应的存款规模为 D_0、准备金贷款规模为 R_0。现在贷款需求增加，如图 3 – 5 中"贷款—利率"象限所示，贷款需求曲线从 L_0^D 右移到 L_1^D。随着贷款规模的扩大，商业银行的流动性偏好增加，其贷款供给曲线向上移动一段距离，新的贷款供给曲线与 L_1^D 在 C 点相交，决定的贷款规模从 L_0 增加到 L_1；如果商业银行适应 L_1 规模的贷款需求，其存款会相应地大幅增加；如果存款人的流动性偏好增加，例如增加现金持有量，反映到图 3 – 5 中的"贷款—利率"象限，贷款—存款曲线会从初始的 L – D^0 逆时针旋转到 L – D^1，对应的存款规模增加到 D_1。随着贷款规模和存款规模的增加，如果商业银行通过资产负债表管理，例如发行债券或者资产证券化，可以从市场上融入一部分资金，那么其存款准备金需求不会沿着初始的"存款—准备金"曲线 $D - R^0$ 增加，"存款—准备金"曲线会因此逆时针旋转到 $D - R^1$，由此决定的存款准备金需求（或者基础货币需求①）从 R_0 增加到 R_1。最终，由于存款准备金贷款增加到 R_1 后，中央银行的流动性偏好会增加，因此准备金贷款供给曲线 R^s 会相应地向上移动一段距离，由此决定的准备金贷款利率从 i_0^R 提高到 i_1^R。

到此，货币信贷内生扩张只是经历一个时段的循环。商业银行和中央银行的流动性偏好因信贷扩张而增加，导致贷款利率上升后的水平 i_1^L 超过了贷款人的预期，贷款人的流动性偏好会因此而缩减初始计划的贷款需求，即贷款需求会从增加后的 L_1^D 往回移动到 L_2^D。在贷款供给曲线 L^s 与 L_2^D 相交的部分，商业银行的流动性偏好并没有再次发生改变，因此贷款市场的均衡位置将在 L^s 与 L_2^D 新相交的 E 点实现，新的均衡贷款规模为 L_2，新的均衡贷款利率为 i_2^L。如果存款人的流动性偏好、中央银行的流动性偏好以及商业银行的资产负债管理能力没有发生大的变化，那么新的均衡存款为 $L - D^1$ 决定的 D_2，新的均衡准备金贷款规模为 R_2，新的准备金贷款利率为 i_2^R。如果存款人的流动性偏好、中央银行的流动性偏好以及商业银行的流动性偏好和资产负债管理能力在新的贷款需求水平上仍然发生了变动，那么贷款人、商业银行、存款人以及中央银行的行为决策还会继续变化，直到新的均衡出现。

至此，货币信贷内生扩张的过程才最终完结。

3.5　小结

后凯恩斯学派的货币经济理论是当前关于货币信贷内生扩张最主

---

① 因为在通货比率不发生变化的情况下，存款准备金需求的变化就是基础货币需求的变化。

要的理论，本章梳理了后凯恩斯学派三大信贷扩张和货币供给的内生理论：货币流通理论、适应性内生理论和结构性内生理论，归纳出了三者关于货币信贷内生扩张的机制和模型；在此基础上，吸收三大理论的优点和合理成分，构建了货币信贷内生扩张的动态综合模型。

货币流通理论是由法国和意大利的经济学家发展起来的，主要以凯恩斯的《货币论》作为理论基础，强调不确定条件下货币的支付手段职能。该理论在研究方法上强调时序和流程分析，从"信贷扩张—货币创造（存款）—货币流通—货币回流和信贷偿还"的流程来分析货币信贷的内生扩张；认为生产过程是借助信贷和货币来实施的，信贷扩张起始于企业由于劳务支付和购买原材料的信贷需求，银行发放信贷满足企业的信贷需求后，货币资金便会运用到经济中的生产、分配、交换、消费以及金融市场投资等各个环节；当贷款企业获取收入偿还初始信贷时，货币资金的整个流通就结束了。

后凯恩斯学派的适应性内生理论和结构性内生理论的理论基础是凯恩斯的《通论》，更加强调货币的价值储藏职能。其中适应性内生理论起始于对货币学派理论和政策的批判，认为信贷扩张和货币供给的内生扩张过程和逻辑是"贷款创造存款，存款创造准备"。在适应性内生理论的信贷扩张模型中，利率是由中央银行外生决定的，中央银行的存款准备金或者基础货币的供给曲线是水平直线，中央银行由于政治压力、最后贷款人职能、政府财政赤字货币化、国际收支盈余等的影响，会在其设定的利率水平上完全适应商业银行贷款扩张后的准备金需求；商业银行的贷款供给曲线也是水平的，商业银行在确定的利率水平上完全适应企业、家庭等的贷款需求。

结构性内生理论赞同适应性内生理论的货币信贷内生扩张逻辑——"贷款创造存款，存款创造准备"，但是从经济主体的流动性偏好及其行为影响的角度对适应性内生理论进行了修正。结构性内生理论认为，中央银行负责经济、金融的整体稳定，当准备金需求增加时，其流动性偏好也会变化，因而并不会完全适应商业银行的准备金贷款需求，准备金贷款利率是由准备金供需双方共同决定的，准备金（或者基础货币）的供给曲线是一条向上倾斜的曲线；商业银行也不是完全适应企业或者家庭的信贷需求，商业银行的流动性偏好以及资产负债管理能力是影响贷款供给的重要因素，贷款利率是由贷款供需双方共同决定的，贷款供给曲线也是一条向上倾斜的曲线；企业的流动性偏好会影响企业的融资选择和贷款需求，家庭的流动性偏好也会对信贷扩张过程产生影响。

　　尽管货币流通理论、适应性内生理论和结构性内生理论都给出了货币信贷扩张的内生机制，但却没有解释为什么会有银行信贷需求这一前提性问题。也正是由于没有解决好这一问题，后凯恩斯学派与货币学派的内/外生争论才会僵持半个多世纪仍未达成共识。为此，本章吸收了凯恩斯以及后凯恩斯主义者的不确定性概念，论证了银行信用（广义货币）在根源上是对商业信用的替代和升级，经济发展中的商业信用需求引致了银行信贷需求，从而弥补了后凯恩斯信贷内生扩张理论的缺陷。在此基础上，本章综合货币流通理论、适应性内生理论和结构性内生理论的优点和合理部分，建立了货币信贷内生扩张的动态模型，综合考虑了在货币信贷流转的各个环节，经济主体流动性偏好及其行为对货币信贷内生扩张的影响。

第 4 章　资本市场发展与货币
信贷内生扩张新机制

前文梳理了主要内生理论关于货币信贷扩张的内生机制，并且构建了货币信贷内生扩张的动态综合模型。但是次贷危机的爆发表明，资本市场已不仅仅是商业银行进行资产和负债管理的场所，影子银行体系活动对货币信贷扩张内生机制产生了不可忽视的影响。

20 世纪 70 年代以来，金融创新的快速发展和新金融产品的不断推出，其中资产证券化及其相关衍生品的发展最为显著，使得银行信贷的替代性逐渐增强，传统观点据此认为银行业在融资体系中的地位将会逐渐减弱（Mishkin 和 Eakins，2011）。然而，次贷危机爆发前，美国信贷市场的发展表明，银行类金融机构的信贷规模并没有由于美国资本市场的快速发展而有所减弱，两者的发展并行不悖，而且资本市场的发展反倒是在很大程度上促进了银行类金融机构的信贷扩张。这不免给传统观点带来了极大挑战，也需要我们重新审视资本市场发展下的货币信贷扩张机制。本章将从资本市场发展与信贷经营模式转变的关系入手，探讨资本市场发展下，特别是资产证券化在贷款领域的广泛应用，货币信贷扩张的新机制，并以此为次贷危机的爆发提供一种新的解释。

4.1　资本市场发展下信贷经营模式的转变

随着资产证券化、回购市场以及信贷相关衍生品的发展，信贷经营模式转变的结果就是传统的"银行业"（Banking）与"银行"
（Banks）已不可等同，"银行业"（Banking）的范畴要远大于"银行"
（Banks）（Gorton，2010）。以回购市场和资产证券化市场为主的影子
银行①在信贷发放上与传统商业银行的边界越来越模糊，同时也使得商
业银行等贷款发放机构与资本市场的关系休戚相关②。

4.1.1　传统银行业在融资领域的地位显著下降

依照传统观点，贷款占实体经济融资总额的比重、银行业资产规
模占金融体系资产总规模的比重是评价银行业在融资领域地位的两个
非常重要的量化指标。依据这两个指标来评价美国传统银行业的实际
情况会发现，其在美国融资领域的地位自 20 世纪 70 年代以来发生了
显著下降。

从贷款占实体经济融资总额的比重来看，美国商业银行作为实体
经济借款人获取资金渠道的重要性自 20 世纪 70 年代以来显著下降。
如图 4 - 1 所示，在 1974 年，商业银行信贷占全部融资的份额接近
40%，存款机构信贷占全部融资的份额约为 20%，两者为实体经济供
给的资金占到了其总融资额的 60%。因此，自 20 世纪 70 年代，美国
银行业在实体经济融资领域明显占据着主导地位。

然而，到 2010 年，商业银行信贷占全部融资的份额下降到了 27%

---

① 目前影子银行还没有一个准确的定义，最早使用影子银行体系的概念，是在 2007 年的美
联储年度会议上。当时次贷危机已初露端倪，这一概念被用来形容那些"无银行之名、有银行之
实"的种类繁杂的机构。金融危机爆发后，关于影子银行体系又有了一些不同的叫法。2008 年，
时任美国联邦储备银行行长的盖特纳将这些机构称为"平行银行系统"。2010 年 9 月 2 日，美联
储主席伯南克在国会作证时将"影子银行"定义为："除接受监管的存款机构以外，充当储蓄转
投资中介的金融机构"。按照中国社科院副院长李扬的解释，从全世界范围来看，"影子银行"体
系主要包括：证券化机构，主要功能是将传统金融产品证券化；市场化的金融公司，主要包括对
冲基金、货币市场共同基金、私募股权投资基金等，主要从事在传统金融机构和客户之间融通资
金；还有结构化投资实体、房地产信托投资机构及证券经纪公司等。

② 下文出现的"银行业"都是指包括影子银行在内的银行业。

左右，而存款机构信贷占全部融资的份额更是大幅下降到了3%，两者为实体经济供给的资金占总融资的份额约为30%。相对于1974年的60%，传统银行业的贷款在实体经济总融资中的份额下降了30%，其在实体经济融资领域的重要性显著下降。

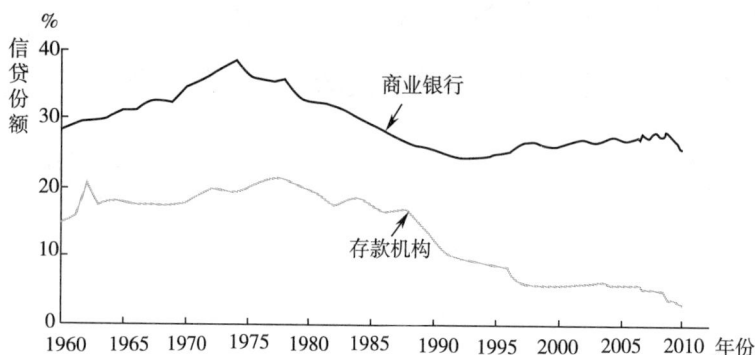

数据来源：Federal Reserve Flow of Funds。

图4-1　美国银行在非金融贷款中所占份额

另外，如果从资产规模来考察，银行体系在金融体系中的地位也在显著下降。在1960年至1980年，商业银行的资产规模在所有金融中介机构总资产中的占比约为40%，而到2009年，其占比跌落到了25%。与商业银行资产规模占比下降类似的是，存款机构的资产规模在所有金融中介机构总资产中的占比也从1960年至1980年的20%下降到了2010年的3%。如果粗略地以商业银行和存款机构代表整个传统的银行体系，那么从资产规模来看，传统银行体系的资产规模从20世纪60年代至80年代的60%下降到了2010年的23%左右，也丧失了主导地位。

然而，证券化以及信贷相关衍生品交易将商业银行等贷款机构发放的贷款流转到了资本市场，其结果是以回购市场和资产证券化市场为主的影子银行、开展资本市场业务的金融机构，例如证券发行商、证券经纪交易商等，也是信贷发放涉及的重要参与者。如果"银行业"

包括这些金融机构，那么整个银行业的资产其实在快速扩张（如图
4-2所示），其占整个金融体系资产的比例也不会像图 4-1 所显示的
逐渐降低。

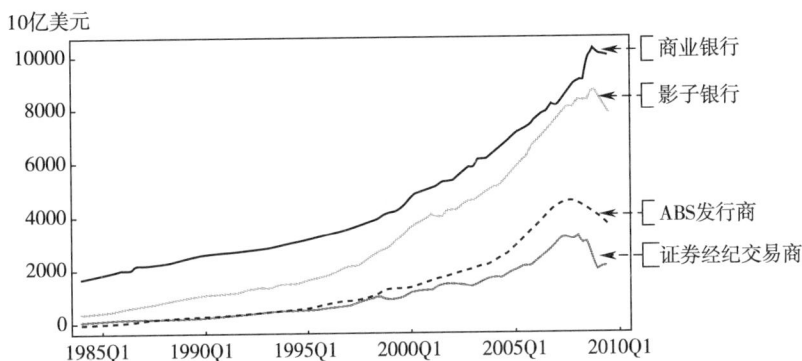

资料来源：Adrian 和 Shin（2011，p616）。

图 4-2　美国"银行业"的资产结构和规模

4.1.2　信贷证券化及相关衍生品交易不断发展

随着资本市场的发展深入到信贷领域，根据银行资产负债表上的
信贷和资产规模，从融资占比和资产占比来评价银行业在融资体系中
的地位已经不能完全反映"银行业"的真实情况了。原因在于，银行
类金融机构发放信贷后，通过信贷证券化及相关衍生品交易将信贷资
产转移到资本市场参与者手中了，并没有或者没有完全反映在银行类
金融机构的资产负债表上。

（1）信贷证券化快速发展

资产证券化（Asset Securitization）是指将缺乏流动性的资产，转
换为在金融市场上可以自由买卖的证券，间接地使其具有流动性。概
括地讲，一次完整的证券化融资的基本流程是：发起人将待证券化的
资产出售给特殊目的机构（Special Purpose Vehicle，SPV），然后 SPV

将这些资产汇集成资产池（Assets Pool），并以资产池未来产生的现金流为支撑在金融市场上发行有价证券融资。广义的资产证券化泛指以某一资产或资产组合转换成证券资产这一具有流动性的资产运营方式，包括实体资产证券化、证券资产证券化、信贷资产证券化和现金资产证券化；而狭义的资产证券化仅指信贷资产证券化。

按照被证券化资产种类的不同，信贷资产证券化可分为住房抵押贷款支持的证券化（Mortgage – Backed Securitization，MBS）和资产支持的证券化（Asset – Backed Securitization，ABS）。在证券化过程中，SPV 可以根据不同类别信贷的特点和投资者的需求，发行不同性质的证券。概括而言，SPV 发行的证券大致可以分为五类：转递债券、普通债券、转付债券、商业票据和优先股（弗兰科，2008）[1]，其中普通债券和商业票据的份额较大。

1970 年，美国政府国民抵押协会发行了以抵押贷款组合为基础资产的抵押支持证券——房贷转付证券，完成了首笔资产证券化交易，此后资产证券化逐渐成为一种被广泛采用的金融创新，在此后的 40 年里取得了迅速发展。在信贷资产领域，目前美国的资产证券化已经广泛运用到各类信贷[2]。

在运用范围不断扩展的同时，美国信贷资产证券化的规模也在快速增长。从抵押贷款相关债券和资产支持债券来看，不论是存量余额还是年发行量，资产证券化债券的额度都在大幅增加，如图 4 - 3 所

---

[1] 弗兰科（2008，p41 -45）对 SPV 发行的这五种证券做了详细介绍。

[2] 到目前为止，美国已经开展了证券化的信贷类别和其他资产有：汽车贷款（优良级和次级）、商业抵押贷款、商业地产贷款、符合第一留置权的抵押贷款、不合格抵押贷款、消费贷款、信用卡应收贷款、设备贷款、特许经营权贷款、房屋净值贷款、建造房屋贷款（Manufactured Housing Loans）、小企业贷款、学生贷款、摩托车贷款、分时度假贷款（Time Share Loans）、健康俱乐部应收账款、保险应收账款、贸易应收账款、汽车租赁、飞机租赁、设备租赁、电脑租赁、知识产权现金流、税务留置权（Tax Liens）、音乐版税、共同基金应收账款、滞留成本（Stranded Utility Costs）等（Gorton，2010，p22）。关于美国各类信贷证券化的介绍，详见弗兰科（2008，p8 - 12）。

示。从存量余额来看，资产证券化债券在1980年的余额仅为1108亿美元，仅占债券存量总额的4.37%，而到次贷危机爆发的2007年，资产证券化债券余额已经高达109318亿美元，在债券存量总额中的占比也大幅上升到了35.16%；从年发行量来看，资产证券化债券在1996年的发行量为6617亿美元，占债券发行总额的31.80%，而到次贷危机

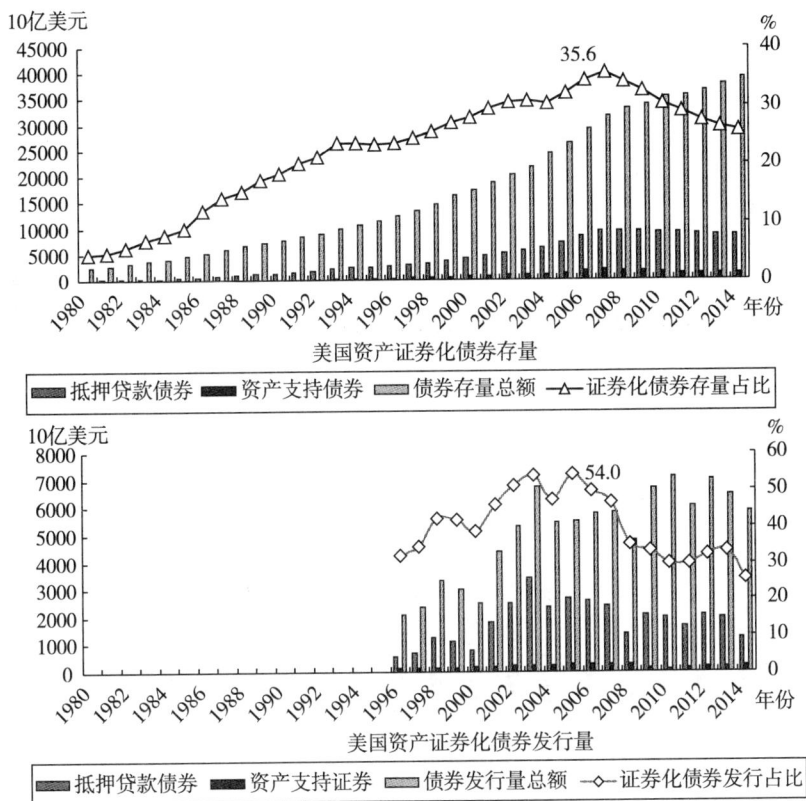

说明：抵押贷款债券包括GNMA、FNMA和FHLMC的抵押贷款支持债券（MBS）和CMOs，以及私营公司的MBS和CMOs；资产支持债券包括非转换债、MTNs non–convertible debt、MTNs和扬基债券，但不包括CDs和联邦机构债券。

资料来源：www.sifma.org。

图4-3 美国资产证券化债券历年的发行量及存量

爆发的 2007 年，资产证券化债券发行量已经增加到 27472 亿美元，在债券发行总额中的占比也上升到了 45.80%。2002 年至 2005 年，资产证券化债券发行量在债券发行总额中的占比一直保持在 50% 以上，此后由于美联储不断提高基准利率，资产证券化债券发行量有所减少，其占比也因此有所下降。

如果不对纯粹的直接贷款销售（Direct Loan Sales）和信贷证券化导致的贷款转售进行区分①，美国贷款销售近二十年来的发展更为直观地体现了证券化对银行信贷的影响。如图 4-4 所示，自 1991 年以来的二十年期间，美国银行业的工业和商业贷款总额在科技和信息泡沫破裂后的几年有所递减，但是美国银行工业和商业贷款的销售额却一直在增加，贷款销售的占比在次贷危机爆发前也在不断攀升。1991 年美国银行工业和商业贷款的销售额为 80 亿美元，仅占工业和商业贷款总额的 1.26%；到次贷危机爆发的 2007 年，银行工业和商业贷款的销

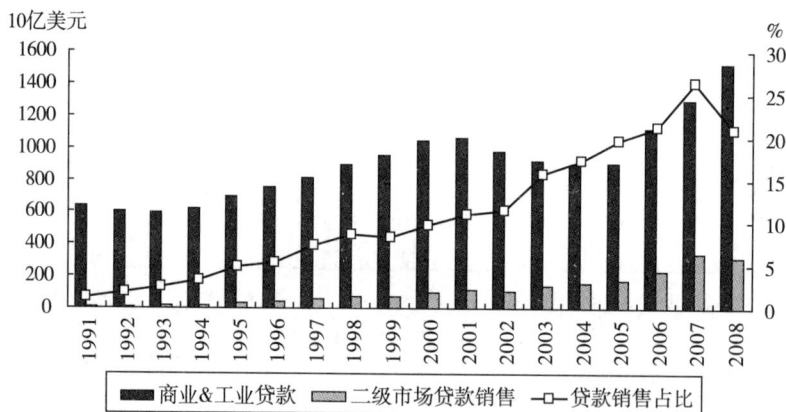

资料来源：商业和工业贷款数据来自 Federal Reserve H. 8 release；贷款销售数据来自 Reuters Loan Pricing Corporation。

图 4-4　美国银行业次贷危机前的工商业贷款总额及贷款销售额

---

① 直接贷款销售和资产证券化贷款的具体区别可参见 Bradley（2005）。

售额增长到了3184亿美元，是1991年的近40倍，其占工业和商业贷款总额的比率也提高到了26.4%，即美国银行发放的工业和商业贷款超过四分之一被直接销售出去了。

（2）信用衍生品广泛应用

除了资产证券化和销售以外，资本市场中信贷相关衍生品的发展对银行等贷款机构的信贷扩张也产生了显著影响。在所有与信贷相关的金融衍生品中，信用违约互换（Credit Default Swap，CDS）和在信贷支持证券基础上衍生的担保债务凭证（Collateralized Debt Obligation，CDO）的影响最大。

信用违约互换（Credit Default Swap，CDS）又称为信贷违约掉期，或者贷款违约保险，是目前全球交易最为广泛的场外信用衍生品。信用违约互换的出现解决了信用风险的流动性问题，使得信用风险可以像市场风险一样进行交易，从而转移担保方风险，同时也降低了企业发行债券的难度和成本。国际互换和衍生品协会（ISDA）于1998年创立了标准化的信用违约互换合约，此后CDS交易快速发展。从全球来看，衍生品的未偿还额近十年来迅速增长，1998年还远不到100万亿美元，而到2008年已经增长到接近700万亿美元。这其中，CDS和利率互换等衍生产品的交易额也快速增长，到2008年6月CDS的交易量超过了50万亿美元，而利率互换的交易额超过了350万亿美元（BIS，2008）。

除了CDS外，随着信贷证券化的快速发展，以信贷抵押债券为基础衍生出的CDO近几年的交易量也在快速增长。CDO的标的资产通常是信贷资产或债券，标的资产是信贷的CDO通常称为信贷资产的证券化（Collateralised Loan Obligation，CLO），也就是通常意义上的信贷证券化，而标的资产是市场流通债券（包括信贷资产证券化的证券）的CDO通常称为市场流通债券的再证券化（Collateralised Bond Obligation，CBO）。近几年来，随着信贷证券化的快速发展，CDO的规模也在不断扩大。如表4-1所示，表的第2列显示了全球CDO的总发行量，第

表 4-1　　　　危机前全球 CDO 发行情况

单位：百万美元，%

年份	总发行量	按类型					按动机		
		现金流型	混合型	市场价值型	合成型	其他型	套利型	资产负债表性	其他行
2000	228805.3	47137.4		6753.5	11145.7	163768.6	110643.5	21837.4	96324.3
（占比）		20.6		3.0	4.9	71.6	48.4	9.5	42.1
2001	301747.0	46334.2		7625.5	23939.2	223848.1	143953.7	20079.1	137714.2
（占比）		15.4		2.5	7.9	74.2	47.7	6.7	45.6
2002	339659.0	82747.5	1139.5	7507.3	26132.8	222132.0	191292.9	16750.9	131615.2
（占比）		24.4		2.2	7.7	65.4	56.3	4.9	38.7
2003	403397.5	138794.1	1306.1	7217.3	29684.6	226395.4	237027.1	25933.3	140437.1
（占比）		34.4		1.8	7.4	56.1	58.8	6.4	34.8
2004	522201.2	252629.9	1560.4	7337.2	43095.9	217577.8	341316.9	28745.2	152139.2
（占比）		48.4		1.4	8.3	41.7	65.4	5.5	29.1
2005	689950.6	390115.2	6462.0	6586.1	60974.5	225812.8	464922.7	39185.2	185842.7
（占比）		56.5		1.0	8.8	32.7	67.4	5.7	26.9
2006	1061378.4	660099.5	51653.7	27222.2	99094.9	223308.0	755950.4	83749.1	221678.8
（占比）		62.2		2.6	9.3	21.0	71.2	7.9	20.9
2007	1340549.3	830400.4	104846.9	42352.3	90763.4	272186.4	929219.8	98271.3	313058.2
（占比）		61.9		3.2	6.8	20.3	69.3	7.3	23.4

续表

年份	总发行量	按类型					按动机		其他行
		现金流型	混合型	市场价值型	合成型	其他型	套利型	资产/负债表性	
2008	1358234.8	805601.9	67649.3	38197.2	83883.3	362903.1	849531.6	88417.1	420286.1
（占比）		59.3		2.8	6.2	26.7	62.5	6.5	30.9
2009	1248435.9	740255.6	55529.7	33045.7	68479.6	351125.3	766406.3	82898.0	399131.6
（占比）		59.3		2.6	5.5	28.1	61.4	6.6	32.0
2010	1118961.0	676839.1	50180.8	30664.1	46430.8	314846.0	679520.8	78455.7	360984.5
（占比）		60.5		2.7	4.1	28.1	60.7	7.0	32.3
2011	964912.8	611758.6	39126.1	29098.9	33285.9	251643.3	606290.1	60341.3	298281.4
（占比）		63.4		3.0	3.4	26.1	62.8	6.3	30.9
2012	855890.7	540017.8	32075.4	27450.8	24360.0	231986.6	524029.2	63497.2	268364.2
（占比）		63.1		3.2	2.8	27.1	61.2	7.4	31.4
2013	770493.3	522795.6	26402.4	24499.3	17874.4	178921.5	503696.2	56515.6	210281.6
（占比）		67.9		3.2	2.3	23.2	65.4	7.3	27.3
2014	814677.7	599915.9	21511.9	21422.4	13178.8	158648.7	527839.7	83551.8	203286.1
（占比）		73.6		2.6	1.6	19.5	64.8	10.3	25.0

资料来源：www.sifma.org。

149

3—7 列按照标的资产将 CDO 区分为现金流型（Cash Flow）、混合型（Hybrid）、市场价值性（Market Value）、合成型（Synthetic Funded）和其他型（Unknown），而第 8—10 列则是按照发行动机将 CDO 区分为套利型（Arbitrage）、资产负债表型（Balance Sheet）和其他型（Unknown）。从 CDO 的总发行量可以看出，伴随着次贷危机前信贷证券化规模的不断扩大，CDO 的发行量也在逐年大幅增长，2000 年的总发行量为 2288 亿美元，国际金融危机爆发前 2007 年的总发行量为 13405 亿美元，危机爆发后 CDO 的发行量不断下降。从 CDO 的发行结构可以看出，次贷危机爆发前套利型 CDO 的发行占比持续提升，资产负债表型 CDO 占比不断下降。

4.1.3　资本市场发展下的信贷经营新模式：“发起—分销”

信贷证券化以及相关衍生品交易的发展，使得“贷款发放”和“贷款持有”可以分离经营①，可以有不同的市场主体承担，传统的贷款经营由此发生了多个方面的显著变化。

变化一：信贷的资金链条纵向延伸，资金从最终的贷款人留到最终的借款人要经过很长一个链条。在商业银行传统的信贷模式下，商业银行在负债方吸收存款，在资产方发放贷款，其中没有其他金融机构参与，资金链条为“存款人→商业银行→借款人”，商业银行在资金链中的位置也是真正的“融资中介”。

直到 1900 年前后，美国的房屋抵押贷款的大部分还是由商业银行以及其他存款类机构发放和持有的（Adrian 和 Shin，2008）。此后，随着贷款销售的发展，政府特许机构（GSEs），例如房地美、房利美、吉利美，对房屋抵押贷款的购买不断加大，以及后来资产证券化在贷款资产领域的广泛应用，商业银行贷款的资金链条不断延长，机构融

---

① 除此之外，“贷后服务”与“贷款发放”、“贷款持有”也会因为证券化而分离。

资与市场融资的联系逐渐加强。下面的信贷证券化过程图刻画了一条较长的信贷资金链条，也揭示了信贷证券化各个环节涉及的金融机构及其操作。银行等贷款机构发放贷款后，一方面，可以选择将贷款出售给房地美、房利美等贷款购买机构，这些购买机构再以购买的贷款作为抵押发放债券筹集资金。另一方面，也可以选择将贷款出售给特殊目的载体（Special Purpose Vehicle，SPV），SPV再基于汇集的贷款资产池发放贷款支持证券，例如MBS；市场投资机构持有MBS后，可以将这些MBS打包和分级，在此基础上发行债务抵押债券（CDO）；市场的其他投资机构会持有CDO获利，但也会以其作为抵押通过回购协议向商业银行融资[1]，或者以这些CDO为基础，向另外的投资机构发行CDO^2；商业银行为持有CDO的投资机构提供贷款的同时，反过来又会通过向货币市场共同基金等发行商业票据，例如资产支持商业票据（Asset-backed Commercial Papers，ABCP）[2]，进行短期融资；最后，居民持有货币市场共同基金，并购买了CDO和CDO^2投资机构发行的证券，构成了整个资金链的循环。图4-5只是当前金融体系中一条比较典型和简单的信贷资金链条，美国金融体系中现实的信贷资金链要更加错综复杂。

变化二：证券化导致信贷资金链条延伸的同时，银行等机构的信贷经营模式由传统的"发放—持有"（或者"零售—持有"）模式转变为了"发起—分销"模式（Originate—Distribute）。在传统的贷款经营模式下，由于每份贷款的利率不同、期限不同以及借款人的资信不同，信贷的个性化程度很高，贷款难以像证券产品那样形成流动性较强的二级市场，银行等贷款机构将贷款发放出去后，通常是持有到期。

---

① 美国目前还没有关于回购市场规模的官方统计数据，但根据纽约联储的统计，一级交易商的回购规模在2008年约为7万亿美元（Gorton，2010，p44）。

② 资产支持商业票据在次贷危机爆发前快速发展，从2004年到次贷危机爆发的2007年，其2004年的未偿还余额还只是6000亿美元，但是到2007年便增长到了近1.2万亿美元。

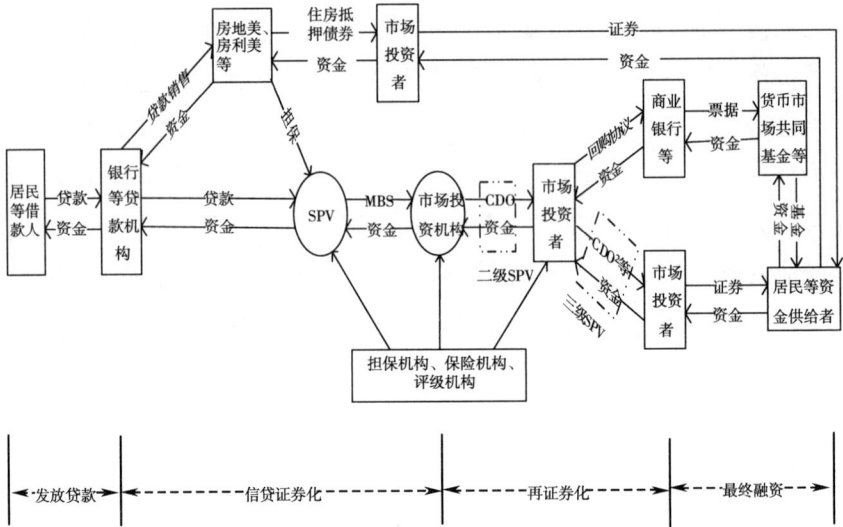

图4-5 美国次贷危机前的信贷证券化和衍生过程

证券化的推出为银行信贷这种非市场化的资产（Non - Marketable Assets）开辟了二级交易市场（Kaufman，2000），银行等贷款机构在发放信贷后，可以将具有类似性质的信贷汇集成资产池出售给 SPV，然后 SPV 以此为基础向金融市场发行信贷支持证券进行融资，银行信贷的经营模式也因此从传统的"零售—持有"模式转变为"发起—分销"模式（Duke，2009）。

变化三：证券化促使信贷期限与资金来源期限更加匹配，并有效分散贷款组合。在传统的信贷经营模式下，银行等主要贷款机构的贷款是长期不流动的，而其负债则主要是短期存款，资产负债的匹配性较差，具有较大的流动性风险，这也是为什么绝大多数国家在银行业都设置了存款准备金制度的原因。同时，信贷需求的内生性使得其通常与经济周期保持一致，并且每个金融机构通常发放某个特定类型或者特定领域的贷款，在传统的"零售—持有"经营模式下，异质性的信贷合约又难以出售，这使得单个放款机构难以分散其贷款组合。

　　然而，证券化的实施促使"贷款发放"和"贷款持有"分离，并形成了贷款支持证券的二级交易市场，一方面，促使长期不流动的贷款能够流向具有相配期限资金的居民或机构投资者，使得贷款的初始发放机构和 SPV 更适当地配置贷款和证券债务，降低两者的流动性风险；另一方面，证券化的实施使得放宽机构就可以在继续从事其擅长领域或者类型的贷款，同时出售一部分贷款，并购买一些其他类型或者领域的贷款，从而有效分散其贷款组合。

　　变化四：证券化加剧了贷款市场的竞争。传统观点认为：其一，贷款利率与一般的价格不同，是未来支付的许诺；其二，每份贷款在利率、期限、借款人资信等方面都存有差异，因而是高度个性化和异质的；其三，每份信贷的相关信息具有高度的专用性，甄别借款人需要支付大量的沉没成本。因此，信贷市场并不是非常完美的竞争市场（Stiglitz 和 Greenwald，2003），其市场结构更倾向于垄断竞争。

　　综合而言，信贷证券化是机构贷款和市场融资的混合产物（弗兰科，2008，p61），兼具两者的特点，但又有所不同。在信贷证券化过程中，SPV 部分类似于商业银行，部分类似于资本市场的投资机构。其一，与商业银行类似的是，SPV 募集的资金用于（购买）贷款①，而不像投资公司主要用于投资证券，因此 SPV 持有的资产是无流动性的贷款；与投资公司类似的是，SPV 是通过发行证券来募集资金，而不像商业银行是通过特定债务（银行存款）来募集资金。其二，与投资公司类似的是，SPV 主要是在初始/发起贷款人和证券投资者/新贷款人之间融通资金，而非像商业银行一样直接在借款人和贷款人之间融通资金。其三，与投资公司类似的是，SPV 是在市场上购买贷款，

---

　　① "二级 SPV"与其他 SPV（即"一级 SPV"）各方面的性质类似，只是其持有的是其他 SPV 发行的证券。

二级 SPV 购买的更是其他 SPV 发行的资产支持债券，而不是像商业银行那样直接发放贷款。其四，传统的商业银行发放贷款并持有到期，但证券化可以让商业银行在贷款到期之前将其出售给 SPV，并可利用出售收入重新发放贷款，因此 SPV 虽不直接发放贷款，但是通过发行证券来购买贷款，可以扩大初始贷款的发放量。最后，与商业银行和投资公司不同的是，SPV 不承诺债权人凭请求或者通知就可要求 SPV 回购其债务（即发行的证券），SPV 向债权人（即其债券的投资者）提供流动性的方式是通过债券的二级市场，或者设置第三方承诺（例如商业银行信用证）来依债权人的请求或者通知购回债权人持有的债券。也正是这个原因，相比于商业银行，SPV 的负债与资产在期限上更加匹配，同时又向投资者提供了流动性。

除此之外，证券化推出后，银行等传统的贷款机构在存贷款领域遭受了前所未有的竞争。首先，证券化从银行等传统的贷款机构吸引走了越来越多的借款人，证券化可以帮助客户绕开银行融资，例如应收贷款证券化、商业票据证券化等融资方式，从而不断减弱银行等传统贷款机构在贷款领域的垄断地位。其次，证券化为很多非银行金融机构提供了可与存款相媲美的资金来源，这些资金来源的期限与贷款期限更加匹配，而且这些机构不用负担银行等贷款机构负担的监管成本，例如存款准备金，从而在发放贷款上可能具有银行等传统贷款机构没有的优势。再次，如图 4 - 5 所示，贷款证券化涉及多个环节，每个不同的环节需要不同的金融机构参与，而这些众多的环节大都是银行并不擅长的业务，例如 SPV 证券的发行和管理。此外，正如华尔街所传言的，"可评级就可交易"（If it is gradable，it is tradable），进行证券化运作的信贷种类在不断扩展，金额足够大的信贷可以按照分割方式进行证券化，而额度相对较小的贷款则可以采用汇集方式进行证券化，目前美国众多的小企业贷款也实施了证券化，证券化的这种发展趋势会进一步促进贷款市场的竞争。[①] 小企业贷款等证券化程度的提高是因为信用评分、计算机数据库等技术促进了这些小额贷款的标准化，标准化的贷款有利于实施证券化；贷款证券化反过来又会促进贷款机构贷款能力的提高，从而加剧贷款人之间的竞争（弗兰科，2008，中文版，p54）。总之，证券化赋予了任何机构放贷的权力，而贷款已不仅仅是银行等传统放贷机构的业务，并且贷款人范围的扩大会使借款人获利，最终提高贷款市场的竞争，削弱银行等传统贷款机构的垄断地位。

4.2　资本市场发展下货币信贷内生扩张的新机制

金融市场信贷证券化以及衍生品交易的发展，改变了传统"发放—持有"的信贷经营模式，放宽了贷款机构的范围，提高了贷款市场的竞争，推动信贷资金链条的不断延伸和复杂化，最终将机构融资和市场融资紧密结合起来。回到货币信贷扩张上来，需要进一步思考的问题是，证券化对贷款市场带来的这些显著变化是否会进一步提高信贷扩张和货币供给的内生性？是否会更大程度地促进货币信贷扩张？如果是，证券化导致货币信贷扩张的具体机制又是什么样的？

由于贷款证券化降低了放款机构的流动性风险，将贷款的信用风险从贷款的初始发放机构转移到了最有能力承担该风险的投资者，并且极具流动性的贷款支持证券二级市场也极大地消除了贷款支持证券投资者的流动性风险，因此证券化的实施会促进信贷需求的增加和货币信贷的内生扩张，即肯定会提高货币信贷扩张的内生性。剩下的问

---

① 未来所有的贷款是否都可以实施证券化？这取决于以下几个因素：一是关于借款人的信息成本，SPV 证券的投资者或者担保人负担的信息成本越低，贷款证券化就越容易；二是服务成本，相对而言，贷款的额度越小，差异越大，SPV 负担的服务成本就越高；三是证券化贷款的信用风险以及相应的担保，贷款的信用风险越大，证券化的成本就会越高（弗兰科，2008）。

题是，证券化促进货币信贷内生扩张的具体扩张机制是什么？

4.2.1 "发起—分销"模式通过提高市场效率促进货币信贷扩张

传统观点认为，信贷证券化并不会促进实体经济的贷款扩张。即，若不考虑新贷款机构在监管成本上的差异，如存款准备金、资本充足率等，那么贷款证券化与传统"发放—持有"模式的信贷一样，只是将存款从最终的贷款人引向最终的借款人，并没有创造真实财产来促进信贷扩张。根据国民收入恒等式"$C + I = C + S$"（C 为消费、I 为投资、S 为储蓄），在封闭经济体中，实体经济的全部投资来自于全部国民储蓄，因此在国民储蓄没有增长的情况下，最终用于投资的贷款也不会扩张①。贷款证券化延长了信贷资金链条，衍生出了更多的金融资产，但金融资产的增加是在初始信贷的基础上逐步衍生出来的，资金链条上后面环节的金融资产是以前面的金融资产为基础创造出来的，在最终的国民资产负债表上，各金融机构的负债会相会抵消，并不会增加真实财产。因此，这种传统的信贷扩张观点认为，在国民储蓄一定的情况下，证券化只是进行了贷款置换，将初始贷款置换成了 SPV 发行的贷款支持证券，证券化在短期内不会促进信贷更大程度地扩张。然而，信贷证券化的出现并且快速发展，正是因为相对于传统的"发放—持有"信贷模式，证券化降低了信贷成本，并且提高了信贷交易的效率，这在长期内可能会对货币信贷扩张产生积极影响。

1. 信贷证券化相对于传统机构信贷成本更低

信贷合约是高度异质化的合约，在传统的"发放—持有"模式下，银行等贷款机构的经营成本巨大。相对于传统的银行等贷款机构贷款，

---

① 这里略去了利率对国民收入在消费和储蓄分配中的影响，也没有展开分析利率变化对投资进而对信贷需求的影响。

信贷证券化属于"标准化"的市场运作，这种标准化的市场运作成本更低。

其一，前面的分析表明，信贷证券化，特别是汇集方式的信贷证券化更加适合于标准化的贷款，同时贷款证券化反过来又会促进贷款机构贷款的标准化，而传统的中介机构信贷是高度异质性的，因而需要更多的市场中介机构在实施信贷证券化时的物质设施和人员支出。

其二，传统贷款机构的贷款期限与其债务期限之间并不匹配，借短贷长，其财务结构存在潜在的不稳定性（Diamond 和 Dybvig，1983），传统金融机构需要通过留存相应比例的资金来应对由此可能遭受的流动性冲击，例如资本充足率监管和存款准备金制度，在非完全竞争的贷款市场中，这些"缓冲"资金的成本最终会转嫁给借款人和存款人。

其三，与传统贷款机构"发放—持有"模式的信贷模式相比，证券化下的"发放—持有"信贷模式降低了贷款相关的信息成本。一方面，由于贷款的异质性，传统贷款机构的贷款信息支出属于沉没成本，如果没有贷款的市场价格，这种沉没成本就会越高，而贷款证券化创造了贷款的二级市场，形成了贷款交易价格，市场价格的信息成本大大降低；另一方面，由于传统的贷款机构与其贷款客户保有长期的合作关系，并可以通过客户的存款账户获取贷款客户信息，因此贷款机构的信息质量可能会高于市场价格的信息质量，但是随着金融市场信息披露制度的建设和网络技术的发展，传统贷款机构的这种信息优势正在减弱，并且信息在市场机制下的传播速度更快，因信息缺乏而导致的价格偏差和决策失误也能更快地得到纠正。当然，不可否认的是，在"发放—持有"的信贷模式下，传统贷款机构需要承担贷款的信用风险，会更愿意去收集贷款的相关信息，而在贷款证券化下，市场中介机构追求的是交易收益，一般情况下很少承担长期风险，因此削弱了这些中介机构提高贷款信息质量的激励。

2. 信贷证券化相对于传统机构信贷效率更高

相对于传统"发放—持有"的信贷模式，证券化下的"发起—分销"信贷模式属于市场运作，具有市场的效率优势。首先，贷款支持证券具有二级市场，这使得贷款发起者愿意采用更加标准化的文件和程序，促进贷款合约的标准化，从而提高贷款效率。其次，正是因为进行证券化的贷款都是类似的和标准化的，因此 SPV 在投资方面的评估成本相比于传统的贷款发放机构更低。例如，对大量小额标准化贷款的汇集证券化，SPV 不用对每个贷款人进行审查，而这在传统的"发放—持有"信贷模式下对贷款发放机构难以适用。此外，贷款支持证券的市场交易价格为贷款人处理同类和类似贷款提供了参考价值，有助于降低这些贷款的信息成本。

当然，也有观点反对信贷证券化比传统"发放—持有"的信贷模式更有效率。但是总体来说，市场化的贷款运作效率更高。相对于传统的"发放—持有"贷款模式，贷款证券化是通过证券市场来融资，可以促进贷款资金的高效运转，通过贷款相关证券的交易提高贷款资金的周转率；贷款证券化的贷款运营成本也相对较低，并在多个中介机构之间分担；此外，贷款证券化促进了贷款市场的竞争，这会降低借款人的融资成本。在贷款证券化下，贷款机构之间的竞争程度提升，各金融机构兼具贷款人和借款人的双重身份，他们为资金竞争，从而导致最终的资金供给利率提高；他们为贷款竞争，从而导致最终的贷款供给利率降低，从而缩小了存贷款利差。

信贷周转效率的提高、运营成本的下降以及存贷款利差的缩小会同时刺激储蓄和投资，促进经济和国民收入更快增长，国民收入的增加导致基础货币供给增加，这反过来又会进一步促进储蓄和投资的增加，并为信贷扩张提供更多的基础货币。因此，从长期来看，信贷证券化会从效率、成本和竞争三个角度促进信贷更大程度地扩张。

4.2.2 "发起—分销"模式通过弱化监管约束促进货币信贷扩张

资产证券化将银行信贷从传统的"零售—持有"模式转变为了"发起—分销"模式。这种转变放松甚至消除了商业银行等传统贷款机构在信贷扩张方面遭受的约束，其中最重要的两个约束是资本充足率和存款准备金率。

从银行资产、负债平衡的角度来分析，整个银行业的信贷扩张需要满足以下恒等式的约束：

$$\underbrace{S + L + R}_{\text{资产}} = \underbrace{D_1 + D_2 + K}_{\text{负债+资本}} \qquad (4-1)$$

式（4-1）中，资产方的 S 代表银行持有的国债等证券类资产、L 代表银行发放的信贷、R 代表存款准备金；负债方的 D_1 代表活期存款、D_2 代表其他存款和负债、K 为资本金。那么对于存款准备金率和资本充足率来说，银行信贷的扩张需要满足以下两个约束条件：

$$R \geqslant k_1 \cdot D_1 + k_2 \cdot D_2 \qquad (4-2)$$

$$K \geqslant r_1 \cdot L + r_2 \cdot S \qquad (4-3)$$

式中，$0 \leqslant k_i \leqslant 1$，$k_1$ 和 k_2 分别为活期存款和其他存款的准备金率；$0 \leqslant r_i \leqslant 1$，$r_1$ 和 r_2 分别为贷款和证券的风险系数，如果 S 全都是国债，且国债被认为是银行的无风险资产，则 $r_2 = 0$。

在信贷发放后，银行等贷款机构可以通过直接贷款销售和资产证券化将贷款从银行资产负债表中的 L 上移除，或者购买风险级别较低的信贷支持证券 S 等其他金融产品，从而弱化式（4-3）表示的资本充足率约束；并且相对于"零售—持有"模式下的"资产负债表内"信贷，直接贷款销售和资产证券化获取的资金可以提前收回信贷发放所动用的资金，增加现金资产，补充银行等贷款机构的存款准备金和可用资金，从而消除式（4-2）表示的存款准备金约束。因此，当从银行的角度来说，资产证券化等"资产负债表外"信贷确实缓解了银行信贷的资本约束，也使得银行信贷可以快于经济增长或者货币供给增长速度。

除此之外，信贷证券化延伸了信贷的资金链，并衍生出了更多的信贷支持证券和金融衍生品。而随着私人部门支付和清算机制的增加，金融机构使用中央银行发行的基础货币作为银行等贷款机构之间轧平头寸的做法将会逐渐减少，这会进一步减弱甚至消除中央银行的基础货币控制对货币信贷扩张的约束（B. Friedman，1999；Schmitz 和 Wood，2006；Rossi，2007）[1]。

4.2.3 "发起—分销"模式通过提高杠杆率促进货币信贷扩张

通过信贷资产证券化，银行业金融机构的贷款经营模式从原来的"发放—持有"转变为市场化的"发起—分销"。在"发起—分销"的信贷经营模式下，贷款中介机构为了获取尽可能多的利润，可行的操作方式是尽可能多地发放信贷，并将初始信贷通过证券化转售给市场中介机构，并买进市场中介机构发行的信贷支持证券。由于信贷支持证券的风险级别低于初始信贷，对应的资本要求已相应较低，结果是一定额度的资本可以支撑更多信贷，提高了杠杆率。

此外，由于监管改革之后，在次贷危机爆发前，信贷证券化后，很多信贷证券化后，成为贷款机构资产负债表外项目，并不在资产负债表内反映，从而也不受资本充足率等监管措施的约束。因此，与信贷证券化相伴随的是，贷款机构的资产负债表外贷款不断增加，这进一步加强了一定资本可以支持的实际贷款数量，即提高贷款机构的杠杆率。

4.2.4 "发起—分销"模式下的货币信贷内生扩张综合模型

基于前文的信贷证券化过程图以及新模式下货币信贷内生扩张的

---

① 私人部门支付和清算机制增加对信用创造的影响，可以从 Rossi（1998）的研究中了解到一部分。

路径分析，我们可以建立一个"发起—分销"模式下货币信贷内生扩张的综合模型。

假定：在信贷证券化的资金链条中，最终借款者和最终贷款者之间有 n 个中介机构，这些中介机构既发放贷款（包括发放给最终借款者的贷款和其他中介机构的贷款），又接受贷款（包括最终贷款人的存款和向其他中介机构的借款）；贷款中介机构 i 发放给最终贷款人的贷款为 c_i，即对实体经济的贷款；贷款中介机构 i 借入的债务总额为 l_i，其中对中介机构 j 的负债为 l_{ij}，l_{ij} 占其总负债 l_i 的比率为 ρ_{ij}，$l_{ii} = 0$；贷款中介机构 i 的资本和权益总额为 e_i，现金和准备金总额为 r_i。基于这些假定，我们可以得到贷款中介机构 i 的资产负债恒等式，如式（4-4）所示：

$$c_i + \sum_{j=1}^{n} l_j \cdot \rho_{ji} + r_i = l_i + e_i \qquad (4-4)$$

式（4-4）的左边为资产 a_i，包括对实体经济的贷款 c_i、对其他中介机构的贷款 $\sum_{j=1}^{n} l_j \cdot \rho_{ji}$ 和准备金总额 r_i；右边为负债 l_i 和资本及权益 e_i。

根据上述假设，我们可以进一步得到"发起—分销"模式下贷款市场的结构，如下列矩阵所示。

	贷款机构1	贷款机构2	…	贷款机构n	对实体经济贷款	准备金	总资产
贷款机构1	0	l_{21}	…	l_{n1}	c_1	r_1	a_1
贷款机构2	l_{12}	0	…	l_{n2}	c_2	r_2	a_2
…	…	…	0	…	…	…	…
贷款机构n	l_{1n}	l_{2n}	…	0	c_n	r_n	a_n
对实体经济负债	l_{1n+1}	l_{2n+1}	…	l_{nn+1}			
总负债	l_1	l_2	…	l_n			

在上述的"银行业"资产负债矩阵中，列表示的是"银行业"贷

款机构的负债，行表示的是"银行业"贷款机构的资产。

根据式（4-4）表述的贷款机构 i 的资产负债恒等式，我们可以得到贷款市场的资产负债恒等式，如下式所示：

$$[l_1, \quad l_2, \quad \cdots, \quad l_n] = [l_1, \quad l_2, \quad \cdots, \quad l_n] \cdot [\Theta] + [c_1, \quad c_2, \quad \cdots, \quad c_n]$$

$$+ [r_1, \quad r_2, \quad \cdots, \quad r_n] - [e_1, \quad e_2, \quad \cdots, \quad e_n]$$

$$(4-5)$$

式（4-5）中：$[\Theta]$ 为 $n \times n$ 矩阵，为上述贷款市场的结构矩阵中贷款机构之间的负债系数，$\Theta(i,j)$ 为 ρ_{ij}。如果式（4-5）中的矩阵以相应的大写字母代表，那么就可以将式（4-5）简化为如下等式：

$$L = L \cdot \Theta + C + R - E \qquad (4-6)$$

基于式（4-6），可以求出信贷市场对实体经济的总贷款 C，即

$$C = L \cdot (1 - \Theta) - R + E \qquad (4-7)$$

杠杆率为贷款机构的资产比资本的比率，若以 λ_i 表示贷款机构 i 的杠杆率，则有：

$$\lambda_i = \frac{a_i}{e_i} \qquad (4-8)$$

根据贷款机构 i 的资产负债恒等式，式（4-8）可变形为

$$\lambda_i = \frac{l_i}{e_i} + 1 \qquad (4-9)$$

从而有：

$$L = E \cdot (\Lambda - 1) \qquad (4-10)$$

式（4-10）中：Λ 为 λ_i 组成的对角矩阵，$\Lambda(i,j)$ 为 λ_i。由此，式（4-7）可变形为

$$C = L \cdot (1 - \Theta) - R + E = E \cdot (1 - \Theta) \cdot (\Lambda - 1) - R + E$$

$$(4-11)$$

式（4-11）中，$(1 - \Theta)$ 表示贷款市场对实体经济的负债，即 l_{in+1} 组成的矩阵。若用 L_{n+1} 表示该矩阵，则式（4-11）可变形为

$$C = E \cdot L_{n+1}(\Lambda - 1) - R + E \qquad (4-12)$$

由式（4-11）和式（4-12）可以得出，所有的贷款机构对实体经济的总贷款取决于四个因素：贷款市场的对外负债 L_{n+1}（即贷款市场的外来资金来源）、贷款机构或者整个贷款市场的杠杆率 Λ、贷款市场的准备金 R、贷款市场的资本和权益总额 E，以及贷款市场中介机构之间的债务关系，也就是贷款市场对实体经济的负债或者贷款市场的外部资金来源。

模型（4-11）刻画了前文的分析结果，通过资产证券化：

（1）"发起—分销"模式可以提高贷款机构的杠杆率 Λ，从而促进信贷以及货币的进一步扩张。

（2）"发起—分销"模式可以放松监管约束，减少必要的准备金率 R，因为贷款机构之间的负债不需要向中央银行交纳准备金；放松资本充足率约束，因为一些贷款机构受到的资本监管相对于银行类金融机构要宽松，进一步提高杠杆率 Λ，从而促进信贷以及货币的进一步扩张。

（3）"发起—分销"模式可以提高贷款市场的效率，在一定的时限内为贷款中介机构创造更多的利润，即提高资本和权益总额 E，从而促进信贷以及货币的进一步扩张。

（4）"发起—分销"模式可以通过提升市场竞争来提高实体经济资金供给者的收益，即储蓄者的存款利率，并提高贷款市场的运转效率促进经济更快增长，这两者最终都会促进储蓄的增加，即 L_{n+1} 增加，为"银行业"进行信贷扩张提供资金来源，从长期促进信贷以及货币的更进一步扩张。

4.3　货币信贷内生扩张新机制与次贷危机

美国的次级房屋债券就是在资本市场发展的背景下，商业银行等贷款机构向低收入和信用级别较低的家庭发放的房屋抵押贷款，之后通过资产证券化将这些次级贷款销售给了资本市场的投资者。次贷危机爆发前，次级房屋贷款的快速扩张就是资本市场发展下货币信贷扩张新机制的具体表现。

4.3.1 次贷需求增加的背景和原因

次贷危机爆发前的几年里，美国次级房屋贷款经历了迅速扩张，其原因是在多方面因素的刺激下[①]，次级房屋贷款需求不断增加，而商业银行等贷款机构通过贷款证券化以及相关的衍生品交易，不断适应着次级贷款需求的增加。

首先，作为"美国梦"[②] 的一部分，美国各届政府一直在积极改善民众的住房条件，以缓解不断拉大的收入差距[③]。1975 年至 2005 年，作为收入最重要组成部分的工资，美国工资排在前 10% 人口的工资增长额是排在后 10% 人口工资的增长额要高出 65%（这一差异被称为"90/10 工资鸿沟"）；在 1975 年，前者的平均工资比后者高出了 3 倍，到 2005 年，则高出了 5 倍（Rajan，2010）。面对日益提高的收入差距，美国政府没有采用收效时间更长的教育改革，而是采用了见效更快的住房改革。20 世纪 90 年代初，美国政府推出了"经济适用房计

---

① Pozen（2010）系统分析了宽松的货币政策、美国政府的住房政策、住房抵押贷款中介、抵押贷款证券化、卖空和对冲等衍生品交易、信用评级、金融监管等各个方面是如何刺激和助长了房地产泡沫和扩大次级房屋贷款的资金链条的，并在房地产泡沫破裂后如何导致危机传染进而引发了这次系统的金融危机。

② "美国梦"（American Dream）有广义和狭义之分，狭义的"美国梦"是相信只要在美国经过坚持不懈的努力就能实现更好生活的理想，即人们必须通过自己的勤奋工作、勇气、创意和决心迈向繁荣，而非依赖于特定的社会阶级和他人的援助；广义的"美国梦"泛指平等、自由、民主。

③ 在技术不断进步的同时，美国的教育在质量和数量上存在着不足，使得美国在技术人员的供给和需求之间存在着巨大鸿沟，这与大规模的移民、国际贸易等其他因素，一起导致了美国居民的收入差异不断加剧。

划"（The Affordable – Housing Mandate），以改善低收入人群的住房条件。

其次，美国政府债务连年攀升，转而借助金融市场支持"经济适用房计划"。"经济适用房计划"的实施需要美国政府大量支出，但美国政府由于连年财政赤字积累，负债率已经非常高，并没有足够的财力来推行这一计划；并且，美国政府债务总额最高限度的提高需要经过多方讨论，最终需要国会的批准，而房利美和房地美则无需通过国会批准就可以向美国政府大举借债。因此，美国政府认为房利美和房地美是通过金融市场而非财政支出来推行该计划的最佳渠道。正因为如此，美国国会 1992 年通过了《联邦住宅企业财务安全与稳健法案》（*Federal Housing Enterprise Safety and Soundness Act*），美国住房和城市发展部（Department of Housing and Urban Development，HUD）在该法案的指引下为房利美和房地美制定了经济适用房计划的目标。房利美和房地美等从银行购入房屋抵押贷款，从而使得银行获得资金发放更多抵押贷款，之后再将购入的贷款汇集成资产池，以此作为抵押发行资产担保债券获取资金；同时，这些政府支持的贷款机构也从事市场贷款，即购买其他银行承销或者自己担保的资产担保债券①。在"经济适用房计划"下，美国国会提出了"居者有其屋战略"（The National Homeownership Strategy），并得到了克林顿政府的支持。然而，由于低收入者在购房方面存在无力支付高额首付和没有固定收入两方面的障碍，克林顿政府对此的反应是向贷款机构施压，使得这些机构增加对

---

① 房利美、房地美等美国政府支持的贷款机构之所以会再次买入并持有自己发行或者担保的证券，是因为一方面房利美、房地美等政府支持机构可以以非常低的利率向联邦政府发行债券，联邦政府出于道义上的考虑，也往往会接受这些债券，而且即使是向市场发行债券，房利美、房地美支付的利率相对其他纯私营机构发行债券的利率也要低；另一方面，房利美、房地美等政府支持机构利用发行债券融入的资金投资到其他机构或者自己发行的 MBS 上，可以获取 1%左右的利差收益（Pozen，2010，p33 – 34）。

低收入者的住房抵押贷款①。正因为如此，银行等金融机构在 20 世纪 90 年代对低收入者的贷款逐步增长。此后的布什政府继续谋求提高美国民众的房屋自有率，并且在美联储已经加息并在 2004 年表达出对房地产市场过热而担忧的情况下，布什政府仍将房利美和房地美对低收入者的贷款业务提高到其总业务规模的 56%。在政府的压力和鼓励之下，美国金融机构的住房抵押贷款不断增加，与其相对应的是美国房主对房屋净值的拥用率不断下降。如图 4－6 所示，美国房主对房屋净值的拥用率自 20 世纪 80 年代以来一直在下降，而且在 2000 年美联储调低利率之后的下降速度更快，到次贷危机爆发的 2007 年，房主对房

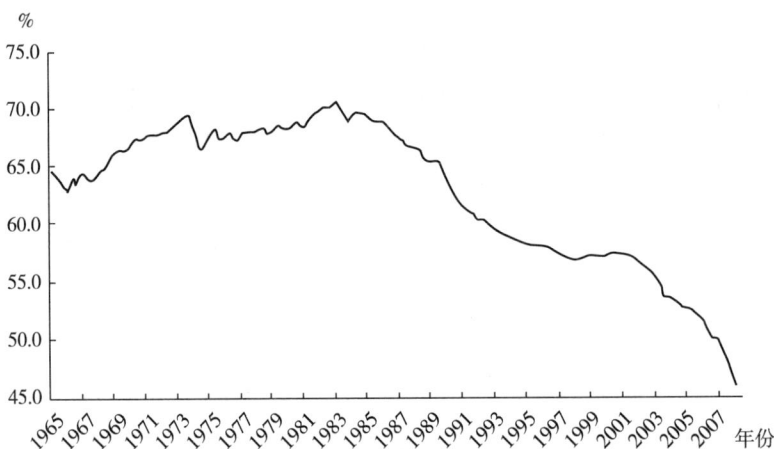

资料来源：徐明（2009，p319）。

图 4－6　美国次贷危机前的房主房屋拥有净值的比率

---

① 美国 1977 年通过的《社区再投资法案》（*The Community Reinvestment Act*）要求银行在本地经营贷款业务，特别是针对低收入人群的贷款业务，但是并没有制定明确的贷款指标和对此负责的监管机构。克林顿执政后，美国政府向监管机构施压，要求通过对银行进行调查和罚款威胁来更好地执行《社区再投资法案》。随着该法案执行力度的不断加强，对低收入人群的贷款也不断增加，特别是在那些政治敏感和容易受到监督的大城市（Rajan，2010）。

屋净值的拥用率已经下降到了 50% 以下[①]。

最后，在 21 世纪初 IT 泡沫破裂后，美联储采取了宽松的货币政策，以防止美国经济陷入长期的萧条。2000 年 9 月美国的联邦基金利率高达 6.52%，但此后美联储连续多次调低利率，2003 年 7 月美国的联邦基金利率已经下降到了 1.01%，并且 1% 左右的联邦基金利率一直持续到了 2004 年 5 月[②]。美联储的低利率政策进一步了刺激了低收入者的房屋贷款需求，房屋价格也因此不断高涨[③]。如图 4 - 7 所示，美国的房价综合指数在 2001 年开始之后的斜率更陡了，表明美国房价上涨的速度更快了，而且在联邦基金利率于 2006 年达到最高水平之后，房价也开始下跌。因此，美联储以扩张的货币政策支持美国梦，促进了美国经济的增长，并推动了房价的不断上涨。

此外，次级房屋抵押贷款的结构设计对于低收入人群而言极具诱惑性，刺激了低收入群体的房屋贷款需求。为了使抵押贷款发放给具有低收入、低信用级别的高风险借款人具有可行性，次级抵押贷款的结构设计基于的是房屋短期内的快速升值。按照这种结构设计，如果

---

① 2012 年 2 月 1 日，美国总统奥巴马在弗吉尼亚州宣布了一项旨在提振美国房市的新计划，该计划允许数以百万计的美国屋主利用当前历史最低的抵押贷款利率进行再融资，并放宽低利率抵押贷款申请人的范围。该计划的实施需要资金 50 亿美元到 100 亿美元，在提交国会时可能会遇到阻碍，因为美国联邦政府现在已经在缩减债务，降低债务上限。

② 这期间，美国联邦基金利率的最高水平为 2003 年 8 月，最低水平为 2003 年 12 月的 0.98%。

③ 美国的罗伯特·坎贝尔在 2007 年 11 月 15 日的报告中美联储持续的低利率政策对刺激房地产贷款需求及催生房地产泡沫的作用进行了描述，"2004—2007 年，银行和抵押担保公司向数百万美国人发放了上万亿美元条件极为宽松的可调整利率抵押贷款，而这些贷款人在债务到期时甚至根本没有还款的可能。依靠不断上涨的房价解决还款问题，这使得美国金融市场变成一个拆东墙补西墙的'庞氏骗局'。和所有'庞氏骗局'一样，失败的命运一开始就注定了。当房价像以往那样不再上涨时，就会出现信用紧缩，房地产市场也将不可避免地走向崩溃"；"在超低利率和面向购房者的超宽松信贷条件的驱动下，格林斯潘的货币政策导致美国房价出现并无实体支撑的巨型泡沫。……当价格像以往一样，不再上涨时，市场又回归现实，泡沫破裂，房价下跌。为什么会这样？因为借款人面对的是他们并不拥有，也不曾拥有的现实——用足够的收入来支付他们梦寐以求的房贷"（摘引自 Fleckenstein 和 Sheehan，2008，中文翻译版 p121）。

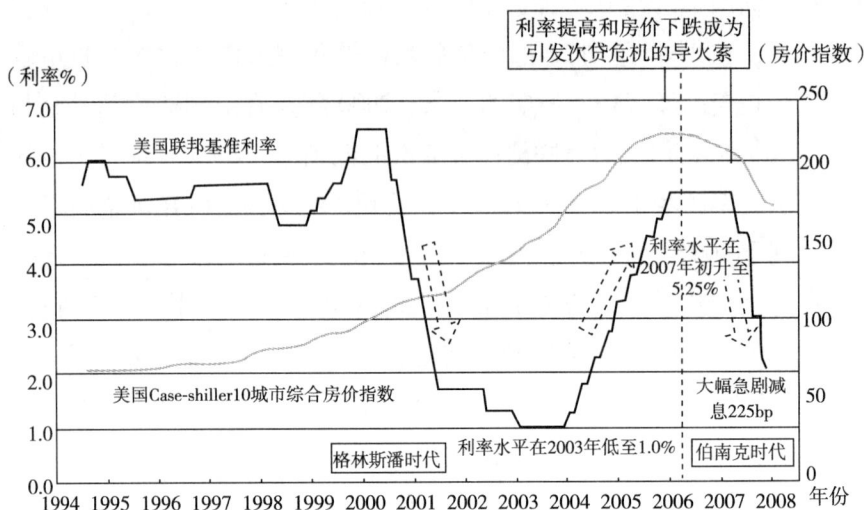

资料来源：徐明（2009，p321）。

图4-7 美国次贷危机前的房价综合指数与联邦基金利率之间的联动关系

房价在短期内（例如2—3年）的升值达到了一定的比例，那么之前发放的抵押贷款便可以用新的短期抵押贷款取代。因此，次级房屋抵押贷款大都被设计成了每过2—3年就要强制重新贷款的模式。具体而言，大多数次级房屋抵押贷款都是可变利率抵押贷款（Adjustable Rate Mortgages，ARMs），具有"2/28"或者"3/27"的混合结构。"2/28"中的"2"表示抵押贷款在初始的2年内是固定利率，而"28"表示此后的28年里将会采取浮动利率；"3/27"代表的贷款结构与"2/28"类似。在初始的2年或者3年的固定利率是优惠利率①，此后利率便会"重置"到一个更高的水平，例如2006年美国次级抵押贷款"重置"之后的利率约为"LIBOR + 6.1%"。借款人在利率"重置"之后的还

---

① 尽管是优惠利率，但相对于信用等级较高的抵押贷款，次级抵押贷款的初始优惠利率也不是特别低。例如，美国2006年"2/28"式次级抵押贷款的初始2年的优惠利率为8.5%。

款负担大幅增加，这使得借款人在利率"重置"日之前具有重新借贷的动机，因此次级抵押贷款本质上被设计成了"强制重新贷款"的模式（Gorton，2010，p77）。然而，尽管强制性的结构贷款在"重置"之后的利率大幅上升，但只要借贷双方预期房价会快速上涨，初始贷款协议就可以重新签订，借款人就可以通过新贷款协议规避贷款利率的大幅上升，贷款机构也不会遭受利率"重置"后借款人违约的风险①。

4.3.2　次贷供给内生扩张的过程

在美国政府政策支持和美联储低利率政策的刺激下，低收入者的放贷需求不断增加；而与此同时，信贷证券化以及信用相关衍生品交易的广泛运用，促使商业银行的信贷机构对次级房屋贷款的适应性供给也不断增加。

首先，次级抵押贷款的"重置"性结构设计和之后的证券化使得贷款机构可以放心发放贷款。上文的分析指出，通过对次级抵押贷款的"重置"性结构设计，只要房屋价格不断上涨，借款人就会被"强制重新贷款"，贷款机构也不会遭受借款人的违约风险。同时，信贷证券化以及各种衍生品交易保证了次贷衍生品投资者的安全，使得次贷衍生链条每一个环节上参与主体的投资在通常情况下都是安全且盈利的，这为贷款机构的贷款安全加了第二层保险。这两方面的原因，加上美国政府的政策支持和鼓励，贷款机构便失去了在贷款发放前对借款人偿付能力进行详细调查和贷款发放后保持监控的动机。结果便是，"放心贷款吧，有人买单"（Rajan，2010；Pozen，2010）。

---

① 次级抵押贷款除了具有利率"重置"的结构性特征外，另一个重要的特征是大多数贷款设置了提前还贷罚金。据房利美估计，80% 的次级抵押贷款合约包含提前还款罚金条款，而高级抵押贷款设置提前还款罚金条款的比率只有 2% 左右。

　　其次，证券化保证了次级贷款的安全，而对利润和市场份额的追逐促使贷款机构群体性地竞争放贷。1999 年通过的《金融现代化法案》①废除了《格拉斯—斯蒂格尔法》对商业银行和投资银行实行分业经营的要求，金融混业经营下传统贷款机构的竞争压力变大。面对不断增大的竞争压力，资产证券化被商业银行等贷款机构广泛应用于贷款领域。通过贷款证券化，贷款机构可以不断发起或者发放贷款，然后销售贷款（即贷款证券化），获取贷款利率和贷款支持证券利率之间的利差。由于宽松的货币政策支撑了房价的不断高涨，加上证券化使得贷款机构不用为贷款风险买单，贷款机构便不断扩张贷款供给以增加收益。与此同时，证券化推动下的贷款竞争还提高了贷款机构的收益和存款利率，从而增加贷款机构发放贷款可以利用的资本和资金来源，促使贷款机构可以进一步扩张贷款。因此，为了追求利率润和保障甚至扩张市场份额，在信贷证券化的支持下，贷款机构便开展了群体性的竞争放贷②，不断增加信贷供给来适应借款人的贷款需求。

　　此外，贷款证券化以及相关的监管变化弱化了整个贷款市场的监管约束。一方面，贷款证券化过程中处于核心位置的是购买贷款机构贷款的 SPV，但 SPV 并没有受到强有力的监管。自 2001 年安然公司破产后，美国的财务会计标准委员会（Financial Accounting Standards Board，FASB）制定了一些新的规则，明确了特殊目的实体或者公司在

---

　　① 1999 年 11 月 4 日，经过 20 多年的争论，美国国会参议院和众议院最终分别以 90 票对 8 票和 362 票对 57 票的表决结果通过了以金融混业经营为核心的《金融服务现代化法案》，又称《格朗—利奇金融服务现代化法案》（*Gramm－Leach Financial Services Modernization Act*），克林顿在该年 11 月 12 日正式签署了这一法案。
　　② 关于群体精神或者群体心理对行为主体的影响，可以参阅法国社会心理学家古斯塔夫·勒庞始创的群体心理学，《心理学统治世界》是他该方面的代表作。

其发起银行或者其他类型公司资产负债表中反映的具体条件[①]，但短短的几个月后，华尔街的金融机构就找出了逃避 FASB 新规则的操作方案。其一，新规则要求任何机构在拥有 SPV10% 或者以上的表决权时，就必须要将 SPV 反映在其资产负债表中，但 SPV 的所有发起机构都会确保自己拥有的表决权不超过 5%；其二，如果 SPV 的所有发起机构的表决权都没有超过 10% 的限额，那么拥有 SPV 高风险和高回报的发起机构都要将 SPV 反映在其资产负债表中，但 SPV 的各个部分的发起机构将 SPV 的风险和回报分散开来分别承担，从而使得 SPV 大多数的资产和负债都没有反映在任何发起机构的资产负债表中。SPV 没有反映在任何发起机构的资产负债表中，也就是贷款机构通过贷款证券化规避了资本充足率、存款准备金率等方面的监管。另一方面，一些贷款机构，特别是政府支持贷款机构，本身就没有受到严格的监管。1992 年美国国会通过的《联邦住宅企业财务安全与稳健法》一是为了推行"经济适用房计划"，以一种直接的方式帮助低收入人群实现买房梦，但另一个目的是改革这些住宅企业的监管。然而，房利美和房地美等政府支持贷款机构尽管不能阻止这些法案的出台，但却可以影响这些法案的制定，从而为自己的利益服务（Rajan，2010）[②]；同时，隶属于美国住房和城市发展部的联邦房企监察办公室（Office of Federal Housing Enterprise Oversight，OFHEO）无权要求房利美和房地美等政府支持贷款机构保持一个最低的资本充足率，或者对他们的债务总额进行限制（Pozen，2010，p33）。因此，房利美和房地美等政府支持贷款机构受到的监管约束要大大弱于传统的银行类贷款机构。

最后，次贷危机爆发前，参与美国贷款市场的金融机构的杠杆率

---

① 在 20 世纪 90 年代后期，只有当特殊目的实体的某个非隶属发起公司的机构拥有至少 3% 的表决权时，FASB 才允许该特殊目的实体不用计入其发起公司的资产负债表中。

② 此外，房利美和房地美等 GSEs 在国会中也具有较大的势力，从而帮助他们减弱受到的监管限制。

不断上升。如图 4-8 所示，美国主要投资银行的杠杆率在次贷危机爆发的前一年还在不断高涨。在 2007 年 11 月底，贝尔斯登、摩根士丹利、雷曼兄弟、美林的杠杆率都超过了 30，其中贝尔斯登的杠杆率高达 33。杠杆率不断提高，表明这些金融机构的资产在快速扩张，从另一方面支持了信贷供给的不断扩张。

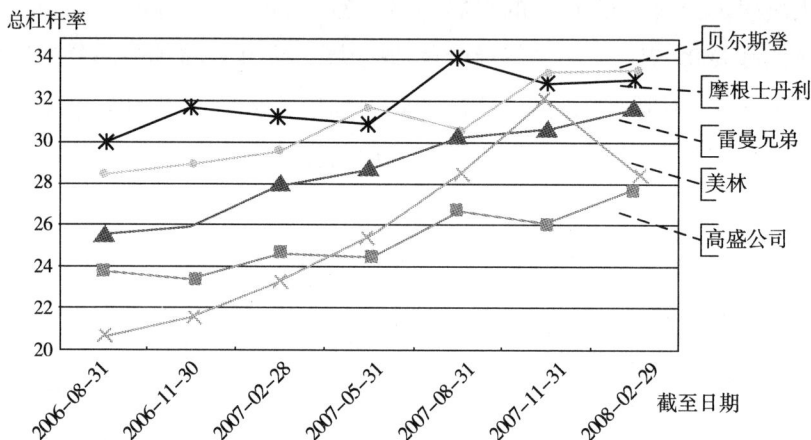

数据来源：Office of the Inspector General Report（September 25，2008）。

图 4-8　次贷危机前美国主要投资银行杠杆率的变动情况

在贷款证券化的推动下，美国的贷款金融机构通过上述四条途径增加次级房屋贷款供给，适应甚至刺激次级房屋贷款需求的不断增长。如表 4-2 所示，次级房屋贷款占总贷款发放量中的比重不断升高，从 2001 年的 8.6% 一直攀升到了次贷危机爆发前 2006 年的 20.1%。与次级房屋贷款不断增长相一致的是，次级房屋贷款的证券化比例也不断增长，从 2001 年的 50.4% 一直上升到了 2006 年的 80.5%，在 2005 年这一比例是更高的 81.2%。这表明，次级房屋贷款每年都在大幅增加，而且绝大部分次级房屋贷款都通过资产证券化转销出去了。

表4-2　美国次贷危机前的抵押贷款发行量和次贷证券化　　单位：10亿美元

年份	抵押贷款发放量	次级抵押贷款发放量	次贷发放量占比	次贷支持证券发行量	次贷证券化比率
2001	2215	190	8.6%	95	50.4%
2002	2885	231	8.0%	121	52.7%
2003	3945	335	8.5%	202	60.5%
2004	2920	540	18.5%	401	74.3%
2005	3120	625	20.0%	507	81.5%
2006	2980	600	20.1%	483	80.5%

资料来源：Inside Mortgage Finance，The 2007 Mortgage Market Statistical Annual，Key Data (2006)，Joint Economic Committee (October 2007)。

4.3.3　次贷内生扩张的"合成谬误"：次贷危机

次贷危机爆发前，次级抵押贷款及其证券化发展迅速，2005年和2006年次级抵押贷款的总额超过了1.2万亿美元，其中80%实施了证券化。次级抵押贷款发放及其证券化依赖的基础是，借款人贷款购买房屋的价格会不断上升，借款人可以由此实现再融资，即将已有的贷款转换成新的贷款。在房价不断上涨的过程中，次级房屋贷款的发放机构以及证券化和衍生链条每一个环节上的参与主体都是安全且盈利的。然而，在美联储持续提高利率造成的资金压力下，房价不断下降，借款人便无法对结构性次级房屋贷款重新贷款；同时，次级房屋贷款在利率"重置"后的利息偿还会大幅增加，低收入的借款人无法偿还，只能违约。次级房屋贷款借款人的违约会沿着次级房屋贷款证券化和衍生的链条，对链条上各个环节的投资者造成影响[1]。

---

[1]　斯基德尔斯基（2011，p10-11）对此也作了类似判断，"当房主发生贷款违约，投资就开始缺乏流动性，那些向批发银行借贷或者依靠同业拆借的银行需要到期还款或再融资，银行发现他们越来越难从其他银行筹集到新的资金，信用冻结从批发银行扩散到零售银行，从银行蔓延到他们的客户，结果就出现了惯常的下滑迹象：首先是银行失灵，紧接着商品和股票市场出现混乱，最后殃及实体经济"。

前面的信贷证券化和衍生过程图表明，次贷相关证券的投资机构在回购市场借入了大量的短期资金，或者向共同基金等发行商业票据融资，这些融资都是以投资机构购买的次贷相关证券作为抵押的。当次级房屋贷款的借款人出现偿还违约时，回购市场的贷款人就会担心借款人的偿还能力，而以次贷为基础衍生出的相关证券的抵押价值就会因此降低，或者说这些相关证券在回购市场上的估值折扣就会上升。

表 4-3　　　　　　　房价下跌对"银行业"的系统性影响

（1）房价下跌前"银行业"的资产负债表

资产	负债
次贷及相关证券：1000 万美元	长期债务：800 万美元
其他资产：1000 万美元	回购/票据市场短期融资：1000 万美元
	股本和权益：200 万美元
资产总额：2000 万美元	负债总额：2000 万美元

（2）抵押物估值折扣上升到 10% 时："银行业"资产负债表失衡

资产	负债
次贷及相关证券：1000 万美元	长期债务：800 万美元
其他资产：1000 万美元	回购/票据市场短期融资：900 万美元
	股本和权益：200 万美元
资产总额：2000 万美元	负债总额：1900 万美元

（3）"银行业"出售资产后的资产负债表变化

资产	负债
次贷及相关证券：850 万美元	长期债务：800 万美元
其他资产：1000 万美元	回购/票据市场短期融资：900 万美元
	股本和权益：150 万美元
资产总额：1850 万美元	负债总额：1850 万美元

上面简化的 3 张"银行业"资产负债表揭示了房屋价格下跌后，次级抵押贷款违约率提升，"银行业"遭受的系统性影响。在房价下跌

前，如表 4 - 3 中（1）所示，"银行业"拥有 1000 万美元的次贷及相关证券（如次贷抵押债券、CDO、CDO^2 等）和 1000 万美元的其他资产，其资金来源包括 200 万美元的股本和权益、800 万美元的长期债务，以及在回购市场或者票据市场以次贷作为抵押的 1000 万美元短期融资，此时"银行业"的杠杆率为 10。

（2）当房价出现下跌后，"银行业"在回购市场或者票据市场短期融资时抵押物的估值折扣上升到 10%[1]，那么原来的 1000 万美元短期融资将会缩减到 900 万美元，此时"银行业"的资产价值仍为 2000 万美元[2]，而负债和权益递减到了 1900 万美元，资产负债失衡。

（3）面对 100 万美元的资金缺口，"银行业"可以选择借贷、注资和出售资产来解决。在房价下降引发整个"银行业"恐慌的情况下，获取借贷的可能性较低，如果又没有外界（例如政府）的注资，"银行业"只能选择出售资产来筹集资金。"银行业"需要 100 万美元的资产来补充资金缺口，然而整个"银行业"的资产出售会造成资产价格的下降，假设最终"银行业"需要出售初始价值 150 万美元的资产来筹集起初的 100 万美元资金缺口，这其中的 50 万美元损失需要由股本和权益来填补。出售资产填补资金缺口后，"银行业"的资产负债也再次实现平衡，但此时"银行业"的杠杆率有最初的 10 上升到了 12.3。杠杆率的提升反而会增加交易对手或者存款人的担忧，为了降低杠杆率，"银行业"会继续出售资产，但这又会造成资产价格的进一步下跌，出现费雪（1933）提出的"债务—通货紧缩"过程。"借贷过度的企业和家庭正在依靠减少消费来减轻债务，与此同时，银行在积极通过减少贷款来恢复平衡资产负债"（斯基德尔斯基，2011，p21）。因此，表 4 -3 中的第（3）张资产负债表并不是"银行业"遭受房价下跌后的

---

[1] 此时，除了抵押物的估值折扣上升外，回购贷款的利率也会大幅上涨。

[2] 资产价值按照历史成本法计算，并反映在资产负债表中。

最终情形，"银行业"资产负债表的恶化程度取决于恐慌和资产价格下跌的程度。

目前除了一级交易商的数据外，还没有整个回购市场规模的官方统计数据，同时也没有关于回购市场估计折扣的官方统计数据。图4－9是七类结构性债券回购估值折扣的平均值，描述了美国房价下跌造成"银行业"恐慌后，回购市场估值折扣的变化情况。可以看出，在2007年8月，回购市场的估值折扣仍然接近于0，但此后便开始不断上升，到2008年底回购估值折扣已经上升到了45%。这印证了上述分析逻辑的合理性。

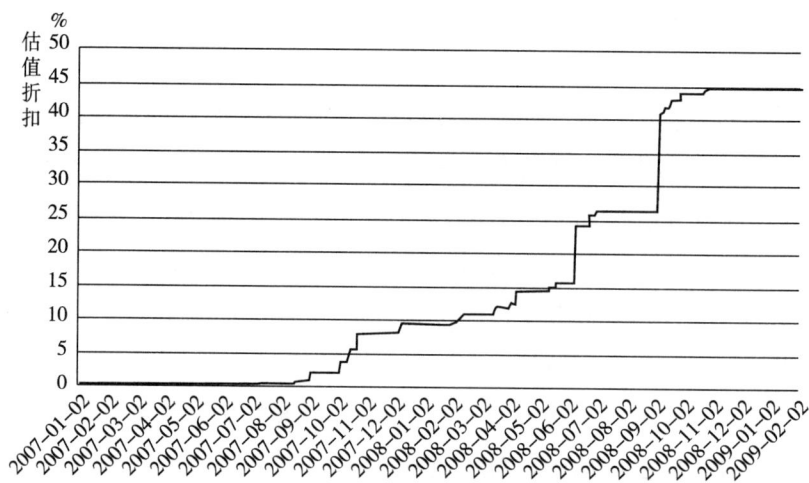

资料来源：Dealer Bank。

图4－9 结构性债券回购估值平均折扣的变动

房价下跌造成次贷偿还出现违约后，之前不断进行信贷扩张的整个"银行业"都会陷入恐慌。上面的分析只是回购市场和票据融资市场的情况，次贷及其证券化过程中的所有金融机构都会遭受类似的资金来源枯竭和资金短缺，因此房价下跌后的资产出售和去杠杆化会将整个"银行业"带向系统性的危机。

因此，此次危机爆发的背景是因资产证券化和回购、拆借市场为代表的影子银行在1999年《格拉斯—斯蒂格尔法案》废除后快速发展，传统银行业与影子银行相结合形成的"银行业"在信贷扩张方面没有受到相应监管（Eichengreen，2008），金融机构的经营杠杆不断提高①；正因为如此，次贷危机的爆发始于房价下跌后回购市场的资金紧张和交易对手挤兑，回购市场危机到2008年9月雷曼兄弟倒闭后演化成了投资银行或者综合银行危机，并最终演变成了系统性的金融危机（Gorton，2010b）。

4.4　小结

随着资本市场的发展，特别是以资产证券化、回购市场为主的影子银行以及信贷相关衍生品的发展，贷款类金融机构的信贷经营模式正在从传统的"发放—持有"向"发起—分销"转变。伴随着这种转变，影子银行在信贷发放上与传统商业银行的边界越来越模糊，同时也使得商业银行等贷款发放机构与资本市场的关系休戚相关。同时，随着"发起—分销"信贷经营模式的发展，银行等贷款类金融机构（即传统的银行业）的资产负债表已经不能准确反映货币信贷的扩张规模，现代"银行业"的范畴要远大于"银行"。

对于货币信贷扩张而言，资本市场的发展使得银行信贷和货币供给的内生扩张机制已经不是结构式内生理论所认为的在贷款发放后，银行等贷款机构通过资产负债管理来寻求存款准备金。因为这种资产

---

① 金融监管改革对资产证券化及信用相关衍生品交易的影响主要体现在三个方面：其一，美国于1999年废除了《格拉斯—斯蒂格尔法案》，商业银行与投资银行可以开展混业经营；其二，克林顿政府决定不对信用违约掉期等衍生品交易进行监管；其三，美国证券交易委员会（SEC）于2004年下令允许金融机构提高经营杠杆率，即从10∶1提高到30∶1（斯基德尔斯基，2011，p6 - 7）。

负债管理从本质上来说仍然属于"发放—持有"，只是被迫地通过资产出售等进行资产管理；而在"发起—分销"的贷款模式下，银行等贷款机构已不是起初的贷款需求者和储蓄者之间的服务中介，而是成为了贷款需求者和资本市场的服务（贷款发起）中介，真正的贷款者已经转变成了资本市场及其参与者。因此，在"发起—分销"模式下，贷款是机构贷款（银行等机构贷款）和市场融资的混合产物，银行体系与资本市场在融资领域已经融合为一体①。其结果是，在扩张效果上，在"发起—分销"模式下，贷款机构可以通过资产证券化以及信用相关衍生品交易弱化金融监管（如资本监管和存款准备金要求）、提高经营杠杆率、提高贷款流转效率等更大程度地满足贷款需求，促进信贷和货币的进一步内生扩张。

此外，在"发起—分销"模式下，贷款发放机构，甚至信贷证券化和衍生过程中任何环节的参与机构，在通常情况下都是风险免疫的。这潜在地提高了贷款相关参与者的风险偏好程度，降低有效贷款标准，从而扩大潜在的有效信贷需求，并且促使这些参与机构不断提高经营杠杆率，促进货币信贷更大程度的内生扩张。然而，信贷证券化和相关衍生品的确转移了单个参与者的风险，但是并没有最终消除风险，随着信贷不断扩张，风险在整个金融体系中不断积聚。其结果是，一旦贷款市场的风险显露，整个金融体系就会被传染，并最终爆发系统性的金融危机。

美国次贷危机及随之爆发的金融危机就是"发起—分销"模式促进信贷和货币内生扩张、积累风险并最终导致危机爆发的典型事例。

---

① 综合债务（包括银行存款）的安全性和流动性而言，以资产证券化和回购市场为主的影子银行体系相当于存款保险推出之前的传统银行体系，这些影子银行其实就是为公司发放贷款并创造"准货币"的银行。随着今后私人清算机制的不断发展，影子银行可以脱离商业银行而独立进行信用扩张，例如货币市场基金账户可以开具支票用于结算，那么影子银行将会对信贷扩张、货币供给以及货币政策等产生更加深远的影响。

第5章　货币信贷内生扩张的宏观经济效应

　　前文已经论证了信贷扩张和货币供给的内生性，以及货币信贷扩张的内生机制和最新发展，接下来需要讨论的核心问题是：信贷和货币的内生扩张如何影响宏观经济运行？早期的传统 IS – LM 分析框架只纳入了货币（银行负债），而没有涉及信贷（银行资产）；之后发展起来的 CC – LM 模型、CM – MM 模型等虽然将信贷纳入了分析范畴，但却仍然假定信贷扩张是由中央银行通过基础货币发放外生决定的，并且没有考虑到产品市场、信贷市场和货币市场相互之间的相互联系，从而都无法用于分析和判断信贷和货币内生扩张对经济波动的影响。因此，如果要继续利用 IS – LM 分析框架来分析货币信贷扩张的经济效应，必须要基于前文的货币信贷内生扩张机制和动态模型对该分析框架进行内生修正。

　　银行贷款创造了银行存款，而银行存款（货币）代表着购买力。企业从银行获得信贷后，就可以利用银行存款或者兑换的现金购买社会资本、劳务和商品等，因此企业可以凭借银行信贷对社会资源按照自己的意愿进行配置和生产①。货币信贷扩张扩大了企业的资源配置能

---

　　① 熊彼特（Schumpeter, 1934）将银行信贷分为了"正常信贷"与"非正常信贷"。前者创造了对社会收益的要求权，代表着并可以被认为是对已经提供服务及已交付产品的证实；后者也创造了对社会产品的要求权，但由于缺少过去的生产性服务和已存产品的基础，只能被看作是对未来的服务或者尚待生产的产品的证明。在熊彼特看来，"非正常信贷"至关重要，因为"正常信贷"只是一种单纯的购买力转移，保证了经济正常的循环流转；而"非正常信贷"则创造了新的购买力，在本质上是为了把购买力转移给企业家而进行的购买力创造，这为企业利用信贷重新组合生产资料促进经济发展提供了可能（熊彼特，2009 中译本，p129 – 146）。

力，如果企业凭此生产出来的产品或者提供的服务是符合社会需求的，那么货币信贷扩张会促进经济的健康发展，促进资本的积累和生产的进一步扩展，并且改进整个社会的福利。但如果货币信贷扩张后，企业凭此生产出来的产品或者提供的服务不符合社会需求，或者与社会的需求偏好不一致，包括总量和结构两个方面的不一致①，那么货币信贷扩张造成的就是资源错误配置。

为此，本章将基于内生修正的 IS – LM 分析框架，沿着"货币信贷内生扩张—资源错误配置—经济波动（经济危机）"这一逻辑链条来分析货币信贷内生扩张的经济效应。

5.1　货币信贷内生扩张与资源错配：总量分析

在货币信贷内生扩张造成资源错误配置的总量分析方面，明斯基（1992）提出的"金融不稳定假说"（Financial Instability Hypothesis）是典型代表，其中的"金融不稳定"就是"资源错误配置"的结果。因此，下文将基于明斯基的"金融不稳定假说"从总量视角来分析货币信贷内生扩张造成的资源错误配置。

5.1.1　"资本积累"与信贷需求

"金融不稳定假说"最终是明斯基（Hyman P. Minsky）在其 1992 年的一篇论文中明确提出的，但其中的核心思想在其之前的两本著作中就已经彰显：1975 年的《凯恩斯〈通论〉新释》（"*John Maynard Keynes*"）和 1986 年的《稳定不稳定的经济》（"*Stabilizing An Unstable Economy*"）。在《凯恩斯〈通论〉新释》中，明斯基在吸收《通论》

---

　　① 总量上的不一致指的是生产产品与服务在各个时点的总量与消费者需求的时间偏好不一致，而结构上的不一致指的是生产产品与服务的种类与消费者需求的种类偏好不一致。

中"投资周期理论"的基础上，进一步研究了为投资而进行的融资过程，建立了"投资融资理论"（Financial Theory of Investment），认为投资在未来所产生的现金流的不确定性将会对资产负债表，进而对投资性融资的偿还产生重大影响，为投资进行融资是经济不稳定的重要来源。而《稳定不稳定的经济》中，明斯基重点分析的是为投资而进行融资的种类和变化过程，以及经济不稳定的形成机制。

明斯基的"金融不稳定假说"基于的是具有复杂金融体系的资本主义经济，其中的主要问题是凯恩斯所提倡的"资本积累"（Capital Development），而非 Knightian 所谓的"给定资源在不同替代性用途之间的分配"。在注重"资本积累"的资本主义经济制度下，逐利本性使得资本主义经济容易出现投机繁荣，在利润"发动机"的牵引下投资不断扩张，因此存在着不断的信贷和货币需求。由此可以看出，明斯基（1992）是从整个经济发展中"资本积累"的总量视角来分析信贷和货币需求，而 Keynes（1973）、Rochon（1999）等是从单个微观企业主体的融资需求来分析信贷和货币需求。

5.1.2　货币信贷内生扩张、融资结构转变与资源总量错配

在分析了资本主义经济的"资本积累"必然要求信贷需求不断增长之后，明斯基根据经济主体的运营现金流和债务之间的关系将融资结构划分为三个类别：对冲性融资（Hedge Finance）、投机性融资（Speculative Finance）和庞氏融资（Ponzi Finance）（Minsky，1986），以此揭示过度的货币信贷内生扩张是如何导致资源错误配置的。对冲性融资的主体从资本资产或者投资中期望获得的现金流在满足现在和未来债务本息的偿还后还有剩余；投机性融资的主体预期从营运资本中获取的现金流会在某段时期（特别是投资后的近期）少于债务的偿还承诺（例如可以偿还债务利息，却无力偿还本金），需要对他们的债务"滚动翻新"（roll over）（即借新债还旧债，或者利用短期融资为其

长期头寸融资）；庞氏融资主体的运营现金流不足以偿还债务本金或者利息，需要重新借债或者变卖资产才能履行债务合约，这种融资通常与边缘性的或者欺诈性的融资活动联系在一起。

在资本主义的经济中，"资本积累"必然会伴随着当前货币与未来货币之间的交换，投融资活动将过去、现在和未来联系在了一起，而资源错误配置（即金融不稳定）也是在这种投融资活动中演化出来的。资本主义经济的投资和融资过程隐藏了大量的不稳定因素，具体表现为：盈利依靠投资、投资依赖于获得外部融资、债务偿还依靠盈利。资本主义经济本质上是不稳定的，其根源在于它是一个将"融资（过去）—投资（现在）—盈利（未来）"捆绑在一起的资本积累体系。基于此，"金融不稳定假说"给出了两个基本命题：其一，经济在某些融资机制下是稳定的（如对冲性融资），而在另一些融资机制下却是不稳定的（如旁氏融资）；其二，随着持久繁荣的结束，经济将会经历有利于体系稳定的金融关系转变成有利于系统不稳定的金融关系（Minsky，1992）。这两个命题揭示出，资本主义经济有着内在和本质的不稳定性，而金融脆弱性的产生过程是天然的和内生的（Minsky，1986）。

在明斯基的金融脆弱性假说中，经济的发展是一个"融资→投资→盈利→偿债"按时序不断循环的过程，盈利预期诱使经济主体扩大投资，整个经济体的融资结构将会从对冲性融资主导向投机性融资和庞氏融资主导转变；如果投机性融资主导的经济此时又伴随着通货膨胀，政策当局试图实施紧缩性的货币政策来消除通货膨胀，那么投机性融资的主体将会转变成庞氏融资主体，而庞氏融资主体的净值随着货币政策的收紧而快速缩减；最终，现金流短缺的经济主体将会被迫出售资产来偿还债务，从而导致资产价值的崩溃。当起初的盈利预期和未来的盈利实现出现落差时，前期融资偿还压力显现，这一方面使得贷款者的流动性偏好骤然提升，信贷供给下降；另一方面使得借款投资/投机者偿还压力大增，从而被迫抛售资产来偿还债务，资本和商品价格由此进入"债务通货紧缩"式的下跌（Fisher，1933），投资者的财务状况和现金流由此不断恶化，情况严重时引发金融和经济危机。因此，资本主义经济的"资本积累"内在地隐藏着不稳定，经济会在稳健和脆弱的融资结构之间来回摆动，当不稳定的融资结构占据主导时，金融危机就会爆发。

在明斯基的"金融不稳定假说"中，货币信贷内生扩张造成资源错误配置的过程可以描述为：经济发展 + 利润增长预期→信贷和货币需求→对冲性融资主导融资结构 $\xrightarrow{\text{追逐利润}}$ 投机性融资主导融资结构→通货膨胀 + 资产泡沫→负面冲击→价格下跌→庞氏融资主导融资结构→变卖资产抵债→资产价值崩溃、金融危机（信贷瘫痪）[1]。在经济扩张时期，资本的需求价格相对于投资产出的供给价格会上升，这不仅增加了投资的利润，还会扩大经济主体从银行和金融市场融资的需求，借款人和银行都变得非常有信心，即使投资现金流预测出现错误也很难被发现，在经济扩张期这种追逐利润的投融资行为会缓慢地侵蚀"安全边界"（Margins of Safety）（Kregel，1997），最终造成金融体系的脆弱性。总的来说，投融资行为对金融脆弱性的影响程度取决于：（1）经济的融资结构，即对冲性融资、投机性融资和庞氏融资的构成比例；（2）资产组合的流动性；（3）正在进行的投资其资金有多少是来自债务融资（Davis，1992）。

5.1.3　货币信贷内生扩张与资源总量错配的进一步论证

明斯基"金融不稳定假说"关于货币信贷内生扩张造成资源错误配置的过程遗忘了一个问题，即投资者为什么会看似"不理性"地从对冲性融资转变成庞氏融资？或者说，投资者为什么会不断提高财务

---

① 这一阶段也被称作"明斯基时刻"（Minsky Moment）。

杠杆率? 以下三个方面的研究可以对其进行了解释。

首先, 根据 Allen 和 Gale (2000) "信贷资产价格模型", 投资者财务杠杆率不断提升是为了在最大损失既定的情况下, 尽可能多地获得利润。在明斯基看来, 投资的融资结构逐渐从对冲性融资主导向投机性和庞氏融资主导转变的主要诱因是对利润的乐观预期。如果经济形势持续走好, 那么未来的盈利就表明投资者起初的债务融资是正确的, 而财务杠杆又会放大投资者获取的收益, 这会促使投资者不断扩大财务杠杆以获取更大的投资或投机收益; 在每次的投资收益偿还完债务本息后, 投资者的现金留存会增加, 在下次债务融资和投资之前投资者的资产负债表及其财务状况也会得到改善, 这会在降低投资者外部融资 (如信贷) 中介成本的同时, 扩大投资者的信贷额度, 并且提高投资者进行资本投资的积极性①; 此外, 现金流和财务状况的改善还会促使银行等资金供给者在不恶化债务质量的前提下不断扩大资金的供给。只要预期利润在未来得到了实现, "融资→投资→盈利→偿债" 就会不断循环发展下去, 投资者的财务杠杆也会因此不断扩大, 因为只要因项目失败或者企业破产而遭受的惩罚不要太高, 投资者就会有激励不断进行高风险的投资, 风险也因此不断积累 (Jensen 和 Meckling, 1976); 从融资的角度来说, 净值较低的投资者进行投资时通常对外部融资的依赖较重, 这会提高投资的中介成本, 而较高的中介成本反过来又会导致低效率或者无效率的投资 (过分地追求高风险的项目), 资源配置不合理进一步加剧, 金融不稳定状况不断积累 (Bernanke 和 Gertler, 1990)。

其次, 对于债务不断积累, 也可以基于高杠杆对企业效率的影响进行解释。Jensen (1986) 在分析出企业的资本结构会影响企业的管理决策进而影响企业的效率后, 提出了 "自由现金流理论" (Free Cash

---

① Whited (1992)、Hubbard 和 Kashyap (1992) 等的研究为此提供了证据。

Flow Theory），认为较高的债务水平将会改善企业的经营状况。Jensen
认为，成熟、现金充裕企业的管理者在没有真正好的渠道投资现金流
的情况下，可能会浪费这些盈余的现金流而将企业的业务范围扩张到
自身并不专业和充分了解的领域；而高杠杆企业的现金流由于被用于
支付利息从而会增加企业的价值。"自由现金流理论"得出的结论与股
票市场的表现在一定程度上是一致的，当一个企业发布财务重组或者
杠杆收购（Leveraged Buyout）的公告后，其股票价格通常都会大幅上
涨。James（1987）、Lummer 和 McConnell（1989）的研究也都指出，
银行贷款协议很可能意味着银行贷款人员对公司商业计划的赞同，因
此协议公告会促使公司股价的上涨。但是，对"自由现金流理论"进
行实证检验并不容易，因为难以对财务重组和其他方式提升的企业效
率进行区分。但是，Lichtenberg 和 Siegel（1990a，1990b）的研究还是
为"自由现金流理论"的结论提供了些许证据，他们的研究发现，通
过对行政管理进行流水化的运作，经历过杠杆收购的企业通常都会在
经营效率方面获得一些改善。但是，Jensen（1986）的"自由现金流
理论"并没有考虑他之前对代理成本的讨论，这两者得出的结论并不
一致；而且，随着金融体系的发展和银行在资金供给方面遭受的竞争
日益激烈，银行贷款协议公告带给企业的异常收益正在逐渐减弱
（Berry 等，2006）。

最后，根据 MM 第二定理，债务融资比例不断提高还可能是由于
债务融资税盾效应的推动。因为在企业收益纳税的情况下，企业价值
是财务杠杆的增函数。所有这些解释虽然并不都是针对明斯基"金融
不稳定假说"中融资结构变化提出的，但无疑都丰富了我们对于债务
不断扩张、融资结构不断恶化的认识。

此外，对于金融危机循环出现的原因，明斯基认为："一个是代际
遗忘，即在逐利本性的驱使下，今天的贷款人忘记了过去的痛苦经历；
二是迫于竞争压力和市场份额的争夺，贷款人会做出许多不审慎的贷

款决策，否则就会失去市场和盈利机会"①。Boyor 等（2004）则从乐观情绪、信心状况以及经济主体的融资行为三个方面分析了金融脆弱性为何周期性地出现：乐观情绪会引导更多的风险投资，导致金融脆弱性显现以及违约；对风险投资的重新评价是金融脆弱性的一个转折点，如果信心恢复，那么乐观情绪又会重新恢复，进而导致下一个脆弱周期的发生②。

5.2 货币信贷内生扩张与资源错配：结构分析

明斯基的"金融不稳定假说"是基于总量视角，分析了货币信贷内生扩张过程中融资结构的变化最终会导致资源错误配置。与此相对应，早前的奥地利经济学派却强调个体行为和结构分析，其经济周期理论可以用来分析持续的货币信贷内生扩张是如何导致资源在结构上的错位配置。

5.2.1 奥地利经济学派的特点分析

奥地利经济学派（Austrian School of Economics）源自 19 世纪 70 年代发生的经济学重建，那时的"边际革命"（Marginalist Revolution）标志着亚当·斯密、李嘉图和约翰·穆勒创立的古典经济学崩溃。奥地利经济学家门格尔 1871 年的著作《经济学原理》与杰文斯（Jevons）1871 年发表的《政治经济学理论》和瓦尔拉（Walras）1874 年发表的《纯政治经济学要义》，都是"边际主义革命"的主要组成部分。之后，在英国和欧洲大陆出现了多个新的经济学派。门格尔的《经济学原理》出版后，得到了两位更年轻的经济学家——欧根·冯·庞巴维

---

① 转引自陈雨露和汪昌云（2006，p247）。

② 转引自 Martha（2008，p11－12）。

克（Eugen von Böhm – Bawerk）和弗里德里克·冯·维塞尔（Friedrich von Wieser）的热情支持，他们加入了门格尔的行列，并一同创立奥地利学派。

对于奥地利经济学派的主要观点，在贾菲（W. Jaffe，1976）、弗里茨·马克卢普（F. Machlup，1981）、柯兹纳（I. M. Kirzner，1985）分析的基础上，可以做如下总结：（1）方法论上的个人主义，不是指政治上或思想意识上的个人主义，而是指它主张经济现象的解释应该回到个人行为中去探寻；（2）方法论上的主观主义，承认只有参考有关个人的知识、信念、知觉和期望，才能理解他们的行为；（3）边际主义，强调决策者所面临的数量预期"变化"的重要性；（4）强调效用和边际效用递减对需求，进而对市场价格的影响；（5）强调机会成本，承认影响决策的成本是指，为某一目的而使用生产要素时所放弃的最为重要的选择机会，而不是指已被放弃去选择其他目的之机会；（6）强调消费和生产的时间结构，他们表明了时间偏好和生产率的"迂回性"；（7）认为市场和竞争是学习和发现的过程；（8）认为个人决策是在不稳定环境中的一种选择行为，认定有关选择机会也是决策的一部分①。

由此可以看出奥地利经济学派研究的特点，一方面，奥地利经济学派坚守的方法论原则是个人主义②，批判宏观经济的总量分析，尤其当宏观经济总量出现在用数学函数表达的因果关系中（Dolan，1976，中译本 p4 – 5）。具体到资本上，奥地利学派认为资本品在物质上的不同，即资本的异质性，使之不能简单相加；把（未来）价值流加起来得到资本度量的做法必定因为现有计划没有得到完美协调而高估资本

---

① 该部分对于奥地利经济学派的观点总结参引自《新帕尔格雷夫经济学大词典》（1991，中文版 p146 – 162）。

② 这正如罗斯巴德在其《人类行为学》中所说的，奥地利经济学派的经济理论是基于这样一个事实逻辑：人的确从事有目的的行动（摘引自 Dolan，1976，中译本）。

数量①。另一方面，奥地利经济学派将时间引入了分析过程，非常强调生产过程和消费的时间结构②。

5.2.2　奥地利经济学派的资本结构理论

（1）迂回生产方式与资本结构

奥地利经济学派的代表人物哈耶克（F. A. Hayek，1931）吸收了庞巴维克的"迂回生产方式"（Roundabout Way of Production），认为现代经济生产有一个重要特征，原始的生产资料在任何时候都会有很大一部分用于生产生产资料，而不是用来直接生产当前需求的生活消费品，即存在迂回生产方式，以增加生产力。在此基础上，哈耶克认为生产结构或者资本结构的变化指的是，生产方式迂回长短的变化。

哈耶克等奥地利主义者认为，商品的生产过程要经过多个生产阶段，如图 5-1 所示，从原始生产资料到最终的消费产品之间还要经过四个生产阶段，每个阶段是一个单独的生产过程③；在四个生产阶段中，每个方块里面的数字代表中间产品的产量（货币表示，而非实际数量，下同），而上下两个生产阶段产量的差额表示下一个阶段所需要增加投入的原始生产资料；最低端的白色方块代表最终用于消费产品的货币数量；在每一个静态的生产时期，消费产品的产量必然等于所有生产要素获得的收入总额，并且消费产品要与这些收入交换。图 5-1中底端方块代表的消费产品产量为 40，而深色方块代表的中间生

---

① 奥地利经济学派多兰（Dolan，1976，中译本，p9）用一个生动的比喻说明了这一点："假设个人 A 建造一座房子，目的是居住，而个人 B 制造一枚炸弹，目的是摧毁 A 的房子。A 指望未来住房所提供的服务有一个确定的价值，而 B 指望炸弹所造成的破坏性有一个确定的价值。这两个未来价值流量肯定不能合理地加起来得到这个经济现有资本存量的度量，因为逻辑上两者不可能同时实现。"

② 这方面与后凯恩斯学派非常相似，后凯恩斯学派关于信贷扩张和货币供给的内生理论就将时间加入了信贷扩张的内生扩张过程，主张连续多期分析，而不是将时间抽象掉的单期静态分析。

③ 即使这四个阶段有多个或者全部是在一个工厂进行的，也不会影响分析结果。

产产品的产量总和为80，两者的比例为1:2，这表示消费产品产量与中间生产产品产量之比为1:2，代表着资本结构。在图5－1中，产品的生产是自上而下，但是货币移动的方向则是自下而上，即货币的支付者首先是购买消费产品，然后向上移动到各个生产阶段，被支付给各个生产阶段生产要素的所有者，要素所有者获得这些收入后，最终又是用来购买消费产品。图5－1中的点线虚线表明，尽管有四个生产阶段，但是迂回过程的平均长度只是两个生产阶段，正因为如此，中间产品与消费产品的产量之比是1:2。

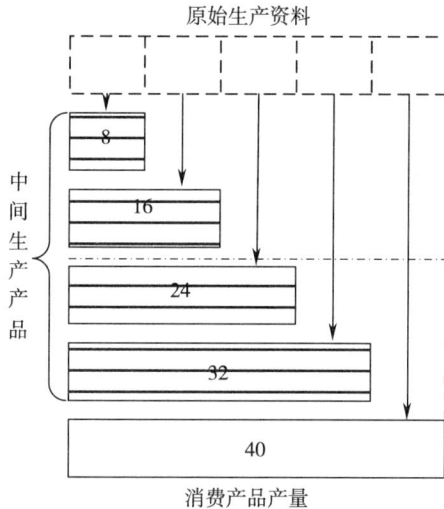

资料来源：Hayek（1931，p44）。

图 5－1　资本和产出结构

奥地利经济学派认为，从资本化程度较低的生产结构向资本化程度较高的生产结构升级需要中间产品（即生产者需要的产品）的需求要大于消费产品的需求，而且这种升级可以通过以下两种方式的任意一种来实现：一种是自愿储蓄变化，另一种是货币信贷扩张（Hayek，1931）。

（2）自愿储蓄与资本结构升级

我们来看自愿储蓄导致资本结构变化的情况。假定消费者将其一时期收入的1/4储蓄起来，并通过银行信贷被生产者用于投资，而且这些储蓄资金最终会被均匀地用在各个生产阶段。如图5-2所示，在消费者储蓄之后，储蓄增加的货币将会被应用在购买中间产品上，使得消费产品需求与中间产品需求之比将由初始的1:2（即40:80）变为1:3（即30:90）。消费产品减少到30，中间产品的产出增加到90，只有通过加长生产迂回过程才能实现。因此生产阶段将会从期初的4个阶段延长到6个阶段，迂回生产过程平均长度从2阶段延长到3阶段（如图5-2中点线虚线所示）。

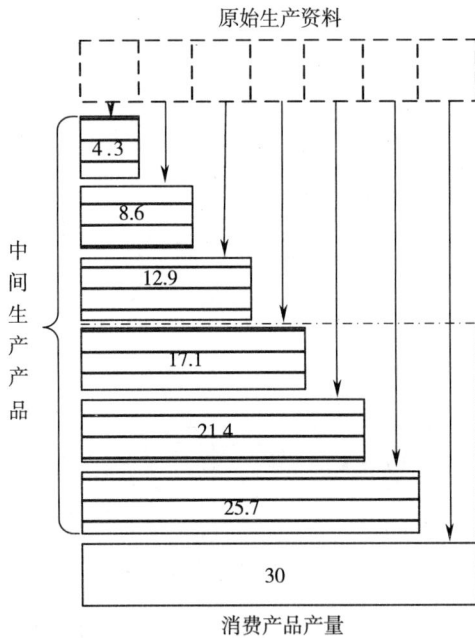

资料来源：Hayek（1931，p52）。

图5-2 自愿储蓄和资本结构变化

对比图5-1和图5-2可以看出，随着自愿储蓄的增加，图中最底端白色方块代表用于消费产品的货币数量从 40 下降到了 30，同时也意味着对生产要素支付的货币收入从 40 下降到了 30。由于生产要素总量保持不变，因此生产要素的单位价格会同比例地下降；同时，由于生产迂回过程延长，生产的资本化程度提高，消费产品的产量将会增加，因此消费产品的价格将会更大幅度地下降。消费产品价格下降会导致接近消费产品的生产阶段的中间产品的价格下降，用于这些生产阶段的货币量也会因此减少；与此相反的是，远离消费产品的生产阶段的中间产品的价格会提高，中间产品的生产阶段相应增加，用于早期生产阶段的货币总量会因此增加。

由于期初消费者的储蓄是自愿的，也就是说储蓄增加是消费者消费偏好改变的结果，因此新达成的消费产品需求和中间产品需求之间的比例关系，或者说生产和资本结构是持久的，实现了新的均衡①。自愿储蓄的出现或者增加使消费者将其全部收入中的一部分用于了投资和生产，减少了当期的消费支出，促使生产结构发生了改变，但是改变之后的生产结构提高了生产效率，消费者未来可以获得更多的实际消费产品。因此，没有理由认为消费者会在生产结构改变后把他们货币收入中用于消费的比例再增加到变动之前的水平。

对此可以做出如下总结：如果生产结构的变化是由于消费者的自愿储蓄引致的，那么消费产品需求和中间产品需求之间的分配比例（即生产和资本结构）一旦形成，就将保持不变。

（3）货币信贷扩张与资本结构变化

如果货币信贷的扩张不是因为消费者储蓄增加导致的，而是因为企业信贷需求增加引致的，那么其对资本结构的影响将会大不相同。信贷扩张导致生产结构的变化分为两种情况：投资贷款导致的生产结构变化

---

① 尽管消费产品的产量最终增加了，中间生产阶段的货币流通量增加了，但货币总量保持不变并不会对生产结构的调整产生根本性的影响，因为用于向生产要素支付的收入或者说生产成本，仍然可以由出售消费产品的收入来补偿。

和消费贷款导致的生产结构变化，两种情况的结果存在较大差异。

对于投资信贷需求增加而导致信贷和货币供给增加，进而对生产结构产生的影响，可以在图 5 - 1 描述的生产结构的基础上进行分析。假定中间产品的生产企业向银行贷款进行投资，货币供给的增加使得消费产品需求和中间产品需求之间的比例发生了变化，变化后的比例关系与自愿储蓄增加后消费产品需求和中间产品需求之间的比例相同，即消费产品需求与中间产品需求之比由 1:2 变为了 1:3。由于用于消费产品的货币量保持 40 单位不变，因此为了实现 1:3 情形下的生产结构，中间产品的生产企业需要向银行贷款 40 单位。为了使得企业投资信贷增加引起的生产结构变化与自愿储蓄引起的生产结构变化一致，那么原始生产资料将被用于 6 个中间产品生产阶段（如图 5 - 3 所示），而

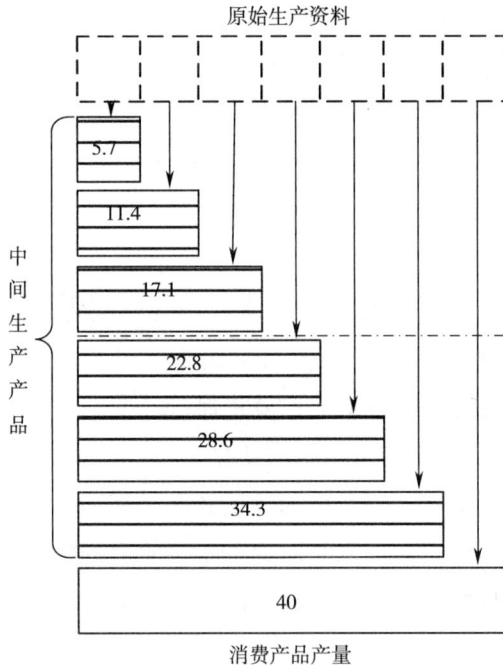

资料来源：Hayek（1931，p56）。

图 5 - 3　投资贷款增加和资本结构变化

不是图 5 - 1 所示 4 个中间产品生产阶段；6 个中间生产阶段生产的产品货币价值总额要增加到消费产品货币价值（40 单位）的 3 倍，而不是图 5 - 1 所示的 2 倍；但是，每一个生产阶段的实际产出，包括最后的消费产品的实际产出，与图 5 - 2 描述的情形相同，即与自愿储蓄增加后的实际产出水平相同。

在企业贷款投资的情形下，企业获得了新增的货币（即购买力），从而增加了其购买原始生产资料的竞争力，这会导致更多的生产资料被企业用于生产中间产品，消费者可获得的实际消费产品会因此而减少。由于消费的这种缩减不是消费者自愿做出的，也不是那些当期减少消费产品期待未来获得更多消费产品的人做出的，因此消费者被迫缩减消费水平是一种强迫储蓄（Forced Saving），其消费的时间偏好并没有发生改变。

由于新增贷款增加的货币供给最终会成为生产要素所有者——消费者的货币收入，而且贷款导致的消费水平降低是被迫的，因此消费者在货币收入增加后，会将实际消费水平提高到贷款之前的水平，即图 5 - 1 中的水平。随着消费者的消费水平恢复到原始水平，那么货币在消费产品生产阶段和中间产品生产阶段的分配也将恢复原始的比例关系，即消费产品需求与中间产品需求之比为 1:2。也就是说，生产结构将会从贷款需求增加引致的高资本化程度回归到原始的低资本化程度，如图 5 - 4 所示。由于资本的异质性，生产结构的这种回归将导致新增资本受到损失，严重的会爆发经济危机。

其中有一种特殊情况需要说明。如果企业借助贷款已经顺利实现了高资本化程度的生产结构，即生产过程已经顺利从 4 个阶段迂回到了 6 个阶段，就会通过高资本化程度的生产获取更多的货币报酬，从而可以继续按照这种新的生产结构生产，利用新增的货币报酬购买原始生产资料继续进行中间产品的生产。由于生产的资本化程度提高后，生产效率增加，消费产品实际产出增加，价格下降，消费者的消费水

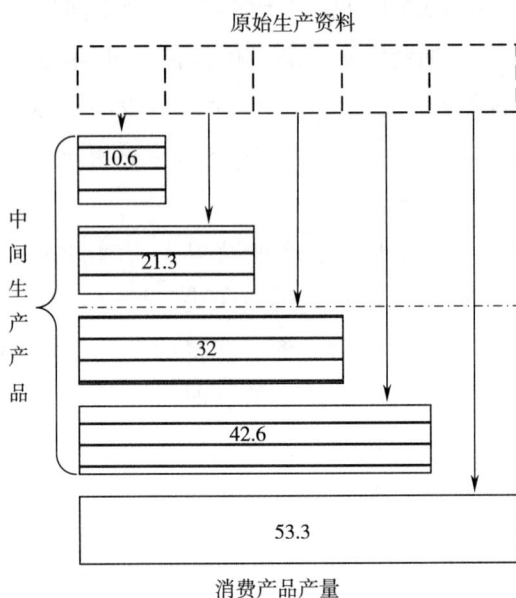

原始生产资料

中间生产产品

10.6

21.3

32

42.6

53.3

消费产品产量

资料来源：Hayek（1931，p59）。

图 5 - 4　资本结构变化后的复原

平也会因此恢复到原始水平。但是如果在信贷和货币供给停止扩张时，企业向新的生产结构迂回的过程还没有结束，那么情况就会是前面描述的那样，而且现实中的情况更加符合这种情形。

如果不是企业投资信贷需求增加导致货币供给的增加，而是消费者消费信贷需求的增加导致了货币供给的增加①，那么情况就是两样了。在图 5 - 2 中，消费者自愿储蓄的增加引致消费产品需求与中间产品需求之比从 1:2 变成了 1:3。现假定消费者获得了一笔贷款，其金额为 15 单位，并将其花费在消费产品上，则刚好可以抵消储蓄增加引致的中间产品需求的相对增加。

---

　　① 这种情况在现实中也普遍存在，英国目前的消费信贷已经超过了企业投资信贷。

如图 5 - 5 所示，这种消费贷款增加的结果是，消费产品需求与中间产品需求之比将会从 1:3（即 30:90）变回到 1:2（即 45:90）。这意味着生产结构又从自愿储蓄增加后的高资本化程度恢复到了自愿储蓄增加前的低资本化程度，换言之，消费者消费贷款的增加破坏了之前那些自愿储蓄者储蓄增加升级生产结构的效果。

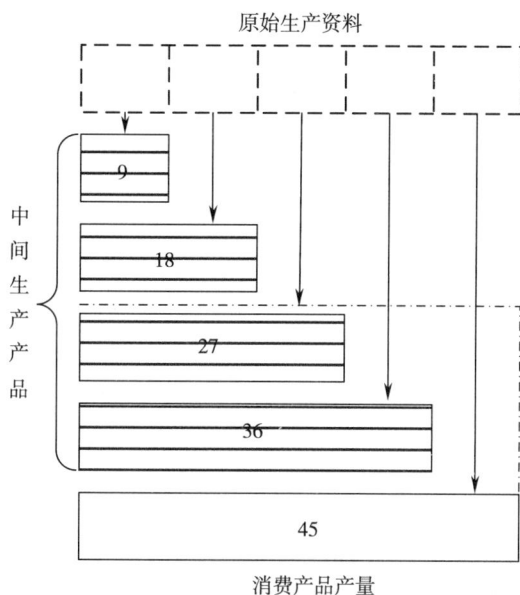

资料来源：Hayek（1931，p61）。

图 5 - 5　消费贷款增加与资本结构变化

5.2.3　货币信贷内生扩张、资本结构转变与资源结构错配

以上述资本结构理论为基础，奥地利学派的经济周期理论认为，例如米塞斯（L. V. Mises，1912，1953 英译版）和哈耶克（Hayek，1929，1933 英译版）的经济周期理论，经济周期是由货币因素引起的，政府或中央银行干预引发的货币供给和信贷扩张增加扰乱了市场经济

的正常运转，造成资本的错误配置，最终引发经济危机和经济萧条。

　　除了资本结构理论外，奥地利学派经济周期理论的另一个理论基础是维克塞尔的利息理论。维克塞尔的利率理论基于"实际利率"和"自然利率"① 这两个核心概念，认为利息率变动引起的物价向上或者向下变动具有累积的性（Wicksell，1898）②。具体而言，当自然利率高于实际利率引致投资、生产、收入和物价向上运动时，资本家由于预期收益前景良好，其投资和信贷需求不断增加，这会促使生产和物价不断上升；而当自然利率低于实际利率引致投资、生产、收入和物价向下运动时，由于预期收益前景暗淡，会不断地减少投资和信贷需求，从而使生产和物价不断下跌。

　　对于维克塞尔的利息理论，米塞斯认为遗漏了资本货物价格和消费品价格在波动上会存在着时滞这一重要因素，两者在变化速度上存在着不一致。在货币信贷扩张增加经济体的流动性时，资本货物的价格会先于消费品价格上涨；而在价格出现反转时，资本货物的价格已经下跌时，消费品价格可能仍在继续上涨。这两种价格在反应上的时滞使得货币信贷扩张容易引起不被人察觉的通货膨胀，而在察觉之后做出的反应又可能太迟了。此外，米塞斯认为政府和中央银行倾向于在经济复苏时期将利率降到维克塞尔的"自然利率"之下，同时商业银行也会增加信贷供给、增强流动性，从而不断放任投资的过度扩张，其结果则是信贷收缩，甚至爆发经济危机。也就是说，过低的利率推动了信贷扩张，而后利率的上升又会导致信贷收缩。③ 之后，米塞斯的学生哈耶克也秉承了利率冲击的信贷波动思想，认为"不稳定性的种

---

　　① "实际利率"和"自然利率"这两个概念是维克塞尔从庞巴维克的资本利息理论中借用来的，简单地说，实际利率指的是在提供信贷时实际存在的利息率，而自然利率指的是货币贷款用于投资获取的利润率。

　　② 正因为如此，维克塞尔的利息理论有时候也被称为累积过程理论（Cumulative Process）。

　　③ 摘引自 Tvede（2006）中译本，p75。

子可能是利率低于自然利率"，"或者是新的商业机会提高了自然利率水平，而实际利率仍然停留在原来的水平上"；"在繁荣时期，经常快速增长的货币供给没有造成任何初始的通货膨胀，但经济繁荣一旦停止就会出现通货膨胀"。① 在哈耶克看来，价格上涨并不是货币信贷扩张的伴随物，而是经济繁荣终止的产物。

具体到货币信贷扩张和经济波动上，奥地利学派认为，政府干预引发的货币信贷扩张—资源错误配置—经济危机和萧条的具体过程是这样的：货币信贷扩张导致利率降低，企业会被信贷扩张所误导，认为储蓄资金的供给要高于其实际数量，从而对"更为长期的生产过程"进行投资，特别是那些"高级"（远离消费者）生产领域的投资，而相对减少"低级"（接近消费者）生产领域的投资，即拉长资本结构②，这会抬高资本价格和相关生产资料的价格；利率变化反映的只是金融市场的变化，而消费者的时间偏好并没有发生改变，在收入因为投资增加而上升后，消费者仍然会按照原来的投资（储蓄）—消费比例来花费，这时企业就会发现"高级"（远离消费者）生产领域的投资显得多余而浪费。按照这一逻辑，货币信贷扩张持续的时间越长，程度越大，繁荣持续的时间也会越长；当信贷扩张停止时，繁荣的时间越长，资本错误配置导致的投资浪费就会越多，最后引发的危机和萧条的程度就会越剧烈，经济需要在萧条中调整的时间也会越长。简言之，奥地利学派认为经济周期的高涨阶段是因在利率过低的引诱下，货币信贷扩张引致了资源错误配置，而资源错误配置的程度取决于生产者预期公众消费时间偏好

① 摘引自 Tvede（2006）中译本，p79。

② 即促使投资从消费品行业向资本品行业转移（罗斯巴德，2009 中文版，p037）。关于投资结构与银行信贷的关系，参见 Hayek（1931）。

推迟与公众真实消费时间偏好的偏离程度①。

在奥地利学派看来，20 世纪 20 年代美国经济出现的繁荣就是政府干预货币信贷扩张的结果，其后陷入危机和萧条也是在所难免的②。除奥地利学派之外，Garrett 早在其 1932 年出版的著作《压垮世界的泡沫》（*A Bubble That Broke the World*）中指出，大萧条之前的资产泡沫形成的根源是信贷扩张，而 1929 年股市崩溃并引发大萧条要归咎于信贷扩张导致的债务之山的倒塌。Garrett（1932）认为信贷持续快速的扩张扭曲了社会生产结构，危机是对这一扭曲的纠正。在这一点上，Garrett（1932）的观点与奥地利学派不谋而合。

5.3　货币信贷内生扩张与经济周期波动：修正的 IS – LM 模型

在宏观经济学中，IS – LM 模型是分析经济波动最常用的工具。然而，传统的 IS – LM 分析框架没有考虑到信贷扩张和货币供给的内生性，并没有完全反映经济实践的真实情况。如果将信贷扩张和货币供

---

① 如果货币信贷过度扩张通过资源错误配置最终引发了经济衰退和萧条，政府该如何应对？奥地利学派旗帜鲜明地认为，"首要的也是最彻底的措施是不要干预市场调整的过程。政府对市场的干预会耽搁调整的过程，干预的程度越大，萧条持续的时间越长，其程度也越可怕，同时想重新走上完全恢复之路也越难。政府干预会加剧萧条，并使之无限期地继续下去。这时，政府的萧条政策（这些政策可能在今天被更为广泛地应用）起到了适得其反的作用"（罗斯巴德，2009 中文版，p43 - 44）。"政府唯一可以做的就是：它应该大幅降低它对经济的影响力，削减其开支和税收，特别是税收，它干预了储蓄和投资。降低政府的税收开支水平会自动使社会结构中的储蓄—投资—消费比例偏向储蓄和投资，这样就使经济重归繁荣的时间大幅缩短了。税收使储蓄和投资承受重负，减轻税收会降低社会的时间偏好。进一步而言，萧条时期经济紧张。削减税收，或者在管理上减少对自由市场的干预，都会刺激健康的经济行为；增加税收，或者加大这种干预将进一步使经济陷入萧条。总之，萧条时期正确的政府政策就是严守自由放任的信条，包括大幅削减预算，并积极鼓励信贷收缩"（罗斯巴德，2009 中文版，p45 - 46）。

② 奥地利学派的哈耶克是少有的几位在 1929 年股市大崩盘之前就警告经济危机可能到来的经济学家之一，1929 年初哈耶克做出这一预测时还在维也纳大学任教。

给的内生性考虑在内，那么用来分析经济波动的 IS – LM 框架就得需要修正。

5.3.1　传统的 IS – LM 模型：传统经济学的解释

在传统的 IS – LM 模型中，IS 曲线代表产品市场均衡时利率与收入之间的关系，为一条向右下倾斜的曲线，其上利率与收入负相关；LM 曲线代表货币市场均衡时利率与收入之间的关系，常规时期为一条向右上倾斜的曲线，其上利率与收入负相关。

1. 古典主义的解释

在古典主义的经济理论中，IS 曲线由总供给和总需求决定，在不考虑政府部门和对外贸易的情况下，简化为由投资和储蓄决定。投资与利率负相关；储蓄为收入减去消费之后的余额，因为消费与收入正相关，所以储蓄与收入负相关。两者可由下面的等式表述：

$$I = I_0 - ki \tag{5 - 1}$$

$$S = Y - C = Y - C_0 - cY$$

$$= - C_0 + (1 - c) Y \tag{5 - 2}$$

式中，I 表示投资，I_0 为自主投资，与利率无关，i 为利率，k 为投资的利率敏感系数，表示利率对投资的影响程度；S 为储蓄，Y 为收入，C 为自发消费，c 为消费倾向，表示收入变动对消费的影响，因此，cY 为收入增加的引致消费。根据产品市场的均衡条件 $I = S$，可以求出 IS 曲线的表达式：

$$Y = \frac{I_0 + C_0}{1 - c} - \frac{k}{1 - c} \cdot i \tag{5 - 3}$$

根据式（5 – 3）可知，在"利率—收入"的象限图中，IS 曲线是一条向右下倾斜的曲线，如图 5 – 6 所示。由于大部分古典主义者认为货币供给是由货币当局外生决定的，因此 LM 曲线是一条垂直于收入轴的直线，即图 5 – 6 中 LM_1 曲线的垂直部分。

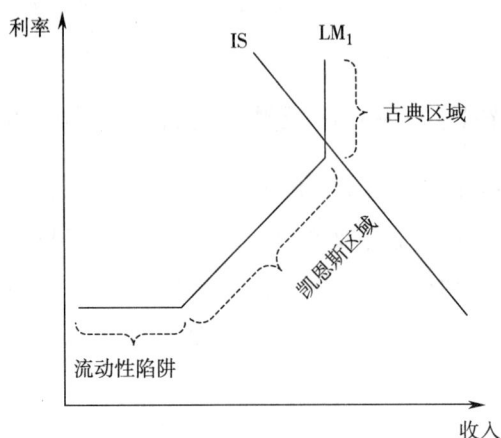

图5-6 古典主义的IS-LM分析框架

为了后续分析的方便，在古典主义的分析框架下，IS曲线和LM_1曲线可以简化为下面的变量关系：

$$IS \text{ 曲线}: Y = Y^D(\overset{-}{i}, \overset{+}{Y}) \qquad (5-4)$$

$$LM_1 \text{ 曲线}: M^S = qY \qquad (5-5)$$

式中，$Y^D(\cdots)$为总需求函数，即消费C加上投资I；等式中变量上面的符号表示对该变量求偏导后的符号；M^S为真实货币供给，q为大于0的固定常数，可以理解为货币流动速度的倒数。在古典主义的IS-LM分析框架下，外生决定的货币供给对经济活动有着不可消除的限制，如果投资需求增加而推动IS曲线向右移动，国民收入并不会因此上升，而只是带来完全的挤出效应。货币主义的IS-LM分析框架与古典主义的类似。

2. 凯恩斯主义的解释

在凯恩斯的《通论》中，IS曲线与古典主义的IS曲线没有区别，货币供给也是由货币当局外生决定的。不同的是，凯恩斯将货币需求分为交易需求、预防性需求和投机性需求。在所有的货币需求中，交易需求和预防性需求受收入影响，随着收入的增加而增加，而与利率无关；投机性需求受利率影响，随着利率的下降而增加，当利率足够低时，投机性需求增加到无限大，经济处于"流动性陷阱"。凯恩斯《通论》中的货币需求曲线可以由下面的方程式表示：

$$M^D = \underbrace{M_1^D(\overset{+}{Y})}_{\text{交易和预防性需求}} + \underbrace{M_2^D(\overset{-}{i})}_{\text{投机性需求}} = d_1 \cdot Y - d_2 \cdot i \qquad (5-6)$$

货币供给 M^S 外生给定，凯恩斯《通论》中的 LM_2 曲线（以区别古典主义的 LM_1 曲线）可以根据 $M^S = M^D$ 求出，即为

$$M^S = d_1 \cdot Y - d_2 \cdot i = M^D \qquad (5-7)$$

因此，凯恩斯《通论》中的 IS 曲线和 LM_2 曲线可以简化为下面的变量关系：

$$\text{IS 曲线：} Y = Y^D(\overset{-}{i}, \overset{+}{Y}) \qquad (5-4)$$

$$LM_2 \text{ 曲线：} M^S = M^D(\overset{-}{i}, \overset{+}{Y}) \qquad (5-8)$$

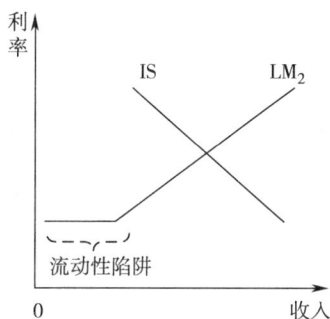

图 5-7　凯恩斯主义的 IS-LM 分析框架

在凯恩斯的 IS-LM 分析框架下，尽管货币供给仍然是外生决定的，但是货币需求可以通过调整货币在各类需求的配置，从而在一定程度上消除货币供给的约束。例如当经济主体对货币的交易需求增加时，利率上升，经济主体为投机而持有的货币就会释放出来满足增加

的交易性货币需求①。因此，在凯恩斯的 IS – LM 分析框架下，投机性交易需求充当了准内生性货币供给，LM_2 曲线是一条向右上方倾斜的曲线，如图 5 – 7 中 LM_2 曲线所示，此时投资增加导致 IS 曲线向右移动只会带来部分挤出效应。

5.3.2 引入货币信贷的 IS – LM 模型修正

在早期的 IS – LM 模型中，银行资产负债表两边的资产和负债有着截然不同的作用。银行的负债，也就是货币，在继承古典主义的新古典主义、货币主义看来，可以决定总需求水平，其收缩可能会引起或者加重经济的衰退（Friedman 和 Schwartz，1963）；而银行的资产，主要是信贷，以及其他的债务工具，在传统经济学的分析框架中几乎没有任何作用（Fama，1980）。甚至，在很多分析中，并不需要对货币供给和信贷进行区分，至少在对货币与经济活动之间的关系进行计量分析时是这样②。如同"只见树木，不见森林"一般，这种理论框架是"只见货币，不见信用（广义信贷）"。

随着金融体系的发展，金融体系的运行状况与经济走势的关系变得越来越密切，金融市场和金融机构逐渐受到了更多的重视，相关研究也不断涌现③。这其中银行及银行类似金融中介受到的关注更胜一

---

① 如果将货币需求分为实体经济货币需求和金融体系货币需求，会得出相同结论。

② 2003 年 4 月 16 日，Joseph E. Stiglitz 在日本财政部作了一次名为 "Deflation, Globalization and the New Paradigm of Monetary Economics" 的演讲，演讲结束后，时为日本内阁特别顾问的黑田东彦（Haruhiko Kuroda）问，"如果我们观察银行的资产负债表，就资产方来说，我们看见的是银行信贷……如果我们观察银行资产负债表的负债方，则主要是现金和存款、M_2 以及 CD，也就是广义上的货币供给。……所以，如果没有非银行信贷，除非这是重要的，那么信贷理论和货币理论就是相同的了，他们之间是一致的"。Stiglitz 当时回答说，"银行部门资产负债表中货币供给基本上是等于信贷的，这一事实也是为什么这一领域一直存在困惑和混淆的原因之一，因为如果你做一个回归，两者将会是相等的，很难鉴定谁是推动因素"（详见：http://www.mof.go.jp/singikai/kanzegaita/siryou/gaic/c150416b1.）。

③ Gertler（1988）和 Taylor（2015）文献综述较为详细地介绍了金融结构与宏观经济活动方面研究的发展过程，在此不再详细介绍。

筹，银行信贷逐渐超出政府和中央银行的控制范围（Gurley 和 Shaw，1955），对经济活动的影响越来越大；相对于"货币—GNP"而言，"信贷—GNP"之间的关系可能更加紧密（B. Friedman，1982），金融恐慌和经济衰退之前通常会发生信贷的急速扩张[1]。与这种现实转变相适应的是，经济学界开始反思传统 IS–LM 分析框架的局限，并尝试引入信贷因素对 IS–LM 模型进行修正[2]。这其中，Bernanke 以及 Blinder（1988）的 CC–LM 模型以及 Brunner 和 Meltzer（1990）的 CM–MM 模型就是其中的典型代表。由于 CC–LM 模型和 CM–MM 模型在对 IS–LM 模型修正的思路上相似，而 CC–LM 模型更加简洁，因此下面将以 CC–LM 模型为例来展开相关分析。

传统的 IS–LM 模型假设市场债券是银行信贷的完全替代品，因此 LM 曲线表示货币和债券两种资产的均衡。Bernanke 和 Blinder（1988）放弃了这一假设[3]，将经济主体的资产选择从货币和债券扩张为货币、债券和银行信贷三种；对于债券和信贷，借款人和贷款人根据两者的利率进行选择。

假定 RR 为法定准备金，法定准备金率为 r^r，ER 为超额准备金，超额准备金率为 r^e，超额准备金的利息收入为 0；银行的贷款供给为 L^s，持有的债券为 B，存款为 D，不存在资本金；企业的贷款需求为 L^D。根据银行的资产负债表，有 $B + L^S + ER = D(1 - r^r)$，银行的资产组合选择由债券利率 i^B 和贷款利率 i^L 决定。企业的贷款需求 L^D 由债券利率 i^B、贷款利率 i^L 和收入 Y 决定，即 $L^D = L(\overset{-}{i^L}, \overset{+}{i^B}, \overset{+}{Y})$；同理，银行

---

① 这种观点在 Minsky（1964）、Wojnilowner 等（1980）、Eckstein 和 Sinai（1986）、Kindleberger（2005）、瞿强（2001、2005）、Moore 等（2010）、Lewis – Bynoe 等（2010）的研究都得到了体现。

② Bernanke（1992）的综述性文章对这一转变做了较为详细的梳理。

③ 早期，Tobin（1970）、Brunner 和 Meltzer（1972）对此就进行过分析，认为以债券为代表的市场信贷与银行信贷是不能完全替代的，之后信息经济学等对银行信贷的解释更是强化了两者之间的非完全替代性。

的贷款供给 $L^s = m^L(\overset{+}{i^L}, \overset{-}{i^B}) \cdot D(1 - r^r)$，其中 $m^L(\cdots)$ 为贷款乘数[1]。因此，信贷市场的实现均衡的条件为

$$L(\overset{-}{i^L}, \overset{+}{i^B}, \overset{+}{Y}) = m^L(\overset{+}{i^L}, \overset{-}{i^B}) \cdot D(1 - r) \qquad (5-9)$$

由于银行的超额准备金受利率影响，即 $ER = r^e(i) \cdot D$，银行的存款供给可以表述为准备金与货币乘数的乘积，因此银行存款供给可以表述为 $D^s = m^D(\overset{+}{i^B}) \cdot (RR + ER) = m^D(\overset{+}{i^B}) \cdot R$，其中 $m^D(\cdots)$ 为存款乘数、R 为总存款准备金。同时，由于存款需求来自交易动机，并且取决于债券市场利率 i^B、收入和财富（财富被假定不变），存款需求可以表述为 $D^D = D(\overset{-}{i^B}, \overset{+}{Y})$。存款市场实现均衡的条件为

$$m^D(\overset{+}{i^B}) \cdot (RR + ER) = D(\overset{-}{i^B}, \overset{+}{Y}) \qquad (5-10)$$

将存款市场的均衡条件式（5-10）代入式（5-9），便可置换出贷款利率，并获得贷款市场均衡的新表达式，即

$$i^L = i(\overset{+}{i^B}, \overset{+}{Y}, \overset{-}{R}) \qquad (5-11)$$

$$L(\overset{-}{i^L}, \overset{+}{i^B}, \overset{+}{Y}) = m^L(\cdots) \cdot m^D(\cdots) \cdot R \cdot (1 - r) \qquad (5-12)$$

式中 $r = r^r + r^e$，为总准备金率。在引入了贷款之后，传统 IS-LM 分析框架下的 IS 曲线会相应地转变成 CC 曲线[2]，即

$$CC \text{ 曲线：} Y = Y^D(\overset{-}{i^B}, \overset{-}{i^L}, \overset{+}{Y}) \qquad (5-13)$$

将式（5-11）代入式（5-13），便可得到 CC 曲线的最终表达形式，即

---

① 贷款乘数的具体推导，可参见本书第 3 章。

② 之所以称为 CC 曲线，Bernanke 和 Blinder（1988）认为将信贷引入后，起初 IS 曲线代表的产品市场均衡转化为了"商品"（Commodities）和"信贷"（Credit）两个市场的均衡，"CC"是取这两个词的第一个字母组合而成的。

$$CC \text{ 曲线}: Y = Y^D[\overset{-}{i^B}, i(\overset{+}{i^B}, \overset{+}{Y}, \overset{-}{R}), \overset{+}{Y}] \qquad (5-14)$$

由于对 LM 曲线没有进行任何修改，因此 Bernanke 和 Blinder（1988）加入贷款对 IS – LM 模型修正之后的 CC – LM 模型可以表述为

$$CC \text{ 曲线}: Y = Y^D[\overset{-}{i^B}, i(\overset{+}{i^B}, \overset{-}{Y}, \overset{-}{R}), \overset{+}{Y}] \qquad (5-14)$$

$$LM_3 \text{ 曲线}: M^S = M^D(\overset{-}{i^B}, \overset{+}{Y}) \qquad (5-15)$$

从式（5 – 14）可以看出，由于 CC 曲线中收入 Y 和债券市场利率 i^B 仍然是负相关的，因此在"利率—收入"象限图中，仍然是一条向右下方倾斜的曲线，如图 5 – 8 所示。

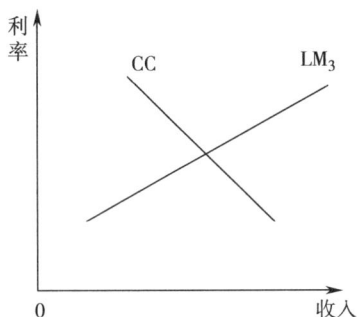

图 5 – 8　加入信贷修正之后的 CC – LM 分析框架

在 Bernanke 和 Blinder（1988）的 CC – LM 分析框架下，银行信贷是由商业银行的贷款乘数和货币供给乘数共同决定的。当经济活动对信贷的需求增加时，会导致贷款市场和债券市场利率的上升，从而提高贷款乘数 $m^L(\cdots)$ 和存款乘数 $m^D(\cdots)$，从而适应贷款需求的增长。因此，相对于 IS – LM 分析框架中的 LM_2 曲线，CC – LM 分析框架中的 LM_3 曲线将会更加平坦，投资需求增加导致 CC 曲线向右移动产生的挤出效应更小。

5.3.3　引入货币信贷内生扩张的 IS – LM 模型构建

1. IS 曲线和 LM 曲线相互影响

在凯恩斯《通论》中的 IS – LM 分析框架下，货币在不同类型需求之间的配置使得货币供给具有一定的内生性；将信贷引入 IS – LM 分析框架（例如 CC – LM 模型）后，资金不只是在银行信贷市场和债券市场配置来提高货币供给的内生性，而是银行可以利用资产管理提高贷款乘数 $m^L(\cdots)$，利用负债管理提高存款乘数 $m^D(\cdots)$，从而更大程度地扩张货币供给的内生性。不论是 IS – LM 分析框架，还是引入信贷之后的 CC – LM 分析框架，其结果是 LM 曲线的斜率将会更加平坦。但是将信贷引入之后的 CC – LM 模型、CM – MM 模型等只是信贷扩张和货币供给的"半截内生性"分析框架，因为这些模型对于信贷扩张和货币供给的内生性只是追溯到商业银行，而没有进一步分析到中央银行，特别是没有考虑到产品市场、货币市场、信贷市场之间的相互联系。如果将完整的内生性信贷扩张和货币供给吸收到传统的 IS – LM 分析框架中，那么最终的结果将不只是降低 LM 曲线的斜率。

当然，对于 CC – LM 模型而言，其贡献不只是将信贷（即债务）纳入了 IS – LM 分析框架。在古典主义和凯恩斯主义的 IS – LM 分析框架中，产品市场和货币市场是两个相互独立的市场，彼此互不影响，这显然是不现实的。在当前的货币经济中，实体经济部门的交易通常有着对应的金融交易，因此 IS 曲线和 LM 曲线不可能是相互独立的，明斯基的"金融不稳定假说"就表明了这一点。CC – LM 模型等另一个重要特点是，通过引入信贷市场，将产品市场和货币市场联系起来了，两者不再是互不影响。但需要指出的是，早在 1937 年凯恩斯提出货币需求的第四种动机——融资需求动机时，IS 曲线和 LM 曲线的联系就已被意识到了，此后后凯恩斯学派的先导者 Davidson（1965）在 IS – LM 分析框架中对两者之间的联系进行过讨论。

基于 IS 曲线和 LM 曲线是相互影响的，那么便可以通过债券和信贷市场，在货币需求函数里引入融资需求或者信贷需求来描述经济活动的信贷需求对经济产出结果的影响。考虑到信贷需求后，原始凯恩斯货币需求函数（5 – 6）将会转变为

$$M^D = \underbrace{M_1^D(\overset{+}{Y})}_{\text{交易和预防性需求}} + \underbrace{M_2^D(\overset{-}{i})}_{\text{投机性需求}} + \underbrace{M_3^D(i, Y, \Delta^C, \Delta^I)}_{\text{融资/信贷需求}} = M^D(\overset{-}{i}, \overset{+}{Y}, \overset{+}{\Delta^C}, \overset{+}{\Delta^I})$$

$$(5 - 16)$$

式（5 – 17）中，信贷需求 M_3^D 不只是受利率和收入的影响，还会受到消费冲击 Δ^C 和投资冲击 Δ^I 的影响。消费和投资冲击指的是利率和收入之外的因素对消费和投资的影响，例如单纯的预期变化。

在产品市场和货币市场相互影响的环境中，经济活动的变动（例如消费增加或者投资增加）不只是影响 IS 的移动，同时也会造成 LM 曲线的移动。如图 5 – 9 所示，当企业投资增加时，除了引致 IS 曲线从 IS_2 向右移动到 IS_2' 外，货币需求的相应增加会导致 LM 曲线从 LM_4 向左上移动到 LM_4'。伴随着 IS 曲线和 LM 曲线的移动，均衡点会从原来的

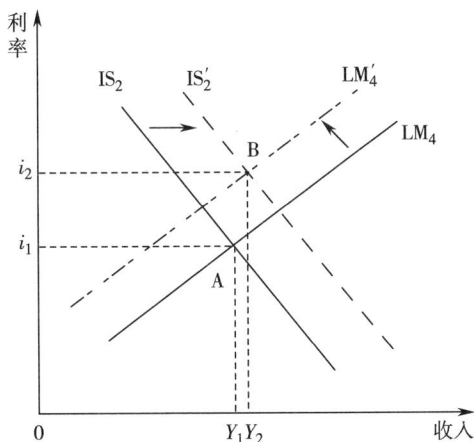

图 5 – 9　IS 和 LM 联动的 IS – LM 分析框架

A 点移动到 B 点。

相对于 A 点，B 点的利率 i_2 肯定高于 A 点的 i_1，B 点的收入水平 Y_2 与 A 点的收入水平 Y_1 的大小关系不确定，取决于消费增加或者投资增加对产品市场的影响以及信贷需求变动对货币市场的影响，对此在第 3 章已经做了详细分析。需要说明的是，这与凯恩斯主义的投资乘数的影响因素是不同的，因为投资乘数没有考虑投资变化对货币市场的影响，即没有考虑 LM 曲线的移动。从投资乘数的角度来说，Y_2 和 Y_1 的大小关系除了受影响投资乘数的因素的影响外，还取决于信贷需求变动对货币市场的影响，即 LM 曲线的移动幅度。

2. 货币信贷内生扩张引致 LM 曲线移动

上面的分析只是考虑了产品市场与货币市场的相互影响，而且这种分析的基础假设是信贷扩张和货币供给是外生的，也就是说产品市场因消费或者投资需求增加而扩张时，货币供给是保持不变的，信贷扩张也因此是受到限制的。如果放弃外生的货币供给决定信贷扩张这一假设，考虑到信贷扩张和货币供给的内生逻辑，即信贷需求内在决定信贷供给和货币供给（存款扩张和基础货币增加），并将其引入 IS - LM 分析框架，那么结果就将会发生非常大的变化。

在信贷扩张和货币供给内生的情况下，产品市场消费支出或者投资支出增加的信贷需求会得到商业银行增加信贷供给的适应；商业银行的适应性信贷扩张导致存款增加后，其存款准备金需求也会相应地增加，而这可以通过银行的资产负债管理以及中央银行对商业银行准备金贷款需求的部分适应来综合解决（后凯恩斯主义结构性内生理论的观点）。因此，当信贷扩张内生时，消费支出或者投资支出增加在导致 IS 曲线向右移动的同时，也会导致 LM 曲线向右移动和转动。在信贷扩张和货币供给内生的情况下，IS - LM 分析框架可以用下面的方程式来表示，即

$$IS_3\ 曲线: Y = Y^D(\overset{-}{i}, \overset{+}{Y}, \overset{+}{\Delta^c}, \overset{+}{\Delta^I}) \qquad (5-17)$$

$$\text{LM}_5\text{ 曲线}: M^s(\overset{-}{i},\overset{+}{\Delta^c},\overset{+}{\Delta^I}) = M^D(\overset{-}{i},\overset{+}{Y},\overset{+}{\Delta^c},\overset{+}{\Delta^I}) \qquad (5-18)$$

利用式（5-17）和式（5-18）的 IS - LM 分析框架再来讨论前面的消费支出 Δ^c 或者投资支出 Δ^I 增加的影响，得到的结果将会大不一样。如图 5-10 所示，初始的均衡点仍然为 A 点，初始均衡利率和均衡收入仍然分别为 i_1、Y_1。当消费支出 Δ^c 或者投资支出 Δ^I 增加时，产品市场的均衡曲线从 IS_3 向右平移到 IS_3'；不同的是，在信贷内生扩张的情况下，伴随 IS_3 向右移动，货币市场的均衡曲线 LM_5 也会随着向右移动，并且 LM_5 在向右移动的过程中同时进行逆时针旋转，即斜率不断增大，最终移动到 LM_5' 的位置。LM_5 向右移动是因为产品市场需求增加的过程中，相应的信贷需求会引致信贷内生扩张和货币供给内生增加；同时 LM_5 又逆时针旋转是因为商业银行在适应信贷需求扩张的过程中，其流动性偏好会上升，因流动性损失的索偿也会增加，即流动性溢价会增加。最终，IS_3' 和 LM_5' 相交于 C 点，实现了新的均衡，均衡利率和均衡收入分别为 i_2' 和 Y_2'。

在图 5-10 的新均衡位置 C 点，新的均衡利率 i_2' 会高于初始均衡利率 i_1[①]，但考虑到信贷和货币供给的适应性增加，因此 i_2' 会低于图 5-9 中的 i_2，即 $i_1 < i_2' < i_2$；新的均衡收入 Y_2' 肯定会高于初始均衡收入 Y_1，并且由于信贷内生扩张而使 LM_5 曲线向右移动（尽管斜率有所增大），Y_2' 也肯定大于图 5-9 中的 Y_2，即 $Y_2' > Y_2 > Y_1$。

当然为了简化图形，我们并没有考虑信贷需求者和存款者的流动性偏好可能带来的影响，LM 曲线移动过程中的旋转考虑的只是商业银行流动性偏好变化的影响。例如，信贷扩张而使得银行贷款利率提高时，经济主体的流动性偏好可能会因此增加，其初始打算增加的消费

---

① 根据第 3 章的分析，在货币信贷内生扩张的过程中，商业银行的流动性溢价也会因贷款供给增加而相应提升，反映到贷款利率上便是信贷扩张后的贷款利率会高于扩张之前的贷款利率，因此 i_2' 肯定会高于 i_2。

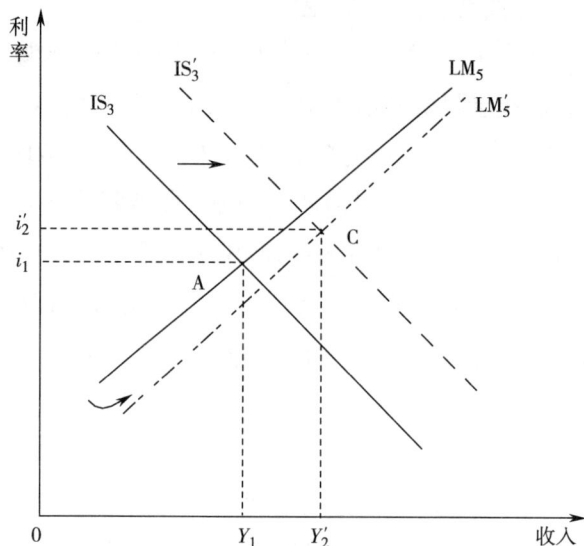

图 5 - 10　货币信贷内生扩张下的 IS - LM 分析框架

支出 Δ^c 或投资支出 Δ^I 会有所减少，这最终会使得 IS_3' 向左移动，但不会向左移动超过初始的 IS_3 曲线，并且 IS_3' 的斜率在其向左移动的过程中也会相应增大。其他经济主体在需求增加和信贷扩张过程中的流动性偏好变化对最终的均衡结果的影响，可以结合第 3 章对信贷内生扩张机制和模型来分析，在此不再赘述。但需要说明的是，即便如此，上述分析过程并不会受到影响，只是最终的均衡结果要根据各个参与主体流动性偏好的变化程度来决定。

此外，上述只是本书提倡的连续动态分析中的一环，在连续动态分析下，消费需求 Δ^c 或信贷需求 Δ^I 增加导致收入增加后，消费需求或投资需求可能会进一步增加，在信贷和货币供给内生扩张的情况下，这会导致收入和利率进一步增加，不断循环下去，直到经济危机的爆发。因此，信贷和货币供给扩张的内生性并不会使得投资的乘数效益失效（Moore，1988、1994），反而会提高投资乘数（Cottrell，1994；

Dalziel，1996）。

5.4　货币信贷内生收缩与经济衰退：新的信贷解释视角

5.4.1　经济危机并不是一个特殊情况

上述的分析表明，在货币信贷内生扩张的带动下，消费需求 Δ^c 或信贷需求 Δ^I 增加需要信贷的支持，而信贷需求会导致信贷和货币供给的扩张，即 IS 曲线向右移动的同时会引致 LM 曲线的右移，尽管 LM 在向右移动的过程中由于商业银行对流动性偏好的增加会相应地逆时针旋转，结果在更高的利率水平和更高的收入水平实现均衡。而且，从连续动态的分析来看，更高的收入水平会进一步刺激消费需求 Δ^c 或信贷需求 Δ^I 的增长，扩大信贷需求，从而引致信贷和货币供给的进一步扩张，以及更高一层的收入水平和利率水平。只要经济主体对经济增长的预期不发生逆转，在货币信贷内生扩张的带动下，这种扩张过程会自我实现，不断循环下去。因此，货币信贷内生扩张容易陷入过度扩张，经济扩张也因此容易出现经济过热或者经济泡沫。

但是，货币信贷内生扩张及其引致的经济扩张不会一直持续下去。前面的分析表明，持续地货币信贷内生扩张会导致资源错误配置，一方面在总量上会导致融资结构的转变，依照明斯基的"金融不稳定假说"，融资结构会从对冲性融资主导向投机性融资主导转变，最终成为庞氏融资主导融资结构；另一方面在结构上，货币信贷扩张会导致资本结构发生变化，致使最终的生产结构与消费结构的不一致，或者说产品的生产结构与消费者的产品偏好不一致。不论是总量上庞氏融资主导的融资结构，还是结构上的生产结构与消费结构的不一致，都意味着货币信贷扩张导致了资源的错误配置，其最终结果将会是爆发经济危机，严重的还会导致经济经历长期衰退。

货币信贷内生扩张下的 IS – LM 分析框架表明，持续的货币信贷内生扩张容易陷入扩张过度，使得经济增长的同时资源错误配置也不断加深，最终爆发经济危机也在所难免。因此，在货币信贷内生扩张下，经济危机并不是经济发展中的"特殊情况"（Palley，2002），而是经济发展中的常态，危机的爆发频率和严重程度取决于货币信贷内生扩张的程度。

5.4.2　危机和衰退是对前期扩张的修正

上述的分析表明，过度的货币信贷内生扩张最终会导致资源错误配置的不断积累，因此经济危机并不是如古典经济主义者和新古典主义者认为的，只是经济发展中的一个特殊情况。那么，在货币信贷波动内生的情况下，经济危机爆发后的经济衰退是如何发生的呢？

明斯基基于融资类型转变的"金融不稳定假说"和奥地利学派的资本结构理论描述了货币信贷内生扩张在推动经济增长过程中的资源错误配置，而费雪（1933）的"债务—通缩理论"则描述了经济危机爆发后经济崩溃的过程；新凯恩斯主义的信贷理论，如 Bernanke、Gertler 和 Gilchrist（1996、1999）的"金融加速因子"模型、Kiyotaki 和 Moore（1997）的"信贷周期"模型以及辜朝明（Koo，2008）的"资产负债表衰退"理论，则描绘了经济为什么在危机之后会陷入萧条，甚至长期的萧条。

（1）费雪"债务—通紧理论"的解释

货币信贷过度扩张的结果是经济主体的"过度负债"，一旦预期发生逆转，经济从增长转为下滑，那么过度负债将会导致经济的崩溃。费雪（1933）基于"过度负债"（Over – indebtedness）和"通货紧缩"这两个核心概念，提出了"债务—通货紧缩理论"（Debt – deflation Theory），认为"过度负债"之后的"通货紧缩"过程将经济推向了崩

溃。当经济主体依赖债务融资（包括银行信贷）的过度投资在超过某
一临界点以后，任意一个"意外冲击"都有可能会改变对经济前景的
预期，导致企业盈利减少、资产价格暴跌；此时"过度负债"的投资
者不得不出售资产偿还信贷，同时由于资产净值的下跌企业的信贷获
取变得更加困难，信贷不断收缩，而这与企业销售递减一起会推动物
价不断下降、企业盈利不断减少，进而使得实际利率逐步上升，债务
人实际债务偿还不断增加，信贷和经济进一步向下螺旋，出现"通货
紧缩"。在费雪看来，这种恶性循环会一直持续到过度负债被消除，或
者出台新的政策刺激经济和通货膨胀①。货币信贷内生扩张导致了
"过度负债"，而"过度负债"之后的通货紧缩会将经济拖向崩溃，可
以在多个方面得到解释。其一，通货紧缩使财富从债务人向债权人转
移，债权人会因此变得更加富有，而债务人的真实债务水平和债务偿
还负担则会因此提高，如果债权人的边际消费倾向低于债务人，这最
终会降低经济的总需求（Tobin，1980；Caskey 和 Fazzari，1987；Pal-
ley，1999；瞿强，2009）；其二，通货紧缩预期会降低企业的投资和信
贷需求，并且由于生产需要时间，企业是先支出成本后获取产品销售
收益，通货紧缩可能使得企业未来的收益不能覆盖前期支出的成本，
从而使企业缩减生产；其三，名义利率下限和破产风险的存在，会潜
在地提高实际贷款利率；其四，通货紧缩以及资产价格下跌不仅可能
使得企业的资产和负债失去平衡而破产，而且还会破坏企业和银行之

---

① 在费雪（1933）的"债务通缩紧缩"理论中，"过度负债"发展到"通货紧缩"需要经
过九个步骤：（1）债务清偿致使廉价抛售；（2）随着银行贷款由于债务清偿而被偿还，存款通货
会收缩，货币的流通速度下降，由于廉价抛售导致的存款收缩和流通速度的下降导致（3）价格
下跌，如果价格下跌没有受到再通胀或者其他政策的干预，那么必然会有（4）企业净值的进一
步下跌和破产的加速，同时（5）企业的收益也会下降，那么在一个企业追逐利润的资本主义经
济中，必然会导致企业的经营亏损，这会使得（6）企业削减产出、贸易和雇佣的员工，从而导
致（7）悲观主义和信心丧失，而这反过来又会导致（8）窖藏货币的增加和货币流通速度的进一
步下降。以上八种变化最终会导致（9）利率的复杂变化，具体而言，是名义或者货币利率的下
跌，以及实际或者商品利率的上涨。

间的借贷关系，从而使银行降低信贷供给（Bernanke，1983；Stiglitz，1992；Calomiris，1993）。

（2）新凯恩斯主义"信贷观点"的解释

新凯恩斯主义的信贷理论基于信息经济学的分析框架，认为信贷市场的信息不对称会造成信贷中介成本随着经济状况的变化而相应调整，进而引起信贷供给的变化。当经济增长势头反转后，银行或非银行部门的资产负债表恶化，资产净值下降，逆向选择和道德风险增加，银行会因此减少信贷供给，问题严重的情况下会引发银行体系的崩溃，爆发银行业危机（Mishkin，1997）。

货币信贷内生扩张推动的经济增长态势由于各种原因而发生反转后，会导致"小冲击，大周期"①，Bernanke、Gertler 和 Gilchrist（1996）基于信息不对称这一假设，将金融市场纳入真实经济周期模型（RBC）对其进行了解释。他们认为信贷会放大市场的真实状况从而促进初始小冲击发展，并将初始冲击引起的信贷市场状况的改变而放大初始冲击的这一过程称为"金融加速因子"（Financial Accelerator）。在信息不对称或者说不确定的经济条件下，信贷中介成本②的提高会导致三方面的影响：首先，外源融资的成本比内源融资更高，除非外部融资是完全担保的；其次，在融资额给定的情况下，外源融资支付的溢价随着借款者的净值（Net worth）③波动；最后，借款者净值的下降，不仅会提高其外源融资支付的溢价，并且也会增加其外源融资的需求，从而减少借款者的消费和生产。最后一点是金融加速因子的核心所在，经济遭受反向冲击后会减少借款者的净值（正向冲击则相

---

① 即大规模的经济波动有时只是来源于一个非常小的冲击。

② 在金融加速因子模型中，信贷中介成本（cost of credit intermediation）指的是将资金从最终存款人/贷款人手中引导到优良借款人手中所花费的成本，其中包括甄别成本、监督成本、会计成本以及不良借款人所造成的期望损失（Bernanke，1983）。

③ 此处定义的净值（Net Worth）=企业的内部资金（流动性资产）+非流动性资产的抵押价值。

反），初始冲击对支出和生产造成的影响会因此被放大[1]。

Kiyotaki 和 Moore（1997）[2] 同样基于信息不对称的分析框架，在一个信贷约束内生决定的经济体中，研究了对技术或收入相对较小的临时性冲击如何对产出和资产价格产生大的持续性冲击，进而引致信贷的扩张或收缩，提出了"信贷周期"模型。与"金融加速因子"模型不同的是，"信贷周期"模型将企业抵押资产价值与信贷约束之间的关系扩展为了动态发展机制。在"信贷周期"模型中，Kiyotaki 和 Moore（1997a）认为作为生产要素和贷款抵押物的资产与信贷供给之间存在着互动，这种互动的传导机制包括单期的静态乘数效应和跨期的动态乘数效应。静态乘数效应指的是，反向冲击降低了资产的价格，由于信贷约束企业存在较高的财务杠杆，企业的资产净值会极大地降低，从而使得他们可获取的信贷额度降低，资产投资因此减少，而同时为了保证资产市场的出清，资产价格会进一步降低；动态乘数效应指的是，企业在遭受冲击当期及之后各期对资产需求的下降，会降低企业下一期的净值，削减企业的可用信贷额，降低企业的资产需求，而这些又会促使资产价格的进一步下跌。静态乘数效应在冲击发生的时期将冲击放大，而动态乘数效应除了放大冲击外，还会在将来延续

---

[1]　需要补充说明的是，在这一过程中，并不是所有借款者面临相同的信贷紧缩，规模不同的企业在获取信贷的代理成本上会存在较大差异，因此在经济下滑过程中，他们在信贷市场上会遭受不同的待遇，小企业获取信贷更加困难，其销售额、存货等方面的变化比整个部门的平均变化要显著得多（Gertler 和 Gilchrist，1993，1994）也就是说，信贷可能会出现"逃往质量"（Flight to quality）的现象，从"低净值"的借款者转移到"高净值"的借款者（Bernanke 和 Gertler，1989）。

[2]　从理论渊源来看，"金融加速因子"模型和"信贷周期"模型是在信息经济学中信息不对称这一框架下创建的，是对 Stiglitz 和 Weise（1981）的信息不对称下的信贷配置理论深化，将信贷市场的信息不对称可能引发的逆向选择、道德风险以及"搭便车"行为具体成了资产净值和中介成本。

冲击，并且将其传染到别的企业或者部门，其影响要远大于静态效应。① 但值得一提的是，最终的总效应并非静态效应与动态效应之和，而是两者之积。

（3）辜朝明"资产负债表衰退"理论的解释

"金融加速因子"模型和"信贷周期"模型描述了资产"净值"的下降对信贷紧缩的影响，但是企业危机之后的信贷收缩也许并不是因为企业贷款条件的恶化而难以获取信贷，而是企业主动缩减信贷需求。辜朝明（Koo，2008）提出的"资产负债表衰退"理论认为，经济陷入衰退或者萧条的根源不在货币和信贷供给方，而在于货币和信贷的需求方——实体经济的参与者。具体而言，在资本市场或不动产市场的泡沫破裂后，市场价格的崩溃会使得之前过度扩张的经济主体（主要是企业）的资产大幅缩水，负债大幅超出资产的市场价值，也就是说企业已经在技术上破产；此时大部分企业的目标将会从传统理论所坚持的"利润最大化"转向"债务最小化"（即主动地减少信贷需求或者信贷需求降为零），以修复受损的资产负债表②，企业的这种个人理性最终会造成"合成谬误"（Fallacy of Composition），信贷需求不足造成的信贷紧缩和流动性停滞将会拖累经济持续衰退。也就是说，在经济危机爆发后，企业目标的转变会造成银行信贷需求的相应下降，从而促使货币信贷内生收缩和经济衰退。对于"资产负债表衰退"理论而言，最好的例证便是日本在 20 世纪 80 年代末的经济泡沫破裂后，遭受了"失去的 30 年"。

---

① Kiyotaki 和 Moore（1997a）将这种包含静态效应和动态效应的信贷周期形象简单地类比成"猎食模型（Predator – Prey Model）"，其中捕食者指的是遭受信贷约束的企业的债务（未偿还信贷），而猎物指的是企业拥有的资产额。一方面，企业持有的资产量增加意味他们将有更大的净值来借贷，这相当于是猎物为捕食者喂食；另一方面，高额的债务会削减企业的可用资金，限制企业在资产上的投资，这相当于捕食者猎杀猎物。

② 辜朝明将企业的这种情形描述成患上了"债务抵触综合症"（Koo，2008，中译本 p130）。

5.4.3　货币信贷内生收缩与经济衰退

在上述微观解释的基础上，我们可以利用基于货币信贷内生扩张修正的 IS－LM 模型对经济危机之后的经济萧条和衰退进行解释。

如图 5－11 所示，经济的初始均衡位置在 A 点，此时的均衡产出和均衡利率分别为 Y_1 和 i_1。经济危机爆发后，需求减少（特别是投资需求），曲线 IS_4 向右移动。但需要说明的是，正如第 3 章对于货币信贷内生扩张机制分析时所强调的，经济主体流动性偏好的变化会影响到货币信贷内生扩张/收缩的程度。在危机爆发后，经济主体在减少需求的同时，流动性偏好也会因此增强，表现在 IS_4 曲线上便是 IS_4 在向左移动的同时斜率不断减少，即逆时针旋转。因此，IS_4 曲线最终的移动位置应该是 IS_4'，IS_4' 的斜率要小于 IS_4。

前面的分析已经说明，货币信贷内生扩张/收缩意味着产品市场和货币市场是相关联的，产品市场需求增加（IS 曲线右移）会通过信贷需求的增加导致货币供给的适应性增加，并且在商业银行流动性降低的情况下，LM 曲线还会在移动过程中顺时针旋转。同理，在经济危机爆发后，产品市场需求减少（IS 曲线左移）也会通过信贷需求的减少导致货币供给的适应性减少，使得 LM 曲线同时向左上移动。但是，在经济危机爆发后，商业银行的流动性偏好也会增强①，因此 LM 曲线在向左上移动的过程中斜率会不断增大，即逆时针旋转。如图 5－11 所示，在 IS_4 曲线向 IS_4' 曲线移动的过程中，LM_6 曲线最终会移动到 LM_6' 曲线，LM_6' 曲线的斜率大于 LM_6 曲线的斜率。

最终，IS_4' 曲线与 LM_6' 曲线相较于 D 点，实现新的均衡。在 D 点，新的均衡收入 Y_2 要远低于初始均衡收入 Y_1，而新的均衡利率 i_2 则要高

---

① 每次危机爆发之后，商业银行都会"去杠杆化"，增加流动性资产，就是对此最好的例证。

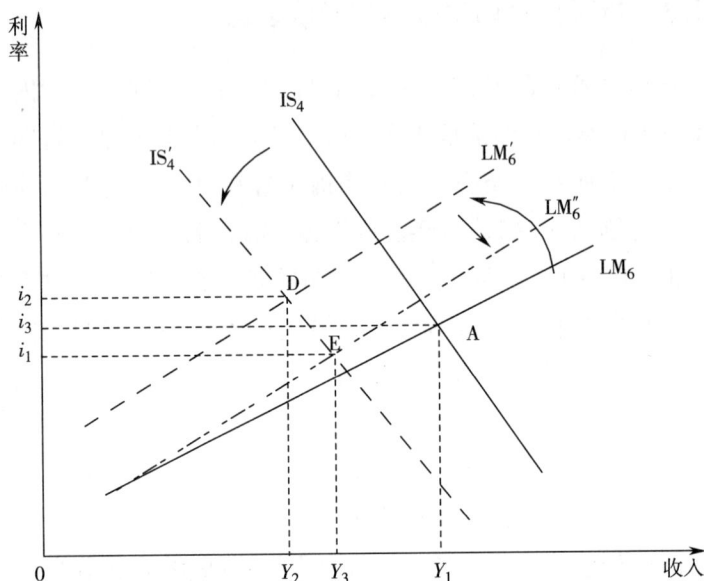

图 5 – 11 货币信贷内生收缩经济效应的 IS – LM 分析

于初始均衡利率 i_1 ①，这也是危机爆发后最常见的经济表现。

在危机爆发后，如果货币当局通过扩张的货币政策来刺激经济，其效果可能会并不理想。如图 5 – 11 所示，货币供给增长使得 LM_6' 曲线向右平移到 LM_6''，使得利率大幅降低。尽管我们强调，在货币信贷内生扩张/收缩的情况下，货币市场的变动和产品市场的变动是相互影响的，但是此时货币供给增加可能并不会带动产品市场需求的增加，从而使 IS_4' 也向右移动。其原因已经在前面的两个小节做了详细解释，由于货币信贷扩张在这种情形下具有较大内生性，尽管大幅增加货币供给和降低利率水平，但如果陷入危机中的经济主体没有信贷需求，扩张性的货币政策是难以发挥效果的。日本在 20 世纪 80 年代末的经

———————

① 这里的利率是扣除通货膨胀率（或许是加上通货紧缩率）之后的实际利率。

济泡沫破裂后，长期实施宽松的货币政策，甚至将利率降低到 0 附近，但经济仍遭受了"失去的 30 年"，其根本原因就在于此。

5.5　小结

　　传统的 IS－LM 分析框架注重的是银行负债（即货币），而忽视了对银行资产（信贷）的分析；之后的 CC－LM 模型等虽然将信贷纳入了分析范畴，但却假定货币信贷扩张是由中央银行通过基础货币发放外生决定的，因此都没有考虑产品市场、信贷市场和货币市场相互之间的相互联系，无法用于分析货币信贷内生扩张对经济波动的影响。本章基于前文梳理的货币信贷扩张内生机制和构建的货币信贷内生扩张综合模型，将货币信贷内生扩张引入 IS－LM 分析框架，并对其中的 IS 和 LM 模型进行相应地修正。修正后的 IS－LM 分析框不但可以解释信贷（甚至广义信用）和货币是如何进入经济系统，并且可以用于解释货币信贷扩张为什么会导致经济在总量和结构上的资源错误配置，进而导致实体经济波动。

　　费雪的"债务—通缩理论"以及辜朝明的"资产负债表衰退理论"分析的是经济在债务存量增加达到一定程度后崩盘的影响，属于"存量效应"（Stock Effect），而明斯基的"金融不稳定假说"和奥地利学派的资本结构理论尽管是从流量的角度揭示了信贷（或者说债务融资）扩张可能导致的影响，但又没有解释信贷为什么会持续扩张。将货币信贷内生扩张嫁接到传统的 IS－LM 分析框架，并对其中的 IS 和 LM 模型进行相应地修正，可以比较系统地描述经济扩张和衰退的全过程。

　　基于货币信贷内生扩张修正的 IS－LM 模型的分析结果表明，信贷（或者债务融资）和货币的内生扩张/收缩是经济波动的重要原因。经济扩张阶段消费或者投资增长导致信贷和货币需求随之增加，信贷和货币需求的增加会内生性地增加货币供给，引致收入增长；收入增长后反过来又会增加消费或者投资需求，引致信贷和货币供给进一步内生扩张，最终刺激经济进一步扩张。正因为如此，货币信贷的内生扩张使得信贷容易陷入扩张过度，从而引发资源错误配置，而且是总量和结构上的双重资源错误配置。信贷过度扩张引致的资源错误配置表明信贷扩张不可能长期持续下去，当经济不能像预期那样继续扩张时（可以有多种多样的原因），货币信贷持续扩张积累的债务将会引发持续的货币信贷内生收缩。当经济下滑时，商业银行的流动性偏好会急剧上升，缩减对信贷需求的适应性供给，出现"质量逃亡"（Flight to Quality）；同时，借贷者在难以继续借贷的情况下，还面临着强大的债务偿还压力，不得不抛售资产和降价销售产品，导致"债务—紧缩"，信贷进一步紧缩。此外，在危机爆发后，企业的经营目标还可能会从"利润最大化"转变为"债务最小化"，主动缩减信贷和债务需求，将经济推向"资产负债表衰退"。因此，将货币信贷的内生性纳入 IS – LM 分析框架可以更好地解释经济波动，其中的关键在于经济扩张阶段信贷需求的增加可以内生性地引发信贷和货币供给增加，进而推动经济持续增长；信贷需求的减少则会内生性地引致信贷和货币供给减少，进而导致经济持续衰退。

此外，基于货币信贷内生扩张修正的 IS – LM 的分析框架表明，在货币信贷内生扩张/收缩的情形下，经济危机和经济衰退并不是古典和新古典经济学派所谓的经济发展中的"特殊情况"，而是经济发展中的常态。经济衰退和货币信贷内生收缩是经济对之前过度扩张的自我调整，是对货币信贷过度扩张导致的资源错误配置的一种自我修复。

第6章 中国的例证：2008—2014 年

前文已经在论证货币信贷扩张内生性的基础上，完整地梳理了货币信贷扩张/收缩的内生机制，构建了货币信贷内生扩张的模型，并将其嫁接到传统的 IS – LM 模型，探讨了货币信贷内生扩张/收缩的经济效应。为了验证上述理论分析的合理性，本章将立足中国经济 2008—2014 年的实际情况，对前文的理论分析进行实证检验。同时，由于我国的货币信贷内生扩张具有自身的特点，因此本章同时还会探究中国货币信贷内生扩张在根源和机制上的独特性。

6.1 危机应对与货币信贷内生扩张：2008—2009 年

6.1.1 危机前货币信贷扩张内生性的实证检验

对于我国信贷扩张和货币供给的内生性，已经有很多研究进行了实证检验。本章不再进行这一重复工作，而是在评述已有实证研究的基础上，结合我国的经济金融体制，重点探析我国货币信贷内生扩张的独特性。

在 1984 年以前，我国实行的是"大一统"的银行体制，中国人民银行集中央银行、商业银行于一身，是全国唯一的"现金出纳、信贷和结算中心"。这段时期的基本建设投资由财政拨款，大额流动资金也靠财政拨款，中国人民银行只承担产品周转中所需的流动资金贷款和代管财政收支款项，几乎就是财政部的出纳机构，因此也基本没有出现关于货币供给和信贷扩张方面的研究。此后，中国银行体系由"大一统"体制向二级银行体制转变，宏观层面的货币供给和信贷扩张研究才陆续开展起来。由于货币供给和信贷扩张的完整内生理论到 20 世纪 70 年代才由后凯恩斯学派发展起来，且早期的影响力也要远远小于传统的外生理论，我国学者关于货币供给和信贷扩张内生性的研究也起步较晚，而且主要是基于国外已有的内生理论，利用中国的货币、经济数据来检验我国信贷扩张和货币供给的内生性，分析其中原因。在研究方法上，这些实证检验主要采用了格兰杰因果检验（Granger Causality Test）和协整检验（Cointegration Test）。

谢平和俞乔（1996）基于 1985—1994 年的数据，利用格兰杰因果检验对我国基础货币供给的内生性进行了实证检验，认为我国 M_1 对基础货币的供给有着显著影响，而 M_2 对基础货币供给的影响则较弱，因此我国基础货币供给具有较强的内生性，其很大程度上是由需求决定的。考虑到货币供给与信贷扩张在逻辑链条的连接关系，该研究间接地论证了我国信贷扩张的内生性[1]，并且谢平和俞乔（1996）在该文中明确指出，我国当时实施的信贷规模管理已经失效。对于我国基础货币供给内生性的原因，谢平和俞乔（1996）认为主要在于三个方面：中央银行对四大专业银行的贷款在基础货币供给的比重较大[2]、外汇占款在基础货币供给中的份额不断上升、中央银行对中央财政预算的透支和贷款不断增加，而根源在于我国社会政治环境变动引致的经济增长波动。

冯玉明、袁红春和俞自由（1999）在对统计数据进行季节调整的

---

① 这种信贷规模管理包括两个方面：在结构上，中央银行规定银行信贷资金流向的行业和各行业的信贷限额；在数量上，中央银行还规定整个银行体系的信贷规模。

② 需要说明的是，此时的中央银行对于四大专业银行的贷款是没有任何金融资产作为担保的信用贷款，因此不能称为再贴现贷款。而且，除了中央政府实施紧缩性经济政策的时期外，中央银行对专业银行的贷款具有单向增加的不可逆转性（谢平和俞乔，1996，p8）。

基础上，利用向量自回归模型和格兰杰因果检验对我国各层次实际货币供给和信贷扩张的内生性进行了实证检验，其结果表明我国各层次的货币供给都具有不同程度的内生性。对于我国货币供给和信贷扩张内生性的原因，除了外汇占款不断增加引起的基础货币供给增长外，冯玉明、袁红春和俞自由（1999）还认为，地方政府和国有企业受投资利益驱动对国有银行贷款施压，进而逼迫中央银行向银行体系追加贷款的"倒逼机制"是首要原因。这种"倒逼机制"的原因在于，我国国有企业存在"预算软约束"，在地方政府对商业银行贷款的干预下，企业的投资冲动可以通过银行贷款来实现。

万解秋和徐涛（2001）的实证检验表明我国 M_2 供给的内生性较强，其原因在于商业银行和公众的行为会影响银行体系的货币供给乘数和中央银行控制货币总量的能力。可以看出，这一研究是从后凯恩斯学派中结构性内生理论来分析我国货币供给和信贷扩张的内生性的，认为货币供给和信贷扩张的内生机制并不是计划经济下的"倒逼机制"。

孙伯银（2003）在对我国货币供给和信贷内生扩张的特点进行分析的基础上，也进行了实证检验。孙伯银的研究表明，我国货币供给和信贷扩张在 1997 年以前以政治内生性为主、市场内生性为辅[1]，中央银行的基础货币供给主要来自央行再贷款、财政透支借款和外汇占款增加，这延续了谢平和俞乔（1996）的观点；1997 年以后转向市场内生性为主、政治内生性为辅，其主要表现是再贷款（商业银行的借入准备金）减少、外汇占款减少、中央银行不再直接货币化财政透支。

---

[1]　需要说明的是，孙伯银（2003）笔下的政治内生性与 Palley（2000）定义的温特劳布关于信贷扩张和货币供给内生的"政治内生性"（Political Endogeneity）是不同的，详见第 2 章和第 3 章。此外，在政治内生性和市场内生性的划分上，孙伯银（2003）将财政透支借款和外汇占款划归为市场内生性，而其名下的政治内生性是指国有企业的"预算软约束"、国企不分使得我国的信贷需求具有政策性、软约束和无限膨胀的特征。

并且，孙伯银（2003）利用格兰杰因果检验的实证结果表明，我国的货币供给（M_1、M_2）对基础货币供给具有明显的内生影响；银行贷款对货币供给和银行准备金也具有显著影响，但没有对上述的内生结构转变做出实证检验。

张文（2008）从供求两方面分析了我国货币供给和信贷扩张的内生性，并给了实证检验。需求方面，我国经济货币化还在深入，主要是因为企业资产、土地、房地产和其他生产要素的货币化还在推进，从而使得信贷和货币需求不断扩张；供给方面，净出口和境外短期资金的流动使得我国外汇占款成为基础货币扩张的主要渠道。

此外，魏巍贤（2000）的实证研究表明，我国改革期间的货币供给只是具有弱外生性，微观主体预期的变化会对货币供给和信贷扩张产生影响，这是货币供给"新观点"和结构性内生理论的观点；孙杰（2004）的研究表明，我国的经济增长对信贷扩张和货币供给的影响已明显增强，企业贷款行为的影响力已经超过了中央银行货币政策的影响力，货币供给和信贷扩张具有极强的内生性；田菁和攸频（2009）基于重复博弈模型的分析表明，银行信贷的内生性周期波动是银行间竞争行为的必然结果。

在当前以及之前的十余年，我国经济的增长主要是靠出口和投资拉动。净出口的不断增长导致我国的外汇收入不断增长，2011 年中期已经超过了 3.84 万亿美元，即使按照 6.2 美元对人民币的汇率折算，结售汇导致我国基础货币的投放量超过了约 24 万亿元人民币，而我国基础货币的总供给量到 2014 年底仅为 29.4 万亿元左右，因此出口导向的经济增长导致外汇占款对我国基础货币供给的内生影响不可置疑。而投资方面，改革开放以来我国的投资一直在保持快速增长，而其中的资金来源又有一大部分来自银行贷款。例如，1985—2005 年银行贷款占我国全社会固定资产投资资金来源的平均比重为 20%左右，近几年有所下降，到 2014 年降至 12.1%，但其规模仍高达 5.94 万亿元，超过我国当年新增银行信贷总额的60％，因此投资增长对我国信贷扩张和货币供给的内生影响也非常显著①。

　　然而出口创汇和投资扩张远不是我国货币供给和信贷内生扩张的根源，而只是中间传导变量。首先，如果我国尽早放宽人民币汇率的波动幅度，推进人民币汇率的市场化，那么我国的净出口就不会保持高速增长，从而不会创造大量的基础货币供给；其次，分别受"GDP升迁考核机制"和利益驱动的影响，我国地方政府和国有企业具有投资冲动②，投资扩张很大程度上是由政府和国有企业主导的；最后，我国地方政府和国有企业的投资冲动是因为他们存在着"预算软约束"，而"预算软约束"又是因为我国的金融体系，特别是银行体系也是国有主导的③，政府对商业银行经营管理的干预较大④；此外，我国中央银行在组织、人事、财务和政策上都缺乏独立性，货币政策受政府干预严重，从而最终被动地适应政府的投资冲动对信贷和财政赤字货币化的需求，造成了我国信贷和货币供给的过度扩张⑤。对此，一个直观的证据是，随着我国信贷和货币供给的不断扩张，M_2/GDP比率不断攀升，这一比率在2010年底就已经超过了180％，到2014年底接近

---

　　①　此处引用的数据来自中国统计年鉴。

　　②　中央政府对于经济增长速度较低（例如低于8％、7％）的零容忍，也表明我国中央政府也具有潜在的投资冲动。

　　③　在我国当前的银行体系，2011年底，仅七家全国性大型银行的存、贷款余额就占整个银行体系的55％以上，加上其他中型规模的国有股份制银行，国有银行的主导地位将会更强。

　　④　1993年初，朱镕基就曾明确提出，要"改革投资体制，成立真正的政策性银行、独立的商业银行，把银行办成具有风险约束机制的、自主经营的、自负盈亏的银行，不能把银行当做政府或部门的出纳和会计"（朱镕基，2011，p267），但我国的商业银行到目前为止仍然没有摆脱政府或者部门的干预。例如，此次国际金融危机爆发后，某地方政府将某城商行的行政级别升级为"正厅级"，利用增资"规范政府管理行为"，通过提高国有企业持股比例实现银行公司治理的行政主导，使政府的重大决策和管理意图通过银行公司治理得以落实（张晓朴和朱太辉，2015）。

　　⑤　作者（2012）为国务院发展研究中心的重大课题"我国财政金融风险的评估与对策"撰写的子研究报告"我国货币供给过度扩张的风险评估与对策"中，对我国中央银行的独立性进行过详细的分析，一个基本结论是中国人民银行的组织独立性、人事独立性、财务独立性和政策独立性都严重欠缺。这方面的分析也可参见尹继志（2010）。

200%；但 2005—2011 年，我国的货币供给乘数（M_2）的总体趋势却是下降的（见图 6 - 1）。

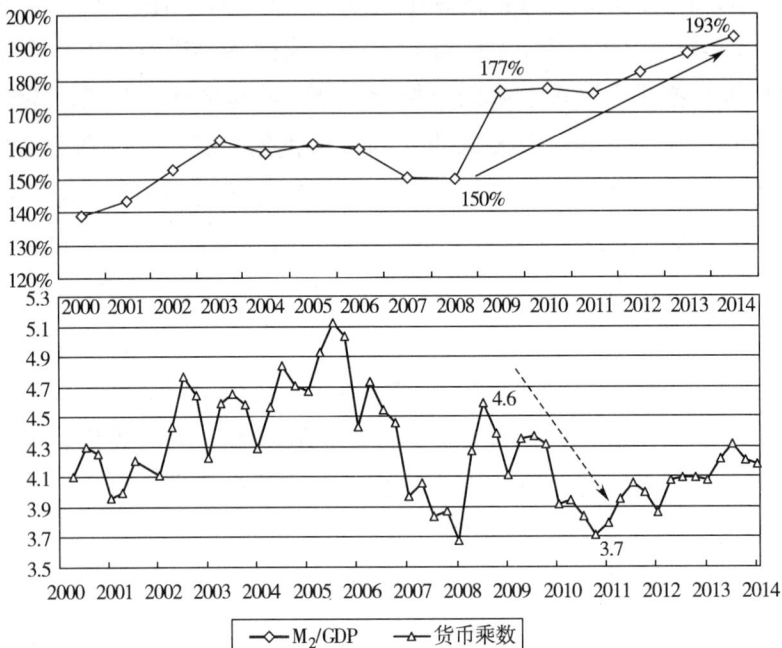

数据来源：Wind 数据库。

图 6 - 1　我国 2000—2014 年 M_2/GDP 和货币供给乘数的变动情况

因此，我国货币供给和信贷扩张的内生性是由我国经济增长的出口和投资主导模式引致的，而其根源在于我国政府主导了投融资体系、侵害了中央银行的独立性，并且长期坚持已有的经济增长模式不改革，其最大的特点是政府内生性。

6.1.2　危机应对政策和货币信贷总量的内生扩张

1. 应对国际金融危机的一揽子经济刺激方案

美国 2007 年爆发的次贷危机在 2008 年演变成了国际金融危机，并呈现出了愈演愈烈、深度蔓延之势。为了防止我国经济在外部危机的冲击下迅速下滑，国务院迅速出台了一揽子经济刺激计划。2008 年 11 月 5 日，国务院常务会议宣布，中国将采取十大措施进一步扩大内需、促进经济增长，在未来两年内投资 4 万亿元以刺激经济，其中，新增中央投资 1.18 万亿元。这十项措施包括：一是加快建设保障性安居工程，加大对廉租住房建设支持力度，加快棚户区改造，实施游牧民定居工程，扩大农村危房改造试点；二是加快农村基础设施建设，加大农村沼气、饮水安全工程和农村公路建设力度，完善农村电网，加快南水北调等重大水利工程建设和病险水库除险加固，加强大型灌区节水改造。加大扶贫开发力度；三是加快铁路、公路和机场等重大基础设施建设，重点建设一批客运专线、煤运通道项目和西部干线铁路，完善高速公路网，安排中西部干线机场和支线机场建设，加快城市电网改造；四是加快医疗卫生、文化教育事业发展。加强基层医疗卫生服务体系建设，加快中西部农村初中校舍改造，推进中西部地区特殊教育学校和乡镇综合文化站建设；五是加强生态环境建设，加快城镇污水、垃圾处理设施建设和重点流域水污染防治，加强重点防护林和天然林资源保护工程建设，支持重点节能减排工程建设；六是加快自主创新和结构调整，支持高技术产业化建设和产业技术进步，支持服务业发展；七是加快地震灾区灾后重建各项工作；八是提高城乡居民收入，提高明年粮食最低收购价格，提高农资综合直补、良种补贴、农机具补贴等标准，增加农民收入，提高低收入群体等社保对象待遇水平，增加城市和农村低保补助，继续提高企业退休人员基本养老金水平和优抚对象生活补助标准；九是在全国所有地区、所有行业全面实施增值税转型改革，鼓励企业技术改造，减轻企业负担 1200 亿元；十是加大金融对经济增长的支持力度，取消对商业银行的信贷规模限制，合理扩大信贷规模，加大对重点工程、"三农"、中小企业和技术改造、兼并重组的信贷支持，有针对性地培育和巩固消费信贷增长点。

并且，为加快建设进度，国务院决定 2008 年第四季度先增加安排中央投资 1000 亿元，下年灾后重建基金提前安排 200 亿元，带动地方和社会投资，总规模达到 4000 亿元。从上述十项措施的具体内容来看，这一揽子经济刺激计划涉及的主要是基础设施（包括公路、铁路）和民生项目。

为促进上述十项措施的有效落实，2008 年 12 月 8 日，国务院发布《国务院办公厅关于当前金融促进经济发展的若干意见》（国办发〔2008〕126 号），明确提出了"积极的财政政策和适度宽松的货币政策"，要求加大货币信贷扩张力度，以支持经济快速增长。在货币信贷扩张方面，国办发〔2008〕126 号文具体要求，"保持银行体系流动性充足，促进货币信贷稳定增长。根据经济社会发展需要，创造适度宽松的货币信贷环境"，并为货币政策制定了具体的目标①；"追加政策性银行 2008 年度贷款规模 1000 亿元，鼓励商业银行发放中央投资项目配套贷款，力争 2008 年金融机构人民币贷款增加 4 万亿元以上"，这是为我国商业银行制定了具体的信贷规模目标。甚至在信贷投放方面，国办发〔2008〕126 号文也做了具体的安排，"支持符合国家产业政策的产业发展"；"鼓励银行业金融机构在风险可控前提下，对基本面比较好、信用记录较好、有竞争力、有市场、有订单但暂时出现经营或财务困难的企业给予信贷支持……根据当前特殊时期需要，对《贷款通则》等有关规定和要求做适当调整"；"支持居民首次购买普通自住房和改善型普通自住房"。从国办发〔2008〕126 号文的具体内容可以看出，为了落实十项经济刺激方案，国务院以行政命令的方式要求中

---

① 国办发〔2008〕126 号文要求，"以高于 GDP 增长与物价上涨之和约 3 个至 4 个百分点的增长幅度作为 2009 年货币供应总量目标，争取全年广义货币供应量增长 17% 左右。密切监测流动性总量及分布变化，适当调减公开市场操作力度，停发 3 年期央行票据，降低 1 年期和 3 个月期央行票据发行频率。根据国内外形势适时适度调整货币政策操作"，这由政府部门来制定中央银行的货币政策中间目标，这在中央银行独立性较高的国家是极为罕见了，这也印证了我国信贷扩张的政府内生性特征。

国人民银行实施大幅宽松的货币政策，为其制定了具体的政策目标，并且以行政命令的方式指定了商业银行信贷的扩张力度以及信贷发放的具体领域。这印证了我国货币信贷扩张的政府内生性，保证了我国货币供给、信贷扩张的力度和刺激经济较快增长的效力，但同时也为信贷过度扩张及之后导致的资源错误配置打下了铺垫。

此后，2009 年 1 月 14 日至 2 月 25 日，国务院先后审议并通过了钢铁、汽车、船舶、石化、纺织、轻工、有色金属、装备制造、电子信息和物流十个重要产业的调整振兴规划，成为中国应对危机一揽子计划中的核心内容之一。

2009 年 3 月 8 日，为了落实进一步扩大内需、促进经济增长的十项措施和国办发〔2008〕126 号文，中国人民银行与银监会联合发布《关于进一步加强信贷结构调整，促进国民经济平稳较快发展的指导意见》（银发〔2009〕92 号），宣布执行适度宽松的货币政策，在保持货币信贷总量合理增长的基础上，进一步加强信贷结构调整，促进国民经济平稳较快发展。银发〔2009〕92 号文明确规定，各金融机构在保持信贷总量增长的基础上，"保证符合条件的中央投资项目所需配套贷款及时落实到位"[①]；"鼓励地方政府设立创业投资引导基金，通过参

---

① 具体而言，"各金融机构在保持信贷总量合理均衡增长的基础上，要进一步优化信贷资金结构，统筹配置信贷资源，优先保证手续齐全、符合项目开工和建设条件的中央投资项目所需配套信贷资金及时落实到位。对中央投资计划内已经启动、正在建设中的项目，要保证必要的信贷配套资金及时安排和足额拨付；对符合中央新增投资投向、正在报批或需要继续完善新开工条件的项目，要加强与政府有关部门和项目单位的密切沟通协商，高效率、扎实做好信贷审查和信贷资金拨付的前期准备工作。鼓励和支持银行业金融机构通过银团贷款，合理分散信贷风险，为符合条件的大型中央政府投资项目提供有效信贷支持。鼓励地方政府通过增加地方财政贴息、完善信贷奖补机制、设立合规的政府投融资平台等多种方式，吸引和激励银行业金融机构加大对中央投资项目的信贷支持力度。支持有条件的地方政府组建投融资平台，发行企业债、中期票据等融资工具，拓宽中央政府投资项目的配套资金融资渠道。对钢铁、汽车、轻工、纺织、装备制造、电子信息、船舶、有色金属、石化、物流等国家重点产业调整振兴规划已明确支持方向的专项项目以及符合条件的技术改造项目，金融机构要根据产业规划的要求和项目需求特点，积极创新融资产品和服务方式，加大必要的融资支持力度，切实做好各项配套金融支持和服务工作"。

股和提供融资担保等方式扶持创业投资企业，促进政府引导、市场化运作的创业投资发展"，这是地方政府融资平台贷款大力发展的政策引因；"落实好房地产信贷政策，支持房地产市场平稳健康发展。……积极支持符合贷款条件的廉租住房、经济适用住房等保障性住房建设项目。进一步加大对中低价位、中小套型普通商品住房建设，特别是在建项目的信贷支持力度。……加大对自住型和改善型住房消费的信贷支持力度，鼓励普通商品住房消费"，这引发了之后房地产投资及房地产信贷的快速扩张。该条文从中国人民银行和银监会的角度，再次印证了我国货币信贷扩张政府主导的内生特性。

2. 经济刺激方案引致货币信贷迅速扩张

从上述的一系列经济刺激政策可以看出，我国的经济刺激方案不但制定了政策的刺激力度和资金投向，还安排了具体的投资计划，甚至投资项目。在这种有资金来源，也有资金需求的经济刺激计划的保障下，我国信贷急速扩张，经济也因此抵挡住了外部危机的冲击，最终保持了持续较快发展的势头，并在全球率先走出衰退。

为配合国务院出台的一揽子经济刺激计划，中国人民银行实施了大幅宽松的货币政策。利率政策方面，1 年期人民币定期存款的基准利率在 2008 年的最后三个月连续四次下调，从 2008 年 10 月 9 日之前的 4.14%一直下调到 2008 年 12 月 23 日的 2.25%；1 年期人民币贷款基准利率从 2008 年 9 月 16 日之前的 7.47%一直下调到 2008 年 12 月 23 日的 5.31%。存款准备金率方面，中小金融机构的法定存款准备金率从 2008 年 9 月 25 日之前的 17.5%一直下调到 2008 年 12 月 25 日的 13.5%，大型金融机构的法定存款准备金率则是从 2008 年 9 月 25 日的 17.5%一直下调到 2008 年 12 月 25 日的 15.5%（见图 6-9）。

一方面由于国务院 2008 年底出台的刺激政策设计了具体的投资项目，如基础设施、高铁、民生项目等，制造了大量的信贷需求；另一方面，货币政策极度宽松，法定存款准备金率和存贷款法定利率持续

下调，最终导致我国银行体系"开闸放贷"，信贷迅速扩张。如图 6 -
2 所示，2009 年我国新增人民币贷款 9.63 万亿元，是 2008 年新增人民
币贷款 4.17 万亿元的两倍还多。尽管国家对 2010 年和 2011 年的信贷
扩张有所控制，但这两年仍然分别新增人民币贷款 7.95 万亿元和 7.36
万亿元，相对于国际金融危机爆发前的增量水平，仍属于高速增长。

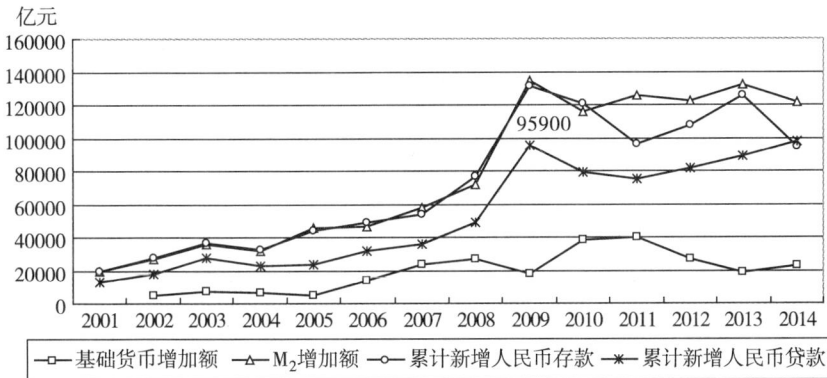

数据来源：Wind 数据库。

图 6 - 2 我国 2001—2014 年信贷、存款、M_2、基础货币的增长变化

需要注意的是，如果说 2009 年的"天量"货币信贷扩张是经济刺
激政策和投资项目实施后巨大的信贷需求带动的，具有内生性，那么
2010 年和 2011 年的货币信贷增长内生性更强。这主要是因为 2009 年
开工的投资项目大都不是在当年完工的，其后续投资仍需要大量的资
金投入和银行信贷支持。

上述只是货币信贷内生扩张的总量情况，如果我们对贷款扩张进
行结构分析，我们还能更加深入地了解到贷款资金的具体流向，也可
以为我们后面分析货币信贷扩张如何引致资源错误配置做好铺垫。

6.1.3 危机应对和地方政府融资平台贷款内生扩张

2009 年 3 月中国人民银行与银监会联合发布的银发〔2009〕92 号

文提出："支持有条件的地方政府组建投融资平台，发行企业债、中期票据等融资工具，拓宽中央政府投资项目的配套资金融资渠道"，这种"开闸放贷"随即被地方政府视为对发展融资平台的肯定和鼓励。为此，各地开始大规模组建政府融资平台，以保证这些项目能够及时筹集资金和开工，并以此拉动其他方面的配套生产、提振内需、增加就业，地方政府融资平台贷款急剧增加。

2009 年至 2011 年，我国信贷资金一大部分流向了地方政府融资平台①。根据国家审计署 2011 年 6 月的审计报告，截至 2010 年底，全国地方政府性债务余额 107174.91 亿元（省、市和县三级政府）②，相对于 2008 年的余额增加了近 10 倍（许安拓，2011，p8），其中：政府负有偿还责任的债务 67109.51 亿元，占 62.62%；政府负有担保责任的或有债务 23369.74 亿元，占 21.80%；政府可能承担一定救助责任的其他相关债务 16695.66 亿元，占 15.58%。在这 107174.91 亿元的地方政府性债务余额中，有 51.15% 共计 54816.11 亿元是 2008 年及以前年度举借和用于续建 2008 年以前开工项目的，其中：2008 年及以前年度

① 国发〔2010〕19 号文的定义，地方政府融资平台公司指由地方政府及其部门和机构等通过财政拨款或注入土地、股权等资产设立，承担政府投资项目融资功能，并拥有独立法人资格的经济实体。财预〔2010〕412 号文进一步明确了地方政府融资平台的概念：地方政府融资平台是由地方政府及其部门和机构、所属事业单位等通过财政拨款或注入土地、股权等资产设立，具有政府公益性项目投融资功能，并拥有独立企业法人资格的经济实体，包括各类综合性投资公司，如建设投资公司、建设开发公司、投资开发公司、投资控股公司、投资发展公司、投资集团公司、国有资产运营公司、国有资本经营管理中心等，以及行业性投资公司，如交通投资公司等。

② 据相关研究的估计，2008 年以前虽然我国地方融资平台累积也借了不少债，但到 2008 年初不过 1.7 万亿元左右，占现在 10.7 万亿元地方债务总额的比例不到 16%，而大量的债务都是自 2008 年美国金融危机爆发后为了避免对我国经济产生急速的负面冲击而增加地方配套融资所致，如 2008 年末中央扩大 4 万亿元投资，其中需要地方配套的资金就占了近 70%。按照银监会的统计口径，至 2009 年末，地方政府融资平台贷款余额为 7.38 万亿元，同比增长 70.4%，占一般贷款余额的 20.4%。在 2010 年第一季度的银行新增贷款中，仍有 40% 流向了地方政府融资平台。这 107174.91 亿元的债务余额并没有包含乡镇一级政府的债务，如果加上乡镇的 2.8 万亿元负债（此处 2.8 万亿元的乡镇政府负债来自 Foster 在 2011 年发布的研究报告），我国地方政府的负债总额将会高达 13.5 万亿元。魏加宁、宁静和朱太辉（2012）采用四种不同大小的口径，对我国地方政府债务进行了测算。

举借 31989.04 亿元，占 29.85%；用于续建以前年度开工项目和偿还以前年度债务本息 22827.07 亿元，占 21.30%。从地方政府性债务的资金来源看，2010 年底地方政府性债务余额中，银行贷款为 84679.99 亿元，占 79.01%。2010 年底我国金融机构的贷款余额为 479195.55 亿元，地方政府性融资平台贷款的占比高达 17.7%。另外，从图 6 - 3 所示的债务增长情况可以看出，1998 年至 2008 年，我国地方政府性债务余额的增长速度总体趋势是下降的，2008 年的增速下降到了 23.48%，但在国家 2008 年底危机应对政策的刺激下，地方政府负债大幅提速，2009 年的增速骤升到了 61.9220%[①]。2013 年 12 月，国家审计署发布全国政府性债务审计结果显示，截至 2013 年 6 月底，全口径地方政府性债务合计 17.89 万亿元，较 2010 年末和 2012 年末增长 66.93% 和 12.62%。其中，负有偿还责任的债务总额为 10.89 万亿元，占比 60.87%；或有债务总额为 7 万亿元，占比由 2010 年底的 37.39% 上升至 2013 年 6 月底的 39.13%；地方政府可能承担一定救助责任的债务为 4.34 万亿元，较 2010 年底增加 159.91%，占比由 15.58% 上升至 24.25%[②]。

根据国家审计署审计报告（2011），我国地方政府的负债主要用于基础设施建设，而这些都是低收益率的投资项目。在地方政府已支出的债务资金中，用于市政建设、交通运输、土地收储整理、科教文卫及保障性住房、农林水利建设等公益性、基础设施项目的支出占比高达 86.54%。

---

① 我国地方政府性债务的形成，尤其是地方政府融资平台债务的形成主要经历了三个时期：（1）1980—1994 年的初步尝试阶段；（2）1994—2008 年的逐步加速发展阶段；（3）2008 年之后的快速发展阶段（许安拓，2011）。

② 统计口径不同，2013 年 12 月发布的审计结果包括乡镇一级政府的债务。

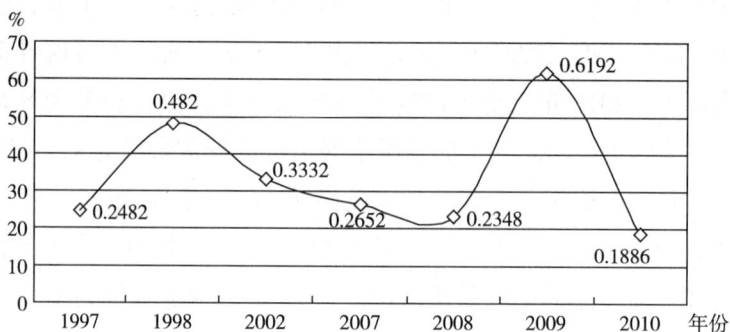

资料来源：国家审计署审计报告"全国地方政府性债务审计结果"（2011年）。

图6-3　1997年以来我国地方政府性债务余额增长率变化情况

6.1.4　危机应对和房地产市场贷款内生扩张

在国办发〔2008〕126号文和银发〔2009〕92号文中，房地产市场是经济刺激政策的重要领域，房地产相关贷款在2009—2011年也是信贷资金的主要流向领域。国办发〔2008〕126号文规定，"落实和出台有关信贷政策措施，支持居民首次购买普通自住房和改善型普通自住房。加大对城市低收入居民廉租房、经济适用房建设和棚户区改造的信贷支持"；银发〔2009〕92号文在信贷发放上对国办发〔2008〕131号文的上述规定做了进一步的明确，"落实好房地产信贷政策，支持房地产市场平稳健康发展。认真落实国办发〔2008〕131号文，积极支持符合贷款条件的廉租住房、经济适用住房等保障性住房建设项目。进一步加大对中低价位、中小套型普通商品住房建设，特别是在建项目的信贷支持力度"。在这些政策的明确指引下，我国房地产市场信贷需求大幅增加，商业银行也积极地适应了这些信贷需求，最终房地产市场信贷在2008年后内生扩张显著。

如图6-4所示，在国办发〔2008〕126号文和银发〔2009〕92号文发布后，房地产贷款显著提高。2008年我国新增房地产贷款仅为

1100 亿元，而到 2009 年迅速增加到 23778 亿元，2010 年也维持在 20622 亿元的高位。与此相应的是，新增房地产贷款占新增贷款总额的 比重也迅速上升到 2009 年的 24.69% 和 2010 年的 25.41%。同时，房 地产贷款余额占总贷款余额的比重也在 2008 年之后快速上升，从 2008 年的 16.18% 增加到 2009 年的 18.34% 和 2010 年的 19.51%，2014 年 底进一步升高至 21.27%。

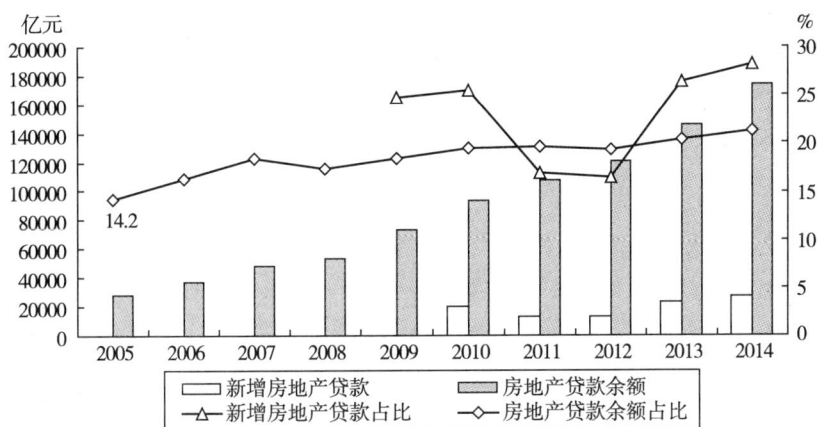

注：图中的房地产贷款为主要金融机构房地产人民币贷款，包括"房产开发贷款"、"地 产开发贷款"和"个人购房贷款"。

数据来源：Wind。

图 6 - 4　我国 2005—2014 年房地产贷款占比情况

6.2　政策收紧后信贷借道影子银行内生扩张：2010— 2014 年

考虑到我国经济顺利实现了持续高速增长，并且持续宽松的货币 政策可能带来的负面影响，例如潜在的通货膨胀风险、房地产泡沫风 险、地方政府债务风险等，中国人民银行于 2010 年初开始收紧货币政策。2010 年连续六次上调准备金率，并且在 2010 年 11 月至 2011 年 6 月以"一月一次 0.5%"的力度上调，大型金融机构的存款准备金率从 2010 年 1 月 12 日之前的 15.5% 一直上调到 2011 年 6 月 14 日的 21.5%，该准备金率水平一直持续到了 2011 年 11 月底。中小金融机构的存款准备金率滞后到 2010 年 11 月才开始上调，但之后保持了相同的上调力度和频率。在准备金率上调后，中国人民银行还进一步通过提高人民币存贷款基准利率来加大货币政策的收缩力度，2010 年 10 月至 2011 年 4 月保持了"两月一次 0.25%"的上调力度，以后又在 2011 年 7 月进一步上调了 0.25%。

尽管货币政策不断收紧，但是之前的危机应对政策已经刺激了信贷需求，而且考虑到投资项目的工程期限，这些信贷需求至少要持续 2—3 年，因此信贷需求并没有因为货币政策的持续收紧而显著减少，反而是影子银行的迅速发展很大程度上填补了银行信贷的收缩，维持了信贷总量继续快速扩张。相对于国外资产证券化主导的影子银行，2010—2011 年我国的影子银行主要是银信合作和民间金融。如图 6 - 5 所示，如果将委托贷款和贷款信托代表银信合作，那么银信合作和民

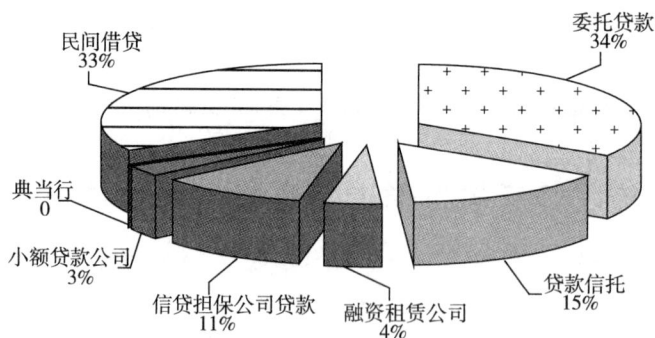

资料来源：中国人民银行、银监会、中国信托业协会、中金公司研究部。

图 6 - 5　截至 2011 年中期我国影子银行体系的结构

间借贷的规模达到了我国影子银行体系总规模的 82%，占据着绝对的主导地位。在 2011 年之后，随着我国商业银行同业业务、理财业务、非标资产以及信托业务等迅速发展，我国银行体系的结构也相应发生了很大变化①。

6.2.1　银信合作促使银行信贷继续内生扩张

1. 政策收紧前银信合作的发展

银信合作是银行通过信托理财产品的方式曲线为企业提供贷款。譬如，某企业如果需要贷款，可以将相关需要贷款的项目由信托公司"打包"处理成理财产品，然后经由银行出售给投资者。

我国银信合作产品的最早出现在 2005 年，但银信合作市场到 2008 年才开始快速发展。2008 年 5 月《信托公司私人股权投资信托业务操作指引》（银监发〔2008〕45 号）、2008 年 12 月《银行与信托公司业务合作指引》（银监发〔2008〕83 号）的出台，以及信托公司监管评级工作的展开，给信托公司在 2008 年以后的业务开展营造了较为宽松的发展环境和坚实的发展基础②。根据用益信托工作室研究报告（2009）的研究估算，我国 2008 年共发行银信合作理财产品 3283 个，银信合作理财产品规模达到了 1.2 万亿元（见图 6-6）。

进入 2009 年后，在经济刺激政策的带动下，我国信托市场，特别是银信合作市场快速发展。为了防止无序扩张可能引致的大范围风险，银监发〔2009〕65 号文、银监发〔2009〕111 号文、银监发〔2009〕

---

① 详情查阅阎庆民和李建华（2014）、步艳红等（2014）。

② 也正因为如此，在我国信托市场，银信合作类信托的发行规模开始大幅地超越集合信托。在 2010 年，集合资金信托产品发行规模为 3996 亿元，而银信合作信托产品发行规模估计在 28014.84 亿元左右，集合信托的发行规模只是银信合作类信托发行规模的 14.3%（数据来自用益信托网，www.use-trust.com）。

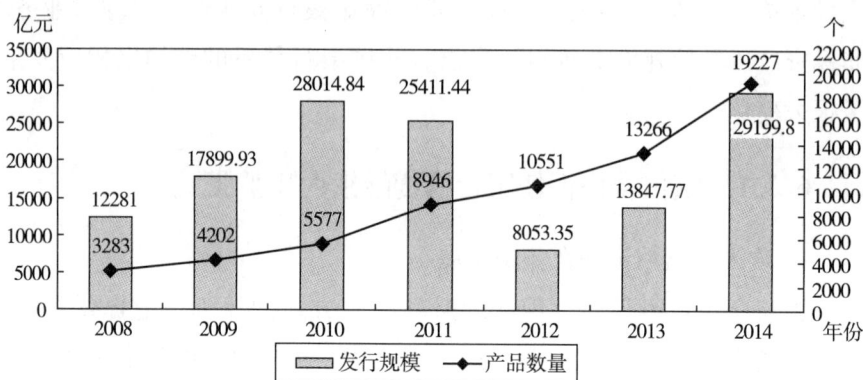

资料来源：用益信托网"国内银信理财产品统计数据"，http：//www.use‑trust.com/。

图6‑6　我国2008—2014年银信合作理财产品发行情况

113号文等一系列监管文件相继发布，以规范银信合作业务，限制过度银信合作过度扩张。尽管如此，我国的银信合作在2009年仍然迅速扩张，如图6‑6所示，发行产品数量4202个，发行规模高达17899.93亿元，两者相对2008年分别增长28%和45.8%。

2. 政策收紧后银信合作继续内生扩张

为防范经济过热以及通货膨胀，中国人民银行于2010年和2011年多次上调存款准备金率和存贷款基准利率，以控制信贷扩张速度和规模。与此同时，银监会在2010年先后发布《关于加强信托公司结构化信托业务监管有关问题的通知》（银监通〔2010〕2号）、《关于加强信托公司房地产信托业务监管有关问题的通知》（银监办发〔2010〕54号）、《关于规范银信合作理财业务有关事项的通知》（银监发〔2010〕72号）、《信托公司净资本管理办法》（银监会令〔2010〕5号）、《关于信托公司房地产信托业务风险提示的通知》（银监办发〔2010〕343号）等银信合作监管文件，不断加强对于银信合作业务的监管力度（见表6‑1）。

表6-1　　　　　　　　2010年中国信托行业的主要监管政策

时间	监管政策	内容
2010年2月5日	《关于加强信托公司结构化信托业务监管有关问题的通知》	规范信托公司开展结构化信托业务
2010年2月24日	《关于加强信托公司结构化信托业务监管有关问题的通知》	规定银行理财客户应满足信托合格投资者的规定
2010年8月10日	《关于规范银信理财合作业务有关事项的通知》	要求银行将表外业务转入表内
2010年9月7日	《信托公司净资本管理办法》	将信托公司的信托资产规模与净资本挂钩
2010年11月12日	《关于信托公司房地产信托业务风险提示的通知》	要求信托公司对房地产信托进行合规性检查

然而，危机应对政策刺激下的信贷需求依旧强劲，银信合作作为规避信贷紧缩调控政策的有效手段，在这两年依旧高速增长，适应着信贷需求。如图6-6所示，2010年银信合作信托产品发行规模估计在28014.84亿元左右，相比于2009年增长了56.51%；发行数量约5580个，相比于2009年增长了32.79%。受制于更加严厉的监管环境，例如银行表外业务转入表内、净资本管理等办法的实施，2011年银信合作稍有下滑，但规模依旧较大，该年的发行规模达25411.44亿元，发行数量更是创纪录地增加到了8946个。此后，在监管政策的重压之下，银信合作产品发行规模在2012年和2013年进行了短暂的调整，到2014年再次强势反弹，不论是产品发行数量还是发行规模都再创新高（见图6-6）。这其中的一个重要原因是在信贷需求依旧强劲的情况下，商业银行需要通过银信合作业务来规避信贷扩张管制，适应信贷需求，进行内生性扩张。

3. 银信合作下的银行信贷扩张机制

我国的资产证券化业务还处于发展的起步阶段，商业银行通过资产证券化来规避自身资本充足率和存款准备金率约束的力度有限①，银信合作是商业银行在政策紧缩阶段规避信贷规模约束的主要方式。通过信贷类理财产品，商业银行既可以转让已发放的信贷，也可以以此发放信托贷款，从而将表内的资产转移至表外，或者转化为信贷类理财产品，最终提升自身的资本充足率或者存款准备金率。尽管我国的资本市场还没有美欧各国发达，但是这种银信合作的方式在很大程度上实现了发达国家银行资产证券化的效果，维持了银行信贷的扩张。从银信合作产品的设计结构来看，信贷类银信合作产品大致可以分为信贷资产转让、信托贷款两种类型（伍戈，2010）。

（1）信贷资产转让类银信合作

信贷资产转让类银信合作是指，商业银行发放贷款后，将已发放且未到期的贷款转让给信托公司，信托公司以接收的贷款构建资产池，发行信托计划，而商业银行（转让贷款的商业银行或者其他商业银行）购买信托计划，并基于购买的信托计划发行理财产品，理财产品销售的资金最终依次转移给贷款出让银行；借款人偿还贷款利息和本金后，再依次反方向偿还信托计划、理财产品以及需要支付的收益，如图6-7所示。需要说明的是，其他商业银行发行理财产品来购买信托计划与贷款出让银行发行理财产品来购买信托计划并没有本质区别，因为商业银行在开展银信合作业务时，相互之间通常开展"对敲"和"VIE"操作。

"对敲"的通常做法是，A银行将自己的信贷资产出售给信托公司，信托公司再包装成信托计划，卖给B银行，这样B银行持有的就是以A银行的信贷资产为标的的信贷资产类理财产品；同理，B银行

---

① 根据 Wind 数据库的资料，2008 年我国资产支持证券的总发行规模仅为 302.01 亿元。

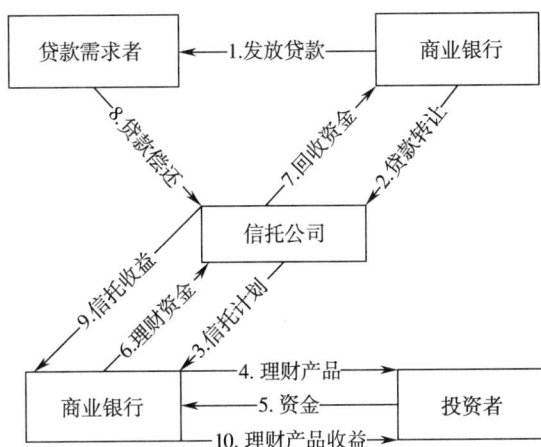

图 6-7　信贷资产转让类银信合作运作机制

可以反向操作①。2009 年 12 月，银监会才出台《关于规范信贷资产转让及信贷资产类理财业务有关事项的通知》禁止了"双买断"② 这一信贷"对敲"做法。虽然带有回购协议的"双买断"已被禁止，但通过信托交易等方式，交易中不体现回购，这种类似的信贷交易仍然可以实现。

　　在银监会禁止了银行之间的"对敲"后，银行通过信托等方式将信贷资产打包转让出去。可变利益实体（Variable Interest Entities，"VIE"③）的做法就是这样一种方式。VIE 的操作模式是，银行 A 将自

———————————

　　① 根据部分上市银行 2009 年年报，兴业银行在"资金信托计划及理财产品"上投资了 219.62 亿元（主要为信托贷款），宁波银行投资在同业理财产品上的资金高达 240.77 亿元，深圳发展银行购买其他金融机构发行的保本型理财产品 164.771 亿元。在这一年，大部分银行都做过信贷的"对敲"，只是量大量小而已。

　　② 商业银行在进行信贷资产转让时，转出方自身不得安排任何显性或隐性的回购条件；禁止资产转让双方采取签订回购协议、即期买断加远期回购协议（俗称"双买断"）等方式规避监管。

　　③ 作为实际或潜在经济来源的利益实体，例如合法经营的公司、企业或投资，但企业本身对此利益实体并无完全控制权。

己的一部分资金存到机构 B（可以是其他银行、信托公司等），即银行 A 在机构 B 增加了一笔同业存款；机构 B 用银行 A 的这笔存款购买银行 A 信贷资产包装成的理财产品。机构 B 在 VIE 模式中扮演的就是类似 VIE 的角色，银行 A 在卖出贷款后获得了资金，从而可以发放新的信贷。在 VIE 模式中，机构 B 扮演的角色是一个资产转移通道，对于 A 银行而言，则绕开了"银信合作理财产品不得投资于发行银行自身的信贷或票据资产"的规定。这里的操作只是 VIE 的初级手法，除银行 A 和机构 B 之外，还可以加入第三方买断，如此一来，就会形成多家银行和信托公司共同参与的复杂交易格局，如"银银信"模式，从而掩藏真实交易动机。

（2）信托贷款类银信合作

信贷资产转让类银信合作是商业银行借助信托公司消除"贷款存量"，用贷款换资金。除此之外，商业银行还可以跟信托公司合作，直接发放新的贷款——信托贷款，这就是信托贷款类银信合作，很多房地产信托就是属于这一业务模式。其运作机制如图 6-8 所示，商业银行与信托公司商定推出信托贷款类理财产品，银行销售理财产品获取资金后，购买信托公司的信托计划，然后信托公司将向商业银行发行信托计划筹集的资金发放信托贷款；借款人偿还贷款利息和本金后，再依次反方向偿还信托计划、理财产品以及需要支付的收益。

在银信合作监管政策不断收紧的情况下，商业银行难以通过信贷资产转让的方式来消化已有的"存量贷款"，这种通过银信合作发放信托贷款的操作是实现信贷扩张的有效手段。并且，银信合作发放信托贷款对于银行来说，本质上属于理财产品业务，其资本要求率要远低于纯粹的信贷。需要说明的是，在这种银信合作模式下，表面上看是信托公司发放信托贷款，但由于最终是由商业银行销售理财产品来筹集并提供贷款资金的。因此，在实际运作过程中，本质上商业银行是贷款的发起人，负责选择贷款客户、设计产品、分配收益等，信托公

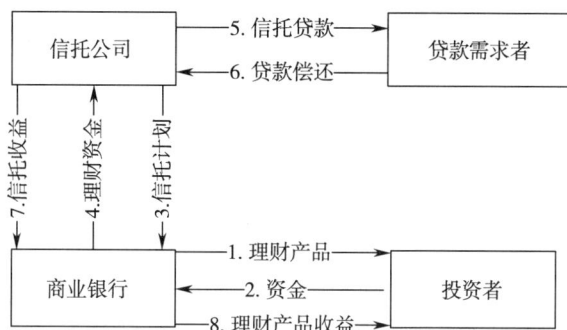

图 6 - 8　信托贷款类银信合作运作机制

司很多时候只是附属协助者，充当的是贷款发放通道。在 2009 年、2010 年银信合作、票据贴现等受到严格监管后，商业银行开始通过同业代付模式、受益权三方合作模式、应收账款类投资模式、票据双买断加买入返售模式等更加复杂的方式，规避信贷规模限制①。

6.2.2　民间借贷推动企业信贷继续内生扩张

当前，除了银信合作之外，我国影子银行另一个重要组成部分是民间金融。前文已经论证，信贷扩张的内生性与货币金融制度无关，信贷内生扩张的根源在于经济活动的信用需求，货币金融制度只是影响信贷扩张内生性的程度。民间借贷②也是如此，它是正规金融制度缺陷下对正规金融体系的补充和替代，金融制度的完善程度也只是影响民间借贷的规模而已。在市场经济中，对于众多信用需求者而言，民间借贷是融资市场不可或缺的组成部分，这决定了民间借贷的内生性和其存在、发展的基础，这是即使完善正规金融制度也不可消除的③。

---

① 关于这些操作模式的具体机制和流程可参阅步艳红等（2014）。

② 更广泛地说，应该是民间金融。

③ 丁俊峰、刘惟煌和钟亚良（2005）对此进行了详细论证。

在此，本书主要论证 2010 年调控政策收紧后，民间金融对于我国信贷内生扩张的推动作用，特别是 2010—2011 年。[①]

1. 民间借贷扩张的原因

与银信合作危机后的迅速扩张一样，民间借贷在危机后扩张的背景也是由于 2010 年、2011 年货币和信贷监管政策收紧后，信贷需求依然十分旺盛，特别是民营企业的信贷需求，因此与银信合作一样具有强大的内生性。但是与银信合作不同的是，我国民间借贷在危机后的扩张又具有其自身的特殊原因。下面以温州民间借贷为例，详细分析我国民间借贷在危机后迅速扩张的主要原因[②]。

其一，"有需求、有供给、有传统"。"有需求"是因为我国的金融体系主要是由国有金融体系主导，资金配置过度倾向政府投资项目和国有企业，众多民营企业的资金需求很难从正规金融体系得到满足，例如温州中小企业的资金需求只有 20% 是从正规金融体系获取的[③]。"有供给"是我国民间资金比较充裕，这包括炒股、炒房退出的资金（因为股市低迷、房市调控）以及企业实体经济的经营收益，同时我国对民营资金的实体投资设有多种限制，很多垄断行业民营资本进不去，并且利用外汇对外投资也没有放开，因此积累了大量的闲置资金，在银行存款负利率的情况下参与了民间借贷。"有传统"是指在我国这种"二元"的金融体系下，民营企业的资金需求非常大的一部分是通过民间借贷来满足的，民间借贷一直存在，并且很多民营企业就是依靠民

[①] 作者于 2011 年 9 月 13 日至 9 月 21 日，随国务院发展研究中心宏观经济部魏加宁研究员带领的一个课题组先后到杭州、广州、温州对当时民间借贷的原因、规模、方式等进行了实地调研，本文中民间借贷的相关内容是以本次调研的材料和随后公开的报道为基础进行撰写的。

[②] 魏加宁（2011）在金融四十人论坛做过一次关于民间借贷的演讲，本文关于民间借贷发展的原因是在其演讲的基础上做些许修改和完善，作者参与了魏加宁（2011）演讲稿详细提纲的讨论。

[③] 另外，安邦咨询的研究报告指出，今年 1—8 月，我国仅有 15.5% 的小微企业能够获得银行贷款。

间借贷发展起来的。

其二，危机后我国的宏观政策调控不当，特别是货币政策"重数量调控、轻价格调控"。在数量调控方面，我国从 2010 年 1 月开始上调准备金率，并在 2010 年 11 月至 2011 年 6 月以"一月一次 0.5%"的力度上调，大型金融机构的存款准备金率一直上调到了 21.5%，中小金融机构的存款准备金率也一直上调到了 18%（见图 6 - 9）。此后的 2011 年 11 月和 2012 年进行过两次下调，但直到 2014 年末我国大型金融机构和中小型金融机构的存款准备金率仍处于 20%、16.5% 的高位。可在价格调控方面，存贷款基准利率滞后到 2010 年 10 月才开始上调，而且在调控力度上，"两月一次 0.25%"的利率调整力度远小于存款准备金率"一月一次 0.5%"的上调力度，以后又在 2011 年 7

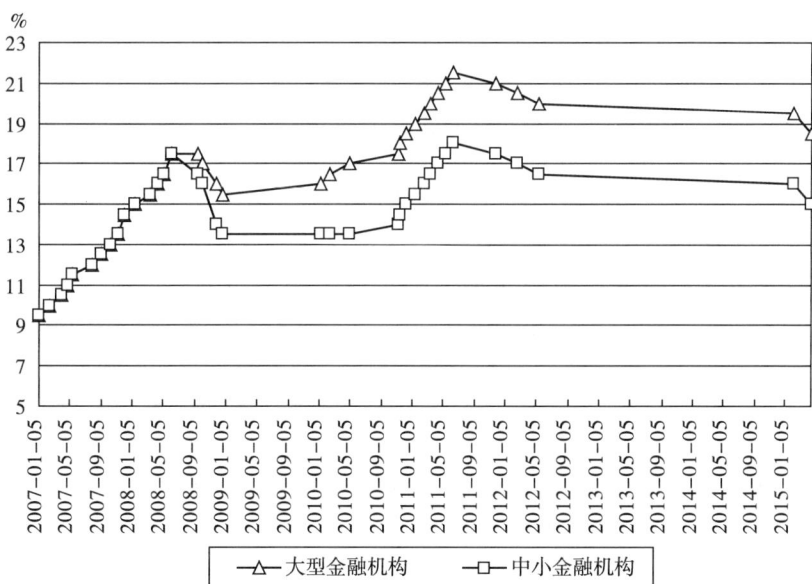

数据来源：中国人民银行网站，http：//www.pbc.gov.cn/。

图 6 - 9　我国 2007 年以来历次存款准备金率调整

月进一步上调了 0.25%；在调控次数上，存款准备金率连续上调了 12 次，上调幅度共计 6%，为上调前存款准备金率的 38.7%，而存贷款基准利率连续上调了 5 次，上调幅度共计 1.25%，为上调前 1 年贷款基准利率的 23.5%。货币政策这种"重数量调控、轻价格调控"的结果便是银行体系存款实际利率为负，导致银行存款资金流出银行体系，在股市低迷和房市受控的情况下，流出的存款资金参与了民间借贷领域。

其三，规范民间借贷的法律法规缺失。《放贷人条例》虽然已经过了几次修改，但至今仍没有出台，民间借贷活动和监管都无法可依。另外，现有法律规定高利贷是指放贷利率超过基准利率 4 倍以上的贷款，超过基准利率 4 倍以上的高利贷是不受司法保护的，但这给人的感觉是"不受法律保护不等于违法"，放贷人可以自己想办法保护自己的贷款利益，因此高利贷比较普遍。

其四，在我国当前的金融监管体系中，民间借贷属于监管真空。我国当前实施的是中央监管部门的纵向一体化监管，这种监管体系难以对地方的民间借贷活动进行有效监管。一方面，由于信息传递链条太长而导致信息传递失真、传递时滞，以及可能出现信息不对称，中央政府的垂直监管部门对于地方金融活动鞭长莫及，监管效率低下；另一方面，各个地方政府虽然都成立了金融办，但是没有得到监管授权，难以对地方担保公司、小额担保公司等地方金融机构履行监管职权。典型事例是，小额贷款公司的牌照由地方政府的金融办发放，但却受地方工商局、经信委、公安机构、检察机关等多部门管理，这种多头监管最终的结果却是监管缺位。

其五，金融体系改革滞后，民营资本难以进入正规金融体系。我国正规金融和民间金融的二元结构以及民营企业的"两多两难"① 问

---

① 即"民间资金多但投资难"、"中小企业多但融资难"。

题表明，我国的金融体系市场化改革滞后，金融机构的市场准入门槛太高，民营资本难以进入到正规金融体系[①]。同时一些地方的正规金融体系相对于实体经济而言还较为落后，例如温州，这就造成民间借贷等非正规金融活动不得不扩张和蔓延。在温州等二元金融机构比较明显的地方，表面上看正规金融体系处于主导地位，可实际上却是非正规金融体系在发挥主体作用，正规金融体系已经沦落为非正规金融体系的补充。可喜的是，2013 年召开的十八届三中全会通过了《关于全面深化改革若干重大问题的决定》，开启了新一轮的全面深化改革。

最后，危机后整个经济环境处于"国进民退"当中。2004 年以来，我国宏观经济整体上处于"国进民退"之中，除了国有主导的金融体系将资金主要配置给了国有企业和政府部门外，各种实体经济资源也是向国有企业和各级政府部门倾斜的。民营企业在诸多行业不是进不去，就是遭受歧视，各种"玻璃门"、"旋转门"比比皆是。在这种大的宏观经济环境下，民营企业的行为越来越短期化，有些甚至脱离实体经济，进行短期的股市和房地产投资，而在股市低迷、房市受控的情况下，则干脆进行"炒钱"这种民间高利贷。

民间借贷市场之前就普遍存在，在经济复苏后货币政策不断收紧的情况下，在正规金融体系融资受到挤压的是本来就存在困难的民营企业为了生存，被迫转向了民间借贷，甚至高利贷。同时，危机后原材料价格和我国用工成本上涨，民营企业传统主营业务的盈利性不断下降，在高利贷高额利润的诱惑下，一些民营企业名义上维持实业生产部门的基本运转，实质让其充当"融资平台"，从银行借钱或者从民间筹集资金炒房，当房地产调控使得炒房无利可图时，干脆直接进行"炒钱"。供求两方面的原因，最终促使民间借贷快速扩张。

---

① 本人曾随国务院发展研究中心的课题组在张家港调研时了解到，除了国有控股的商业银行外，地方性的城市商业银行和农村商业银行对于民营企业的参股和控股限制较多，一般情况下民营企业难以参股地方银行类金融机构。

2. 民间借贷扩张的规模

由于缺乏官方的统计数据，民间借贷的规模难以掌握，但是通过一些相关的调研报告，我们对于危机后民间借贷扩张的程度还是有一个初步的掌握。

2010 年，中国人民银行温州市中心支行建立了温州民间借贷交易活跃指数监测。该项监测以全市近 1000 家融资中介的 1300 多个银行账户为样本，定期采集这些账户的资金交易，作为民间金融市场的活跃指数，反映市场交易规模变化。从监测结果看，2010 年以来五个季度的账户交易额分别为 208 亿元、327 亿元、262 亿元、335 亿元和 396 亿元，规模总体呈增加态势。其中，当前的市场规模约为 1100 亿元，占全市银行贷款的 20%[1]，2011 年第一季度的交易量是上年平均的 1.4 倍。因此可以认为，2010 年和 2011 年温州民间借贷市场处于比较活跃阶段，借贷规模的增长也比较明显，短期内与银行贷款的比例关系在上升。此外，中国人民银行杭州中心支行监测的民间借贷数据也表明，民间借贷在 2009 年底和接下来的 2010 年大幅扩张，如图 6 - 10 所示。根据我们实地调研掌握的信息，民间借贷的快速扩张一直持续到了 2011 年上年，直到一些"欠债出逃"的案例出现。

在浙江省监测到的民间借贷规模的基础上，中金公司研究部对全国的民间借贷规模进行了估算。中金公司研究部的估算基于如下资料和假设：（1）根据中国人民银行的调查，2010 年第 1 季度末我国民间借贷余额为 2.4 万亿元；（2）民间借贷的期限一般在半年至一年，根据中国人民银行杭州中心支行监测的 2005 年第 3 季度至 2010 年第 4 季度每个季度的民间借贷规模，用前九个月的借贷规模估算民间借贷余额，从而计算出浙江省（国内民间借贷最活跃的省份）民间借贷余额

---

[1] 温州的官方文件还证实，当地民间借贷 1100 亿元左右的规模占其民间资本总量（超过 6000 亿元）的六分之一左右，且相当于温州全市银行贷款的五分之一。

亿元人民币

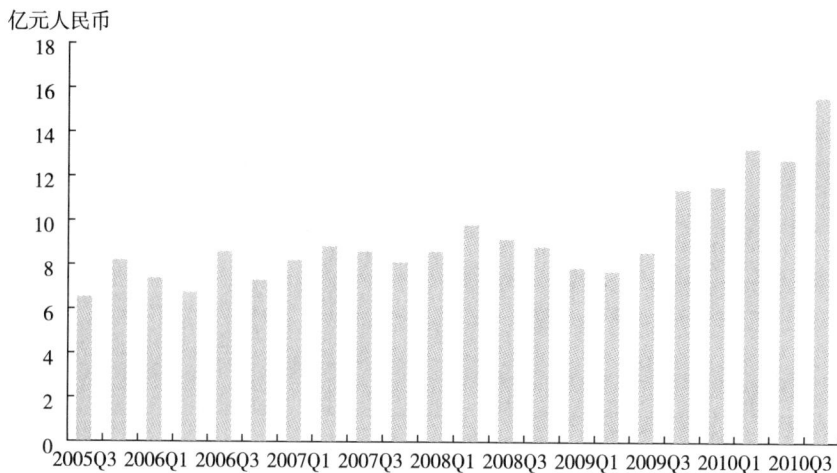

资料来源：中国人民银行杭州中心支行、中金公司研究部 2011 年 10 月 8 日发布的研究报告，p2。

图 6 - 10 浙江省民间借贷危机前后的变动情况

的增速（如图 6 - 10 所示）；（3）假设浙江的数据能反映全国民间借贷市场状况，从而推测 2006 年第 1 季度至 2010 年第 2 季度每季度的全国民间借贷余额；（4）温州 2010 年第 2 季度和 2011 年第 2 季度民间借贷余额分别为 800 亿元和 1100 亿元，假设全国民间借贷余额增速相同，由此估算出 2011 年年中的民间借贷规模。

在上述检测数据和假设的基础上，中金公司研究部估计中国民间借贷在 2011 年中期的余额约为 3.8 万亿元，占中国影子银行体系总规模的 33% 左右，相当于银行体系贷款总额的 7%，如图 6 - 11 所示。按照中金公司研究部（2011）的估算，在 2010 年和 2011 年货币政策和信贷监管政策收紧后，我国的民间借贷大幅扩张，从 2009 年的 2.1 万亿元迅速扩张到 2010 年的 3.2 万亿元，再到 2011 年中期的 3.8 万亿元，民间借贷年在 2010 年和 2011 年中期的增长率分别高达 50% 和 38%。

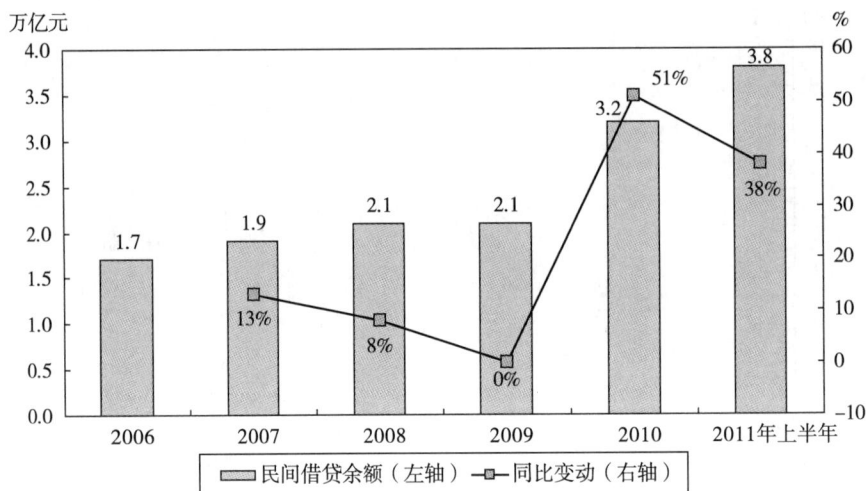

资料来源：中金公司研究部 2011 年 10 月 8 日发布的研究报告，p2。

图 6-11　全国民间借贷危机前后的变动情况

3. 民间借贷扩张的机制

需要在此说明的是，我们之所以将民间借贷界定为我国影子银行的重要组成部分，主要是出于以下原因。在我国当前的金融体系下，民营企业的资金需求难以通过正规的金融体系得到满足，而 2010 年和 2011 年的政策收紧更是加重了民营企业的融资难题；同时，"国进民退"的宏观经济环境，以及近年来原材料价格和用工成本的快速上涨，民营企业的经营也陷入困境。在这种金融环境和经营环境下，民营企业的生存和发展变得困难，于是干脆利用实体企业充当"融资平台"转向民间金融①。即民营企业保留企业的空壳和名称，维持基本运转，以此向银行借钱或者向民间融资，然后进行投资。在股市低迷的情况下，民营企业一开始通过这种"融资平台"筹集资金用于炒房，房地

————————

① 在这种经济金融环境下，对于拥有资金或者能从银行获得贷款的企业来说，最赚钱的选择不是投资实业，而是利用资金放贷。

产受到严厉调控后，直接用于"发放高利贷"，因此本质成为了影子银行。这其中，由于资金获取容易，很多国企、公务员等也是这类"融资平台"式影子银行的重要参与成员。

基于实地调研和广泛查阅相关的公开报道，2010—2012 年，我国的民间借贷可以概括为以下几种运作模式。

运作模式 1："民营金融机构 + 银行"合作的借贷模式。这种民间借贷模式根据银行参与还是银行职员参与，又可以分为两种不同的操作模式："民营金融机构 + 银行贷款"和"民营金融机构 + 银行职员"两种模式。在"民营金融机构 + 银行贷款"的模式下，商业银行向民营金融机构贷款，然后向民营企业发放高息贷款，甚至高利贷。在这种模式下，商业银行借道民营金融机构发放高息贷款，然后与民营金融机构分享贷款收益；并且，贷款银行还可以同时向借款人摊派理财产品、收取保险费和理财费等。例如，商业银行借道民营金融机构向借款人发放了 1000 万元的贷款，其中要扣 450 万元保证金，55 万元的贴现费（贴现的也是银行的人），再搭售一些理财产品，借款人实际拿到手的不到 500 万元①。在"民营金融机构 + 银行职员"的放贷模式下，银行职员向民营金融机构发放贷款，民营金融机构利用向银行贷款的资金向借款人发放高息贷款或者高利贷，然后银行职员与民营金融机构分享高息贷款或者高利贷的收益。

运作模式 2："借款人 + 担保公司 + 放款人"的中介模式。在这种民间借贷模式下，担保公司不是为需要资金的企业担保从银行贷款，而是安排借款人和放款人直接对接，由担保公司作保，签署一份三方合作协议，放款人直接将钱按照协议约定借给借款人。如果还款时间到了，借款人没有能力偿还，将由担保公司按照协议无条件代偿。因

---

① 如果将这些资金的成本综合到企业的贷款利率中，那么企业贷款的实际综合利率远不止贷款协议上签订的利率。

此，这种民间借贷模式的显著特点是作为中介的担保公司①"不摸钱"、借贷双方"一对一"，贷款偿还出现问题后担保公司"担保代偿"。此外，这种模式在操作中还被异化，被一些非正规的担保公司用来"空手套白狼"。这些非正规担保公司花钱找家代办公司，利用几天或者一周的时间，获取一个资本金超过 5000 万元的担保公司的营业执照，然后利用其在银行的人脉关系及社会资源，低息向银行拿钱，或者从社会集资，之后再高息借给资金需求者②。

运作模式 3："民营金融机构"的高利贷模式。在这种民间借贷模式下，"民营金融机构"打着担保公司、小额贷款公司等金融类公司的名号，向社会高息筹集资金，再利用自身的社会资源寻找贷款需求者（在民营企业资金紧张的时候更是坐等贷款需求者上门），以更高的利息发放贷款，从而获取资金价差。在这种模式下，"民营金融机构"的贷款大都是利息超过基准利率四倍的高利贷，因此可以赚取高额利润。需要说明的是，之所以对民营金融机构加上引号写成"民营金融机构"，是因为与上述模式下的"担保公司"类似，这些"民营金融机构"是一些民营企业在名称上打着"担保公司"、"小额贷款公司"等称号的名义"金融机构"，而实际上并没有获取相关营业牌照。

运作模式 4：民营企业联保联贷模式。在这种民间借贷模式下，一种操作是两家及两家以上的民营企业彼此为对方担保，帮助对方从小额贷款公司等民营金融机构或者其他民营企业借入资金；另一种操作是两家及两家以上的民营企业签订合作协议，捆绑成一个"融资实体"向小额贷款公司等民营金融机构或者其他民营企业借入资金，并以该

---

① 需要说明的是，这里的担保公司并不一定是获得担保公司牌照的正规担保公司，也有些实体企业或者其他机构冒充的名义担保公司。

② 这类担保中介的民间借贷模式在河南郑州尤为突出。

"融资实体"偿还借贷资金，而不管真实的资金借入者是哪家企业①。后一种民间借贷模式在本质上也是民营企业在借贷时相互担保，因此与前一种互保模式统称为联保联贷模式。

运作模式 5：公务员发起的高利贷模式。在这种民间借贷模式有多种方案，其一是公务员以信誉为其亲戚开设的企业担保，从银行借贷，然后发放高利贷；其二是公务员利用自己的资金与民营金融机构合作，或者成立一个民营金融机构，发放高息贷款；其三是公务员利用职权帮助民营企业审批或者竞标项目，作为回报，民营企业需要向公务员借入高利贷（因为这些民营企业运作这些审批或者竞标下来的项目本身也需要资金），而公务员用于高利贷的资金可以是"自有资金"，也可以是公务员在别处筹集的资金再转带给这些民营企业，2011 年上半年温州的"云天房开案"就属于这一公务员参与的民间高利贷模式。除了上述三种方案之外，还有一些上述操作方案混合而成的方案。

运作模式 6：国有企业和上市公司委托贷款模式。其中，国有企业的委托贷款是指，国有企业利用其从国有银行贷款的便利，从商业银行贷出资金，然后向资金需求方发放高息委托贷款；上市公司委托贷款是指，上市公司通过增发或者 IPO 筹集资金后，并没有按照招股公告中的规定使用，而是用于发放高息委托贷款。根据 Wind 资讯的数据，2011 年上半年上市公司含有"委托贷款"字样的公告较去年同期增加 32.3%；截至 2011 年 7 月底，在上市公司发布的对外委托贷款公告中，年利率最低为 12%，最高则达到 21.6%。同时，根据中国人民银行公布的 2011 年上半年社会融资规模，委托贷款增加 7028 亿元，同比多增 3829 亿元，增长率近 120%，委托贷款占社会融资总量的比重

---

① 这种民间借贷模式类似于政府融资平台贷款的前身，国家开发银行与安徽省政府 2002 年 11 月最早推出的"打捆贷款"。此种"打捆贷款"是以安徽地方财政预算每年的建设费用和有关收入为还款来源，政府确定的法人机构把所建项目进行打捆，统一向国家开发银行贷款，并作为借款人统筹还贷，具体用款单位则与法人机构签订用款协议。

达 9.1%。

6.3　货币信贷持续扩张的结果：资源错配与风险积累

国际金融危机爆发后，2008 年底和 2009 年在财政性投资的引致下，我国货币信贷扩张爆发了政府性内生扩张①，维持了我国经济的平稳较快增长；2010 年和 2011 年政策当局意识到了货币信贷过度扩张可能会引发诸多风险，不断收紧货币政策和加强信贷相关监管，但我国货币信贷依然内生性地延续了之前的快速扩张。最终，正如前一章节所论证的，我国这种持续大幅的货币信贷扩张导致我国一些领域和行业的资源错误配置，风险不断积累。这其中最严重的问题体现在地方政府债务风险、房地市场泡沫、民间借贷风险、持续的高通货膨胀等几个方面。

6.3.1　地方政府融资平台面临着流动性风险

1. 地方政府融资平台信贷扩张下的资源错配

银发〔2009〕92 号出台后，我国地方政府融资平台贷款出现了井喷式扩张。但正如国家审计署 2011 年 6 月和 2013 年 12 月公布的地方政府债务审计报告所示，地方政府融资平台的贷款资金绝大部分用于了市政建设、交通运输、土地收储整理、科教文卫及保障性住房、农林水利建设等公益性、基础设施项目，这些项目大部分是没有收益或者收益无法保证未来还本付息。大部分融资平台贷款的偿还主要是依靠未来的土地出让收入，典型融资平台的投融资运作可以概括成"土地出让＋银行贷款"。在这种投融资运作模式下，融资平台借贷起步，投资改善环境、建造基础设施等，促进区域地块升值，进而通过土地

---

① 政府性内生与孙伯银（2003）提出的"政治性内生"是有区别的，详见本章第一节的分析。

出让收入、无形资产收益等偿还贷款，即"借入贷款—投资建设—地块升值—卖地还贷"的循环。下面以某地管委会下面的两个融资平台为例来具体介绍融资平台的投融资运作，以便我们对此有一个更加清晰的认识。如图 6 – 12 所示。

①首先，管委会利用财政担保或者土地抵押获取银行贷款，用于土地收储和治理；

②将土地收储和治理后，土地储备中心通过"招、拍、挂"进行土地出让，其中一部分出让给融资平台 1 和融资平台 2 ［在图中标注为"土地出让（对内）"］，剩余部分出让给管委会之外的房地产开发商［在图中标注为"土地出让（对外）"］，获取土地出让金，并上交给管委会财政局；

③融资平台 1 和融资平台 2 可能还会竞购土地储备中心出让的土地，但由于没有资金或者没有足够的资金，从而需要财政局进行资金拨付（拨付的资金很大一部分是财政局或者土地储备中心利用收储的土地作为抵押向银行贷款获取的资金），然后融资平台 1 和融资平台 2 利用拨付的资金竞购土地，在土地收储中心获得土地出让金后，再将其转交给财政局。也就是说，利用财政局或者土地储备中心的土地抵押贷款，通过土地和资金的对向操作，融资平台 1 和融资平台 2 获得管委会土地储备中心出让的土地。

④融资平台 1 和融资平台 2 获得土地后，资产增加，便可利用土地作为抵押向银行贷款，利用贷款资金进行基础设施建设、环境治理、房地产开发等。需要说明的是，在融资平台成立之初，管委员或者地方政府通常会划拨一部分土地作为其成立的资本金，因此融资平台在成立之初可以利用管委会或者地方政府划拨的土地进行抵押贷款。

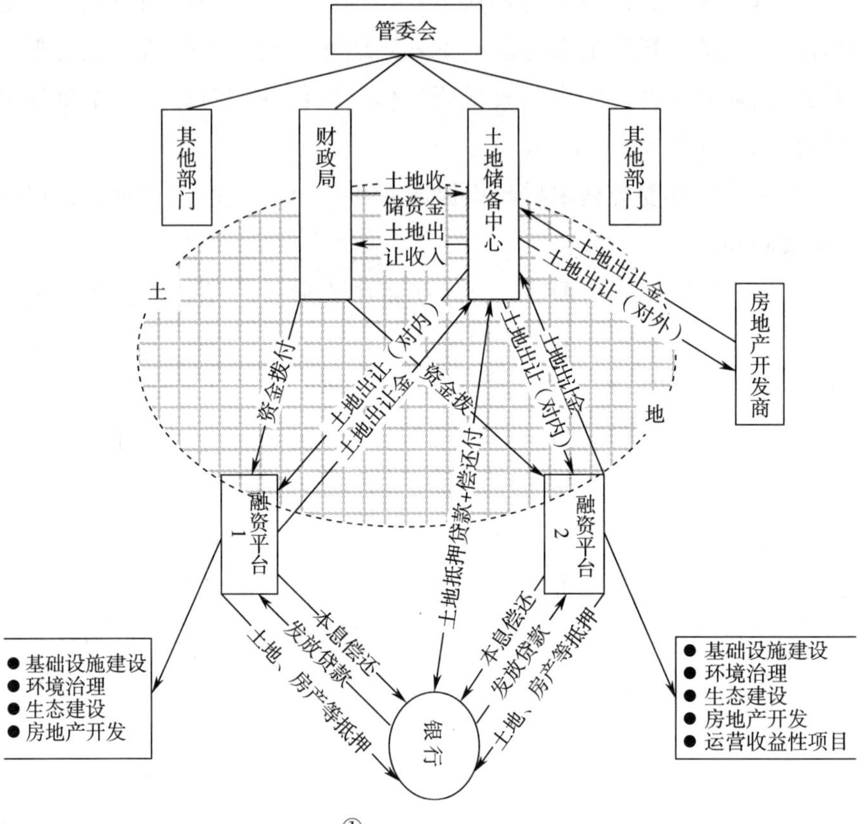

资料来源：作者根据相关资料绘制①。

图 6-12　我国地方政府融资平台的投融资机制

在上述过程中，土地和资金围绕"地方政府财政局—土地储备中心—融资平台—银行"这一流程不断循环。其中，土地的循环流程是："土地储备中心→融资平台1+2→银行"，而资金的循环流程是："地方政府财政局+银行→融资平台1+2→土地储备中心→地方政府财政局+银行"。因此，地方政府融资平台是借助"土地出让+银行贷款"

---

① 2011年，作者先后到南京、马鞍山、芜湖、杭州、温州、广州、西安等城市实地调研了地方政府融资平台的投融资运作模式以及风险状况。

这种投融资模式来获取银行贷款，并进行相关的投资建设。

然而，地方政府融资平台的借贷资金过度流向了收益性较差，甚至没有收益的基础设施建设，引致了资源的错误配置。同时，平台公司在获取银行贷款后，资金使用方面也存在着大量资金错误配置的问题，这具体表现为三个"不一致"。

（1）贷款的筹资主体与偿还主体不一致。很多融资平台获取贷款后，负责资金的使用，而贷款偿还依赖的却是地方财政。这使得融资平台在向银行贷款时忽略了项目未来的现金流，也没有考虑与地方政府未来财政收入的衔接，甚至没有考虑项目的真实资金需求和进行合理的项目建设规划。这样的结果便是一些项目还处于建设期和运营初期，但却已经需要还本付息，最终项目的营运收入以及财政补贴不足以偿还贷款本息，只能依靠借新债还旧债。对于这类平台贷款来说，银监会一旦要求全面收紧平台贷款，便会出现资金链紧张，还本付息"悬空"。

根据国家审计署发布的地方政府性债务审计报告，2010年全国高速公路的政府负有担保责任的债务和其他相关债务借新还旧率达54.64%；2010年有387所高校和230家医院的政府负有担保责任的债务和其他相关债务的借新还旧率超过50%，当年借新还旧偿债额分别为542.47亿元和95.29亿元。此外，根据国家审计署2012年1月发布的《关于2010年度中央预算执行和其他财政收支审计查出问题的整改结果》，在我国地方政府（省、市、县）2010年底的10.7万亿元的债务余额中，其中地方政府和部门违规为464.75亿元债务提供担保。

（2）贷款的申请用途与实际用途不一致。融资平台贷款申请用途与实际用途不一致主要表现在以下两个方面，一是贷款额度高于投资项目的实际资金需求，将多余贷款资金用于其他投资项目或者其他别的用途，或者是贷款资金没有完全满足贷款申请项目使用的情况下用于其他项目或者其他别的用途。出现这种情况的主要原因是，一些地方融资平台盲目借贷，资金投向未落实、项目准备不充分就开始向银行贷款，还有部分融资平台是因担心银根紧缩而为项目超前融资等。二是流动资金贷款用于固定资产投资，或者短期贷款用于长期投资。出现这种贷款的主要原因是一些融资平台为了节约融资成本，另外就是在项目还没有立项或者成立项目公司时，提前以流动资金贷款的方式融入资金进行前期开发和准备。贷款申请用途与实际用途不论是在项目用途上的不一致，还是在期限上的不一致，最终都会导致项目未来的收益流或者地方政府未来的财政收入难以保证未来的还本付息。

根据国家审计署发布的地方政府性债务审计报告，截至 2010 年底，地方政府性债务余额中尚未支出的金额为 11044.47 亿元，其中：34 个省级、256 个市级和 942 个县级政府所属部分债务单位 2008 年及以前年度举借至 2010 年底未支出的债务余额有 1319.80 亿元，占 11.95%，2010 年为此由财政资金支付利息 67.74 亿元；另外，一些地方和单位将债务资金违规投入了资本市场、房地产市场。

（3）融资平台贷款额度与地方政府财政收入不一致。融资平台贷款额度与地方政府财政收入不一致包括几个方面，一是一些融资平台的贷款是由政府担保，或者是直接由地方政府财政收入来偿还的，融资平台在向银行贷款时并没有充分考虑地方政府未来的财政收入情况；二是融资平台在向银行贷款时，考虑到了地方政府未来的财政收入对还本付息的影响，但是地方经济增长速度放缓导致地方政府预算内财政收入下降，或者土地出让收入的下降，导致融资平台贷款额度与地方政府财政收入出现了不一致。

2. 2010 年后地方政府融资平台的流动性风险陡增

随着 2010 年之后国家调控政策不断收紧，地方融资平台这种"土地出让 + 银行贷款"投融资模式难以为继，并且在贷款偿还和资金收入上遭受了双向压力，如图 6 - 13 所示。

贷款偿还方面，一大部分平台贷款在 2011 年和 2012 年集中到期。

从融资平台贷款的期限结构来看，2008 年底和 2009 年借入的银行贷款有一大部分是 2 年期和 3 年期的，2011 年和 2012 年是偿还高峰期。根据国家审计署 2011 年 6 月发布的"全国地方政府性债务审计结果"，在全国地方政府 107174.91 亿元的债务余额中，2011 年、2012 年到期偿还的占 24.49% 和 17.17%，两年需要偿还的债务占比之和为 41.66%，其中的大部分是融资平台贷款。

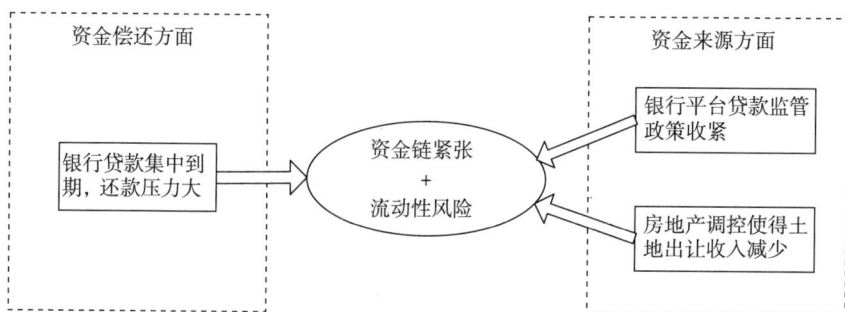

资料来源：根据实地调研掌握的资料绘制。

图 6 - 13 我国地方政府融资平台的流动性风险

资金来源方面，银监会严厉管制，融资平台贷款艰难。在国务院颁发《国务院关于加强地方政府融资平台公司管理有关问题的通知》（国发〔2010〕19 号）后，中国银监会连续发文，全面收紧了商业银行对地方政府融资平台的贷款。特别是中国银监会 2011 年 3 月 31 日出台的《中国银监会关于切实做好 2011 年地方政府融资平台贷款风险监管工作的通知》提出了调控平台贷款的"三大新规"：健全"名单制"管理系统，要求各银行建立平台的"名单制"信息管理系统，并进行动态调整；建立总行集中审批制度，平台贷款审批权限统一上收至总行，总行对平台贷款统一授信、全口径监控和逐笔审批；严格信贷准入条件，只有同时满足符合国家相关政策、资产负债率不高于 80%、抵押担保合法合规足值三项条件的才能继续放款。在这些监管条文下，地方政府融资平台，特别是在银监会平台"名单"之列的平台，难以新增贷款、"借新还旧"和贷款延期。此外，2010 年 11 月 20 日发改办财金〔2010〕2881 号文出台后①，地方政府融资平台也难以再通过发行企业债（即城投债）来筹集资金，用于建设保障性住房的除外。

此外，房地产调控不断趋紧，融资平台土地出让收入也不断减少。在调控房地产的限购、限贷以及建设保障性住房等措施出台后，全国房价在 2011 年下半年已经回稳，甚至有些城市的房价开始出现小幅下跌，房地产市场的成交数量、成交金额、成交面积已经停止了快速上涨的势头，未来一段时间的发展前景不确定②。受此影响，房地产开发企业的土地需求下降，地方政府及其融资平台的土地出让收入大幅减少。国土资源部的数据显示，各省区市 2011 年上半年住房用地共完成供地 5.74 万公顷，较去年同期只增长了 2.3%，占全年计划的比例仅为 26%。另外，中国指数研究院的数据显示，上半年全国 130 个城市土地出让金为 7524 亿元，同比下跌了 5.5%；住宅用地平均溢价水平为 17.3%，还不到去年同期一半，并且低于去年全年的 33.6%。房地产价格的下跌会从直接和间接两个渠道对地方政府融资平台产生影响：一方面，房地产价格的下跌导致房地产开发企业的土地需求下降，地方政府及其融资平台的土地出让收入因此减少；另一方面，地方政府融资平台的银行贷款大多是以土地出让收入作为抵押借入的，地价下

---

① 即国家发展改革委办公厅于 2010 年 11 月 20 日出台的《关于进一步规范地方政府投融资平台公司发行债券行为有关问题的通知》，该文规定，凡是申请发行企业债券的投融资平台公司，其偿债资金来源 70% 以上（含 70%）必须来自公司自身收益；经营收入主要来自承担政府公益性或准公益性项目建设，且占企业收入比重超过 30% 的投融资平台公司发行企业债券，必须向债券发行核准机构提供本级政府债务余额和综合财力的完整信息；如果该类投融资平台公司所在地政府负债水平超过 100%，其发行企业债券的申请将不予受理。此外，该文还要求，各级政府及其所属部门、机构等不得以财政性资金、国有资产，或其他任何直接、间接方式，为投融资平台公司发行债券提供担保或增信。
② 2012 年 3 月 14 日温家宝总理在"两会"结束之后的例行记者招待会上表示，我国政府将会坚持当前的房地产调控措施。

跌导致土地的抵押价值下降，融资平台可以获得的银行贷款也因此减少①。由于目前银行贷款的不动产抵押率为 60% ~ 80%，平台贷款的土地大约可获得土地评估价 60% ~ 80% 的银行贷款；地价下跌幅度较大的地区的平台公司，抵押土地的价值将向贷款余额靠拢，考虑到银行贷款利率在 5% 以上，因此土地价格一年内下跌超过 15%，平台贷款的抵押率将超过 100%。

资金来源和资金偿还上的双向受限，使得地方政府融资平台的资金链紧张，流动性风险陡增。考虑到地方政府融资平台涉及的资金链，如果地方政府融资平台大范围遭受资金链断裂，不但会引发地方政府的债务偿还风险，还会引发整个金融体系的动荡。

6.3.2　房地产泡沫在调控中不断放大

在我国应对危机的刺激方案中，房地产投资是占据着显著地位，房地产投资快速增长也是我国经济在 2008 年以及之后的三年依旧保持较快增长的重要动力。在 2008 年底一揽子经济刺激方案出台后，特别是国办发〔2008〕126 号文和银发〔2009〕92 号文发布后，房地产信贷迅速扩张，房地产价格也应此快速上涨。如图 6 - 14 所示，我国房地产贷款余额占总贷款余额的比重从 2008 年底的 16.18% 增加到 2009 年底的 18.23%，并在 2010 年底进一步增长到 19.51%；与此同时，全国的商品房销售均价也从 2008 年 12 月的 3575.55 元/平方米上涨到 2010 年 3 月的 4931.64 元/平方米；2010 年房地产贷款增速放缓，全国的商品房销售均价也随之进行了小幅下降，但到 2011 年 3 月达到了最高的 5440 元/平方米。此后，随着国家"限贷令"和"限购令"的实施，房地产贷款余额在 2011 年第二季度和第三季度分别下降 502 亿元

---

① 例如，根据我们调研掌握的资料，在南方某省地方政府融资平台的贷款中，土地抵押贷款余额占到了近四分之一。

和 7198 亿元，全国的商品房销售均价也随之在 2011 年 9 月下降到
5140 元/平方米。

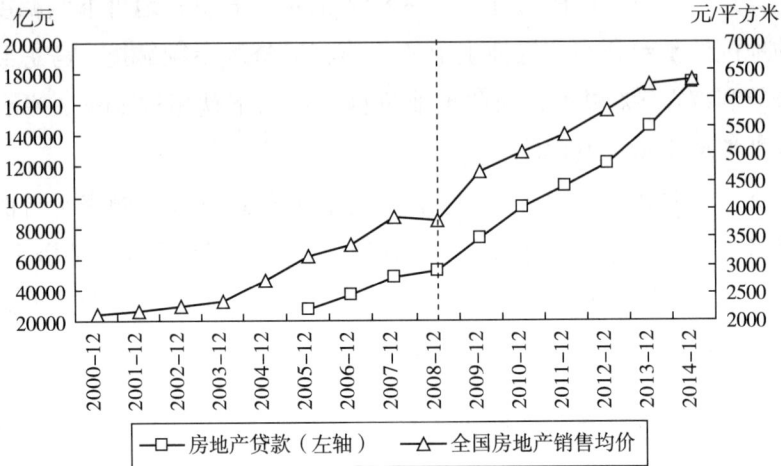

注：图中的"房地产贷款"为主要金融机构房地产人民币贷款，包括"房产开发贷款"、
"地产开发贷款"和"个人购房贷款"；全国房地产销售均价根据商品房销售额与商品房销售
面积算出。

资料来源：Wind 数据库。

图 6 - 14　危机前后我国房地产信贷与房价之间的波动关系

由此可以得出结论，房地产信贷的大幅持续扩张推动房地产投资
过快增长，导致了资源的错误配置和房地产市场泡沫[①]。尽管在 2010
年和 2011 年强大的政策压力，或者说行政性管制下，我国房地产价格
停止了过快上涨的势头，目前已有所下降，但是这一过程却恰好印证
了信贷扩张"自我实现"的内生性。回顾我国 2010 年以来的房地产调
控政策，可以加深我们对信贷内生扩张的认识。

---

① 关于信贷扩张对房地产价格上涨的推动作用，可以参阅 Allen and Gale（2000）的"信
贷—资产泡沫模型"，以及朱太辉等（2015）的"人口—信贷—房价"模型。

　　由于2009年下半年以及2010年初部分城市房价、地价出现了过快上涨势头，国务院办公厅于2010年1月7日颁发了《关于促进房地产市场平稳健康发展的通知》（国办发〔2010〕4号），以加强和改善房地产市场调控，稳定市场预期，但是效果并没有快速显现。为此，国务院又于2010年4月17日颁发了《关于坚决遏制部分城市房价过快上涨的通知》（国发〔2010〕10号），出台了多条调控措施，旨在坚决遏制投机性购房和部分城市房价过快上涨。首先取消房地产贷款优惠措施，实行更为严格的差别化住房信贷政策，首套房贷款首付比例不得低于30%，二套房贷款首付款比例不得低于50%，且贷款利率不得低于基准利率的1.1倍，第三套及以上住房的贷款首付款比例和贷款利率进一步大幅度提高；要求财政部、税务总局加快研究制定引导个人合理住房消费和调节个人房产收益的税收政策，做好土地增值税的征收管理工作；要求国土资源部增加居住用地有效供应，依法加快处置闲置房地产用地，对收回的闲置土地，要优先安排用于普通住房建设，并且保障性住房、棚户区改造和中小套型普通商品住房用地不低于住房建设用地供应总量的70%，并优先保证供应；加快保障性安居工程建设，确保完成2010年建设保障性住房300万套、各类棚户区改造住房280万套的工作任务。此外，加强对房地产开发企业购地和融资的监管，国土资源部门要加大专项整治和清理力度，严格依法查处土地闲置及炒地行为，并限制有违法违规行为的企业新购置土地；对存在土地闲置及炒地行为的房地产开发企业，商业银行不得发放新开发项目贷款，证监部门暂停批准其上市、再融资和重大资产重组。受国发〔2010〕10号文，特别是其中"限贷令"的影响，房地产价格的增长幅度开始逐渐降低，全国的商品房销售均价甚至出现了小幅下跌。

　　尽管国发〔2010〕10号文颁发后，房价过快上涨的势头得到初步遏制，但为了巩固和扩大调控成果，进一步做好房地产市场调控工作，国务院办公厅于2011年1月26日又颁发了《关于进一步做好房地产市场调控工作有关问题的通知》（国办发〔2011〕1号），实施更为严格的"限购令"，房地产贷款的增长才从根本上得到了抑制，房价也才停止大幅上涨。国办发〔2011〕1号的具体内容如表6-2所示。

表6-2　　　　　　　国办发〔2011〕1号文主要内容及评析

主要条款	关键内容	评析
1. 进一步落实地方政府责任	合理确定本地区年度新建住房价格控制目标，并于第一季度向社会公布。	明确房价控制目标，稳定预期，表明调控从通过行政手段调控房地产市场转为直接调控房价。
2. 加大保障性安居工程建设力度	多渠道筹集保障性住房房源，逐步扩大住房保障制度覆盖面。有条件的地区，可以把建制镇纳入住房保障工作范围。努力增加公共租赁住房供应。	扩大保障性住房覆盖范围，强调公共租赁住房发展。
3. 调整完善相关税收政策，加强税收征管	买住房不足5年转手交易的，统一按销售收入全额征税；各地要加快建立和完善个人住房信息系统。	加大房产交易成本，打击投资投机，完善个人住房信息系统为后续的房地产税制改革打下基础。
4. 强化差别化住房信贷政策	对贷款购买第二套住房的家庭，首付款比例不低于60%，贷款利率不低于基准利率的1.1倍。各地根据实际在此基础上还可以上调。	此前二套房贷首付款比例为50%。
5. 严格住房用地供应管理	落实"三类"住房用地不低于住房建设用地供应总量的70%的要求。今年的商品住房用地供应计划总量原则上不得低于前2年年均实际供应量。大力推广以"限房价、竞地价"方式供应中低价位普通商品住房用地。	确保保障房建设用地供给，明确土地招拍挂制度改进方向。

续表

主要条款	关键内容	评析
6. 合理引导住房需求	各直辖市、计划单列市、省会城市和房价过高、上涨过快的城市，在一定时期内，要从严制定和执行住房限购措施。原则上对本地户籍家庭限购 2 套房，对非本地户籍能提供社保及纳税证明的限购 1 套房，对非本地户籍又不能提供社保及纳税证明，暂停其购房。	限购更加严厉、涉及城市更广。
7. 明确落实问责机制	对于政策落实不力的省（区、市）人民政府要向国务院做出报告，有关部门根据规定对相关负责人进行问责。	明确约谈问责机制，确保政策的有力执行和落实。
8. 坚持和强化舆论引导	对各地稳定房价和住房保障工作好的做法和经验，要加大宣传力度，引导居民从国情出发理性消费。	舆论引导住房合理消费。

资料来源：《国务院办公厅关于进一步做好房地产市场调控工作有关问题的通知》（国办发〔2011〕1 号）。

6.3.3　民间借贷爆发资金链断裂风险

由于之前的过度扩张，且缺乏合规监管，2011 年 3 月底我国民间借贷在温州开始出现了"欠债出逃"的案例，此后的 4 月、6 月和 7 月也零星出现了类似案例，但从 2011 年 8 月下旬开始，民间借贷"欠债出逃"的案例大量爆发，逐渐成为市场关注的焦点。到 2011 年 10 月，温州、鄂尔多斯、郑州等城市的民间高利贷资金断裂的情况屡屡出现，违约案例不断涌现在媒体上。甚至，有人将我国的民间借贷和同时期的欧洲、美国债务危机相提并论，称其为"中国版次贷危机"。

民间借贷为什么成为市场关注的焦点？除了前文分析的造成其在 2010 年和 2011 年迅速扩张的因素外，还有两方面的原因：一是民间借贷利率非理性上涨；二是民间借贷的结构发生了转变。

1. 民间借贷扩张中利率非理性上涨

根据中国人民银行温州市中心支行的监测数据，2011年6月温州民间借贷综合利率水平为24.4%，折合月息超过2分，比2010年6月上升了3.4个百分点。由于民间借贷市场远非价格统一的市场，各个市场的利率价格差距很大。社会融资中介的放贷利率为40%左右，而一般社会主体之间的普通借贷利率平均为18%，小额贷款公司的放款利率则接近20%等。从历史上看，当前温州民间借贷利率处于阶段性高位。中国人民银行温州市中心支行的调查数据显示，从2003年建立利率监测制度至2010年，监测到的利率水平一直在13%—17%的区间内波动，而目前，同样的一般社会主体之间的普通借贷利率已是18%。

中国人民银行杭州中心支行的监测数据也表明，自信贷政策收紧以后，浙江省民间借贷的平均利率自2009年底开始不断上升，如图6-15

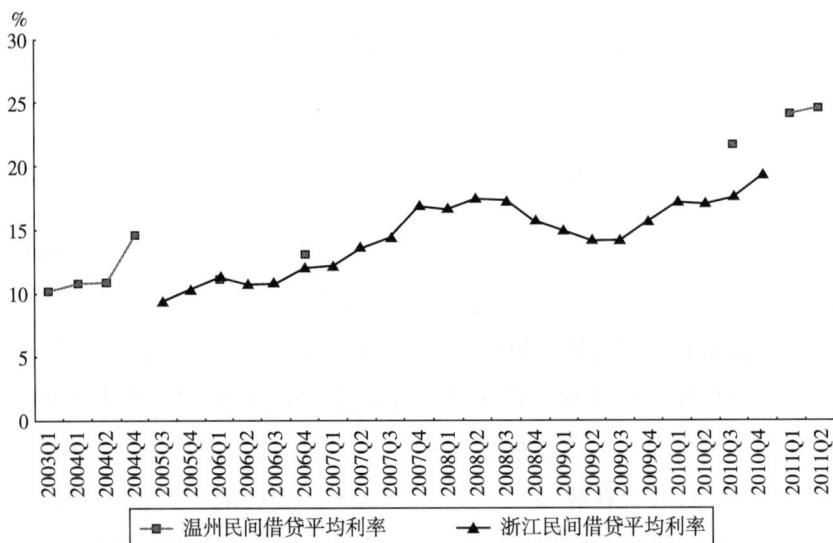

注：由于温州民间借贷利率并不是逐年逐季监测的，因此图中的"温州民间借贷平均利率"是离散的数据点。

资料来源：中国人民银行杭州中心支行、中金公司研究部。

图6-15　危机前后浙江和温州民间借贷的利率变化

所示。

此外，需要说明的是，中国人民银行温州市中心支行一直在监测四个来源的数据，分别代表了四类民间借贷，如表 6 – 3 所示。但是，媒体报道的大都是其中第三类的借贷成本，而非面向中小企业的民间借贷的整体成本。从这个角度来说，媒体的报道对于民间借贷的利率和风险有夸大之嫌。

表 6 – 3　　　　　　　　我国民间借贷的利率结构

（自 2010 年 9 月）	数据来源	金额 （10 亿元）	利率 （%）
一般社会主体之间的普通借贷	农信社	34	13.37
公开市场短期周转为主的借贷	小额贷款公司	5	17.74
隐蔽市场短期垫资为主的借贷	融资中介公司	24	35.65
融资性中介向社会借入贷款	融资中介公司	17	15
合计		80	20.67

资料来源：中国人民银行杭州中心支行、中金公司研究部。

2. 民间借贷扩张中结构显著变化

民间借贷的资金，既有用于生产经营、项目投资、生活消费等长期用途的，也有用于短期垫资、拆借周转、"过桥贷款"等短期用途的，其中以生产、投资类为主。但在当前的货币政策下，社会资金总体趋紧，短期垫资需求增加，社会资金拆借链条延长，转手环节变多，"空转"而没有进入实体领域的民间借贷资金有所增加。

根据中国人民银行温州市中心支行的监测数据，温州当前 1100 亿元的民间借贷资金主要分为以下五种用途。（1）用于一般生产经营的占 35%，即 380 多亿元，这主要是一般社会主体直接借出和小额贷款公司放贷的资金；（2）用于房地产项目投资或集资炒房的占 20%，即 220 亿元，这包括一些人以融资中介的名义，或者由多家融资中介联手，在社会上筹集资金，用于外地房地产项目投资，也包括一些个人在亲友中集资炒房；（3）由一般社会主体（个人为主）借给民间中介的占20%，即220亿元；（4）民间中介借出，被借款人用于还贷垫款、票据保证金垫款、验资垫款等短期周转的占20%，即220亿元；（5）剩余5%即60亿元为其他投资、投机及不明用途等。（3）和（4）两部分借贷债权或资金（合计40%）没有直接进入生产、投资等领域，而是停留在民间借贷市场上，即为了纯粹的"炒钱"。

此外，民间借贷的资金来源主要是民营企业主和普通家庭的闲置资金。根据中国人民银行温州市中心支行的监测数据，民间借贷的资金来源具体包括温州当地生产生活结余的资金，全国各地在外温州人的投资回流资金和温州在世界各地华侨汇回的资金等。其中，来自当地企业等经济实体的资金占30%，来自当地居民的占20%，来自全国各地和世界各地的也分别占20%（其余为银行信贷资金间接流入等）。正是由于大量在外的温州人创业投资积累了充裕资本，部分资金回流进入当地的民间借贷市场，使得温州民间借贷特别活跃。当然，民间借贷市场上也有部分资金来自银行信贷。

由此可以看出，进入2011年后，在股市低迷、房市受控的情况下，民间资本无处可投，且在兑换成外汇进行海外投资时也受到外汇管理局的严格限制，最后只能适应于民营企业的资金需求，投向民间借贷。但是，与明斯基的融资结构转变类似的是，民间借贷在扩张中却变成了明斯基"庞氏融资"，为贷而贷，造成的资源错误配置程度不可小视，最后大范围爆发风险事故也潜在存在。

3. 民间借贷的整体风险判断

在对民间借贷扩张造成的资源错误配置：过高地追求利率、借贷结构转变为"为贷而贷"的投机结构有所了解后，紧接着需要回答的一个问题是，民间借贷的风险到底有多大？是否会引发大规模的系统性金融危机？

进入2011年后，我国民间借贷呈现了大量的投机色彩。首先，借贷利率短期内迅速上涨。中国人民银行温州市中心支行的监测数据表明，民间借贷利率在 2011 年中期，最高的达到了 40% 左右，即月息 3—5 分，如此高的利率是绝大部分实体经营企业难以承受的，在房市受控后，我国几乎难以找到与其收益匹配的投资。其次，参与人员越来越多，放贷主体的类型不断扩大。前文对民间借贷操作模式的总结表明，2011 年上半年参与民间借贷的主体已不是传统的小额贷款公司、担保公司、典当行、民营企业等，而是扩展到了上市公司、国有企业、商业银行及其员工，甚至公务员。再次，资金来源越来越大，渠道越来越多。对民间借贷结构转变的分析表明，除了传统的民间金融机构资金、居民自有资金、企业闲置资金外，外地资金、银行资金也不断参与借贷之中，非法集资增加，资金链条不断拉长。最后，随着民间借贷的扩张以及借贷利率的上涨，一部分民间借贷在"空转"，"为贷而贷"。

掌握了民间借贷的利率、结构以及特点之后，我们便可对民间借贷的总体风险做出一个基本判断。由于民间借贷利率高企，借款主体"欠债出逃"、"欠债跳楼"之类的案例在 2011 年 8 月之后显著增多；民间借贷资金有 30%—40% 来源于银行贷款（中金公司研究部，2011 年 10 月 8 日），其资金链断裂可能会引发银行体系的连锁反应；此外，正如所有金融危机中都会发生的，民间借贷危机一旦爆发，资金就会迅速撤离，这会进一步引发恐慌（魏加宁，2011）。由此可以看出，民间借贷的风险不可小视。根据公安部的统计，2011 年以来，我国非法集资犯罪案件高发，形势非常严峻：案件总量持续高位运行，2014 年全国公安机关立案 8700 余起、涉案金额逾千亿元，2015 年 1—2 月立案 2200 余起、涉案金额 346 亿余元，同比均大幅上升；大要案件不断增加，2014 年全国案均涉案金额超过千万元，为近年来最高；重点涉案地区扩散，河北、江苏、浙江、山西、山东、河南等部分东中部省份为传统高发地区，但 2014 年西部地区逐渐成为新兴高发区域；部分行业风险比较突出，投资咨询、投资担保、私募股权投资、第三方理财、农民专业合作社、网络借贷等领域，成为 2014 年和 2015 年上半年非法集资犯罪的重灾区和潜在高发案区。

尽管如此，我国民间借贷也难以引发大范围、大规模的系统性金融危机。首先，民间借贷规模总体尚小，截至 2011 年中期，温州民间借贷占银行贷款余额的比率高达 20%，而该比率在全国为 15% 左右，此后，民间借贷规模并没有呈现快速发展态势，其占比不太可能快速上升。其次，民间借贷是一个分散灵活的市场，资金的委托代理链条相对于当前复杂的正规金融体系而言，仍然较短，并且民间借贷的资金供给者自身的抗风险意识和能力相对较强。最后，民间借贷的混乱和风险处在正规金融体系之外，其对银行体系的冲击有限[1]（彭文生，2011）。因此，民间金融风险的爆发可能会引发局部地区的金融恐慌，并对当地的实体经济造成冲击，但是不太可能发展为全国性的系统性金融危机和经济危机。

除了上述地方政府融资平台、房地产市场和民间借贷三方面的资源错误配置和风险之外，我国危机后政策刺激下的信贷内生扩张还导致了高通货膨胀、产业空心化加剧[2]等问题，限于篇幅，书中不再展开详细分析。

6.4　小结

为了验证理论分析的合理性，本章立足中国经济 2008—2011 年的

---

[1]　中金公司研究部 2011 年 10 月 8 日发布的研究报告认为，民间借贷的违约并不会直接导致银行的不良贷款上升，但是存在数种间接传递的渠道：（1）背负银行贷款的中小企业也可能从民间借贷市场借款；（2）部分企业用银行贷款在民间借贷市场放贷；（3）部分支行行长和客户经理利用其社会资源扮演融资中介的职能，因而给银行带来潜在的声誉风险。

[2]　从资金来源的角度分析，产业空心化的一个重要原因是在 2009 年的信贷扩张中，政府主导的基础设施投资以及房地产投资占据了大量的信贷资金。政府主导的信贷扩张使得在信贷紧缩过程中，政府主导投资对民间投资产生了明显的挤出效应，民营产业的发展资金短缺。在 2007 年，政府相关贷款占人民币贷款余额的比重只有 11.8%，可政府为应对国际金融危机对经济增长的冲击在 2008 年底实施了十项经济刺激方案后，这一比重在 2009 年底迅速增长到 17.8%，到 2010 年底这一比例仍旧维持在 17.7% 的高位。与此同时，我国居民户贷款的占比也显著上升，从 2007 年的 19% 增长到了 2011 年 9 月的 24.9%。政府和居民贷款占比的增加意味着企业获取贷款的占比减少，在信贷紧缩的情况下，中小企业资金链的收紧程度超出信贷紧缩力量。

实际情况，对前文构建的货币信贷扩张/收缩的内生机制、货币信贷扩张/收缩的经济效益模型进行了案例检验，同时探究了中国货币信贷内生扩张的独特性及其原因。

本章在综述已有实证检验的基础上，结合我国当前的经济金融体制，得出了我国货币供给和信贷扩张内生性的根源在于政府行为（包括体制机制），即具有政府内生性。我国货币供给和信贷扩张内生性表面上看是由我国经济增长的出口和投资主导模式引致的，而其根源在于我国政府主导了投融资体系、侵害了商业银行的自主性和中央银行的独立性，经济增长模式改革滞后。

2009 年底政策当局意识到了货币信贷过度扩张可能引发的风险，在 2010 年之后不断收紧货币政策和加强信贷相关监管。但通过银信合作、民间借贷以及其他影子银行渠道，我国的货币信贷维持了快速扩张。这印证了信贷扩张的内生性。我国影子银行导致信贷扩张的机制虽然与资本市场发达国家的影子银行协助商业银行通过"发起—销售"进行信贷内生扩张的机制表面上有所不同，但本质上却一样，借道其他金融机构（例如信托公司）或者资金的银行体系外循环，最终放松了商业银行的资本监管约束和存款准备金约束，支持了信贷的快速扩张。这表明，前面分析的货币信贷内生扩张机制和构建的货币信贷内生扩张的综合模型是具有说服力的。

受到经济刺激方案的影响，信贷需求的高涨引致我国货币信贷连续多年的快速扩张，最终导致了我国一些领域和行业的资源错配，风险不断积累。其中最严重的要算地方政府债务风险、房地市场泡沫和民间借贷风险。本章对三个领域的信贷扩张规模、过程、机制和特点进行了详细的梳理。总体来看，我国在此次国际金融危机之后的经济实践对前文构建的货币信贷内生扩张的经济效应模型和分析结论也提供了有力论证。

第7章 货币信贷内生扩张与政策应对

前文已经论证了货币信贷扩张的内生性、货币信贷内生扩张的机制以及经济效应，并给出了案例检验，因此围绕货币信贷内生扩张的理论分析已经基本完成。然而，经济理论既出自于实践也要回归于实践，理论研究的最终目的是将研究结果指导实践活动。为此，在前文研究的基础上，我们还需要深入思考一个问题，即货币信贷内生扩张/收缩对现实中的货币、金融政策产生了什么样的影响，以及如何应对？本章将着重分析货币信贷内生扩张/收缩对货币政策和金融监管政策的影响，以及危机后的金融改革，特别是逆周期的资本监管，是否会有效地防范金融危机的发生。

7.1 货币信贷内生扩张与危机前货币紧缩政策的效力分析

7.1.1 货币政策关注利率还是货币总量？

关于货币政策，一个经常被论及且尚在争论的问题是，中央银行应该通过调控货币总量还是调控利率来维持金融体系的稳定和抑制经济的过度扩张？在货币政策的调控实践中，各国央行在政策目标和操作目标上对数量调控和利率调控的反复变换也表明①，这一问题在政策实践中急需进一步明释。

依照货币学派的信贷扩张和货币供给外生理论，货币和信贷乘数在短期内不会发生大的变动，中央银行可以通过调节基础货币的发放来控制货币供给总量，因此货币数量调控是货币政策的有效调控工具。针对凯恩斯学派"逆风向而动"货币政策的失效，米尔顿·弗里德曼等货币主义者提出了货币政策的"单一规则"，是外生观点的典型代表。在《美国货币史：1867—1960》中，弗里德曼通过对美国近一百年的货币历史研究认为，"逆风向而动"的货币政策是增加经济不稳定的主要原因，为此提出了稳定经济的"单一规则"货币政策（Friedman 和 Schwartz，1963）。简单地说，"单一规则"货币政策指的是，货币当局"公开宣布其采取的货币政策是让某种给定的货币总额保持一个稳定的增长率"，这可以"防止货币本身成为经济失调的主要根源"，"给经济提供一个稳定的背景"，并且"有助于抵消经济体系中其他因素引起的大干扰"。在 20 世纪 60 年代，弗里德曼认为货币供给比较合理的增长速度为 3%—5%，而 1984 年弗里德曼根据美国经济条件的变化认为这一增长速度应该更改为 1%—3%。当然，从货币政策目标选择的角度来说，货币学派认为利率目标也可以作为数量目标的一种替代②。

与货币学派不同，后凯恩斯学派的内生理论认为，信贷扩张和货币供给主要是由信贷需求决定的，经济主体的流动性偏好、金融创新以及商业银行的资产负债管理都会对货币当局希望达到的货币供给量产生重要影响，因此货币当局并不能完全控制货币供给总量。而且，以货币总量作为操作目标，即使货币政策实现了预期的货币存量，但可能无法实现对经济活动的调控目标。以下几方面的内生性因素会弱

---

① Mishkin 和 Eakins（2006，Chapter 8）对美国、英国、加拿大、德国、日本中央银行历史上在政策目标和操作目标方面的反复转换做了较详细的介绍。

② 此处关于货币政策"单一规则"的介绍来自朱泽山（1992）。

化货币政策意图向实体经济的传导：一是货币在支付职能和价值储藏职能之间的转换；二是货币在实体经济循环和在金融体系循环的转换；三是准货币（即发挥了部分或者全部货币职能的金融产品）与货币的互补；四是银行体系和影子银行体系之间的互补①（朱太辉，2013）。

需要注意的是，前文的论证表明，货币信贷扩张是通过外生和内生两个"齿轮"相互推动实现的，外生性和内生性的相对大小在不同的货币金融制度、不同的经济金融发展阶段以及不同的经济周期阶段会有所差异。信贷扩张和货币供给的内生性并不意味着货币政策完全无效②，而强调货币政策是否有效的关键是信贷需求是否随之改变。

在后凯恩斯学派的内生观点看来，货币政策调控应该主要采用利率等价格工具，通过价格工具来调节信贷需求，以此来实现对信贷扩张和货币供给的调节。具体而言，中央银行通过公开市场操作等调节短期名义利率；由于价格存在刚性，短期名义利率的变化会通过预期机制引起长期名义利率的变化，带动实际利率的变化；实际利率的变化进而会影响到企业的投资成本或者消费成本，这最终会影响到企业的投资信贷需求和消费者的消费信贷需求。上述过程就是货币政策传导机制的传统凯恩斯主义观点（Keynesian View），也被称为"利率渠

---

① 影子银行体系负债的"货币化"，一定程度上实现了对"高能货币"（high－powered money）和银行信用的替代，使得私营部门在资产配置中可以利用影子银行体系的负债代替货币，实现对一般商业信用的升级（Sunderam，2015）。在次贷危机爆发前，约一半的新增资产抵押商业票据是出于对货币的替代。未来随着金融体系的发展，金融产品对货币的替代性也更为常见，货币供给的内生性也会不断增强。

② 即使是早期的适应性内生理论，也认为中央银行可以通过调节利率来影响信贷需求和货币供给。

道"① （Tylor，1995）。按照货币供给和信贷扩张的内生理论，利率调节影响信贷需求，进而产生反馈效应，即信贷需求变化最终会反过来影响到信贷扩张和货币供给。

　　由于数量和价格是两个相互依存的变量，调控货币供给数量的效应与调控利率的效应可能是一样的，即货币学派的数量观点与后凯恩斯学派的利率观点的结果可能是一致的。但是，在货币政策调控实践中，中央银行如果选择货币总量为政策目标，那么就可能会失去对利率的控制。如图 7 - 1 所示，R^D 为存款准备金需求曲线，商业银行的准备金需求包括法定准备金和超额准备金两部分，由于超额准备金是有机会成本的，即基准利率，基准利率越高，商业银行的超额准备金的需求就越少，因此 R^D 是一条向右下倾斜的曲线。R_0^S 为中央银行的存款准备金供给曲线，也可以分为两个部分：中央银行通过公开市场操作主动提供的非借出准备金和商业银行通过再贴现贷款等借出的准备金。非借出准备金由中央银行外生决定，但是借出准备金是由中央银行和商业银行共同决定的。如果中央银行在设定的再贷款利率 i_d 上满足所有的再贴现贷款需求，那么 R_0^S 就由垂直和水平两部分组成。然而，正如前文所分析的，随着商业银行的借出准备金需求不断增加，中央银行的流动性偏好会不断提升，即不断提升再贴现贷款利率等，因此现实中再贴现贷款的利率会随着借出准备金的增加而不断提升，整个准备金供给曲线如图 7 - 1 所示②。如果中央银行期望的准备金供给总量为 R_0^S 和 R_0^D 相交决定的 R_0，如图 7 - 1 所示，信贷需求的变动使得商业

　　① 除此之外，中央银行的利率调整也可以通过"财富效益"、"托宾 Q 效应"以及"信贷渠道"等间接对信贷需求产生影响，进而影响信贷和货币供给的波动。Meltzer（1995）对货币政策引发的"财富效益"和"托宾 Q 效应"做了分析，Bernanke 和 Gertler（1995）阐述了货币政策的"信贷渠道"。
　　② 为了简化图形，这里假定中央银行的流动性偏好随再贴现贷款的增加而平滑增加，因此借出准备金的供给曲线是一条向上倾斜的平滑直线。如果像第 3 章所描述的那样，中央银行的流动性偏好是阶梯状增加的，那么借出准备金的供给曲线是一条向上倾斜的阶梯状曲线。

银行的存款准备金需求曲线 R_0^D 移动到 R_1^D 或者 R_2^D，那么基准利率也会相应地从 i_0 移动到 i_1 或者 i_2。因此，中央银行追求货币总量目标意味着利率会随着信贷需求的波动而波动。

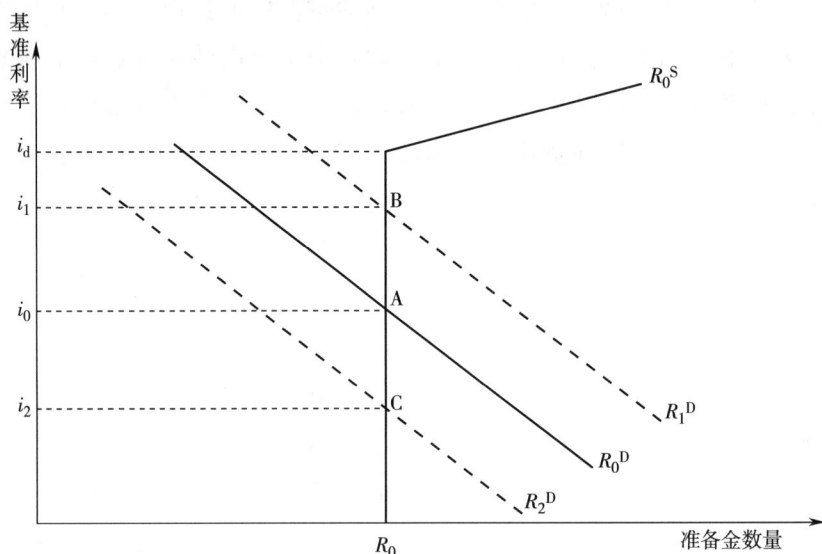

图 7 - 1　货币政策数量调控下的利率失控

同样，中央银行如果以利率为政策目标，那么同样也可能会失去对货币总量的控制。如图 7 - 2 所示，如果中央银行选择利率 i_0 作为货币政策的目标，那么随着信贷需求的变动，存款准备金需求曲线会相应地从 R_0^D 移动到 R_1^D 或者 R_2^D。为了盯住 i_0 的利率水平，中央银行的准备金供给也必须相应地从 R_0^S 移动到 R_1^S 或者 R_2^S。因此，中央银行追求利率目标意味着货币供给会随着信贷需求的波动而波动。

在货币政策调控实践中，利率目标和数量目标在很多时候是不能

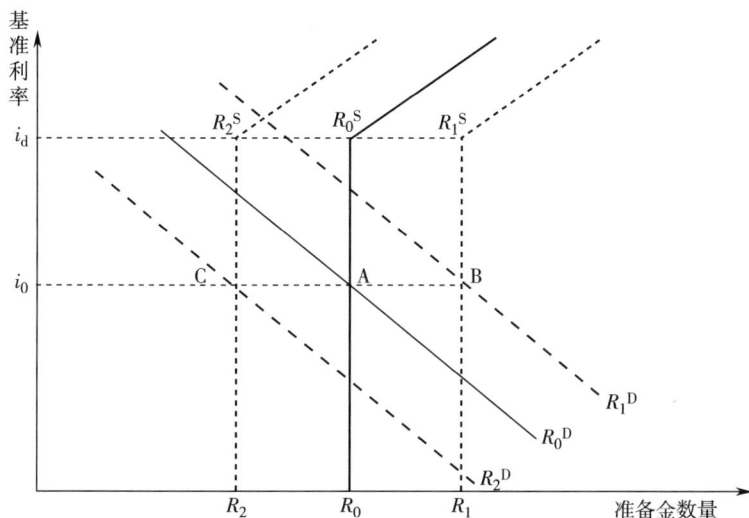

图 7－2　货币政策利率调控下的数量失控

同时实现的①。也正因为如此，各国中央银行在政策目标和操作目标的
选择上反复变换。随着金融体系的发展，各种准货币的金融产品不断
推出，影子银行体系快速发展，信贷扩张和货币供给的内生性不断增
强。美国、德国、英国、日本、加拿大等主要国家的中央银行在经过
多年的选择和尝试之后，发现以货币数量作为中间目标来控制货币供
给和信贷扩张并不成功，现大都已转向了利率目标。正如加拿大银行
前总裁约翰·克劳（John Crow）所说，"不是我们抛弃了货币总量目
标，而是它抛弃了我们"（Mishkin 和 Eakins，2006，p209）。

7.1.2　货币信贷内生扩张下利率调控政策的传导机制

凯恩斯学派中的货币流通理论、适应性内生理论和结构性内生理

---

① 美联储 20 世纪 70 年代将货币数量作为中间目标，而将联邦基金利率作为操作目标，结
果就遭受了利率目标和数量目标之间的冲突。

论各有各的特点和缺陷，前文综合三个理论的优势，建立了分析货币信贷内生扩张的多阶段动态模型。该动态模型表明，在不确定性普遍存在的经济环境中，从多个阶段的连续过程来看，各经济主体的流动性偏好及其行为会对货币信贷内生扩张产生重要影响。如果将这一模型与货币政策的利率调控联系起来，我们会对中央银行利率调控政策的效用有一个新的认识。

图 7-3 是前文构建的货币信贷内生扩张的多阶段动态模型，描述了中央银行利率调控政策对货币供给和信贷扩张、各经济主体行为的影响，图 7-3 中的点状虚线便为基准利率变动对货币信贷内生扩张过程的影响。如图 7-3 所示，如果中央银行担心经济增长过热，其流动性偏好就会提高，从而提高准备金贷款的利率，这表现在存款准备金的供给曲线上便是 R_0^S 向上移动到 R_1^S，移动的幅度代表中央银行主动调整利率的幅度。

中央银行上调利率后，在其他条件（例如商业银行的资产负债结构、资产和负债管理能力、外资流入状态、金融市场状况等）不发生变化的情况下，商业银行的流动性偏好除了之前随着贷款规模的扩张而提高外，基准利率的提高会使得商业银行形成一个政策紧缩的预期，其流动性偏好会进一步提高，表现在信贷供给曲线上就是 L_0^S 向上移动到 L_1^S。L_0^S 上移的幅度就是中央银行上调基准利率促使商业银行要求流动性损失补偿额外增加的利率幅度①，商业银行的贷款利率也会相应上涨。

在商业银行提高贷款利率后，企业的融资成本提高，这会引导企业改变对未来经济增长的预期。因为即使投资收益不发生改变，企业的投资利润也会因为贷款成本的提高而下降，一些投资项目甚至会出

---

① 如果考虑到商业银行在其流动性偏好增加的同时调整其资产负债结构，那么信贷供给曲线 L_0^S 上移的幅度会更大。

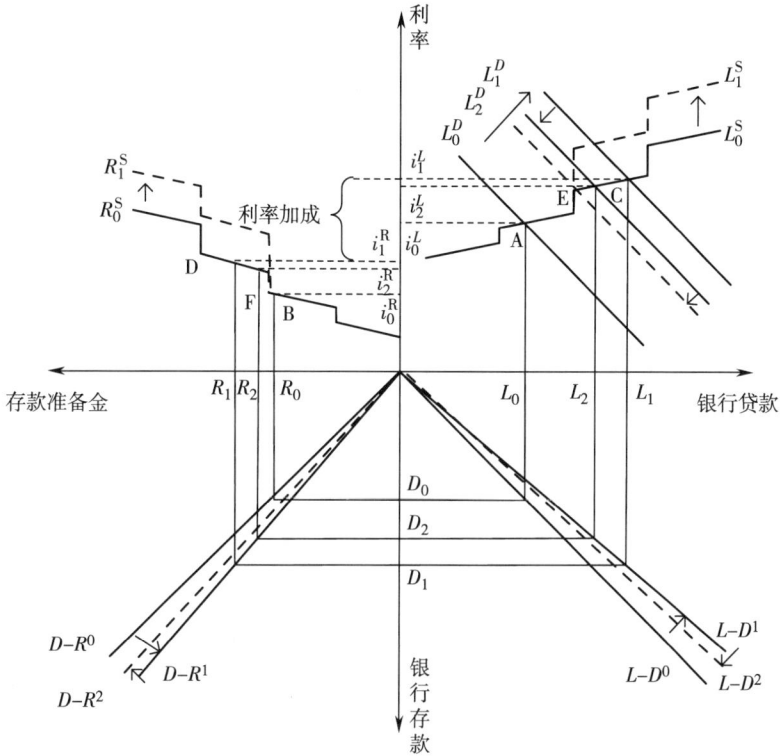

图7-3 货币信贷内生扩张下中央银行利率调节的传导机制

现亏损。企业会因此缩减计划投资规模，减少投资信贷需求。对于家庭而言，贷款利率的上升也会减少一部分的家庭消费信贷的需求。综合而言，相对于货币政策没调整的情况，基准利率的上调会使得信贷需求进一步减少，反映在信贷需求曲线上就是 L_2^D 向左继续回移到 L_3^D，回移的幅度就是经济主体信贷需求的缩减幅度。

在信贷需求和供给因为中央银行调高基准利率而收缩后，即使存款者的流动性偏好和资产组合不发生改变，存款量和存款准备金需求也会因此而减少。这表现在图7-3中便是贷款—存款曲线从 $L-D^1$ 回

移到 $L - D^2$，存款—准备金曲线从 $D - R^1$ 回移到 $D - R^2$。因此，信贷和货币供给的扩张程度会缩小。

7.1.3 货币信贷内生扩张下利率调控政策的效力分析

借助前文构建的货币信贷内生扩张下的 IS – LM 模型，可以分析信贷内生扩张下中央银行利率调控的效力。在信贷内生扩张下中央银行利率调节传导机制的基础上，借助第 3 章的信贷内生扩张模型（3 – 16）和（3 – 17），可以发现货币供给最终也会随着中央银行提高基准利率后信贷需求的减少而缩减。

$$M_S = C + D + T \qquad (3 - 16)$$

$$D = L \cdot \cfrac{1}{(1 + d + r_B - r_D - \sum_{i=1}^{N} r_i \cdot d_i - r_E)} \qquad (3 - 17)$$

在此基础上，引入货币信贷内生扩张修正后的 IS – LM 模型可以用来解释利率调控政策的效力。如图 7 – 4 所示，经济体的初始均衡状态为 IS_0 和 LM_0 相交的 A 点，初始均衡的国民收入和利率分别为 Y_0 和 i_0。由于经济处于扩张过程当中，在中央银行和政府不出台调控政策的情形下，需求的增加将会促使 IS_0 向右移动到 IS_1，而信贷内生扩张将会导致货币供给适应性增长，从而促使 LM_0 向右移动到 LM_1。IS_1 和 LM_1 曲线在 B 点实现均衡，此时的国民收入和利率将会变为 Y_1 和 i_1。相对于 A 的经济状况，Y_1 会大于 Y_0，而 i_1 和 i_0 大小关系取决于信贷和货币供给的内生扩张程度。

假定中央银行为防范经济过热，采取紧缩性的货币政策，调高利率。前面的利率调控政策的传导机制表明，随着利率的提高，一方面经济主体的信贷需求会因此而减少，另一方面货币供给也会进一步缩

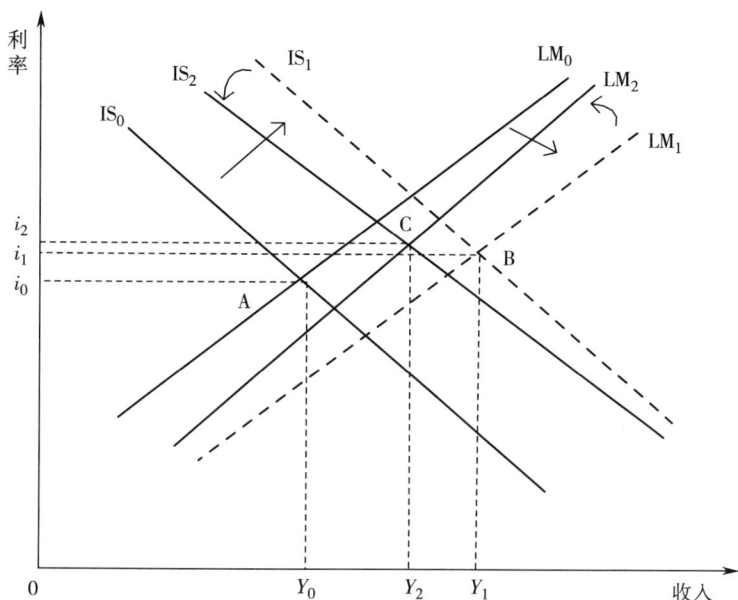

图 7 - 4　货币信贷内生扩张下利率调控政策的效力分析

减。这表现在 IS 和 LM 曲线便是，IS_1 和 LM_1 曲线将会向左回移①。同时，基于图 7 - 3 的分析表明，信贷和货币供给收缩的过程伴随着中央银行、商业银行以及经济主体（投资者和消费者）流动性偏好的提升，这也会对 IS_1 和 LM_1 曲线产生影响。具体而言，由于投资者和消费者流动性偏好的提升，IS_1 曲线在向左回移的过程中，其斜率将会不断减少，即逆时针旋转，最终移动到 IS_2 ②；商业银行和中央银行流动性偏好的提升使得 LM_1 曲线在向左上移动的过程中，其斜率会不断增加，即逆时针旋转，最终移动到 LM_2。IS_2 和 LM_2 曲线在 C

――――――――

①　相对于没有考虑货币信贷内生波动的情形，即初始调整利率时 LM_1 曲线向左移动的幅度，此时 LM_1 曲线向左移动的幅度更大。

②　IS 曲线斜率（绝对值）越小，表明经济主体的投资需求对利率的敏感性越大，即经济主体的流动性偏好提升。

点相交，经济体实现新的均衡。C 点的均衡国民收入为 Y_2，要小于 Y_1；均衡利率为 i_2，i_2 与 i_1 的大小关系由 IS_2 和 LM_2 曲线相交的位置决定，即取决于经济主体在中央银行实施利率调节政策后流动性偏好的变化情况。

需要注意的是，在经济扩张过程中，一旦企业陷入非理性的竞争性投资，企业信贷需求对利率的敏感性会大幅降低，即利率提高对流动性偏好的影响较小，中央银行通过利率政策来调控经济的效用将会大打折扣[①]。特别是，如果企业预期通货膨胀未来的上升幅度会超过中央银行对名义利率的上调幅度，即预期实际利率并不会因为中央银行的利率调节而上升，那么企业的信贷需求就不会受到中央银行利率调节政策的影响。另外，对银行等贷款机构而言，"只要这些机构（银行）能够在负债的成本和资本回报之间可以保持可以接受的利差，货币当局无论将利率提升到何种程度，对他们都没有影响"（考夫曼，2001 中文版，p207）。此时，考验的就是中央银行的利率调控技术，例如中央银行如何依照"泰勒规则"（Taylor，1993）来掌握货币政策的实施时间和力度。

美国次贷危机爆发后，很多研究对美联储的利率调节政策进行了批评，认为美联储在货币政策实施时间和政策力度上的失误是此次危机爆发的重要原因。Taylor（2009）认为美联储在 2000—2006 年的实际利率远低于历史检验所指示的应有水平，且偏离程度之大、持续时间之长历史罕见（如图 7 - 5 所示），持续宽松的货币政策是引发楼市暴涨进而崩溃的元凶。Goodhart（2010）也认为，在 2007 年 8 月次贷危机爆发以前，美联储是可以通过迅速激进地降低利率来阻止泡沫破裂的，因为美联储的迅速应对会给金融市场参与者信心，让他们相信经济不但会比之前更加稳定，而且所有细微的金融波动会马上被极具

---

① 美联储在 2004 年到次贷危机爆发期间的利率上调政策就处于这一境地。

警惕和强大的美联储所纠正。Goodhart 认为美联储依赖泰勒反应函数来实施货币政策没有错，但与 Taylor（1993，2009）不同的是，他认为纳入泰勒反应函数的应该是风险调整的短期利率——有效利率（effective rate），而不是官方利率（official rate）①；如果美联储在 2007 年 8 月以前更早、更快地提高官方利率，而在 2007 年 8 月至 2008 年 10 月更快、更大幅度地降低官方利率，那么此次危机就不会爆发，经济也不会在危机后陷入衰退。

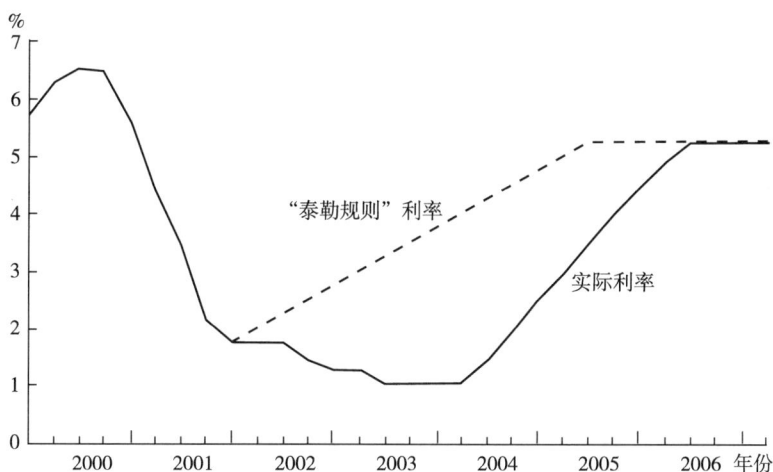

资料来源：Taylor（2007），p5。

图 7 - 5　次贷危机前的实际利率与"泰勒规则"利率

---

① Goodhart（2010）认为，从有效利率来看，2002—2007 年夏季，利率是下降的，此后有效利率才会不断上升。

7.2　货币信贷内生扩张与危机后经济刺激政策的效力分析

在货币信贷内生扩张的情形下，为防范经济过快增长，中央银行的利率调控相对于数量调控来说，效力更大。但是，如果经济在危机爆发后陷入了衰退，中央银行和政府又该如何选择应对政策呢？利率政策还会发挥效力吗？

7.2.1　危机后宽松利率政策的效力分析

在经济危机爆发后，面对经济下滑和衰退，降低利率是常用的货币政策。但是，此时的货币信贷具有较强的内生性，利率政策可能是缺乏效力的。

首先，危机之后商业银行的流动性偏好会大幅提升，银行贷款利率并不等于央行设定的基准利率，不会随着中央银行下调利率而降低。危机爆发后，商业银行之前扩张的贷款会遭受较大的损失。为了防范挤兑（既包括存款人挤兑，也包括交易对手挤兑），商业银行会提高贷款利率，减少贷款发放，尽快回收已发放的贷款，以修复资产负债表和满足监管要求以及存款准备金要求。在次贷危机发生的一年前，美国银行间同业拆借市场的季度贷款利率和 3 年期按揭贷款平均利率之间的差额为 0.97%，但在次贷危机爆发并且恶化后，两者的利差在 2009 年 2 月大幅上升到了 3.87%。

其次，中央银行调低名义利率并不意味着实际利率随之下降。在经济危机爆发后，物价水平通常会随之大幅下降。如果物价水平的下降幅度超过了名义利率的下降幅度，那么实际利率反而是上升的，日本在 20 世纪 90 年代后期就见证了这种情形。日本的名义利率在 20 世纪 90 年代中期之后就接近于 0，但是日本的实际利率在此后的十余年时间里却稳定在 2.5% 以上。在经济危机之后，经济衰退，如果期望私营部门在实际利率上升的情况下继续借贷扩张投资和生产显然是不现实的。

再次，经济危机爆发后，资产的价格和市场价值也会随之下降，即使中央银行降低利率也不会促其反弹。资产的价格下降使得其作为贷款抵押物的价值缩水，借款企业或者家庭一方面会遭受银行催促增加抵押物，或者偿还贷款；另一方面，负债并不会随着资产价格的下降而减少，并且实际债务偿还还会随着通货紧缩而上升，借款企业或者家庭的资产负债表失衡，从而还会想办法减少贷款或者其他负债，以修复资产负债表。

最后，投资是由成本和收益双向决定的，除了贷款利率外，还受预期收益的影响。经济危机爆发后，即使中央银行调低利率，但如果经济衰退致使企业投资的预期收益低于贷款利率，那么企业仍然不会有增加投资和信贷需求。

在 20 世纪 80 年代末的经济泡沫破裂后，日本实施的货币政策就是经济衰退期间利率政策失效的例证。如图 7 - 6 所示，即使日本 3 个月期 CD 的利率在经济泡沫破裂后大幅下降，并在 20 世纪 90 年代中期之后一直维持在 0 上方附近，但是日本非金融企业的银行信贷和市场融资占 GDP 的比率却在一直下降。特别是在 1996 年至 2006 年，日本非金融企业不但没有增加借债，反而在加速偿还贷款和其他债务。在 2002 年和 2003 年，日本非金融企业的净债务偿还额创造了 30 万亿元的历史最高规模。

因此，经济危机爆发后，如果没有其他有助于刺激信贷需求的政策配合，中央银行可能难以通过利率政策来刺激企业等私营实体部门的信贷需求，从而带动经济复苏。

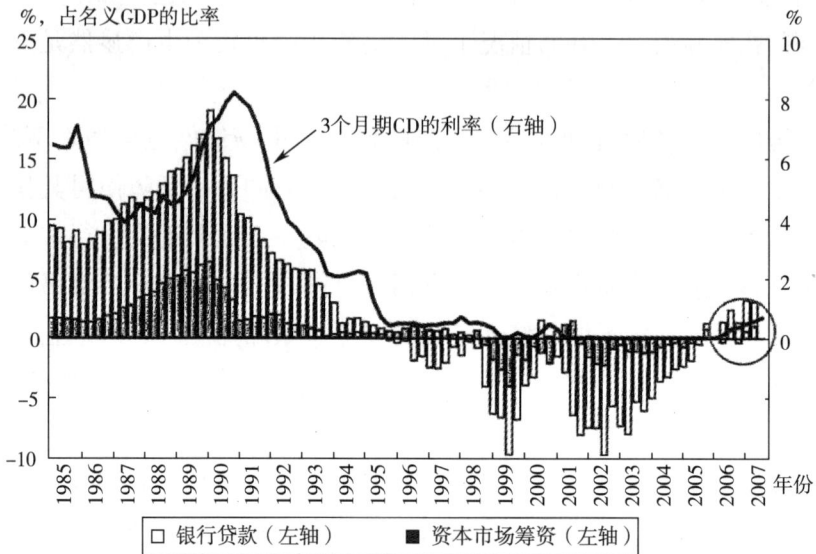

资料来源：Koo（2008），p12。

图 7 - 6　日本非金融企业近 20 年来的货币供给和信贷扩张情况

7.2.2　危机后"量化宽松"与"信贷宽松"政策的效力分析

经济危机爆发后，如果价格型的利率宽松政策难以阻止经济的衰退和萧条，那么数量型的宽松货币政策能发挥效力吗？在现有的货币政策调控实践中，数量型的宽松货币政策包括"量化宽松"和"信贷宽松"两种，下面将分别分析两者在刺激经济复苏方面的效力。

"量化宽松"（Quantitative Easing，QE）的货币政策是指，中央银行在实行零利率或近似零利率政策后，通过购买国债等中长期债券，增加基础货币供给，向市场注入大量流动性资金的方式，鼓励开支和借贷，也被简化地形容为间接增印钞票。"量化"指的是扩大一定数量的货币发行，"宽松"则是指货币政策的基调。一般来说，只有在利率等常规政策工具不再有效的情况下，中央银行才会采取量化宽松货币政策这种极端做法。

量化宽松货币政策最早应用于日本，开始于 2001 年。日本中央银行为了解决经济长期萧条和通货紧缩问题①，在 2001 年 3 月至 2006 年 3 月，在实行零利率政策的同时，大幅增加基础货币供给，以增加市场的流动性。具体而言，日本当时的量化宽松货币政策主要包括三方面的内容：其一，为商业银行增加准备金供给，确保商业银行拥有大量的流动性，并向市场释放；其二，加大公开市场操作力度，由传统的购买短期国债转为购买长期国债，甚至购买银行股权，以增加基础货币的供给量；其三，承诺在核心 CPI 实现增长（CPI 指数环比大于 0）之前，上述政策会一直持续下去（穆争社，2010）。

然而，日本此次的量化宽松货币政策并没有实现预期效力。如图 7 - 7 所示，如果将各指标在 1990 年的值设定为 100，那么到 2005 年，日本的基础货币供给量增加到了 300，而广义货币供给（$M_2 + CD$）却只增加到 150 左右，这还要归功于政府借贷的贡献（Koo，2008）。更为重要的是，到 2006 年 6 月，私营部门的借贷（债务和贷款）反而下降到了 95。而私营部门借贷的萎靡不振是因为日本中央银行的量化宽松货币政策并没有刺激经济走上扩张，信贷需求缺乏。

与日本实施的量化宽松货币政策不同，美国在此次危机之后实施

---

①　小林庆一郎（2004）认为，日本出台量化宽松货币政策的目的还在于，在日本经济泡沫破裂后，日本的商业银行拥有了大量的不良贷款，同时向银行借贷的企业也存在巨额的资不抵债，从根本上解决资不抵债问题需要增加资本。然而，当时受到政治上的制约，政府注资是不充分的，银行和企业仍然存在着较大幅度的资不抵债缺口。在债务缺口存在的情况下，如果名义利率提高到 0 以上，债务缺口就会不断扩大，最终可能会引发大规模的银行和企业倒闭。为了避免这一情况的出现，日本中央银行只好将名义利率长期维持在 0 附近。

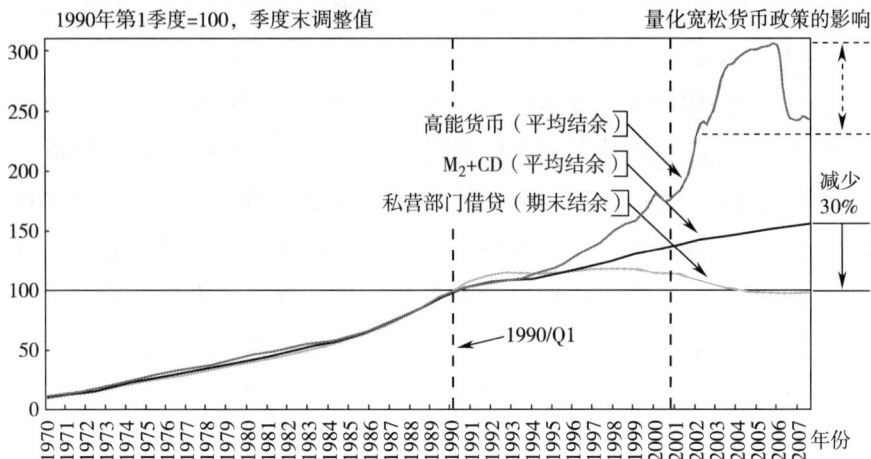

资料来源：Koo（2008），p33。

图 7 – 7　日本近 40 年来的货币供给和信贷扩张情况

了"信贷宽松"（Credit Easing，CE①）的货币政策②。2007 年次贷危机爆发后，以研究大萧条出名的 Bernanke 率领美联储果断地实施了积极的救助策略，这集中表现在以下三个方面：一是采用激进的大幅降息措施，抵消危机对借贷利率和宏观经济的影响③；二是向商业银行等金融机构提供流动性以减缓金融体系的紧张局势，支持信贷市场正常运行；三是运用各种手段保持金融稳定，主要是防止金融机构无序倒

① "信贷宽松"的提法来自美联储主席伯南克，他在各种场合宣扬美联储此次危机之后实施的救助政策时，将其统称为"信贷宽松"政策（伯南克，2009）。

② 次贷危机后，美联储实施了两轮宽松的货币刺激政策：第一轮宽松政策开始于 2008 年 11 月 25 日，涉及 1.25 万亿美元的机构抵押贷款支持证券和 2000 亿美元的机构债券，于 2010 年 4 月 28 日到期；第二轮宽松政策开始于 2010 年 11 月 3 日，内容是在 2011 年第二季度前购进 6000 亿美元的国债。准确地说，"信贷宽松"政策是指上述第一轮宽松政策。

③ 自 2007 年 9 月至 2008 年 12 月，为使宏观经济尽可能与金融动荡相隔离，美联储进行了十次降息，联邦基金利率从 5.25% 下降到 0 – 0.25% 这一区间。单次降息幅度有三次为 75 个基点（分别为 2007 年 1 月 22 日、2008 年 3 月 18 日和 12 月 16 日），这是自美联储采用联邦基金利率作为政策操作目标以来从没有过的。

闭（Bernanke，2008）。其中，在流动性供给方面，美联储除了运用传统的市场流动性支持声明、公开市场操作、窗口贴现等方法和手段外，还创新性地设置了短期拍卖融资便利（Term Auction Facility，TAF）、短期证券借贷便利（Term Securities Lending Facility，TSLF）、一级交易商信用便利（Primary Dealers Credit Facility，PDCF）、货币市场共同基金流动性便利（Asset Backed Commercial Paper Money Market Mutual Fund Liquidity Facility，AMLF）、商业票据融资便利（Commercial Paper Funding Facility，CPFF）、货币市场投资者融资便利（Money Market Investor Funding Facility，MMIFF）、短期资产支持证券贷款便利（Term Asset–Backed Securities Loan Facility，TALF）等工具和手段，涉及的对象除了银行等金融机构外，还有很多实体企业。

　　美国的"信贷宽松"一方面帮助商业银行等金融机构修复了资产负债表，另一方面又为市场提供了流动性，从而很快促使金融体系恢复了稳定。在紧接着的 2010 年底实施的"量化宽松"货币政策的刺激下，美国经济也逐步败退衰退，2010 年的 GDP（不变价）实现了2.5%的增长（见图 7-8）。如果笼统将"信贷宽松"称为"量化宽松"，则美国在此次金融危机爆发后共实施了四轮"量化宽松"政策：第一轮的时间为 2008 年 11 月—2010 年 4 月，美联储购买政府支持企业（简称 GSE）房利美、房地美、联邦住房贷款银行与房地产有关的直接债务，以及两房、联邦政府国民抵押贷款协会（Ginnie Mae）所担保的抵押贷款支持证券（MBS），还有较长期限的国债，共计 1.725 万亿美元①；第二轮的时间为 2010 年 11 月—2011 年 6 月，总计将采购6000 亿美元的资产，同时维持 0—0.25%的基准利率区间不变；第三轮开始于 2012 年 9 月，美联储决定每月购买 400 亿美元抵押贷款支持

---

　　① 其中，购买机构抵押贷款支持证券 1.25 万亿美元、机构债务 2000 亿美元、长期国债3000 亿美元。

证券，未说明总购买规模和执行期限，继续执行卖出短期国债、买入长期国债的"扭转操作"①，继续把到期的机构债券和机构抵押贷款支持证券的本金进行再投资，继续将联邦基金利率保持在 0—0.25% 的超低区间，并计划将这一水平至少保持到 2015 年年中；第四轮的时间是 2012 年 12 月 13 日，美联储宣布每月采购 450 亿美元国债，替代扭曲操作，加上 QE3 每月 400 亿美元的宽松额度，美联储每月资产采购额达到 850 亿美元②，同时保持零利率的政策，将利率维持在 0—0.25% 的极低水平。在美国持续的"量化宽松"政策刺激下，美国经济自 2010 年开始维持了 2% 左右的低速平稳增长，2014 年下半年复苏迹象更加明显（见图 7 - 8）③。

日本 2001 年的量化宽松货币政策与美国此次危机之后实施的"信贷宽松"政策在效果上差异较大，这其中的原因在于两个政策的目的和作用机制不同。在目的上，日本的量化宽松政策旨在通过扩张基础货币供给将长期利率维持在低位，以降低日本负债企业和银行的债务负担，尽快促使经济快速增长；而美国此次的"信贷宽松"政策最直接的目标是为了吸收市场机构的有毒资产，将风险资产从金融机构转移到美联储，以帮助金融机构尽快修复资产负债表，重振市场信心。此外，在政策的运作机理上，日本的量化宽松政策首先设定金融机构无息存款准备金账户的余额目标，然后通过购买政府债券或商业票据来实现金融机构账户的余额目标，以改善公众的通胀预期，因此操作

---

① 扭曲操作是指美联储卖出较短期限国债，买入较长期限国债，从而延长所持国债资产的整体期限，以压低长期国债收益率。

② 表面上看 QE4 似乎比 QE3 量化宽松额度翻倍，但实际上总量和 QE3 一样。在 QE3 的时候美联储每个月要购买 850 亿美元的国债和机构债券，但由于扭曲操作到期，使得每个月产生了 450 亿美元的缺口，所以不得已又推出 QE4 来弥补该缺口。因此，QE4 只是为了弥补扭曲操作到期带来的紧缩。

③ 需要指出的是，危机后美国经济的低速平稳增长是包括推进结构性改革等在内的一系列举措的共同结果，考虑到日本长期以来执行的量化宽松政策在促进经济增长方面的效果不显著，如果美国仅凭量化宽松货币政策也难以实现 2% 左右的年均增速。

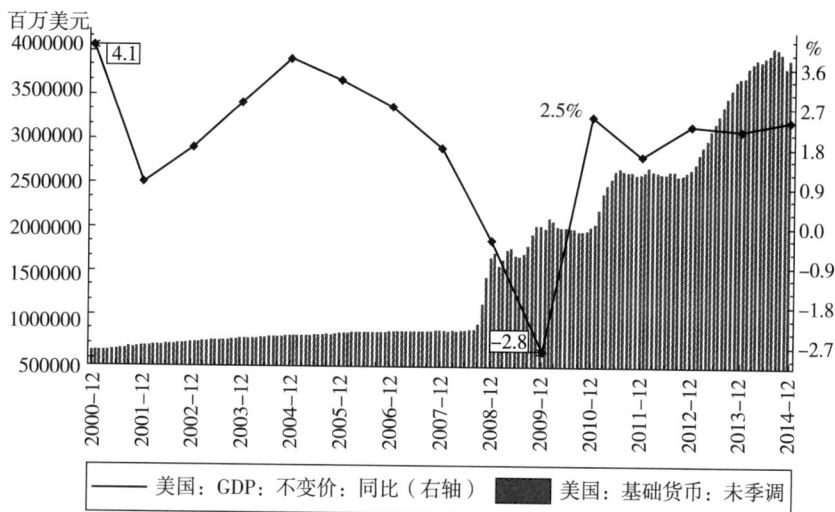

数据来源：Wind 资讯。

图 7 - 8　国际金融危机后美国的量化宽松货币政策与经济增长

集中在中央银行资产负债表的负债方（张晶，2009）；而美国的"信贷宽松"政策中的各种创新性工具涉及的都是美联储资产负债表中的资产方。

　　由此可以看出，量化宽松政策是期望通过扩张基础货币供给，从货币的供给方来促使信贷扩张和经济复苏；而"信贷宽松"政策是通过资产置换，即中央银行用基础货币换金融机构的风险资产或有毒资产①，以修复金融机构的资产负债表，降低其流动性偏好和偿债压力，进而促进信贷扩张。从信贷扩张的内生理论来说，两者都不是直接刺激信贷需求，但从前文分析的信贷内生扩张机制可知，"信贷宽松"可以在一定程度上降低金融机构的流动性偏好，从而促使金融机构避免交易对手挤兑和存款人挤兑，并降低利息刺激信贷需求，同时也增加

---

　　①　回顾第 1 章的"信用金字塔"可知，该措施属于经济危机后的信用增级，即将商业银行信用转变为中央银行信用。

信贷供给。当前美日等国量化宽松货币政策效果不理想的重要原因是，信贷扩张和货币供给在经济萧条和复苏阶段的内生性较强（朱太辉，2013），"货币的乘数效应可能很低，甚至为负，也就是说，注入资金的数量变化无法给货币总供给量带来明显的增效"，"货币量的增加是经济复苏以后所带来的结果，而不是起因"（斯基德尔斯基，2011，pXV、21）。

7.2.3　危机后积极财政政策的效力分析

相对于量化宽松类货币政策，"信贷宽松"类货币政策在危机之后阻止经济衰退的效力要大一些，但效力有限，更加有效的办法是通过直接刺激信贷需求来促使经济复苏。例如，积极性的财政政策可以通过公共投资刺激"信贷需求"，进而拉动信贷扩张和经济增长。

基于前文引入货币信贷内生扩张修正的 IS–LM 模型，我们可以对经济衰退期间积极财政政策的效力进行论证。如图 7–9 所示，经济初始的均衡位置为 A 点，由于经济处于危机后的衰退阶段，所以 LM_0 曲线是水平的，即为凯恩斯"流动性陷阱"的情形。在"流动性陷阱"的情形下，利率水平 i_0 已经非常低，投机性的货币需求无限大，但是企业和家庭的信贷需求却非常小[①]。由于缺乏信贷需求，此时即使实施量化宽松的货币政策，即 LM_0 曲线向右移动，也不会进一步降低利率和刺激需求。

如果我们基于信贷扩张和货币供给的内生理论来考虑，相对于宽松的货币政策，积极财政政策的效果会大不一样。如图 7–9 所示，假

---

① 信贷需求的缺乏主要有三方面的原因：其一，资产价格的下降使得其贷款的抵押物价值缩水，企业会遭受银行催还贷款；其二，资产的市场价值下降后，其资产负债表受损，企业还会想办法减少贷款或者其他负债，已修复资产负债表（Koo，2008）；其三，经济危机后，经济衰退使得企业投资的预期收益下降，甚至亏损，家庭预期未来收入减少，也会减少消费信贷；其四，物价水平在经济危机后大幅下跌，即使利率水平较低，实际利率仍然可能较高。

定政策通过公共支出（例如公共投资）来实施积极的财政政策，一方面会直接增加经济的总需求，推动 IS_0 曲线向右移动；另一方面，积极的财政政策还会间接地引致私营部门的投资和消费需求，降低私营部门的流动性偏好，进而扩大私营部门的信贷需求。在宽松的货币政策环境下，信贷需求会通过提高货币供给乘数，引致广义货币供给的增加，表现在图 7-9 上就是 LM_0 曲线也会向右移动①。最终，IS_0 曲线移动到 IS_1，其斜率增加表明私营部门的流动性偏好降低，LM_0 曲线移动到 LM_1，两者相交于 B 点。在 B 点，利率水平 i_1 小幅高于初始状态下的 i_0，甚者可以保持不变，而国民收入 Y_1 则会大于初始状态的 Y_0。如果进行多阶段的动态分析，国民收入增加后会进一步引致投资和消费的增加，随之增加的信贷需求引致信贷扩张，从而推动经济逐步复苏。

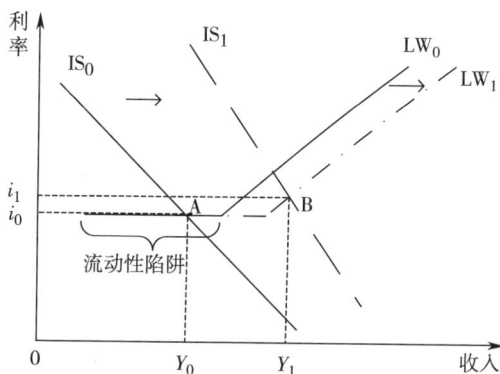

图 7-9　经济衰退期间积极财政政策的效力分析

对于上述积极财政政策效力的分析，日本经济 20 世纪 90 年代和 21 世纪初的表现提供了例证。在 20 世纪 80 年代末的经济泡沫破裂后，日本中央银行实施了宽松的货币政策，不断调低利率，并在 2001 年中

---

① 积极的财政政策一开始并不会马上改变商业银行的流动性偏好，因此 LM_0 曲线只是向右平移，其斜率并不会降低，即 LM_0 曲线右移过程中不会发生顺时针旋转。

期开始实施定量宽松的货币政策，但是私营部门的借贷并没有因此而扩张，表明货币政策缺乏效力，如图 7 – 10 所示。按照货币供给和信贷扩张的内生理论，在私营部门信贷缩减的情况下（如图 7 – 7 所示的从 1990 年的 100 下降到 2006 年 6 月的 95），日本的广义货币供给（M₂ + CD）也应该是缩减的。然而日本的广义货币供给却保持了较低的增长（如图 7 – 7 所示的从 1990 年的 100 增长到 2005 年的 150），这主要是由于日本政府一直在实施积极的财政政策。也就是说，在私营部门信贷需求缩减的情况下，日本公共部门的借贷增加，中央银行对公债的购买[1]保证了日本广义货币供给的增长，日本经济也才可以保持低水平的增长。

货币供给相对于前一年的增长率（%），私营和非私营部门各自对信贷扩张的贡献（%）

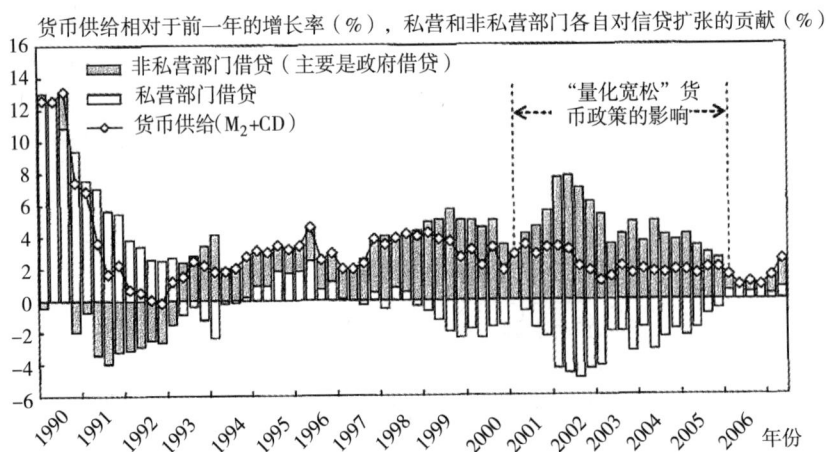

资料来源：Koo（2008），p31。

图 7 – 10　日本近 20 年来的货币供给和信贷结构的变化

---

① 日本中央银行购买政府债券为财政赤字货币化，在早期是采用直接认购政府债券的方式，但是 1998 年 4 月日本国会通过新的《日本银行法》后，日本银行原则上不再承担向政府提供长期贷款和认购长期政府债券的义务，其为财政赤字货币化大多采用的是通过公开市场操作的间接购买方式。

对于经济衰退期间货币政策的效力，凯恩斯曾做出过形象地描述，"如果货币是刺激整个体制运行的烈酒……那么在酒杯和唇齿接触之前也许早就洒翻了好几滴"①。用专业术语来说，经济衰退期间货币的乘数效应可能很低，甚至为负，仅仅注入基础货币可能无法带动货币供给总量的增长。从货币信贷扩张内生理论来看，刺激经济重要的是货币使用，即信贷需求，而非货币供给。因此，对于刺激经济在危机后走出衰退，相对于定量宽松或者"信贷宽松"的货币政策，积极的财政政策是直接扩大信贷需求和货币使用，因而更加有效。

7.3　货币信贷内生扩张与逆周期资本监管的效力分析

除了货币政策外，信贷扩张和货币供给的内生性还需要我们重新审视金融监管政策。此次危机之后，巴塞尔银行监督管理委员会对已有的监管框架《巴塞尔协议 II》做了较大的修改。但一个需要深入思考的问题是，在信贷内生扩张的情形下，修订之后的新监管框架《巴塞尔协议 III》，特别是其中的逆周期资本监管，是否可以发挥预期效力？②

7.3.1　危机后的逆周期资本监管改革

关于此次危机爆发的原因，除了美联储实施的持续宽松货币政策外，另一个备受责备的是落后于金融发展的银行业监管框架：《巴塞尔协议 II》。巴塞尔银行监管委员会（2011，中文版）认为，此次危机一方面暴露了市场的失灵，同时也暴露了已有监管框架的缺陷。首先，在很多国家或地区，银行体系的杠杆率过高（包括资产负债表内外的

---

① 摘引自斯基德尔斯基（2011，p21）。

② 对于货币信贷扩张的内生性对资本监管特别是逆周期资本监管效力的影响，朱太辉（2012）进行了较为系统的初步研究。

资产），银行资本数量不够，同时资本的质量也在信贷扩张中受到了侵蚀。其次，银行的流动性储备不足。这两方面的缺陷使得银行体系不能吸收信贷扩张后遭受的损失，也无法应对在影子银行体系协助下挪移至表外的资产遭受的损失。再次，顺周期的去杠杆化过程，以及金融机构之间逐渐复杂的交易关系和增加的关联性，进一步放大了危机的传染性和冲击范围。最后，危机爆发后，市场和交易对手对银行机构流动性和清偿能力丧失信心，引发的"交易对手挤兑"（counterpart risk）进一步恶化了风险。

为此，巴塞尔银行监管委员会在危机之后对已有的监管框架进行了一系列的改革①，其中最引人瞩目的是逆周期资本监管标准的推出。针对《巴塞尔协议Ⅱ》中资本监管的顺周期性，《巴塞尔协议Ⅲ》从资本数量和质量两个方面对资本监管做出了改革。

在数量方面，为了缓解金融体系的顺周期性，《巴塞尔协议Ⅲ》构建了四个层次的"逆周期"资本监管框架（巴曙松和朱元倩，2011）。首先，缓解最低资本要求的顺周期性，提高了最低资本要求，普通股权益作为吸收损失的最高形势，其下限将会从现行的 2% 提高到4.5%，一级资本要求将会从 4% 提高到 6%，总资本最低要求为 8%。其次，引入 0—2.5% 的留存超额资本（也叫资本留存缓冲，Capital Conservation Buffer），由普通股一级资本和其他完全具有损失吸收能力的资本构成。留存超额资本主要是银行在经济衰退期间用于缓冲资本损失，从而降低资本监管的顺周期性。再次，增加逆周期缓冲资本（Capital Countercyclical Buffer），也是由普通股和其他完全具有损失吸收能力的资本构成，比例为 0—2.5%，由各国根据本国的实际情况实施。最后，引入系统重要性银行的附加资本，前两版的《巴塞尔协议》所采用的资本计量方法和监管标准很大程度上忽视了金融体系不断增

---

① 《巴塞尔协议Ⅲ》的具体改革领域和内容，可参阅巴塞尔银行监管委员会（2014）。

强的关联性，以及系统性重要金融机构①倒闭对整个金融体系稳健运行
产生的影响，为此《巴塞尔协议Ⅲ》从宏观审慎的角度，对系统性重
要金融机构提出了更高的资本要求和流动性要求。这些要求包括大幅
提高其交易业务和交易对手信用风险的资本要求，鼓励通过中央交易
对手进行场外衍生品清算，提高对大型银行风险暴露的资本要求
（1%—4%的附加资本，具体比例还没有确定）②。《巴塞尔协议Ⅲ》中
上述资本监管标准及其过渡期安排如表7-1所示。

表7-1　　　《巴塞尔协议Ⅲ》的资本监管标准及其实施安排　　单位：%

实施时间（年份）	2011	2012	2013	2014	2015	2016	2017	2018	2019
核心一级资本			3.50	4.50	4.50	4.50	4.50	4.50	4.50
资本留存缓冲						0.625	1.25	1.875	2.50
核心一级资本 + 资本留存缓冲			3.50	4.50	4.50	5.125	5.75	6.375	7.00
一级资本扣减				20	40	60	80	100	100
一级资本			4.50	5.50	6.00	6.00	6.00	6.00	6.00
总资本			8.00	8.00	8.00	8.00	8.00	8.00	8.00
最低总资本 + 留存资本			8.00	8.00	8.00	8.625	9.125	9.875	10.50
逆周期资本	0 ~ 2.50%								
系统重要性资本	×%（估计计提区间为1%—4%）								
不再认定为非核心一级资本或附属资本的资本工具	2013 年逐步淘汰使用								

资料来源：巴曙松和朱元倩（2011，p70）、巴塞尔银行监管委员会（2014），作者做了些许
调整。

---

①　2011 年11 月，全球金融稳定委员会（Financial Stability Board，FSB）公布了29 家对世
界金融体系极为重要的银行，即系统重要性银行，中资银行只有中国银行在名单之列。
②　除上述四个方面之外，《巴塞尔协议Ⅲ》还引入了更具前瞻性的拨备计提方法，改革了
公允价值的会计制度等。

在改善资本质量方面，《巴塞尔协议Ⅲ》规定：核心一级资本包括银行的普通股、股本盈余、留存收益、银行并表子公司发行的且由第三方持有的普通股，以及其他监管调整项；一级资本中的其他一级资本包括银行发行的满足其他一级资本标准的工具（不应包含在核心一级资本中的）、发行其他一级资本工具产生的股本盈余（如股票溢价）、银行并表子公司发行的由第三方持有的且满足其他一级资本工具标准的工具、其他一级资本监管调整项；总资本中的二级资本包括银行发行的满足二级资本标准的工具、发行二级资本工具产生的股本盈余、银行并表子公司发行的由第三方持有的且满足二级资本工具标准的工具、特定贷款损失准备、二级资本监管调整项。此外，《巴塞尔协议Ⅲ》还在发行或有资本工具（contingent capital instruments）方面进行了改革①。

在《巴塞尔协议Ⅲ》的"逆周期"资本监管框架中，最引人瞩目的是留存超额准备金和"逆周期"超额资本。逆周期超额资本与超额留存资本是为了使银行在非压力时期建立超额资本用于发生损失时有足够的资本来吸收损失，从而提高银行业在经济恶化时期的恢复能力，弱化顺周期性带来的影响。逆周期资本和超额留存资本的缓冲机制是在超额信贷扩张和系统性风险积累时期，在最低资本要求和超额留存资本的基础上，计提缓冲资本；而在经济危机爆发和下行时，银行信贷损失和风险增加，释放逆周期资本缓冲损失，如图7-11所示。

由此可以看出，"逆周期"资本监管主要是通过增加银行在经济上行时期的资本储备，并提高资本质量，以满足银行在经济下行周期吸收损失的需要，从而减少银行信贷在危机和衰退期间随经济下行的顺周期性。同时，逆周期超额资本类似于资本税，提高了银行类贷款机构的贷款经营成本，或许会在一定程度上限制贷款机构在经济上行阶段的信贷扩张。

---

① 详见谢平和邹传伟（2010，p6）。

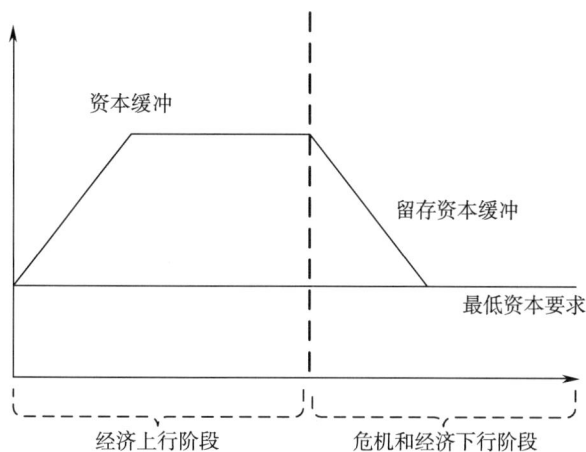

资料来源：赵锡军和邵含章（2011）。

图 7 – 11　逆周期资本缓冲机制

7.3.2　货币信贷内生扩张对逆周期资本监管效力的影响

"逆周期"资本监管效力的实现取决于两个方面：一是让银行类贷款机构在经济上行阶段可以为经济下行阶段积累足够的资本缓冲；二是总资本充足率的提高可以减缓或者抑制限制银行类贷款机构在经济上行阶段的信贷扩张。然而，在货币信贷扩张内生性较强的经济环境中，上述两个条件难以实现，针对信贷供给方实施的"逆周期"资本监管的效力也会因此被弱化。

首先，在货币信贷内生扩张的情形下，信贷扩张主要是由信贷需求引致和决定的，而资本监管针对的是银行类贷款机构的信贷供给。这表明，经济上行阶段持续增长的信贷需求会引致银行类贷款机构的信贷供给不断增长，即使"逆周期"资本监管提高了银行类贷款机构的资本缓冲，但可能还是无法吸收足够的经济下行阶段的资本损失。同时，"逆周期"资本监管即使提高了资本充足率，从而提高银行类贷款机构的贷款经营成本，但是贷款机构可以将其转移给贷款需求者，或者通过资产证券化等转移给其他市场投资者来消化。在经济上行和资产价格持续高涨的阶段，增加的贷款成本并不会有效地抑制贷款需求和信贷扩张。因此，在信贷扩张内生性较强的情形下，针对信贷供给方实施的"逆周期"资本监管的预期效力难以完全实现。

其次，商业银行的盈利水平、贷款资产的质量、贷款损失拨备[①]、外部筹资等都是顺周期的（孙天琦和张观华，2008；谢平和邹传伟，2010），《巴塞尔协议Ⅲ》的"逆周期"资本监管增加的资本数量和改善的资本质量可能并不能完全抵消上述因素引致的信贷扩张顺周期效应。同时，基于公允价值的会计准则、借款人的抵押物价值[②]、信用评级机构的评级行为（Ferri，Liu 和 Majnoni，2000）等，也是顺经济周期的。[③] 信贷扩张的顺周期性不能被完全抑制，意味着在经济上行和资产价格持续高涨阶段，信贷需求还是可能会引致信贷供给陷入过度扩张，"逆周期"资本监管要求银行类贷款机构增加的资本和拨备难以完全吸收经济下行阶段的资本损失。

---

① 匈牙利国家银行（National Bank of Hungary）曾在2002年从管理的谨慎性、金融深化和拨备系统三个角度对银行的顺周期行为进行了研究，其结果表明银行行为的顺周期性在于信贷、信贷配置政策的审慎性以及它们的利润会随着经济短期的周期性波动发展，在经济上行阶段，银行对经济以及客户的财务状况倾向于过度乐观，加快担保不足贷款的发放，并且降低风险溢价，贷款损失拨备也会减少，同时银行的利润会急速上涨；而当经济下沉时，银行的过度乐观会消失，引致银行拨备不合理的高额贷款损失准备，从而降低了它们的盈利水平，恶化资本状况，此时银行通常会过度削减贷款，对于那些在经济低迷时仍能维持资信的企业也常会拒绝发放贷款，这甚至会引发"信贷紧缩"，准备金的短缺、潜在收益和资本的消失在极端的情况甚至会促发系统性的银行业危机（Horváth，Mérő 和 Zsámboki，2002）。Bikker 等（2002）对1979—1999年26个 OECD 工业国家在经济周期和银行行为之间相互影响的研究发现，银行的利润随着经济周期上下波动，资本在经济繁荣期得到积累；在经济周期性下滑时，信贷损失拨备提高；银行贷款也会随着经济周期波动，而这种波动不是诸如资本短缺这类供给因素引致的，而在于需求方。

② Kiyotaki 和 Moore（1997）的"信贷周期"模型就是抵押物价值对信贷扩张影响的理论分析，Gan（2003）基于日本经济的实证研究为此提供了证据。此外，基于抵押资产顺周期性的杠杆效应，信贷的周期性波动也会得到印证（Nan－Kuang 和 Hung－Jen，2007）。

③ 关于银行信贷扩张的顺周期性，还可以参阅 Brunnermeier 等（2009）、FSF（2009）、Joint FSF－CGFS Working Group（2009）、李文泓（2009）等人的研究。

　　再次，随着资产证券化、回购市场等影子银行和信用衍生品市场的发展，商业银行等贷款类机构的经营模式正在从传统的"零售—持有"模式转变为"发起—分销"模式，这会进一步削弱逆周期资本监管的效力。在"发起—分销"这种新的货币信贷内生扩张机制下，商业银行等的机构信贷和市场融资已经紧密地联系在一起，商业银行信贷扩张背后有强大的资本市场支撑，其发放的信贷资产可以顺利地转移给市场参与者，并不在其资产负债表中反应，从而免受或者弱化了"逆周期"资本监管对其信贷扩张的约束。此外，在"发起—分销"的信贷经营模式下，资本市场一方面是商业银行等贷款机构通过资产证券化进行资产负债管理的场所；同时，信贷的发起者也是资本市场的投资者，商业银行等贷款机构可能只是这些市场投资者发放信贷的"管道"。在机构融资（银行类贷款机构信贷）和市场融资逐渐融为一体的发展趋势下，信贷扩张是银行类贷款机构和市场投资者共同完成的，经济下行阶段遭受损失的也不会只是银行类信贷机构，因此只是针对贷款类金融机构的"逆周期"资本监管可能并不能完全吸收整个金融体系（例如信贷的市场投资者）的信贷损失和相应的危机传染。

　　最后，尽管《巴塞尔协议Ⅲ》加强了表外业务监管，要求商业银行等贷款机构的表外资产转到表内，这在短期内会强化逆周期资本监管的效力，但是长期来看，金融机构的灵活应变和创新能力可以让他们轻松摆脱这一监管，从而弱化资本监管的效力。安然公司破产后，美国财务会计标准委员会（FASB）制定了一些要求特殊目的实体或者公司的资产在其发起银行或者其他类型公司的资产负债表中反映的新规①，但短短的几个月后，华尔街的金融机构就找出了逃避办法。一是新规则要求任何机构拥有 SPV10% 或者以上的表决权时，就必须将 SPV

---

　　①　在 20 世纪 90 年代后期，只有当特殊目的实体的某个非隶属发起公司的机构拥有至少 3% 的表决权时，FASB 才允许该特殊目的实体不用计入其发起公司的资产负债表中。

反映在其资产负债表中，但 SPV 的所有发起机构都会确保自己拥有的表决权不超过 5%；二是如果 SPV 的所有发起机构的表决权都没有超过 10% 的限额，那么拥有 SPV 高风险和高回报的发起机构都要将 SPV 反映在其资产负债表中，但 SPV 的各个部分的发起机构将 SPV 的风险和回报分散开来分别承担，从而使得 SPV 大多数的资产和负债都没有反映在任何发起机构的资产负债表中。SPV 没有反映在任何发起机构的资产负债表中，也就是贷款机构通过贷款证券化规避了资本充足率等方面的监管。

因此，货币信贷扩张的内生理论表明，信贷需求方才是信贷扩张的核心主体，在信贷扩张内生性较强的经济环境中，长期来看针对信贷供给方实施的"逆周期"资本监管的效力有限。但不可忽视的是，逆周期资本监管会导致信贷成本的上升，在其他条件不发生改变的情况下，这会抑制一部分信贷需求，从而降低信贷在经济上行阶段的扩张速度。

7.3.3　货币信贷内生扩张下的金融监管新思考

货币信贷扩张的内生性表明，信贷扩张主要是由信贷需求决定的，因此如何限制经济上行阶段的非理性信贷需求是金融监管所要考虑的主要问题。危机后的"逆周期"金融监管改革是必要的，可以通过信贷成本上升抑制一部分信贷需求，但若要更加有效地防范金融体系信贷过度扩张的系统性风险，还需要从货币信贷内生扩张的角度进一步思考。

首先，影子银行和金融衍生品交易强化了信贷的"发起—分销"经营模式，机构融资与市场融资在不断融合，有效的金融监管需要立足于整个金融体系、整个融资链条，而不仅仅是银行体系。换言之，在金融创新的推动下，金融机构混业经营的趋势在不断强化，在这一背景下，需要加强和改善混业监管，或者立足于整个金融系统的金融监管。

其次，单个金融机构的稳定并不代表整个金融系统的稳定，信贷波动的顺周期性、"发起—分销"的信贷模式等都在表明，系统性风险的防范需要发展和完善宏观审慎监管。次贷危机的爆发表明，通过资产证券化以及衍生品交易，单个商业银行等贷款类金融机构的信贷扩张是理性和安全的，但是从整个金融体系来看，个体的理性的背后却是"合成谬误"，单个贷款类金融机构合理的信贷扩张最终却导致了整个金融体系的风险积累和危机爆发。《巴塞尔协议Ⅲ》已经认识到了宏观审慎监管对整个金融体系稳定的重要性，但是相应的监管改革只是对系统性重要银行提出了更高的资本要求和流动性要求。宏观审慎监管的内涵目前还存在着极大的争论，但其肯定不是局限于系统重要性银行。在宏观审慎监管方面，Brunnermeier（2009）、IMF（2009）、英国金融服务局（UK FSA，2009）、美国财政部（US Treasury，2009）、李文泓（2009）、李妍（2009）等研究从金融监管的角度表达了不同的观点，但是中央银行在实施货币政策时也需要关注金融体系的宏观审慎监管（白川方明，2010）。这其中的关键在于中央银行和监管机构在这个问题上如何协调配合。

最后，信贷扩张的监管需要中央银行货币政策的协助，需要中央银行利用价格型货币政策协助抑制信贷需求。这要求中央银行不仅仅关注币值或者价格的稳定，更需要关注整个金融体系的稳定。但是，对于中央银行而言，"如果货币政策仍局限在'货币总量'概念"，那么对整个经济和金融体系运行状况的判断就会出现失误（瞿强，2006）。从这个角度来说，传统的货币供应量、银行信贷规模等中间目标已不能满足中央银行货币政策操作和宏观审慎监管的要求，中央银行制定货币政策需要关注整个金融体系的稳定。就我国而言，中国人民银行统计"社会融资总规模"是必要的（盛松成，2011），但需要进一步思考的一个技术性问题是，如何将"社会融资总规模"或者

"信用总量"考虑到货币政策中去。

货币信贷扩张的内生性是本质存在的，但是在不同的经济波动阶段以及不同发展水平下的金融体系中，货币信贷扩张内生性的大小会相应地有所不同。随着资本市场、衍生品市场、影子银行的发展以及银行等贷款机构资产负债管理水平的提高，货币信贷扩张的内生性在不断加强。在货币信贷扩张内生性不断加强的形势下，"逆周期"资本监管在短期是有效的，但是长期来看其效力会不断弱化。因此，金融监管指标和理念都需要相应地动态调整，同时在防范信贷过度扩张带来的风险方面，采取措施提高经济主体的风险厌恶和流动性偏好，通过降低经济主体的信贷需求来抑制信贷的非理性增长。

7.4　小结

本章在前面关于货币信贷内生扩张的机制及其经济效应的理论分析基础上，回归经济实践，探讨了货币信贷内生扩张/收缩下货币政策、金融监管政策等的调控选择及其效力。

对于货币政策而言，在货币供给和信贷内生扩张的情形下，货币政策调控的策略是要通过改变经济主体的流动性偏好来最终实现对经济活动的调控，即在经济增长过快阶段提高经济主体的流动性偏好，而在经济衰退阶段降低经济主体的流动性偏好。因此，利率调控相对于数量调控来说是一个更好的选择。在我国，利率市场化改革近年来加快推进，但还剩金融机构人民币存款利率上限管理最后一步。为了提高我国货币政策在经济扩张阶段的调控效力，存贷款利率市场化应当加快推进，加快发展债券市场，完善市场基准利率体系，提高市场主体的财务硬约束和利率敏感性，从而疏通和改善我国中央银行货币政策的利率传导机制。需要说明的是，表面上看我国利率市场化改革只剩下放开存款利率上限管制这最后一步，但要走好这一步，还有大量的基础性工作和配套性工作要做。另外，为了更好地掌握调控时机和力度，中央银行应当通过"社会融资总规模"或者"信用总量"来掌握信贷需求的状态，并实施货币政策。

在危机之后的经济衰退期间，货币政策的利率调整措施会大打折扣，定量宽松类货币政策也会失效，而"信贷宽松"类货币政策只可以在短期内稳定市场和抑制经济的下滑态势。此时，更有效的是实施积极的财政扩张政策，因为刺激经济复苏重要的是信贷需求和货币使用，而不是货币供给。但需要说明的是，政府为了保证在经济危机和衰退期间有足够的财力实施财政刺激，在平常的经济扩张阶段应该遵守基本的"财政预算平衡"，积累财力，否则危机之后的积极财政政策会将金融市场危机转化为政府主权债务危机，正如此次危机后美欧各国的遭遇所经历的（魏加宁和朱太辉，2012）。

在金融监管改革方面，信贷扩张和货币供给的内生性表明，《巴塞尔协议Ⅲ》构建的逆周期资本监管机制可能难以实现预期效用，金融监管的策略应该是通过降低经济主体的风险偏好和提高经济主体的流动性偏好，以此降低信贷需求来抑制信贷内生扩张。同时，有效的资本监管需要在货币政策的协助下，进行宏观审慎监管。此外，"发起—分销"的信贷模式和金融机构的混业经营使得机构信贷和市场融资的区别和界限在逐渐弱化，这需要基于整个金融体系来构建监管框架，强化混业监管。

第8章 结　　论

8.1　主要研究结论

　　金融危机或者经济危机爆发前，经济的持续增长和高涨在很大程度上是由货币信贷持续扩张推动的，并且这种货币信贷扩张体现出了"自我实现"。货币信贷扩张为什么具有"自我实现"的内生性？持续的货币信贷内生扩张会对经济产生什么影响？本书围绕这两个逻辑上递进的问题来设计研究框架，并沿着"货币信贷扩张的内生性论证→货币信贷扩张的内生机制梳理和模型构建→货币信贷内生扩张的经济效应→中国的例证→政策应对"这一主线对这两个问题进行了较为系统的研究，初步得出以下研究结论。

　　1. 理论述评、案例分析和制度分析三方面的结果表明，信贷扩张和货币供给具有本质的内生性，但内生性相对外生性的大小程度在不同货币金融制度、不同的金融发展阶段以及不同的经济波动阶段，会有所差异。

　　在理论评述方面，信贷扩张和货币供给的内/外生争论自古典经济学时期就一直存在，但直接针锋相对的内/外生争论起始于 19 世纪初英国"通货主义"和"银行主义"的"通货争论"。此后随着货币经济理论的发展，内/外生争论也日益激烈，但到 20 世纪 70 年代后凯恩斯学派成立以来，相对完整的信贷扩张和货币供给内生理论才真正建立起来，此后内/外生争论逐渐演变成了后凯恩斯主义和货币主义两个学派之间的争论。内/外生理论争论的历程表明，信贷扩张和货币供给的内生性在早期的经济研究中就已经被关注了。

案例分析方面，在综述了已有关于货币信贷内生扩张的格兰杰—西姆斯因果检验之外，通过对近一百年来世界经济爆发的两次最严重的危机——大萧条和此次国际金融危机的比较分析，检验了货币信贷波动的内生性。两次危机的对比分析结果表明，危机爆发后的银行业危机、信贷紧缩和货币供给减少，在一定程度上可能是由于中央银行没有实施宽松的货币政策导致的，但是危机爆发后长期的经济衰退、信贷紧缩和货币供给减少则可能是由于债务清偿能力不足、企业经营目标从"利润最大化"向"债务最小化"转变等引发的需求不足导致的，即信贷紧缩和货币供给减少具有非常大的内生性。因此，跨度近一个世纪的两次大危机表明，信贷和货币供给变化具有内生性，且内生程度在增强。

在制度分析方面，本研究将货币银行制度划分为了商品货币时期、银行券充当交易媒介时期、中央银行初建时期、金融创新快速发展时期以及中央银行充当最后贷款人时期的五个阶段，分别分析了信贷扩张和货币供给的内生性。制度分析结果表明，信贷扩张和货币供给的内生性是本质存在的，与货币银行制度无关，其内生性在货币和银行出现之前就已存在。

需要说明的是，尽管信贷扩张和货币供给的内生性是本质存在的，但内生性的大小程度在不同的历史时期、不同的货币银行制度、不同的经济和金融发展水平下以及不同的经济波动阶段（例如繁荣、复苏、衰退），会有所差异。

2. 综合货币流通理论关于货币信贷内生扩张的时序分析、适应性内生理论关于中央银行和商业银行分别对于基础货币和信贷需求的适应性分析、结构性内生理论关于经济主体流动性偏好的分析，强调不确定性对信贷需求的影响，建立了货币信贷内生扩张的多阶段动态模型。

后凯恩斯学派的货币信贷内生理论分为三个小阵营：货币流通理论、适应性内生理论和结构性内生理论，三者关于信贷扩张和货币供给的内生机制各不相同。货币流通理论强调不确定条件下货币的支付手段职能，采用时序和流程分析法，从"信贷需求—信贷供给和货币创造（存款）—货币流通—货币回流和信贷偿还"的流程来分析货币信贷内生扩张，认为生产过程是借助信贷和货币来实施的，货币信贷扩张流程起始于企业由于劳务支付和购买原材料的信贷需求，终结于信贷资金的偿还。

后凯恩斯学派的适应性内生理论和结构性内生理论更加强调货币的价值储藏职能，认为信贷扩张和货币供给的内生扩张过程和逻辑是"贷款创造存款，存款创造准备"。其中，适应性内生理论起始于对货币主义理论和政策的批判，认为利率是由中央银行外生决定的，中央银行的存款准备金或者基础货币供给曲线和商业银行的贷款供给曲线都是水平直线。该理论强势假设中央银行由于在政治压力、最后贷款人职能、政府财政赤字货币化、国际收支盈余等的影响下，会在其设定的利率水平上完全适应商业银行贷款扩张后的准备金需求，而商业银行在确定的利率水平上也完全适应企业、家庭等的贷款需求。这与真实的经济实践存在一定差异。

结构性内生理论赞同适应性内生理论的货币信贷内生扩张逻辑，但通过分析经济参与主体的流动性偏好及其行为对信贷扩张和货币供给的影响，对适应性内生理论进行了修正。结构性内生理论认为，中央银行负责经济、金融的整体稳定，其流动性偏好会随着准备金需求的变化而变化，并不会完全适应商业银行的准备金贷款需求；商业银行也不是完全适应企业或者家庭的信贷需求，商业银行的流动性偏好以及资产负债管理能力是影响贷款供给的重要因素；企业的流动性偏好会影响企业的融资选择和贷款需求，家庭的流动性偏好也会对信贷扩张过程产生影响。此外,利率由供需双方确定,并不是外生的,中央银行的存款准备金或者基础货币的供给曲线和商业银行的贷款供给曲线都是向上倾斜的曲线。

货币流通理论强调货币的支付职能和时序分析,适应性内生理论强调中央银行和商业银行分别对于基础货币和信贷需求的适应性供给,结构性内生理论强调经济主体流动性偏好对信贷扩张和货币供给的影响,但又各有缺陷。本研究在综合货币流通理论、适应性内生理论和结构性内生理论的上述优点和合理部分,建立了货币信贷内生扩张的多阶段动态模型,在不确定性普遍存在的经济环境中,综合考虑各类经济主体流动性偏好及其行为对信贷扩张和货币供给过程的影响。

3. 在不确定普遍存在的经济实践中,经济主体需要商业信用向级别更好的银行信用转变,这是信贷扩张和货币供给的内生性根源。

尽管货币流通理论、适应性内生理论和结构性内生理论都给出了信贷扩张和货币供给的内生机制和模型,但却没有解释为什么会有信贷和货币需求这一前提性问题。也正是由于没有解决好这一问题,后凯恩斯学派与货币学派的内/外生争论才会僵持半个多世纪而无结论。

货币学派基于货币供给乘数理论和传统的货币数量论($MV = PQ$),提出了信贷扩张和货币供给的外生观点;而后凯恩斯学派构建了信贷扩张除数理论,提出了信贷扩张和货币供给的内生观点,两者争论的焦点是贷款创造存款还是存款创造贷款。在理论逻辑上和实证检验上的难分伯仲,使得货币学派和后凯恩斯学派关于信贷扩张和货币供给的内/外生争论一直在围绕“贷款创造存款还是存款创造贷款”这一问题在原地旋转,陷入了“鸡生蛋还是蛋生鸡”的迷局。

本研究基于货币和信用的关系,破解了这一迷局。货币(银行信用)与商业信用都是经济主体之间结成的借贷关系,但货币的信用级别要高于一般商业信用。货币(银行信用)与商业信用都是经济主体之间结成的借贷关系,但货币的信用级别要高于一般商业信用。信贷扩张和货币供给的内生性根源在于，由于不确定性的普遍存在，经济主体之间的商业信用需要通过信用级别更高的银行信用来代替和清算，通过信用升级来降低风险。当信贷扩张、货币供给与一般商业信用的升级和清算需求不一致时，货币在支付职能和价值储藏职能之间的转换，货币在实体经济循环和在金融体系循环的转换，准货币（发挥了部分或者全部货币职能的金融产品）与货币的互补，银行体系和影子银行体系的互补，会缓解甚至消除货币信贷供求之间的不平衡。对信贷和货币需求的根源分析弥补了后凯恩斯学派货币信贷扩张内生机制的缺陷，完善了货币信贷扩张内生理论的框架，也破解了后凯恩斯学派和货币学派内/外生争论的"鸡与蛋"迷局。但需要指出的是，在当前货币金融制度下，货币信贷扩张的内生本质不能否认其外生性，信贷扩张和货币供给是通过外生"齿轮"和内生"齿轮"相互推动实现的。

4. 资本市场的发展对货币信贷扩张的内生机制产生了根本性的影响，资产证券化和影子银行体系的发展促使商业银行等贷款发放机构的信贷经营模式从"发放—持有"转变为了"发起—分销"，银行体系与资本市场在信贷扩张和货币供给领域的作用更加融合。

随着资本市场的发展，特别是以资产证券化、回购市场为主的影子银行体系以及信贷相关衍生品交易的发展，商业银行等贷款机构的经营模式正在从传统的"发放—持有"向"发起—分销"转变。这种转变，不仅使得影子银行体系在信贷发放上与传统商业银行的边界越来越模糊，同时也使得商业银行等贷款发放机构与资本市场的关系休戚相关。银行等贷款类金融机构（传统的银行业）的资产负债表已经不能准确反映货币信贷的扩张规模，现代"银行业"的范畴要远大于"银行"。

资本市场和影子银行体系发展使得银行信贷和货币供给的内生扩张机制已经不是结构性内生理论所认为的在贷款发放后，银行类金融机构通过资产负债管理来寻求存款准备金。因为这种资产负债管理从本质上来说仍然属于"发放—持有"，只是被迫地通过资产出售等进行资产管理。在"发起—分销"的贷款模式下，银行等贷款机构已不是起初的贷款需求者和储蓄者之间的服务中介，而成为了贷款需求者和资本市场的服务中介，真正的贷款者事实上变成了资本市场及其投资者。因此，在"发起—分销"模式下，资本市场已不是商业银行在信贷扩张过程中进行资产和负债管理的场所，而是两者在信贷融资领域已经融为一体，信贷是机构贷款（商业银行等机构贷款）和市场融资的共同产物。

此外，在"发起—分销"的信贷扩张机制下，贷款机构可以通过资产证券化以及相关的信用衍生品交易弱化金融监管（如资本监管和存款准备金要求）、提高贷款参与者的风险偏好程度、提高经营杠杆率、提高贷款流转效率等，更大程度地满足贷款需求，促进银行信贷和货币供给更大程度的内生扩张。

5. 本研究引入货币信贷内生扩张机制对传统的 IS – LM 模型进行了修正，修正后的 IS – LM 分析框架可以更好地描述货币信贷扩张的经济效应：在经济扩张阶段信贷，需求的增加会引发信贷和货币供给的内生扩张，进而推动经济持续增长；在经济下行阶段，信贷需求的减少同样会引致信贷和货币供给的内生减少，进而导致经济持续衰退。

早期的传统 IS – LM 分析框架注重的是银行负债（货币），而忽视了对银行资产（信贷）的分析。本书基于货币信贷扩张的内生机制和内生扩张的多阶段动态模型，将货币信贷内生扩张引入 IS – LM 分析框架，对其中的 IS 和 LM 模型进行了修正。修正后的 IS – LM 分析框架不但可以解释信贷（甚至广义信用）是如何进入经济系统，并且可以用于解释信贷总量和结构为什么会发生变化进而导致实体经济波动。

基于货币信贷内生扩张修正的 IS – LM 模型的分析结果表明，货币信贷（或者债务融资）的内生扩张/收缩是经济波动的重要原因。经济扩张阶段消费或者投资增长导致信贷需求增加，信贷需求的增加会内生性地引致货币供给增长，进而导致经济和国民收入增长；经济和国民收入增长反过来又会增加消费或者投资需求，促使信贷和货币供给进一步内生扩张，并刺激经济进一步增长。货币信贷的内生性反馈机制使得货币信贷容易陷入扩张过度，从而引发资源错误配置——总量和结构上的双重资源错误配置。信贷过度扩张会导致资源错误配置表明信贷扩张不可能长期持续下去，当经济不能像预期那样继续扩张时（有多种多样的原因），信贷持续扩张积累的债务会通过"债务—通缩紧缩"、资本"质量逃亡"、"资产负债表衰退"等引发持续的信贷内生收缩和进一步的经济衰退。这也是货币信贷扩张/收缩具有"自我实现"特征最重要的原因之一。

此外，基于货币信贷内生扩张修正的 IS－LM 分析框架表明，在货币信贷波动具有较大内生性的情形下，经济危机和经济衰退并不是古典和新古典经济学派所谓的经济发展中的"特殊情况"，而是经济发展中的常态。经济衰退和货币信贷内生收缩是经济发展过程中的一种自我调整，是对货币信贷过度扩张导致的资源错误配置的一种自我修复。

8.2 政策建议和改革启示

经济理论既出自于实践也要回归于实践，理论研究的最终目的是将研究结论用于指导实践。现有的货币政策和金融监管政策是在信贷扩张和货币供给的外生理论指导下制定和实施的，货币信贷扩张的内生性意味着我们需要重新审视这些政策以及相关领域的改革。

1. 随着货币信贷扩张的内生性不断增强，在经济扩张阶段，货币政策调控应该重点关注利率，而非货币总量。

信贷扩张和货币供给的内生理论表明，信贷扩张和货币供给是由信贷需求决定的，经济主体的流动性偏好、金融创新以及商业银行的资产负债管理都会对货币当局希望达到的货币供给量产生重要影响。

而且，以货币总量作为操作目标，货币政策调控即使达到了预期的货币存量，但是可能无法实现对经济活动的调控目标，因为货币在支付职能和价值储藏职能之间的转换、货币在实体经济循环和在金融体系循环的转换、准货币与货币的互补，银行体系和影子银行体系的互补等，让经济主体的信贷需求得到最大限度地满足。因此，经济扩张阶段的信贷扩张和货币供给具有"自我实现"的内生性，试图直接控制货币总量的货币政策是无效的，米尔顿·弗里德曼等货币主义者提倡的货币供给"单一规则"也是不可行的。

货币供给和信贷扩张的内生性也并不意味着货币政策完全无效。根据货币信贷扩张的内生机制和实现过程，在经济扩张阶段，货币政策调控应该注重采用利率等价格工具，通过价格工具来调节经济主体的流动性偏好和信贷需求，以此来实现对货币供给和信贷扩张的调节。中央银行通过公开市场操作等方式，调节短期名义利率的水平；由于价格刚性的存在，短期名义利率的变化会通过预期机制引起长期名义利率的变化，进而带动实际利率的变化；实际利率的变化进而会影响到企业的投资成本或者消费成本，同时经济主体的流动性偏好也会随着利率的提高而增强，从而有助于抑制信贷需求和防范经济过热。

需要注意的是，在经济扩张过程中，一旦企业陷入非理性的竞争性投资，其信贷需求对利率的敏感性会降低，利率提高对流动性偏好的影响较小，中央银行的利率调控效果将会大打折扣。此时，考验的就是中央银行调控利率的技术了，如中央银行依照"泰勒规则"来掌握货币政策的实施时间和力度，一个可行的选择方案是中央银行通过统计和分析"社会融资总规模"或者"信用总量"来掌握信贷需求的状态，并实施货币政策。

2. 货币信贷内生扩张理论表明，在经济衰退阶段，宽松的货币政策难以发挥作用，需要积极的财政政策配合。

在经济危机爆发后，面对经济下滑和持续衰退，降低名义利率是常用的货币政策。但是，货币信贷扩张/收缩的内生理论表明，企业、家庭以及商业银行等经济主体的流动性偏好在危机后会大幅上升，即使实际利率随名义利率调低而降低、企业没有遭受债务偿还压力等，中央银行也难以通过利率政策来刺激企业等私营实体部门的信贷需求，从而带动经济复苏，利率政策是缺乏效力的。

此次国际金融危机后的货币政策实践表明，除大幅降低利率水平外，"量化宽松"或者"信贷宽松"的货币政策也是在危机后刺激经济恢复增长的常用政策。然而，货币信贷扩张/收缩的内生理论表明，危机后经济主体缺乏信贷需求，仅从供给方增加货币供给难以刺激总需求和拉动经济增长，"定量宽松"的货币政策难有成效，而"信贷宽松"的货币政策只可以在短期内稳定市场和抑制经济的下滑态势。刺激经济重要的是信贷需求和货币使用，而不是货币供给，危机后的宽松货币政策就像是在"推绳子"。

基于货币信贷内生扩张机制修正的 IS－LM 模型表明，在宽松的货币政策背景下，积极的财政政策会通过公共投资的乘数效应带动私营部门的需求，进而刺激"信贷需求"和信贷扩张及货币供给增长，推动经济复苏。需要强调的是，政府为了保证在经济危机和衰退期间有足够的财力实施财政刺激，在平常的经济扩张阶段应该遵守基本的"财政预算平衡"和积累财力。否则，危机之后的财政刺激政策会将金融市场危机转化为政府主权债务危机，正如此次危机后美欧各国政府遭遇的这样。

3. 信贷扩张的顺周期性是货币信贷扩张内生性的表现，逆周期资本监管难以有效缓解信贷扩张的顺周期性，同时影子银行体系和信贷"发起—分销"模式的发展要求加强宏观审慎监管和立足于整个金融体系的监管。

货币信贷扩张具有本质内生性，信贷随着经济增长而扩张的顺周期性是其内生性的表现形式之一，同时经济增长阶段的信贷扩张还具有"自我实现"性①。因此，逆周期的资本监管机制只能在短期内减缓信贷内生扩张的速度，长期则难有成效。同时，随着影子银行体系和资本市场的发展，商业银行等信贷机构的经营模式正在向"发起—分销"模式发展，商业银行信贷扩张背后有强大的资本市场支撑，信贷资产可以顺利地转移给市场投资者，从而削弱逆周期资本监管的效力。"发起—分销"模式将机构融资和市场融资结合在一起，促进了金融机构的混业经营和交易联系，系统性风险的防范需要发展宏观审慎监管，并且需要立足于整个金融体系来完善金融监管制度。

信贷扩张的监管需要中央银行货币政策的协助，需要中央银行货币政策（例如利率调控）来调控信贷需求。这要求中央银行不仅仅关注币值或者价格的稳定，也需要兼顾整个金融体系的稳定，立足于整个金融体系和根据经济总体信用状态的变化来制定货币政策，协助监管当局改善宏观审慎监管。

总之，在信贷扩张和货币供给具有较强内生性的情形下，金融监管的重点应当是提高经济主体的风险厌恶和流动性偏好，通过降低经济主体的信贷需求来抑制信贷的过快增长。

4. 在我国当前政府主导的投融资体制下，政府干预削减了中央银行货币政策制定的独立性和商业银行经营管理的独立性，货币信贷扩张具有浓厚的政府内生性，货币信贷过度扩张风险的防范需要改善我国中央银行和商业银行的独立性。

我国货币信贷扩张的内生性表面上看是我国经济增长的出口和投资主导模式引致的，最大的特点是政府内生性。这种内生性的根源在于我国政府主导了我国的投融资体系，侵害了中央银行在货币政策制定上的独立性和商业银行经营管理决策的独立性，加上利率汇率尚未

---

① 其中包括金融机构可以通过各种金融安排或者创新规避相应的资本监管，例如要求将 SPV 的资产负债情况并入控股金融机构资产负债表的规则，这在前文已进行过详细分析和论证。

解除管制，市场机制在资金配置中难以发挥基础性作用。

政府部门对中央银行货币政策和商业银行经营管理的行政干预，使得金融体系被动地适应政府部门、融资平台和国有企业等的投资冲动对信贷的需求和政府财政支出金融化①的需求，造成了我国信贷和货币供给过度扩张，经常陷入"一放就乱、一收就死"的怪圈。同时，这也是我国 M_2/GDP 持续攀升（2014 年底接近200%）、货币供给乘数却存放在下降趋势的重要原因。这与传统的信贷内生理论不一致，但却是我国信贷扩张政府内生性的主要特点之一。为了应对国际金融危机对我国经济增长的过度冲击，国务院在国办发〔2008〕126 号文中以行政命令的方式要求中央银行实施大幅宽松的货币政策，并为其制定了具体的政策目标②。相关政府部门也通过各种方式督促金融体系加大资金支持力度。也正因为如此，危机之后我国地方融资平台贷款和房地产相关贷款才会急速增加，进而带动我国信贷进一步扩张和经济快速发展。

在货币信贷内生扩张的情形下③，中央银行和监管部门的调控能力本来就较弱，如果中央银行的货币政策和商业银行的经营管理再缺失独立性，货币政策不但难以防范货币信贷过度扩张带来的风险，反而

---

① 即本来应该财政出资做的事情最终让金融体系给予大量的资金支持，此次国际金融危机爆发后地方政府融资平台的快速发展就是典型的表现之一。

② 并以同样的方式指定了商业银行信贷的扩张力度以及具体的发放领域。除此之外，2003 年的房地产调控是我国中央银行独立性遭受政府侵蚀的另一个显著案例。

2003 年，针对房地产价格和投资增长过快，中国人民银行于 2003 年 6 月 5 日发布《关于进一步加强房地产信贷业务管理的通知》（银发〔2003〕121 号），其中明确提出要严格限制房地产贷款，"加强房地产开发贷款管理、引导规范贷款投向"，"严格控制土地储备贷款的发放"，"规范建筑施工企业流动资金贷款用途"，"强化个人商业用房贷款管理"，"切实加强房地产信贷业务的管理"，等等。然而，2003 年 8 月 12 日国务院发布的《关于促进房地产市场持续健康发展的通知》（国发〔2003〕18 号）却一改银发〔2003〕121 文关于房地产贷款的政策基调，提出"发展住房信贷业务……加大住房公积金归集和贷款发放力度"，"对符合条件的房地产开发企业和开发项目也要继续加大支持力度"，房地产贷款因此继续增加，最终致使房地产价格快速上涨。

③ 2010—2011 年政策收紧后的信贷扩张表明我国信贷扩张确实存在极大的内生性。

会加大货币信贷扩张的内生性和潜在的资源错配风险。未来，我国应当尽快加强中央银行在政策制定上的独立性，将货币政策委员会从咨询议事机构提升为决策机构。同时，进一步完善商业银行的公司治理，减少政府对商业银行的行政干预，解决商业银行在公司治理上的"形似神不似"问题。

5. 创造条件推进利率市场化改革，疏通中央银行调控货币信贷内生扩张的利率传导机制。

对于货币信贷内生扩张，相对于数量调控，利率调控是更有效的货币政策选择。然而，当前我国利率尚未完全实现市场化，市场基准利率体系缺失，国有企业等经济主体预算软约束，中央银行的利率调控难以有效引导实体经济主体的投融资活动，难以抑制货币信贷过快的内生扩张。也正因为如此，我国中央银行的货币政策在2010—2011年"重数量调控、轻价格调控"。但结果却是，资金在金融体系外大规模循环，银信合作、民间借贷和影子银行体系迅速发展，信贷扩张并没有得到有效控制。

当前我国利率市场化改革看似只剩下放开存款利率上限管控最后一步，但要走好这一步背后还有很多工作要做。大力发展债券市场，提高债券市场的深度，加强各个金融市场的利率联动，积极培育市场基准利率；丰富国债期限结构，平滑国债发行节奏，改善国债二级交易市场，不断完善国债收益率曲线，提高国债收益率在金融市场定价中的引导性；实施完善存款保险制度，尽快建立金融机构破产处置机制，破除利率市场化改革的"后顾之忧"；丰富货币政策调控工具，推进货币政策调控框架从数量型调控主导向价格型调控主导转变；推进地方政府债务管理体制改革和国有企业改革，强化预算约束，提高实体经济投融资活动对利率调整的敏感性。

从世界主要国家的利率市场化改革历程来看，放开存款利率管制通常是利率市场化改革中最重要、最具挑战、耗时最长的一环。利率市场化改革的最终目的是为了提高资金配置效率，不仅可以推动经济结构调整，也有助于提高潜在经济增长率。当前我国处于转变发展方式和优化经济结构的艰难爬坡期，经济下行压力较大，利率市场化改革的必要性和紧迫性更加突出。当前和今后一段时间，应当积极创造条件推进利率市场化改革，遵循"放得开"（管控利率放得开）、"形得成"（市场基准利率形得成）、"调得了"（货币政策对市场基准利率调得了）、"承得住"（商业银行和实体经济能够承得住利率市场化推进短期内带来的利差收窄和成本上升）的原则，合理选择推进时机、方式和力度。同时需要注意的是，放松贷款规模管控（合意贷款规模管控、存贷比等）需要利率市场化改革同步推进。近年来，我们在积极放松利率管制的同时坚持贷款规模管控，这并不是真正的利率市场化，不仅不能改善资金配置效率，反而会带来更大的扭曲效应。

8.3 创新和不足

8.3.1 创新之处

本研究在研究方法和技术手段上并没有特别的创新之处，主要工作是基于已有的研究进一步综合论证信贷扩张和货币供给的内生性，完善了货币信贷内生扩张机制，构建了货币信贷内生扩张的动态综合模型，并在修正传统的 IS－LM 分析框架的基础上分析了货币信贷内生扩张/收缩的经济效应。

（1）利用已有的研究成果，本书述评了自古典经济学以来信贷扩张和货币供给的内/外生争论，利用跨度近一百年的大萧条和此次国际金融危机的案例材料分析了信贷扩张和货币供给的内生性及其程度，并对各个货币银行制度下信贷扩张和货币供给的内生性进行了论证，综合这三方面分析的结果甄别出信贷扩张和货币供给的内生性是本质存在的，与货币银行制度和经济发展阶段无关。这种系统全面的论证在已有的研究中较为少见，增加了信贷扩张和货币供给内生理论的说服力。

（2）后凯恩斯学派和货币学派关于信贷扩张和货币供给的内/外生理论在理论逻辑和实证检验上都难分伯仲，使得两者关于信贷扩张和货币供给的内/外生争论一直在围绕"贷款创造存款还是存款创造贷款"这一问题在原地旋转，陷入了"鸡生蛋还是蛋生鸡"的迷局。本书绕开贷款扩张和存款增加两者因果关系的争论，而是从货币与信用的关系出发，论证了货币信贷内生扩张的根源是在不确定性普遍存在的经济环境中，经济主体需要商业信用向级别更好的银行信用转变。在货币和信贷供给与一般商业信用的升级和清算需求不一致时，货币在支付职能和价值储藏职能之间的转换，货币在实体经济循环和在金融体系循环之间的转换，准货币（即发挥了部分或者全部货币职能的金融产品）对货币的替代，影子银行体系对传统银行体系的替代，会缓解甚至消除货币信贷供求之间的不平衡。这一论证对已有的信贷扩张和货币供给内生机制是一个有力的补充，也完善了信贷扩张内生理论的框架。

（3）早期的传统 IS－LM 分析框架只纳入了银行负债（即货币），而忽视了对银行资产（信贷）的分析，如何将信贷以及广义信用（即债务）纳入 IS－LM 分析框架在理论界一直是一个难题。本书在分析货币信贷扩张内生机制和构建货币信贷内生扩张的多阶段动态模型的基础上，引入货币信贷内生扩张对传统的 IS－LM 框架进行了修正，修正后的 IS－LM 框架可以更好地解释经济波动。对于未来的宏观经济波动研究而言，这无疑是开启了一个值得进一步探索和深入研究的方向。

（4）在金融监管方面，在此次国际金融危机之后，理论界和监管当局都在大力主张和推行逆周期的资本监管标准，本书基于货币信贷扩张内生理论的研究表明逆周期的资本监管制度难以实现预期效用。具体而言，本书利用货币信贷的内生扩张机制和多阶段动态模型对逆周期的资本监管制度进行了分析，结果表明信贷扩张的顺周期性是货币信贷内生性本质的外在表现形式，逆周期资本监管难以实现预期的效用。在此基础上，本书指出金融监管的目的并不是直接控制信贷供给，而是通过降低经济主体的风险偏好①和提高经济主体的流动性偏好，从需求者来控制信贷扩张。此外，本书结合对资本市场发展下信贷扩张新机制的研究结果，提出信贷扩张的监管要立足于整个金融体系，并且宏观审慎监管需要中央银行的协助。

8.3.2　不足之处

本书的研究框架围绕货币信贷扩张是否具有内生性以及货币信贷内生扩张的经济效应这两个逻辑上递进的问题来设计，并沿着"货币信贷扩张的内生性论证→货币信贷内生扩张的机制分析和模型构建→货币信贷内生扩张的经济效应→中国的例证→政策应对"这一主线，对这两个问题进行了较为全面系统的研究。研究尽管初步取得了一些结论，但仍存在一些缺陷。

其一，在研究方法上，本书理论论证之后的实证检验采用的大都是统计分析，而缺乏完整的计量分析。尽管计量分析并不会改变本书基于理论分析和统计检验得出的结果，但却在一定程度上削弱了研究的严谨性。

其二，本书论证了货币信贷扩张的内生性，同时也不否认中央银行等对货币信贷扩张的外生影响。但正是因为没有配备计量分析，所以本书并没有给出货币信贷扩张在不同货币金融制度、不同金融发展

---

① 此次国际金融危机爆发后，货币政策影响金融与经济稳定的风险承担渠道（Risk-taking Channel）吸引了学术界与政策层的热议。该领域的研究起始于 Borio 和 Zhu（2008），张强和张宝（2011）、张雪兰和何德旭（2012）对货币政策影响商业银行等金融机构的风险承担的内在机理、传导渠道、不对称性等进行了综述，金鹏辉、张翔和高峰（2014）探讨了货币政策和逆周期资本监管如何协调来影响商业银行等金融机构的风险承担行为。

水平、不同经济增长阶段的具体内生程度，以及货币信贷内生扩张的具体经济效应。当然，这些都是非常具有挑战性的问题。

需要说明的是，这不是作者刻意回避。货币信贷内生、外生相对大小分析的核心在于甄别信贷和存款（货币）在时序上的前后关系。然而，在当前的统计制度下，信贷数据和存款（货币）数据都是同时发布的宏观数据，已有的计量检验方法还并不能用来甄别信贷扩张中具体的内生和外生程度。此外，正如上文所说的，货币信贷扩张的内生程度并不是固定的，而是随着货币银行制度、金融发展水平、经济增长阶段的改变而不同。即使能够确定货币信贷扩张在某个特定制度、特定金融发展水平和特定经济增长阶段的内生水平，这也没有长远的指导意义。

其三，与上述问题相伴随的一个问题是，除了信贷扩张以外，其他形式的信用也会对经济波动产生影响。例如，"社会融资总规模"中除了信贷之外还有债券、信托、票据等信用方式，本书并没有在货币信贷内生性研究的基础上，将研究范畴扩展到更加广义的信用层面。换言之，本书并没有在信贷内生性研究的基础上扩展到金融内生性（Endogenous Finance）的研究。

附录：货币供给的内外生争论迷局①

摘要： 货币学派和后凯恩斯学派关于货币供给内外生争论已持续半个世纪，近年来陷入了"贷款创造存款还是存款创造贷款"的迷局。本文基于货币和信用的关系，破解了这一迷局。货币（银行信用）与商业信用都是经济主体之间结成的借贷关系，但货币的信用级别要高于一般商业信用。货币供给内生性的根源在于，由于不确定性的普遍存在，经济主体之间的商业信用需要通过信用级别更高的银行信用来代替和清算，通过信用升级来降低风险。当货币供给与一般商业信用的升级和清算需求不一致时，货币支付职能和价值储藏职能的转换、金融产品等准货币与货币的转换会缓解甚至消除货币供求之间的不平衡。在当前货币金融制度下，货币供给的内生本质也不能否认其外生性，货币供给兼具内生和外生两个创造渠道。

一、引言

依照货币学派的货币供给理论，如货币供给乘数模型，货币流通速度短期内不会发生大的变动，中央银行可以通过法定准备金率、公开市场操作以及再贴现等手段控制着基础货币的发放，从而控制商业银行的存款创造和货币供给总量。从因果关系来说，货币供给主要是由中央银行外生控制的，从而是外生的。但后凯恩斯学派在继承凯恩

---

① 本文由作者发表在《金融评论》2013 年第 5 期。

斯有效需求理论的基础上，对货币学派的外生理论进行了批判，认为货币供给是由经济活动内生决定的，中央银行并不能有效地控制货币供给。具体而言，货币供给的内生性是指，货币供给是由经济活动的信贷需求决定的，经济体的信贷需求增加后，银行体系适应增加的信贷需求而增加贷款供给，贷款创造存款；为了满足存款准备金要求，银行体系在存款增加后再向中央银行或者系统外寻求准备金。自 20 世纪 60 年代以来，货币学派和后凯恩斯学派的货币供给内外生争论已经持续了半个世纪，但在贷款创造存款还是存款创造贷款这一核心问题上，一直没有得出一致性的结论，陷入了"鸡生蛋还是蛋生鸡"的迷局。

就政策实践而言，货币供给是由中央银行外生主导还是经济活动内生主导，会影响着货币政策甚至资本监管政策等的效力。此次国际金融危机爆发后，美联储已实施四轮量化宽松政策，日本央行当前则是实施无限量的量化宽松政策，但至今没有带来两国经济的明显复苏。量化宽松政策的理论依据是货币学派的外生理论，即"经济复苏的充分必要条件是中央银行扩大货币供给"（斯基德尔斯基，2011，pXV）。而此前的货币政策实践表明，中央银行对货币供给的控制力在下降。前英格兰银行货币政策委员会委员、首席经济学家 Goodhart（1994）曾说，"如果中央银行试图控制基础货币，它将会失败"。加拿大银行前总裁约翰·克劳（John Crow）更是明确地指出，"不是我们抛弃了货币总量目标，而是它抛弃了我们"（Mishkin 和 Eakins，2006，p209）。此外，此次国际金融危机爆发的一个重要原因是信贷扩张的顺周期性，危机后金融监管领域就此提出了逆周期资本监管改革。逆周期资本监管的首要目标是，防范银行业信贷的过度扩张，提高银行业应对经济周期冲击的能力和在危机时期吸收损失的能力（BCBS，2010）。从信贷扩张和货币供给的关系来分析，信贷扩张的顺周期性已表明货币供给很大程度上并不是由中央银行、监管机构等外生决定的。

逆周期资本监管未来是否能够控制银行业的信贷增速和在经济繁荣时期积累足够多的资本缓冲，还需要实践的检验（朱太辉，2012a）。要解释这些政策效力问题，最终也要回到货币供给和信贷扩张主要是由中央银行等外生决定还是由经济活动内生决定这一基本问题。

为此，本文将放弃货币学派和后凯恩斯学派现有的"贷款与存款之间因果关系"的论证范式，基于货币与信用的关系，从根源上破解货币供给内外生争论的迷局。后文的结构安排如下：第二部分梳理货币学派外生理论、后凯恩斯学派内生理论的逻辑、模型和主要观点，进而分析两个学派的争论陷入"鸡生蛋还是蛋生鸡"迷局的原因在于，没有深入分析经济主体的货币需求根源。第三部分从货币与信用的关系入手，分析在不确定性普遍存在的经济实践中，经济主体需要信用等级更高的货币来替代和清算一般的商业信用。这是货币供给内生扩张的根源，也破解了货币供给内外生争论的迷局。上述货币供给内生论证框架需要进一步解释的一个重要问题是，如何解决货币供给与一般商业信用的升级和清算需求之间的不一致。第四部分从货币支付职能和价值储藏职能的转换。第五部分从金融产品等准货币与存款货币的转换，对上述货币供求之间的不平衡进行了补充解释。第六部分为结论和政策启示。

二、货币供给内外生争论的焦点和迷局

20 世纪六七十年代美英等国的经济"滞胀"，让凯恩斯理论面临难以应对的现实挑战。在这一轮"反凯恩斯革命"中，货币学派在米尔顿·弗里德曼等学者的领导下迅速发展起来，建立了比较完善的货币供给外生理论。与此同时，凯恩斯理论的追随者也对该理论进行了完善，其中后凯恩斯学派以《通论》的有效需求和非自愿实业理论为基础建立了比较完整的货币供给内生理论。此后，在货币供给理论上，

形成了货币学派的外生理论和后凯恩斯学派的内生理论相互对峙的
局面。

（一）货币学派的货币供给外生理论

货币学派货币理论的基础是传统的货币数量论和货币供给乘数模
型。后者研究的是中央银行的基础货币与货币供给总量之间的关系，
其发展源自 Phillips（1920）构建的银行货币供给模型。此后，Meade
（1934）、Friedman 和 Schwartz（1963）、Cagan（1965）、Jordan
（1969）、Brunner 和 Meltzer（1964）、Burger（1971）、Anderson
（1967）等，丰富和完善了货币供给乘数模型[①]。这些模型虽然在存款
准备金、存款结构、基础货币来源等方面的处理上有所差异，但总体
思路一致，都认为货币供给由两部分决定：基础货币和货币供给乘数。
在这些模型的基础上，可以概括出一个货币供给乘数理论的一般模型
（Papademos 和 Modigligliani，1990）。假设 $D = (D_1, D_2, \cdots, D_N)$ 表示银
行体系总共设置的 N 类存款账户或者融资工具，其中 D_1 为活期存款；
$d = (d_1, d_2, \cdots, d_N) = (1, D_2/D_1, \cdots, D_N/D_1)$，为各类存款账户或者融
资工具对活期存款账户的比率；$z = (z_1, z_2, \cdots, z_N)$，为各类存款账户或
者融资工具对应的法定准备金率；C 为公众持有的通货，c 为 C 占活期存
款 D_1 的比率，即 $c = C/D_1$ 表示通货比率。银行体系的存款准备金可分为
法定准备金 RR 和超额准备金 RE，即 $R = RR + RE$，令 f 为 RE 占活期存
款 D_1 的比率，即 $f = RE/D_1$。因此，货币供给 $M_s = C + D_1 + D_2 + \cdots + D_N$，其对应的货币供给乘数（Money Multiplier）m 为

$$m = \frac{\left(c + \sum_{i=1}^{N} d_i\right)}{\left(c + \sum_{i=1}^{N} d_i z_i + f\right)} \tag{1}$$

---

① 关于这些模型的介绍，详见盛松成（1993）。

如果中央银行主动发放的基础货币为 B，则总货币供给量 M_s 可以简单地表述为

$$M_s = m \cdot B \tag{2}$$

如果银行体系的资产负债表简化为 $L + R = D$，其中 L 表示整个银行体系的贷款规模，则根据式（1）、式（2）可以得到货币学派外生理论下的信贷扩张乘数 l_m 和信贷扩张乘数模型：

$$l_m = \frac{c + \sum_{i=1}^{N} d_i}{(c + \sum_{i=1}^{N} d_i z_i + f)} - 1 \tag{3}$$

$$L = l_m \cdot B \tag{4}$$

货币主义者认为在货币供给乘数模型和货币供给乘数模型中：c 是由公众的流动性偏好决定的，在经济增长的大多数时间都是稳定不变的；d_i 由商业银行的负债结构决定，而商业银行的经营模式和负债结构短期内不会发生大的变化，因而也是基本稳定的；中央银行控制着 z_i，因而对 f 也具有较大的影响力。考虑到中央银行决定着基础货币的规模，货币学派认为，中央银行外生决定货币供给规模，至少对货币供给具有绝对的影响力。

（二）后凯恩斯学派的货币供给内生理论

货币学派的货币供给乘数模型依赖于几个重要的潜在假设：其一，经济体存在无限大的货币需求；其二，银行类金融机构的贷款经营模式是"先存后贷"，即在时序上先有存款（货币供给）再有贷款；其三，货币流通速度是稳定的。然而在实践中，上述假设条件并不成立。银行只有在拥有足够多贷款需求的前提下才能通过贷款的发放实现存款的创造和多倍扩张，而贷款需求在很大程度上取决于经济发展水平和经济运行状况（Brainard 和 Tobin，1963）。同时，随着金融体系的发展和银行资产负债管理办法的不断丰富（如资产证券化、金融衍生品

交易），商业银行的经营模式已经在很大程度上转变为了"先贷后存"。至于货币流通速度的稳定性，已有很多学者提出了质疑和批评。

后凯恩斯学派在批判这些假设条件的基础上，建立了一套货币供给内生理论（信贷除数模型）。该理论认为商业银行的经营模式是"先贷后存"，货币供给起始于信贷需求，货币供给的过程是"贷款创造存款，存款创造准备"，即贷款需求是第一位的，存款准备是第二位的，银行的经营模式是"先贷后存"。随着后凯恩斯学派货币理论的发展，其内部关于信贷需求决定货币供给没有争论，但在商业银行适应信贷需求后如何增加或者创造基础货币方面（满足存款准备金要求）保有争论，凯恩斯学派的内生理论也因此分化为了三个小阵营（Pollin，1991）。欧洲的货币流通理论（Money Circulation Theory），强调时序和流程分析，从信贷需求—信贷供给扩张—货币创造（存款）—货币流通—货币回流的流程来分析信贷和货币供给扩张的内生机理（Deleplace 和 Nell，1996；Fontana，2009）。"适应性"（Accommodative）内生理论（也叫"水平性"内生理论），货币供给是内生的，中央银行外在设定利率，银行适应信贷需求而发放贷款，中央银行作为最后贷款人，为了维持金融系统的稳定，必定适应性地满足银行的存款准备金（或者基础货币）需求（Lavoie，2006）①。"结构性"（Structural）内生理论，认为中央银行不会完全满足商业银行的准备金需求，贴现窗口不是公开市场的完全替代；银行主要是依靠金融创新和负债管理到金融市场寻求准备；利率不是外生的，而是由中央银行和金融市场共同决定（Dow，2006）。近年来，后凯恩斯学派内生理论出现了融合发展的趋势，适应性观点和结构性观点正在不断靠拢和融合

①　Lavoie（1985）对适应性有过非常简洁的概括："在一般情况下，银行愿意提供所有的贷款，中央银行愿意满足既定利率条件下的所有准备需求，利率由中央银行或者银行系统决定。这可以用既定利率水平下的货币供给曲线来表示。"但准确地说，其中银行满足的是达到信贷标准的有效信贷需求（Lavoie，2003；孙伯银，2003）。

(Lavoie, 2006; Godley 和 Lavoie, 2007; Palley, 2008), [1] 货币流通理论的时序和流程分析方法也不断受到重视 [2]。

正是由于在货币供给的逻辑链条与货币学派的观点相反,相对于货币学派货币供给的乘数模型,后凯恩斯学派建立了货币供给"除数"模型 (Lavoie, 1984)。相对于货币学派的货币乘数 (1) 和货币供给乘数模型 (2),后凯恩斯学派建立的货币"除数" (d) 和货币供给除数模型则可以表述为

$$d = \frac{1}{m} = \frac{\left(c + \sum_{i=1}^{N} d_i z_i + f \right)}{\left(c + \sum_{i=1}^{N} d_i \right)} \tag{5}$$

$$B = d \cdot M_s \tag{6}$$

相应地,后凯恩斯学派内生理论下的信贷除数 l_d (Credit Divisor) 和货币供给除数模型可以表述为

$$l_d = \frac{1}{l_m} = \frac{\left(c + \sum_{i=1}^{N} d_i z_i + f \right)}{\sum_{i=1}^{N} (1 - z_i) d_i - f} \tag{7}$$

$$B = l_d \cdot L \tag{8}$$

对比式 (1) 和式 (5)、式 (2) 和式 (6)、式 (3) 和式 (7)、式 (4) 和式 (8) 可以发现,在模型的数学描述上,后凯恩斯学派关

---

[1] Moore (1991)、胡海鸥 (1997)、Fontana 和 Venturino (2003)、Wray (2007)、Palley (2008)、Fontana (2009) 对适应性内生理论和结构性内生理论进行了对比分析。朱太辉 (2012b) 在综合适应性观点和结构性观点各自合理成分的基础上,同时考虑到货币流通主义者时序和流程分析的优点,构建了一个信贷和货币供给内生扩张的综合模型,更好地描述了信贷和货币供给内生扩张的全过程。

[2] 其中一种重要的例证是,Lavoie 是适应性内生理论的代表人物,他在 20 世纪 80 年代和 90 年代的研究都是支持适应性内生理论的,其 1992 年出版的教材《后凯恩斯主义经济分析基础》(*Foundations of Post - Keynesian Economic Analysis*) (Lavoie, 1992a) 就是其中的最好表现,然而在其 2007 年与 Godley 合作的著作中,结构性内生理论已经成为核心 (Godley 和 Lavoie, 2007)。

于货币供给的除数模型与货币学派的乘数模型并没有根本性差异，区别在于两个学派模型背后的逻辑关系。货币学派的逻辑关系是从中央银行发放基础货币到货币供给（存款）再到贷款，而后凯恩斯的逻辑关系是从贷款需求到货币供给（存款）再到基础货币。

（三）货币供给内外生争论的迷局

对于货币学派的货币供给外生理论，不少学者从货币供给乘数模型中的各个变量（如通货比率、银行资产负债结构等）入手，批判或者修正了货币学派关于货币供给和信贷扩张的外生论断①。但这些批判还没有从根本上动摇货币学派关于货币供给和信贷扩张的外生理论，只是在外生框架下的局部修正。20 世纪 60 年代以来，后凯恩斯学派建立了相对完整的货币供给内生理论，从货币供给的逻辑关系上对货币学派为首倡导的外生理论进行了有力批判，货币供给的内外生争论至此演化为了这次经济学派的争论。米尔顿·弗里德曼曾在其著作中提到，对货币数量论最顽强的挑战也许来自后凯恩斯学派的经济学家们（Lavoie，1992b）。在理论逻辑上，两个学派的争论焦点逐渐变成了"存款创造贷款"还是"贷款创造存款"。

在存款和贷款因果关系的论证范式下，货币学派的外生理论和后凯恩斯学派的内生理论争论已经持续半个世纪，但在贷款创造存款还是存款创造贷款这一核心问题上，一直没有得出一致性的结论。这其中的原因，除了各自完整的理论逻辑都难以被对方驳倒之外，还有双方的实证检验也都只是支持各自的观点，而无法否定对方的观点。因为从实证的角度来看，不论贷款与存款的关系如何，事后对于贷款和存款的统计结果都是一样的。理论逻辑和实证检验上的难分伯仲，使得货币学派和后凯恩斯学派关于信贷扩张和货币供给的内外生争论一

---

① 详见朱太辉（2012b）。

直围绕"贷款创造存款还是存款创造贷款"这一问题在原地旋转，陷入了"鸡生蛋还是蛋生鸡"的迷局。

货币学派和后凯恩斯学派关于货币供给的内外生争论之所以会陷入"贷款创造存款还是存款创造贷款"的迷局，是因为双方都是围绕货币供给本身在论证。在这种思维范式下，货币学派和后凯恩斯学派将货币供给简化为了中央银行存款准备金制度下的一个技术性或者算术性问题（Fond，1967；杨力，2005），而没有从根源上解释经济活动为什么存在货币需求，以及货币（银行信用）与一般商业信用存在什么样的关系。

三、货币供给内外生争论迷局的破解：基于货币的信用本质

要解开货币学派和后凯恩斯学派的货币供给争论迷局，不能还是停留在贷款扩张和存款增加两者之间因果关系的争论上，而是要延伸分析链条，回溯经济活动需要银行信贷和货币（银行信用）的本源。由于商业信用与经济活动紧密相连，一个可以尝试的视角是，审视货币与一般商业信用的区别和关系。

（一）货币与商业信用的关系

关于什么是货币和信用，以及货币和各类信用之间的关系和异同，货币经济学领域一直存有争论。Mises（1912）、Tobin（1998）、黄达（2009）等都给出过界定，但目前还没有就此问题达成共识。针对本文研究的核心问题——货币供给的扩张过程，我们将围绕银行体系（中央银行—商业银行—借款者和存款者）来展开货币和各类信用之间关系，但并不力求准确界定各自的定义。

在当前的信用货币制度下，各类信用和货币之间的关系可以用

"金字塔"来描述（详见第 1 章图 1-1）。货币只是信用的表现形式之一，广义货币（存款）是银行信用的表现形式，基础货币是中央信用和政府信用的表现形式，而世界货币则是国际信用的表现形式，信用级别逐级提高。在数量关系上，一般商业信用和民间信用组成的基础信用额度最大，而随着信用等级的不断提升，广义货币、基础货币和世界货币（一国持有的）在数额上逐级减少。

在信用金字塔中，最底层的是企业之间的商业信用，包括企业发行的融资工具（如股票、债券等）、企业之间的应收账款（即贸易信用，Trade Credit），以及经济主体之间的民间信用，如企业拖欠员工的工资、家庭之间的拆借等。这类信用是最原始和最广泛的信用，在银行和货币制度出现之前就已存在，未来也不大可能随着银行和货币制度的发展而消失。

银行信用对应着广义货币，是相对于商业银行和民间信用更高级别的信用，也是商业信用和民间信用的结算工具。银行信用是随着银行制度的出现而出现的，并随着银行制度的发展而不断发展。起初银行信用（银行券）是金属货币的代表物，可按规定比率兑换成金银，因此其信用等级要高于一般的商业银行和民间信用。在当前的信用货币制度下，银行信用（存款）不再有实物支撑，但受金融安全网（包括金融监管、最后贷款人和存款保险三大支柱）保护①，并且可以随时兑换成信用级别更高的中央银行信用或者政府信用（即基础货币），因此银行信用的等级仍然要高于一般的商业银行和民间信用。

中央银行信用的代表形式是基础货币，信用级别高于商业银行信用。中央银行发行的基础货币由国家政府强制流通和使用，潜在地由国家税收担保和支撑，因而在一定程度上代表着政府信用。中央银行

---

① 由于金融安全网三大支柱的履职主题都是政府部门，因此有金融安全网的支撑也就意味着有政府信用的支撑。而政府信用要高于一般金融机构的信用，因此银行存款相对于其他金融产品的信用等级会更高。"初级证券"包括非金融支出单位发行的一切债务和股权。

信用（基础货币）不仅是商业银行进行信用创造的基础，同时也是商业银行信用的结算工具。当一国发生银行危机或者金融危机时，通常会发生存款挤兑或者交易对手挤兑，即将银行信用转化为中央银行信用或者政府信用。

从全球视角来看，信用金字塔的顶层是国际信用，其代表形式是世界货币或者贵金属。世界货币具有三个特点：自由兑换性，即可以自由兑换成其他货币；普遍接受性，即在国际经济活动中可以被其他国家普遍接受和使用；可偿性，即可以保证得到偿付。当前的世界货币主要是主权国家国币（如美元）或者区域货币（如欧元），其信用状况本质上由货币发行国或者发行地区的经济实力和经济状况决定。相对于一般国家而言，世界货币发行国的经济实力相对较强，因此世界货币的信用级别通常也会高于一般国家主权货币（即该国的基础货币）的信用级别。

除了上述信用类别外，随着金融制度的发展和金融产品的创新，金融市场的信用产品越来越丰富，这些金融产品也在越来越多地承担着交易媒介和价值储藏的职能，以各种新方式实现信用的"货币化"（"monetization" of credit）（Kindleberger，2005）①。这些金融产品没有"金融安全网"的信用支撑，也没有政府税收支撑，信用级别要低于银行信用；但由于发行机构的资金实力要高于一般的商业企业，且这些金融产品的标准化程度高，流动性强（如有专门的交易市场），信用级别又要高于一般的商业信用和民间信用。为此，这些金融产品可以划归为"准货币"。需要说明的是，尽管随着金融体系的完善和直接融资体系的发达，一国的准货币应当大于存款货币，但当前一些国家的"准货币"规模还没有超过存款货币。

---

① 英国的拉德克利夫委员会 1959 年的报告也认为，"存在着许多种类各异的金融机构"，"有许多流动性较强的资产，它们近似于货币，便于持有，只有在真正需要支付的时候才有所不足"（Committee on the Working of the Monetary System，1959）。

就货币的性质而言，一般的商业信用和民间信用是企业、家庭之间签订的借贷关系（debit—credit Relation），而银行信用（广义货币）是银行与储蓄者签订的借贷关系，因此货币的本质仍然是借贷关系[1]。在《货币论》（Keynes，1930）中，凯恩斯认为货币是和债务（即信用）一起诞生的，债务是延期支付的契约，因此货币、债务都和生产支付联系紧密；并且，债权的转移和货币的转移对交易清算同样有用，因此人们"往往会满足于可转移债权的所有权，而不去设法把它们转变为现金"（Keynes，1930，p23）。货币的借贷关系表明，货币既不是商品，也不是"法令"（fiat）。货币不是商品，是因为它的购买力并不由币材的内在价值决定，而取决于货币职能；货币也不是"法令"，因为它是有相应负债对应的资产（Fontana，2009）。对于货币的信用或者债务属性，Innes（1913）早在 20 世纪初就注意到了。Innes（1913）认为，销售并不是为了获取一些被称为"交易媒介"的中介商品，而是为了获取信用（credit）；信用和债务被连续不断地创造，只要另一方存在，他们就不会消失。货币的借贷关系本质表明，其与一般的商业信用、民间信用是相同的，这是从信用视角追溯货币供给内生根源的基础。

尽管凯恩斯和 Innes 等关于货币的这一认识得到了后凯恩斯学派的继承，但后继者一直没有解决的问题是，货币（银行信用）和债务（商业信用）等本质都是借贷关系，都可以用于生产支付，那么为什么企业还有货币需求？这其中的关键是，现实经济中不确定性普遍存在。

（二）货币供给内生扩张的本源：商业信用向银行信用转变

正如凯恩斯的货币需求第四种动机——融资需求所揭示的，生产

---

[1]　从这个角度来说，早期的实物货币与现在的信用货币是没有区别的。"信用货币制度区别于实物货币制度。在实物货币制度下信用与货币是分开的，货币仅仅是信用的载体，信用行为本身不能创造货币，不能改变货币量"（孙国峰，2001），这一说法有待商榷。

起于信用（Keynes，1971），商品从生产到销售再到实现收入之间存在着一定的时间间隔，企业需要通过商业信用为其投资和生产筹集资金。由于资本的逐利本性以及折旧的存在，企业需要不断增加投资和扩大生产。在现实中，企业自身的资本和利润积累往往难以支撑快速的投资增长和生产扩张，这种信用需求非常普遍。在银行出现之前，企业作为一个整体，没有整合和配置资源的强制权力（像古代朝廷和现代政府强制征税的权力），又难以获得更高级别信用的担保。这种信用需求只能通过企业、家庭之间的借贷来满足，结果便是企业与家庭之间的借贷关系增加，商业信用实现扩张。

同时，正如后凯恩斯学派所强调的，现实经济中不确定因素普遍存在（Fontana，2009），信用提供方（例如家庭）对债务人（例如企业）未来如期按合约履行偿还义务缺乏信心，使得债务人的信用需求难以得到满足。即使存在资质较好的企业，但由于信息甄别成本、状态识别成本、柠檬问题等的存在，其商业信用需求也难以得到满足。例如，一个较为常见的不确定情形是，企业不能按期售完所有的产品（商品或者劳务）。如果企业在生产开始时没有足够的资金或者家庭需要的产品来支付工资，家庭就可能不会接受企业的商业信用（如欠条）为企业提供劳务，因为家庭会怀疑他们未来以商业信用向本企业或者其他企业索求自己需要的产品时得不到满足（Goodhart，1989）。因此，在充满不确定性的经济条件下，经济参与主体需要更高级别的银行信用——货币来代替企业、家庭之间的信用，以减弱或消除不确定性的潜在影响。在没有更高级别的信用形式出现的情况下，企业信用需求和家庭信用供给之间的信用缺口会持续存在，并且最终会制约企业投资和生产的扩张。

在银行出现后，由于银行信用（存款）受金融安全网（包括审慎监管、最后贷款人和存款保险）支持、可随时兑换成中央银行信用或者政府信用（基础货币）、银行的专业经营①等原因，银行的信用级别高于一般的企业和家庭。银行一方面通过发行银行券和开设存款账户吸收家庭的存款，作为债务人与家庭结成借贷关系，即存款；另一方面向有大量信用需求的企业发放贷款，作为债权人与企业结成借贷关系，即信贷。如果将企业这一整体打开，企业之间的交易也是通过银行作为中介进行了，也需要银行进行信用转变和升级。通过银行的信用中介和支付中介，本来存在于企业、家庭之间的商业信用转化为了银行信用（详见第3章图3-4）。商业信用升级为银行信用，大大降低了不确定性，也填补了初始的信用供求缺口，从而促进了交易发展和投资扩张。但需要说明的是，在不确定普遍存在的经济环境中，经济主体利用银行信用（存款货币）来代替一般商业信用，不只是后凯恩斯主义者所说的出于支付手段的需要（Graziani，2003；Fontana 和 Realfonzo，2005）②，也有出于价值储藏的需要。

此外，在现实中的"信用和货币金字塔"构架下，货币和信用体系正常运转的前提条件是，必须要有一种信用资产集价值尺度、支付手段和价值储藏职能于一身③。即使企业、家庭之间可以通过自身的商业信用为投资、生产进行融资，但商业信用的最终清算却需要更高级别的信用。在图1-1所示的"信用和货币金字塔"中，企业、家庭等经济主体之间商业信用、民间信用需要银行信用（存款货币）来清算，商业银行之间的信用需要中央银行的基础货币来清算，而国家之间的基础货币需要世界货币来清算。正因为如此，债务人不可以通过转让

① 如银行还可以通过借短贷长进行期限转换，从而为存款者（即债权人）提供流动性（Diamond 和 Dybvig，1983），降低了债权人的不确定性。

② 货币流程理论支持者 Graziani（2003）、Fontana 和 Realfonzo（2005）等也认为银行信贷的需求来自不确定性条件下经济主体需要利用银行信用（货币）替换一般的商业信用，但强调的只是货币的支付手段职能。

③ Dow 和 Smithin（1999）只强调了这种信用资产的价值尺度和支付手段职能，这显然是不够的。

自身的"欠条"来消除其债务，通常需要更高信用级别经济主体发行的债务（信用）来偿付自身的债务。当然，也有一小部分是通过债务转让，利用债权人的债务来消除自身对债权人的债务。每次经济危机爆发后，需要政府注资或者中央银行再贴现贷款来拯救危机中的商业银行、金融机构，因为政府信用或者中央银行的信用级别（即基础货币）要高于商业银行信用（即存款货币）。如果更高级别的政府信用也遭受质疑，那么就需要国外政府或者国际组织的救助了。这也是为什么此次国际金融危机爆发后，金融危机逐渐演变成了主权债务危机的重要原因之一。[①]

至此，贷款扩张和存款增加之间的因果关系的争论迷局就解开了：商业信用是与消费、生产等经济活动联系在一起的，由于不确定性的普遍存在，经济主体之间的商业信用需要向更高级别的银行信用转换。由于商业信用是在债务方（信用需求方）有信用需求时（即投资购买、生产交易等）向债权方（信用供给方）索求的，而银行信用是在不确定条件下经济主体替代和升级商业信用的需要，同时也是清算商业信用的需要。贷款需求引致的贷款扩张，进而引致存款增加和货币供给扩张。在因果关系上，投资和生产引致的贷款扩张是因，存款增加和货币供给扩张是果。因此，货币供给和银行信贷扩张具有内生性，根源在于银行信用是对商业信用的替代和升级。依照货币供给内生性的信用升级观点，前纽约联邦储备银行副主席 Alan Holmes（1969）的阐述就很好理解了，即"在现实世界中，银行扩张信贷，并在这一过程中创造存款，然后再寻求存款储备金"。

---

① 此外，在 20 世纪 90 年代，我国企业之间"三角债"的清理最终也是利用银行信用来替代企业之间的商业信用。截止到 1991 年 6 月，我国的"三角债"规模累计达 3000 亿元左右，到 1992 年底基本清理完毕。在这两年期间，政府共注入清欠资金 555 亿元，其中银行贷款 520 亿元（朱镕基，2011（第一卷），p241–242）。

四、补充解释一：货币不同职能的转换

对于货币供给内生扩张的根源是对商业信用的替代、升级和清算，一个不能回避的问题是，如何解决货币供给与需要升级的商业信用规模的不一致，即货币供给量超过或少于需要升级的商业信用规模。货币具有计价单位、支付手段和价值储藏三大职能，而货币支付手段和价值储藏的职能转换会在一定程度上调整两者之间的差额。

早在18世纪古典经济学界关于货币与物价因果关系的争论中，詹姆斯·斯图亚特（James Denham Steuart）和亚当·斯密（Adam Smith）就曾论证过货币支付手段和和价值储藏的职能转换。此次争论的焦点在于逻辑链条"货币供给—信贷—货币流通数量—物价水平"的发展方向（即向左还是向右），早期的货币数量理论支持者认为，货币数量是因，物价水平是果；而詹姆斯·斯图亚特、亚当·斯密等在综合考虑货币支付手段和价值储存两项职能的基础上，认为一定程度上是物价水平决定货币供给。

在金本位制度下，根据金属铸币自动调节理论，流通中货币过多时就会转化为价值储藏退出流通，而流通中货币短缺时原本处于价值储藏的货币就会进行补充。金属铸币之所以会自动调节，根源就在于其支付手段（流通手段）和价值储藏职能之间的转换。当商业信用升级需求少于流通中的金属铸币时，过剩的货币"常常会在保险箱里堆积起来，就像躺在矿山里一样无用"（Steuart，1767），或者"溢而旁流"（斯密，1983中文版）。履行价值储藏职能的货币既不会进入流通，也不会使价格提高。

在金汇兑本位制下，斯密的真实票据贴现理论对货币的职能转换做了进一步的解释。如果经济活动中流通的是银行券（金属货币的代表），银行券随着商品流通的需要而发行和流通，随着商品的退出而退

出，纸币流通的金额绝不能超过其所代替的金银的价值，一旦超过就会回到银行去，兑换金银（斯密，1983 中文版）。此外，由于"物价—现金流动机制"（Price Specie – Flow Mechanism）的存在，汇率会根据各国的净出口情况调整其黄金数量。过剩的金币会"溢而旁流"，"或以铸币形式输往国外，或熔成金块输往国外"（斯密，1983 中文版）。斯密的真实票据贴现理论解释的短期贴现贷款，并没有考虑企业因投资生产而产生的长期贷款需求。但正如凯恩斯的第四种货币需求动机——"融资需求"所揭示的，长期投资贷款需求与货币供给之间的关系，与真实票据贴现机制并没有本质上的不同。因此，即使在金本位和金汇兑本位制度下，货币不同职能的转换，以及国内外黄金之间的流通，也会致力于保障货币供给（流通中的货币）与商业信用升级需求的一致性，货币供给仍然具有内生性（孙杰，1995；孙伯银，2003；杨力，2005）。

在英国 19 世纪中期"通货学派"和"银行学派"的"通货争论"中①，"银行学派"继承了斯图亚特和斯密的货币职能转换观点，并将其延伸到了纸币流通的货币制度下。"银行学派"认为，无论是地方银行还是英格兰银行都没有能力直接扩大银行券的发行额②，只有非常小的一部分政府银行券（即纸币）可以按照发行人的意愿扩张（图克，1993 年中文版）。银行学派则将货币制度分为三种情况，分别对银行控制货币供给的能力进行了讨论。（1）在纯粹金币流通的情形下，流

---

① "通货争论"持续了四年，涉及信用、货币、银行、物价等多个领域，其中货币供给的争论焦点在于银行是否能够控制货币供给。"通货主义"认为银行可以任意增减货币供给，而"银行学派"则认为商品流通和需求决定货币的流通量，银行既不能任意增加也不能任意减少银行券的发行。

② 马克思对于银行货币供给的这种内生观点也大为赞同，"只要银行券可以随时兑换货币，发行银行券的银行就绝不能任意增加流通的银行券的数目……流通的银行券的数量是按照交易的需要来调节的，并且每一张多余的银行券都会立即回到它的发行者那里去"（《马克思恩格斯全集》：第 3 卷《资本论集》，p594）。

通中的货币数量完全是由需求大小来决定的，银行不能任意增减货币的供给。其中的解释与斯图尔特和斯密的理论没有差异。（2）在银行券、其他信用工具与金币混合流通的情形下，货币数量特别是银行券数量的变化，是货币需求的结果，银行不能任意控制货币的供给数量。在该货币制度下，"银行学派"一方面继承了斯密的"银行券流通规律"，强调商业信用与银行信用之间的转化，同时也强调货币供给不足的情况下一般商业信用向其他高等级信用形式的转换需求。在信贷和货币需求客观存在的情况下，如果货币供给相对不足或者银行外生减少银行券的发行量，经济主体之间会采用汇票等高级别的商业信用替代一般的商业信用（图克，1993 年中文版；富拉顿，1844）①。（3）在不兑现纸币流通的情形下，图克（1993 年中文版）等认为银行不能全然控制纸币的供给数量，但政府发行的不兑现纸币只有小部分会因为缴纳租税、购买公债等而回流到政府，所以是比较容易陷入供给过量的；而富拉顿（1844）、威尔逊（1847）等则认为，不管不兑现的纸币是政府还是银行发行，只要其有相应的回流渠道，流通中过多的货币供给就会从支付职能转为价值储藏职能，其供给量也不会陷入泛滥（刘絜敖，2010）②。因此，只要货币的支付手段和价值储藏职能之间不存在转换障碍，经济主体的商业信用升级需求会在很大程度上通过货币职能的转换得到满足，商业信用变化就会引致货币供给的变化。

尽管上述研究的制度背景是金本位制或金汇兑本位制，但货币制度的变化并不影响货币支付职能和价值储藏职能的转换。这也表明，供给的内生性是本质存在的，与货币和金融制度无关，唯一能够限制信贷和货币数量的是信贷需求（Lavoie，1992a，1996）。此外，正如后凯恩斯学派中的"结构性"内生理论所强调的，随着货币在支付职能

---

① 对于信贷金融体系下，其他准货币信用形式——金融产品对商业信用的替代，下文将专门分析。

② 此处，富拉顿（1844）和威尔逊（1847）的研究间接引自刘絜敖（2010）。

和价值储藏职能之间的相互转换，变化的不只是流通中的货币数量，还有货币的流通速度，而后者也有助于缩小或者消除货币供给（银行信用）和商业信用升级需求量之间的差额。

五、补充解释二：准货币对货币的替代

随着金融体系的发展，除了货币职能之间的相互转换外，其他高级别的商业信用或者准货币信用（在一定范围履行部分货币功能的金融产品）的出现，也会弥补货币供给与商业信用升级需求之间的差额。这种弥补之所以会发生，是因为这些相对高级别的信用形式尽管不如货币，但却高于一般的商业信用。在货币供给遭受外生限制（中央银行不愿增加基础货币供给量或者商业银行不愿发放贷款）以及没有其他更好选择的情况下，经济主体也会选择这些相对高级别的信用来代替一般的商业信用，以减少一般商业信用存在的不确定性。

在现代金融体系中，金融产品创新和金融交易体系创新层出不穷，金融市场的各种信用关系越来越丰富。这些金融产品也在越来越多地承担着交易媒介和价值储藏的职能，以各种新的方式实现信用的"货币化"。早在20世纪60年代对货币学派货币供给乘数理论的批判中，以Gurley、Shaw和Tobin为首的货币供给"新观点"（The New View）就从金融机构和金融产品创新的角度论证了中央银行等对货币供给的有限控制力，认为其他金融信用是货币的有效替代。Gurley和Shaw（1960）将所有金融机构分为货币系统的金融机构和非货币系统的金融机构①，认为两者在充当信用中介过程中，都可以根据持有的资产创造

---

① 前者包括中央银行和吸收存款以及发放贷款的银行类金融机构，通过购买初级证券而创造经济运行过程中所需要的货币；而后者是指储蓄银行、保险公司等非银行类金融中介机构，它们通过购买初级证券而提供非货币的间接证券（即非货币的金融信用）。这里的"初级证券"包括非金融支出单位发行的一切债务和股权。

出成倍的信用；并且，两类金融机构创造的信用并没有本质的区别，货币与其他金融产品，特别是"准货币"，存在极高的替代性。就信用级别而言，由于缺乏完整的金融安全网支撑，这些"准货币"的信用等级要低于银行信用，但却高于一般的商业信用。经济主体在可获取的银行信用不足以满足自己信贷需求的情况下，就会选择融入这些"准货币"信用产品。

经济主体选择融入"准货币"信用产品不只是银行信用供给不足的无奈选择，还有成本—收入的比较分析。Tobin（1963）根据一般均衡理论，认为所有金融中介机构的信用扩张是受边际收益等于边际成本这一规律制约的，所有金融中介机构都会不断创造和扩张信用（包括银行信贷），直到信用扩张的边际收益等于边际成本；同时，根据资产组合理论，货币的供求状况不仅仅取决于自身的收益和价格（成本），同时也会受到其他金融信用的收益和价格的影响。这表明，商业银行的货币创造也不只是由商业银行自身决定的，在很大程度上还取决于其他金融机构和公众偏好、行为的影响。各种"准货币"的金融信用与银行信用的收益对应着经济主体的融资成本，这些融资成本之间的差异影响着经济主体选择"准货币"的金融信用还是银行信用，以及各选择多少金融信用和银行信用来替换一般商业信用。

次贷危机爆发前，金融产品的"货币化"导致货币供给结构发生了重要变化，而影子银行体系的发展很大程度上就是迎合了货币供给结构的这种变化（Gorton 和 Metric，2010）。影子银行体系负债的"货币化"，一定程度上实现了对"高能货币"（high-powered money）和银行信用的替代，使得私营部门在资产配置中可以利用影子银行体系的负债代替货币，实现对一般商业信用的升级（Sunderam，2015）。在21世纪，新增资产抵押商业票据中有一半是由这一需求引致的（Sunderam，2015）。这表明，未来随着金融体系的发展，金融产品对货币的替代性也更为常见，货币供给的内生性也会不断增强。需要说明的是，这里的金融创新与其他非银行类金融机构的信用创造对货币供给内生性的影响，与结构性内生理论并不相同。后者主要论证的是商业银行可以借助资产证券化等金融创新从银行体系外获取基础货币，从而弱化中央银行对货币供给的外生供给。

即使在金本位和金汇兑本位制度下，其他"准货币"信用代替货币的情形也非常普遍。尽管一段时期的黄金开采量有限，金属货币供给的弹性较小，面对弹性较大的信贷需求（即商业信用的升级需求），银行可以通过扩张自身信用以满足经济主体的商业信用升级需求。正如 Robinson（1956）所指出的，"如果受到地质资源的限制，地面上黄金存量的增长速度赶不上流动性需求的增长，那么银行会进入来补充货币供给"①。这一观点后来得到了 Graziazi（1989）、Lavoie（1999）、Rochon（2001）、Gnos 和 Rochon（2003）等研究的支持。1885 年至 1913 年，信用货币在货币供给总量中的占比在 60% 以上，并且其增长幅度远远大于金属货币黄金和白银（详见第 2 章表 2 - 1）。这说明，在金属货币供给不足的情况下，其他信用货币的确会替代金属货币，适应经济主体的信贷需求。同时，在信用货币占总货币供给量的比率上，英法美"三国"要高于"十一国"，而"十一国"又高于世界。这说明随着经济发展对货币的需求增加，以及金融体系的不断发展，货币供给的内生性也将会加强（杨力，2005）。此外，即使信用货币（银行券）的发行受到了限制，经济参与主体也可以采用汇票、商业票据等相对高级别的商业信用代替银行券（图克，1993 中文版）。

其实早在银行出现之前②，货币供给的内生性就已显现了。在一篇关于英国 1520 年至 1640 年"大通胀"（Great Inflation）的文章中，Arestis 和 Howells（2001）指出，"即使在最早期的'银行业阶段'，（货

---

① 当时的金本位或者金块本位制下，银行发行的银行券还不是真正意义上的货币，只是货币的代表，信用等级要低于黄金。

② 大多数银行史方面的研究认为，意大利 1580 年成立的威尼斯银行是世界上最早的银行。

币供给）已经出现了一定程度的内生性"。这也印证了货币供给的变革式观点（Revolutionary Analysis），货币金融制度的变化不是货币供给内生性的根本原因，从制度演变的视角来分析信贷扩张和货币供给的内生性并没有把握信贷扩张和货币供给的内生性本质（Rochon 和 Rossi，2004）。货币供给具有本质的内生性（Endogenous Nature），与货币银行制度、银行业的发展阶段、金融创新等无关。

六、结论

经过半个世纪左右的发展，货币学派和后凯恩斯学派的货币供给内外生争论逐渐聚焦为了"贷款创造存款还是存款创造贷款"，两个学派所依赖的理论基础分别是货币乘数模型和信贷除数模型。但在这种"贷款与存款之间因果关系"的论证范式下，双方的争论陷入了"鸡生蛋还是蛋生鸡"的迷局。要解开这一迷局，不能还是继续停留在存款与贷款的因果关系论证上，而是要从货币的信用本质以及货币和信用的关系这个基础性和根源性的问题入手。在本质上，货币是银行信用，是银行与企业、家庭之间结成的借贷关系，这一点与一般商业信用是相同的。两者所不同的是，货币的信用级别要高于一般商业信用。经济主体之间的生产、交易、消费等经济活动与商业信用紧密相连，但由于不确定性的普遍存在，经济主体为扩大投资和交易与减少风险，相互之间的商业信用需要通过信用级别更高的银行信用来代替和清算。当货币供给量与需要升级和清算的商业信用规模不一致时，货币的支付手段和价值储藏手段职能会相互转换，其他金融产品等准货币与货币进行替代，从而缓解和消除上述货币供求之间的差额。这是货币供给的内生根源和本质，也同时破解了两个学派的货币供给争论迷局。

需要指出的是，在当前的部分准备金、资本充足率监管等货币金融制度下，一国中央银行和金融监管当局的政策调整对货币供给具有较大的影响力，货币供给的内生本质并不能否认其外生性，货币供给兼具内生和外生两个创造渠道。更为值得政策制定关注的是，货币供给内生性和外生性的相对大小会随着金融体系的变迁、商业银行资产负债管理模式的发展以及经济的周期波动等而动态变化①。

就货币政策而言，货币供给的内生性意味着，货币政策调控重要的不是货币供给量，而是整个经济体的信用规模。不同信用之间的相互转换也表明，相对于货币供应量、信贷规模控制等量化政策，价格型调控政策的效果应该更好。当前美日等国量化宽松货币政策效果不理想的重要原因是，货币供给在经济萧条和复苏阶段的内生性较强，"货币的乘数效应可能很低，甚至为负，也就是说，注入资金的数量变化无法给货币总供给量带来明显的增效"，"货币量的增加是经济复苏以后所带来的结果，而不是起因"（斯基德尔斯基，2011，pXV、21）。

---

① 朱太辉（2012b）对此进行了详细论证。

参 考 文 献

［1］巴塞尔银行监管委员会：《第三版巴塞尔协议（中国银行业监督管理委员会译)》，北京：中国金融出版社，2011。

［2］巴塞尔银行监管委员会：《巴塞尔协议Ⅲ（综合版)》（杨力、吴国华译），北京：中国金融出版社，2014。

［3］巴曙松，朱元倩：《巴塞尔资本协议Ⅲ研究》，北京：中国金融出版社，2011。

［4］白川方明：《宏观审慎监管与金融稳定》，载《中国金融》，29－31页，2010（4）。

［5］本·伯南克：《美联储的信贷放松政策及其对资产负债表的影响》，载《中国金融》，34－36页，2009（7）。

［6］布伦纳和梅尔泽：《货币供给》，《货币经济学手册》（第1卷），本杰明·M.弗里德曼、弗兰克·H.哈恩主编：北京：经济科学出版社，340－378页，2002。

［7］步艳红等：《我国商业银行同业业务高杠杆化的模式、影响和监管研究》，载《金融监管研究》，33－46页，2014（2）。

［8］查尔斯·麦基：《幻想与癫狂——金融危机经典案例》（李绍光等译），北京：中国金融出版社，2009。

［9］陈雨露，汪昌云：《金融学文献通论：原创论文类》，北京：中国人民大学出版社，2006。

［10］丁俊峰、刘惟煌和钟亚良：《民间融资市场与金融制度》，载《金融研究》，161－168页，2005（12）。

[11] 冯玉明、袁红春、俞自由：《中国货币供给内生性或外生性问题的实证》，载《上海交通大学学报》，1251-1253 页，1999（10）。

[12] 胡海鸥：《温特劳布—卡尔多的内生货币理论介评》，载《金融研究》，35 页、61-65 页，1997（10）。

[13] 古斯塔夫·勒庞：《心理学统治世界》（La psychologie politique et la defense sociale，高永译），北京：金城出版社，2011。

[14] 国家审计署：《全国地方政府性债务审计结果》，第 35 号公告，2011-06-27。

[15] 国家审计署：《关于 2010 年度中央预算执行和其他财政收支审计查出问题的整改结果》，第 1 号公告，2012-01-04。

[16] 国家审计署：《全国政府性债务审计结果》，第 32 号公告，2013-12-30。

[17] 胡庆庚：《现代货币银行学教程》，上海：复旦大学出版社，2001。

[18] 黄达：《金融学》（第二版），北京：中国人民大学出版社，2009。

[19] 黄达：《货币银行学》（第四版），北京：中国人民大学出版社，2009。

[20] 金鹏辉、张翔、高峰：《银行过度风险承担及货币政策与逆周期资本调节的配合》，载《经济研究》，75-87 页，2014（6）。

[21] 克努特·维克塞尔：《国民经济学讲义》（刘絜敖译），上海：上海译文出版社，1983。

[22] 克努特·维克塞尔：《利息与价格》（蔡受百等译），北京：商务印书馆，2007。

[23] 李文泓：《关于宏观审慎监管框架下逆周期政策的探讨》，载《金融研究》，7-23 页，2009（7）。

[24] 李妍：《宏观审慎监管与金融稳定》，载《金融研究》，52-

60 页，2009（8）。

　　［25］刘波、盛松成：《略论拉德克利夫报告中的货币理论》，载《金融研究》，66－68 页，1986（11）。

　　［26］刘志雄、李剑：《开放条件下我国货币供给的内生性研究》，载《南方金融》，25－29 页，2010（4）。

　　［27］刘絜敖：《国外货币金融学说》，北京：中国金融出版社，2010。

　　［28］罗伯特·斯基德尔斯基：《重新发现凯恩斯》（Keynes：The Ruturn of the Master，秦一琼译），北京：机械工业出版社，2011。

　　［29］马歇尔：《货币、信用与商业》（叶元龙、郭家麟译），北京：商务印书馆，1986。

　　［30］米尔顿·弗里德曼、罗斯·弗里德曼：《两个幸运的人》（Two Lucky People，韩莉、韩晓雯译），北京：中信出版社，2003。

　　［31］米塞斯：《货币与信用原理》（杨承厚译），台湾：台湾银行经济研究室，1966。

　　［32］默里·罗斯巴德：《美国大萧条》（第五版，谢华育译），上海人民出版社，2009。

　　［33］彭兴韵：《流动性、流动性过剩与货币政策》，载《金融论坛》，1－11 页，2007（48）（总第204期）。

　　［34］彭文生：《民间融资降温不可避免》，载《中国金融四十人论坛月报》，49－54 页，2011（10）。

　　［35］彼得·斯拉法：《李嘉图著作和通信集》（第3卷—货币的问题），北京：商务印书馆，1986。

　　［36］瞿强：《资产价格与货币政策》，载《经济研究》，60－67 页，2001（7）。

　　［37］瞿强：《资产价格波动与宏观经济》，北京：中国人民大学出版社，2005。

［38］瞿强：《市场主导性金融体系中的货币与信用：货币政策动态分析》，《市场主导与银行主导》（吴晓求、赵锡军、瞿强等著），北京：中国人民大学出版社，333－350页，2006。

［39］瞿强：《经济波动——附加信用的结构性解释》，载《金融研究》，15－27页，2009（1）。

［40］瞿强、王磊：《由金融危机反思货币信用理论》，载《金融研究》，1－10页，2012（12）。

［41］盛松成：《现代货币供给理论与实践》，北京：中国金融出版社，1993。

［42］盛松成：《社会融资规模概念的理论基础与国际经验》，载《中国金融》，41－43页，2011（8）。

［43］盛松成、翟春：《中央银行与货币供给》，北京：中国金融出版社，2015。

［44］史宗瀚：《中国地方政府的债务问题：规模测算与政策含义》，载《中国教育财政科学研究所科研简报》，2010（2）。

［45］孙伯银：《货币供给内生的逻辑》，北京：中国金融出版社，2003。

［46］孙国峰：《信用货币制度下的货币创造和银行运行》，载《经济研究》，29－37页、85页，2001（2）。

［47］孙杰：《货币政策、公司融资行为与货币供给内生性》，载《世界经济》，13－19页，2004（5）。

［48］孙天琦、张观华：《银行资本、经济周期和货币政策文献综述》，载《金融研究》，191－205页，2008（1）。

［49］塔玛·弗兰科：《证券化：美国结构融资的法律制度》（潘攀译），北京：法律出版社，2009。

［50］托马斯：《货币银行学：货币、银行业和金融市场》（杜朝运译），北京：机械工业出版社，2008。

［51］托马斯·图克：《通货原理研究》，北京：商务印书馆，1993。

［52］田菁、攸频：《对银行内生性信贷周期的博弈分析》，载《中央财经大学学报》，44－49 页，2009（9）。

［53］万解秋、徐涛：《货币供给的内生性与货币政策的效率——兼评我国当前货币政策的有效性》，载《经济研究》，40－45 页、50 页，2001（3）。

［54］魏加宁：《温州民间借贷风险是否会演变成"中国版次贷危机"》，载《中国金融四十人论坛月报》，7－14 页，2011（10）。

［55］魏加宁、朱太辉、宁静：《两次大危机的经验教训与启示》，载《国务院发展研究中心调查研究报告》，专刊第 7 期，137－166 页，2012。

［56］魏加宁、宁静、朱太辉：《我国政府性债务的测算框架和风险评估研究》，载《金融监管研究》，43－59 页，2012（11）。

［57］魏巍贤：《中国货币供给的外生性研究》，载《数量经济技术经济研究》，52－54 页，2000（11）。

［58］伍戈：《信贷规模规避与货币政策调控》，载《财政科学》，10－16 页，2010（9）。

［59］王国松：《货币供给的制度内生与需求内生实证分析》，载《财经研究》，51－61 页，2008（6）。

［60］许安拓：《地方融资平台风险：总量可控、局地凸显》，载《中央财经大学学报》，7－12 页，2011（10）。

［61］谢罗奇、胡昆：《我国货币供给的内生性分析》，载《求索》，26－28 页，2005（1）。

［62］谢平、俞乔：《中国经济市场化过程中的货币总量控制》，载《金融研究》，3－10 页，1996（1）。

［63］谢平、邹传伟：《金融危机后有关金融监管改革的理论综

述》，载《金融研究》，1－17 页，2010（2）。

［64］小林庆一郎：《量化宽松政策与通货紧缩：日本的艰难抉择》，载《中国金融》，58－59 页，2004（17）。

［65］徐明：《透视危机：百年来典型经济危机回顾与启示》，北京：经济科学出版社，2009。

［66］亚当·斯密：《国民财富的性质和原因的研究（上）》（郭大力、王亚南译），北京：商务印书馆，1983。

［67］亚当·斯密：《国民财富的性质和原因的研究（下）》（郭大力、王亚南译），北京：商务印书馆，1983。

［68］杨力：《适应性货币供给——全球化和微观视角的研究》，上海：上海财经大学出版社，2005。

［69］易纲：《健全体制机制，完善扶持政策，扎实推进农村信用社改革取得新进展》，载《中国农村信用合作》，19－22 页，2009（4）。

［70］尹继志：《中央银行独立性的国际比较与思考》，载《南方金融》，38－44 页，2010（4）。

［71］于泽：《我国 M_2 顺周期性的原因分析——货币供给内生性的视角》，载《管理世界》，24－31 页，2008（12）。

［72］张晶：《定量宽松还是信贷宽松？——基于伯南克货币救助政策创新的思考》，载《国际金融研究》，35－38 页，2009（11）。

［73］张强、张宝：《货币政策传导的风险承担渠道研究进展》，载《经济学动态》，105－109 页，2011（10）。

［74］张晓朴、朱太辉：《金融体系与实体经济关系的反思》，载《国际金融研究》，43－54 页，2014（3）。

［75］张晓朴、朱太辉：《建立存款保险制度引领金融业改革全面推进》，载《清华金融评论（中国金融 40 人论坛工作论文）》，36－39 页，2015（4）。

［76］张雪兰、何德旭：《货币政策的风险承担渠道：传导路径、不对称性与内在机理》，载《金融评论》，75－85 页、129 页，2012（1）。

［77］赵锡军、邵含章：《商行建立逆周期资本缓冲的方法研究》，金融四十人论坛论文，2011－06－29。

［78］中共中央马克思、恩格斯、列宁、斯大林著作编译局编译：《马克思恩格斯全集（第 3 卷）：资本论集》（马克思著），北京：人民出版社，1995。

［79］中共中央马克思、恩格斯、列宁、斯大林著作编译局编译：《马克思恩格斯全集（第 13 卷）：政治经济学批判》（马克思著），北京：人民出版社，1995。

［80］中国人民银行温州市中心支行：《温州民间借贷市场报告》，2011－07－21。

［81］中金公司研究部：《证券研究报告（行业动态)》，2011－10－08。

［82］中银国际证券研究部：《2012 中国经济和市场展望》，2011－12－09。

［83］中华人民共和国国家统计局：《中国统计年鉴（2011)》，北京：中国统计出版社，2011。

［84］朱镕基：《朱镕基讲话实录》（第一卷），北京：人民出版社，2011。

［85］朱太辉：《我国货币超发的流动性风险与政策建议》，国务院发展研究中心 2011 年中心重点课题"我国财政金融风险问题研究"，2012－02。

［86］朱太辉：《货币供给的内外生争论迷局》，载《金融评论》，12－25 页，2013（5）。

［87］朱太辉：《货币供给的内外生争论：起源、演进和迷局》，

载《金融监管研究》，57－75 页，2014（2）。

　　［88］朱太辉、张晓朴：《金融危机的人口—信贷—房价模型》，经济研究工作论文 WP577，2014。

　　［89］朱太辉、魏加宁：《危机后美国存款保险制度的变革及启示》，载《金融发展评论》，40－44 页，2012（2）。

　　［90］朱泽山：《评弗里德曼的单一规则货币政策》，载《西南师范大学学报（人文社会科学版）》，26－30 页、39 页，1992（2）。

　　［91］Adrian, T. , and H. S. Shin. Financial Intermediaries, Financial Stability and Monetary Policy, Proceedings of the Federal Reserve Bank of Kansas City Symposium at Jackson Hole, 2008.

　　［92］Adrian, T. , and H. S. Shin, Financial Intermediaries and Monetary Economics, in "Handbook of Monetary Economics" (Volume3A) edit by Friedman, Benjamin M. , and Michael Woodford, 2011, San Diego (USA) and Amsterdam (Netherlands)：North－Holland, p601－652.

　　［93］Akerlof, G. , The Market for Lemons：Quality Uncertainty and the Market Mechanism. Quarterly Journal of Economics 84, August 1970, p488－500.

　　［94］Allen, F. , and D. Gale, Asset Price Bubbles and Monetary Policy, The Economic Journal, Vol. 110 (460), 236－255.

　　［95］Allen, F. , and D. Gale, Comparing Financial Systems, 2001, The MIT Press.

　　［96］Almunia, M. , A. S. Bénétrix, B. Eichengreen, K. H. O'Rourke, and G. Rua, From Great Depression to Great Credit Crisis：Similarities, Differences and Lessons. November 2009, NBER Working Paper 15524.

　　［97］Arestis, P. , The Post－Keynesian Approach to Economics, 1992, Aldershot：Edward Elgar.

［98］Arestis, P. , and A. S. Eicher, The Post - Keynesian and Insti-
tutionalist Theory of Money and Credit, Journal of Economic Issues, 22
（4）, 1988, p1003 - 1021.

［99］Arestis, P. , and P. Howells, The "Great Inflation", 1520 -
1640: Early Views on Endogenous Money, in "Money, Macroeconomics and
Keynes: Essays in Honour of Victoria Chick", edit by Arestis, P. , M. De-
sai and S. Dow, 2002, London and New York: Routledge, Vol. I, p4 - 13.

［100］Bangia, A. , F. X. Diebold and T. Schuermann, Ratings Mi-
gration and the Business Cycle, With Application to Credit Portfolio Stress
Testing. Journal of Banking & Finance 26（2 - 3）, 2002, p445 - 474.

［101］Bell, S. , The Role of the State and the Hierarchy of Money,
Cambridge Journal, March 2001.

［102］Bell, S. , Liquidity Preference, in "The Elgar Companion to
Post Keynesian Economics" edit by King, J. E. , 2003, Cheltenham: Edward
Elgar.

［103］Bernanke, B. S. , Non - Monetary Effects of the Financial Cri-
sis in the Propagation of the Great Depression. The American Economic Re-
view 73, June 1983, p257 - 276.

［104］Bernanke, B. S. , Credit in the Macroeconomy. FRBNY Quar-
terly Review/ Spring 1992 - 93, p50 - 70.

［105］Bernanke, B. S. , The Macroeconomics of the Great Depres-
sion: A Comparative Approach. Journal of Money, Credit and Banking, Feb-
ruary 1995, 27（1）, p1 - 28.

［106］Bernanke, B. S. , Policy Coordination among Central
Banks. Speech Delivered at the Fifth European Central Banking Conference,
The Euro at Ten: Lessons and Challenges, Frankfurt, Germany. November
14, 2008.

［107］Bernanke, B. S. , Implications of the Financial Crisis for Eco-
nomics. Speech at the Conference Co – sponsored by the Center for Economic
Policy Studies and the Bendheim Center for Finance, Princeton University,
Princeton, New Jersey, 2010, http：//www. federalreserve. gov/newseven
– ts/speech/bernanke20100924a. htm.

［108］Bernanke, B. S. , and A. S. Blinder. Credit, Money, and Ag-
gregate Demand. The American Economic Review, 78（2）, 1988,
p435 – 439.

［109］Bernanke, B. S. , and M. Gertler. Agency Cost, Net Worth and
Business Fluctuations. American Economic Review 79（1）, 1989,
p14 – 31.

［110］Bernanke, B. S. , and M. Gertler. Financial Fragility and Eco-
nomic Performance. The Quarterly Journal of Economics, 105（1）, 1990,
87 – 114.

［111］Bernanke, B. S. , and Mark Gertler, Inside the Black Box：The
Credit Channel of Monetary Policy Transmission. The Journal of Economic
Perspectives, 1995, 9（4）, 27 – 48.

［112］Bernanke, B. S. , M. Gertler, and S. Gilchrist. The Financial
Accelerator and the Flight to Quality. The Review of Economics and Statis-
tics, 78（1）, 1996, p1 – 15.

［113］Berry, T. , S. Byers and D. Fraser. Do Bank Loan Relation-
ships Still Matter? Journal of Money, Credit, and Banking, 2006, 38（5）,
1195 – 1209.

［114］Bibow, J. , Liquidity Preference Theory', in "A Handbook of
Alternative Monetary Economics" edit by Arestis, P. , and M. C. Sawyer,
2006, Cheltenham：Edward Elgar.

［115］Bikker, J. A. , and H. Hu. Cyclical Patterns in Profits, Provisioning and Lending of Banks. De Nederlandsche Bank Staff Reports No. 86, 2002.

［116］ Blanchard, Olivier. What Do We Know about Macroeconomics That Fisher and Wicksell Did Not? Quarterly Journal of Economics 115, November 2000, p1375 – 1409.

［117］ Blinder, A. S. , and R. M. Solow, Does Fiscal Policy Matter?, Journal of Public Economics, 1972, p319 – 337.

［118］ Boissay, Frederic. Credit Chains and the Propagation of Financial Distress. European Central Bank Working Paper Series No. 573, January 2006.

［119］ Bordo, M. D. , and J. Haubrich. Credit Crises, Money and Contractions: An Historical View. Journal of Monetary Economics, 57 (1), January 2010, p1 – 18.

［120］ Bordo, M. D. , and J. L. Lane, The Banking Panics in the United States in the 1930s: Some Lessons for Today, Oxford Review of Economic Policy, 26 (3), 2010, p486 – 509.

［121］ Borio, Claudio. , Craig Furfine and Philip Lowe. Procyclicality of the Financial System and Financial Stability: Issues and Policy Options. BIS Papers No. 1, 2001.

［122］ Borio, C. , and H. Zhu, Capital Regulation, Risk – taking and Monetary Policy: A Missing Link in the Transmission Mechanism?, BIS Working Paper No. W268, 2008.

［123］ Bouvatier, Vincent. , and Laetitia Lepetit. Banks' procyclicality behavior: Does provisioning matter? Working Paper, 2005 (3) .

［124］ Bradley, E. , Europe's Whole Loan Sales Market Burgeoning As Mortgage Credit Market Comes of Age. Standard & Poor's Structured Finance, June 6, 2005.

［125］Brainard, W. , and J. Tobin. Financial Intermediaries and the Effectiveness of Monetary Controls, American Economic Review 53, May 1963, p383 – 400.

［126］Brock, William A. , and Leonard J. Mirman. Opitimal Economic Growth and Uncertainty: The Discounted Case. Journal of Economic Theory 4, June 1972, p479 – 513.

［127］Brown, C. , Toward a Reconcilement of Endogenous Money and Liquidity Preference, Journal of Post Keynesian Economics, 26 (2), Winter 2003 – 2004, p325 – 339.

［128］Brunner, K. , The Role of Money and Monetary Policy, Federal Reserve Bank of St. Louis Reviews, July 1968, p9 – 24.

［129］Brunner, K. and A. H. Meltzer. Some Further Investigations of Demand and Supply Functions for Money. The Journal of Finance 9 (2), 1964, p240 – 283.

［130］Brunner, K. and A. H. Meltzer. , Money, Debt, and Economic Activity, Journal of Political Economy 80, 1972, p951 – 977.

［131］Brunner, K. and A. H. Meltzer. , Money Supply, in "Handbook of Monetary Economics (Vol. 1)" edit by Friedman, B. M. , and, F. H. Hahn, 1990, North Holland, p357 – 398.

［132］Brunnermeier, M. , A. Crockett, C. Goodhart, A. Persaud, and Hyun Shin, The Foundational Principles of Finanial Regulation, Geneva Reports on the World Economy—Preliminary Conference Draft, International Center for Monetary and Banking Studies, 2009.

［133］Burger, Albert F. The Money Supply Process, 1971, Belmont, California Wadsworth Publishing Company.

［134］Cagan, P. , 1965, Determinants and Effects of Changes in the Stock of Money 1875 – 1960. 1965, New York: Columbia University Press.

［135］ Calomiris, C. , Financial Factors in the Great Depression, Journal of Economic Perspectives 7, 1993, p61 – 85.

［136］ Calomiris, C. , and J. Mason, Fundamentals, Panics and Bank Distress During the Depression, American Economic Review, 95 (5), 2003, p1615 – 1647.

［137］ Carabelli, A. M. Cause, chance and possibility, in "Keynes's Economics: methodological issues" edit by T. Lawson and H. Pesaran, 1988, London: Croom Helm.

［138］ Cardoso – Lecourtois, Miguel. Chain Reactions, Trade Credit and the Business Cycle. Econometric Society 2004 North American Summer Meetings No 331, Econometric Society, August 2004.

［139］ Caskey, J. , and S. Fazzari, Aggregate Demand Contractions with Nominal Debt Commitments: Is Wage Flexibility Stabilizing?, Economic Inquiry 25, 1987, p97 – 583.

［140］ Chen Nan – Kuang. , and Hung – Jen Wang. The Procyclical Leverage Effect of Collateral Value on Bank Loans — Evidence from the Transaction Data of Taiwan. Economic Inquiry, 45 (2), 2007, p395 – 406.

［141］ Chick, V. , The Evolution of the Banking System and the Theory of Saving, Investment and Interest, Économies et Sociétés, 20 (8 – 9), 1986, p26 – 111.

［142］ Chirinko, Robert S. , and Stephen R. King. Bank Loans and Information Accumulation. Mimeo, 1987, University of Chicago.

［143］ Chown, J. , A History of Money: From AD 800, 2005, London and New York: Routledge and the Institute of Economic Affairs.

［144］ Christ C. F, A Simple Macroeconomic Model with a Government Budget Restraint, Journal of Political Economy, 76 (1), 1968, p53 – 67.

［145］ Clark. J. M. , Strategic Factors in Business Cycles, 1935, New

York: The National Bureau of Economic Research.

[146] Cordoba, Juan – Carlos. , and Marla Ripoll. Credit Cycles Redux. International Economic Review, 45 (4), 2004, p1011 – 1046.

[147] Coricelli, Fabrizio. , and Igor Masten. Growth and Volatility in Transition Countries: The Role of Credit. Festschrift in Honor of Guillermo A. Calvo, April 2004, p1 – 31.

[148] Corrigan, Gerald E. Are Banks Special? The Federal Reserve Bank of Minneapolis Publications & Papers, 1982 Annual Reports.

[149] Corrigan, Gerald E. Are Banks Special? A Revisitation. The Federal Reserve Bank of Minneapolis Publications & Papers, 2000.

[150] Cottrell, A. , The Endogeneity of Money and Money – income Causality, Scottish Journal of Political Economy, 33 (1), 1986, p2 – 27.

[151] Cottrell, A. , Endogenous Money and the Multiplier, Journal of Post Keynesian Economics, 17 (1), 1994, p111 – 120.

[152] Cuberes, D. , and W. R. Dougan, How Endogenous Is Money? Evidence from a New Microeconomic Estimate, Working Paper, August 2008.

[153] Dalziel, P. , The Keynesian Multiplier, Liquidity Preference, and Endogenous Money, Journal of Post Keynesian Economics, 1996, 18 (3), p311 – 331.

[154] Davidson, P. , Keynes' finance motive, Oxford Economic Papers, Vol. 17, 1965, p47 – 65.

[155] Davidson, P. , Money and the Real World (second edition 1978), 1972, New York: John Wiley & Sons.

[156] Davidson, P. and S. Weintraub, Money as cause and effect, Economic Journal, 83 (332), 1973, p32 – 1117.

[157] Davies, G. , A History of Money: From Ancient Times to the

Present Day (3rd edition), 2002, Cardiff: University of Wales Press.

[158] Davis, Philip E. Debt, Financial Fragility, and Systemic Risk. 1992, Oxford: Clarendon Press.

[159] Deleplace, G., and E. J. Nell, Money in Motion: The Post Keynesian and Circulation Approaches, 1996, London: Palgrave Macmillan.

[160] Denny L. B., S. Howard and W. Moore. Credit Booms and Busts in the Caribbean. MPRA Paper No. 21472, March 2010.

[161] Diamond, D. W., and P. H. Dybvig, Bank Runs, Deposit Insurance, and Liquidity, The Journal of Political Economy, 91 (3), 1983, p401 – 419.

[162] Dolan, E. G., The Foundations of Modern Austrian Economics, 1976, Sheed & Ward (中译本: 现代奥地利学派经济学的基础, 王文玉译, 2008, 杭州: 浙江大学出版社).

[163] Dow, S. C., Horizontalism: A Critique, Cambridge Journal of Economics, 20 (4), 1996, p497 – 508.

[164] Dow, S. C. Endogenous Money: Structuralist, in A Handbook of Alternative Monetary Economics, ed. By Arestis P. and M. S. Cheltenham, 2006, USA: Edward Elgar, p35 – 51.

[165] Dow, S. C., Endogenous Money: Structuralist, in "A Handbook of Alternative Monetary Economics" edit by Arestis, P., and M. C. Sawyer, 2006, Cheltenham: Edward Elgar.

[166] Dow, S. C., and J. Smithin, The Structure of Financial Markets and the "First Principles" of Monetary Economics, Scottish Journal of Political Economy, 46 (1), 1999, p72 – 90.

[167] Dow, S., and V. Chick, Monetary Policy with Endogenous Money and Liquidity Preference: A Nondualistic Treatment, Journal of Post Keynesian Economics, 24 (4), 2002, p587 – 07.

[168] Duke, E. A. , A Framework of Analyzing Bank Lending. At the 13th Annual University of North Carolina Banking Institute, Charlotte, North Carolina, March 30, 2009.

[169] Earley, J. , Essays on "The Credit Approach" to Macro – Finance, Joint Working Paper Series of the Department of Economics and Graduate School of Management, University of California – Riverside, No. 1, June 1983.

[170] Eatwell, J. , Murray Milgate and Peter Newman, The New Palgrave: A Dictionary of Economics, 1991, The Macmillan Press (《新帕尔格雷夫经济学大词典》, 陈岱孙主编, 1996, 经济科学出版社).

[171] Eckstein. , Otto, and Allen Sinai. The Mechanisms of the Business Cycle in the Postwar Era. in Robert J. Gordon, The American Business Cycle: Continuity and Change, University of Chicago Press, 1986, p39 – 122.

[172] Eichengreen, B. , and M. Flandreau, The Gold Standard in Theory and History (2nd edition), 1997, London and New York: Routledge.

[173] Eichengreen, B. , Origins and Responses to the Crisis. CESifo Forum, 4/2008, p6 – 9.

[174] Epstein, G. , and T. Ferguson, Monetary Policy, Loan Liquidation, and Industrial Conflict: The Federal Reserve and the Open Market Operations of 1932, Journal of Economic History, 44 (4), 1984, p957 – 983.

[175] Fama, E. F. , Banking in the theory of finance. Journal of Monetary Economics, 1980, 6 (1), 39 – 57.

[176] Ferri, G. , L. Liu and G. Majnoni. The Role of Rating Agency Assessments in Less Developed Countries: Impact of the Proposed Basel Guidelines. Journal of Banking & Finance 25, 2000, p115 – 148.

［177］ Fisher, I. , Debt – Deflation Theory of Great Depressions. Econometrica 1, 1933, p337 – 357.

［178］ Fitzgibbons, A. Keynes's Vision: A New Political Economy, 1988, Oxford: Clarendon Press.

［179］ Fleckenstein, William A. , and Frederick Sheehan. Greenspan's Bubble, 2008 , McGraw – Hill Companies（中译本:《格林斯潘的泡沫: 美国经济灾难的真相》, 单波译, 2008, 北京: 中国人民大学出版社）.

［180］ Foley, D. , "Money in Economic Activity" in "The New Palgrave: Money" edit by Eatwell, J. , Murray Milgate, and Peter Newman, 1989, New York and London: W. W. Norton.

［181］ Fond, D. I. , Some Implications of Money Supply Analysis, The American Economic Review, 57（2）, 1967, p380 – 400.

［182］ Fontana, G. , and E. Venturino. Endogenous Money: An Analytical Approach. Scottish Journal of Political Economy, 50（4）, September 2003, p398 – 416.

［183］ Fontana, G. , Money, Uncertainty and Time, 2009, London and New York: Routledge.

［184］ Fontana, G. , and E. Venturino. Endogenous Money: An Analytical Approach. Scottish Journal of Political Economy 50（4）, September 2003, p398 – 416.

［185］ Fontana, G. , Post Keynesian Approaches to Endogenous Money: A Time Framework Explanation, Review of Political Economy, 15（3）, 2003b, p291 – 314.

［186］ Fontana, G. , and R. Realfonzo, The Monetary Theory of Production: Tradition and Perspectives, 2005, London: Palgrave Macmillan.

［187］ Foster, G. P. , The Endogeneity of Money and Keynes's General

Theory, Journal of Economic Issues, 1986, 20 (4), p953 – 968.

[188] Friedman, B. M. Postwar Changes in the American Financial Market. In the American Economy in Transition, edited by Martin Feldstein, 1980, Chicago: University of Chicago Press, p9 – 78.

[189] Friedman, B. M. Debt and Economic Activity in the United States. In The Changing Roles of Debt and Equity in Financing U. S. Capital Formation, edited by Benjamin Friedman, p91 – 110. 1982, Chicago: University of Chicago Press.

[190] Friedman, B. M. , The Future of Monetary Policy: The Central Bank as an Army with Only a Signal Corps?, International Finance, 2 (3), 1999, p321 – 338.

[191] Friedman, M. , and A. J. Schwartz. A Monetary History of the United States: 1867 – 1960. 1963, Princeton: Princeton University Press.

[192] FSF, Report of the Financial Stability Forum on Enhancing Market and Institutional Resilience, 2009.

[193] Gan, J. , Collateral Channel and Credit Cycle: Evidence from the Land – Price Collapses in Japan. The 2003 HKUST Finance Symposium. Day 1, 2003 – 12 – 15.

[194] Gardiner, G. W. , "The Primacy of Trade Debts in the Development of Money", in "Credit and State Theories of Money" edit by Wray, L. R. , 2004, Northampton: Edward Elgar.

[195] Garet G. A Bubble That Broke the World. 1932, Boston: Little, Brown, and Company.

[196] Getler, M. , and S. Gilchrist. The Role of Credit Market Imperfections in the Monetary Transmission Mechanism: Arguments and Evidence. Scandinavian Journal of Economics, 1993, p43 – 64.

[197] Getler, M. , and S. Gilchrist. Monetary Policy, Business Cy-

cles and the Behavior of Small Manufacturing Firms. The Quarterly Journal of Economics, 1994, 109 (2), p309 – 340.

[198] Gertler, M. , and N. Kiyotaki, Financial Intermediation and Credit Policy in Business Cycle Analysis, in "Handbook of Monetary Economics" (Volume3A) edit by Friedman, Benjamin M. , and Michael Woodford, 2011, San Diego (USA) and Amsterdam (Netherlands): North – Holland, p547 – 600.

[199] Gnos, C. and L. P. Rochon, Joan Robinson and Keynes: finance, relative prices and the monetary circuit, Review of Political Economy, 15 (4), 2003, p91 – 483.

[200] Godley, W. , and M. Lavoie, Monetary Economics: An Integrated Approach to Credit, Money, Income, Production and Wealth, 2007, New York: Palgrave Macmillan.

[201] Goodhart, C. A. E. , Money, Information and Uncertainty (2nd edition), 1989, London: Macmillan.

[202] Goodhart, C. A. E. , What Should Central Banks Do? What Should Be Their Macroeconomic Objectives and Operations?, The Economic Journal, 104 (427), 1994, p1424 – 1436.

[203] Goodhart, C. A. E. , Lessons from the financial crisis for monetary policy, Daedalus, 139 (4), 2010, p74 – 82.

[204] Gorton. G. , Slapped by the Invisible Hand: The Panic of 2007, 2010a, Oxford University Press.

[205] Gorton, G. , Questions and Answers about the Financial Crisis, NBER Working Paper 15787, February 2010b.

[206] Graziani, A. , Money and Finance in Joan Robinson's Work, in "The Economics of Imperfect Competition and Employment: Joan Robinson and Beyond" edit by Feiwel, G. R. , 1989, New York: Columbia University

Press, p613 – 30.

[207] Graziani, A., The Theory of the Monetary Circuit, 1989, London: Thames Polytechnic.

[208] Graziani, A., The Monetary Theory of Production, 2003, Cambridge: Cambridge University Press.

[209] Great Britian, Committee on the Working of the Monetary System, Report (Radcliffe Report) Cmnd 827, London: H. M. Stationery Office, August 1959, 133 – 4, p391 – 2.

[210] Greenwald, B., and J. E. Stiglitz, and Andrew Weiss. Information Imperfections in the Capital Market and Macroeconomic Fluctuations. American Economic Review 74, May 1984, p194 – 200.

[211] Grossman, R. S., and C. M. Meissner, International Aspects of the Great Depression and the Crisis of 2007: Similarities, Differences, and Lessons, Oxford Review of Economic Policy, 26 (3), 2010, p318 – 338.

[212] Gurley. J. G., and E. S. Shaw., Financial Aspects of Economic Development. The American Economic Review, 45 (4), 1955, p515 – 538.

[213] Gurley. J. G., and E. S. Shaw., Financial Intermediaries and the Saving – Investment Process, The Journal of Finance, 11 (2), 1956, p257 – 276.

[214] Gurley, J. G., and E. S. Shaw, Money in a Theory of Finance, 1960a, Washington: The Brookings Institution (中译本:《金融理论中的货币》, 贝多广译, 2006, 上海: 上海人民出版社).

[215] Gurley. J. G., The Radcliffe Report and Evidence, The American Economic Review, 50 (4), 1960b, p 672 – 700.

[216] Gurley, J. G., Liquidity and Financial Institution in the Postwar Economy, in "Study of Employment, Growth, and the Price Level" by

Joint Economic Committee, Prepared for the U. S. Congress, 1960c, Washington: U. S. Government Printing Office.

[217] Hahn, F. , Money and Inflation, The MIT Press, 1983.

[218] Hall, R. E. , Fiscal Stimulus, Daedalus (On the Financial Crisis & Economic Policy), 139 (4), 2010, p83 – 94.

[219] Hawtrey, R. G. , The Trade Cycle, Economist, 1926. Reprinted inReadings in Business Cycle Theory, p330 – 349, Homewood: Irwin, 1951.

[220] Hayek, F. A. Monetary Theory and the Trade Cycle. 1933, New York: Sentry Press.

[221] Hayek F. A. , Prices and Production, 1931, New York: Augustus M. Kelly.

[222] Hicks, J. , Mr Keynes and the "Classic": A Suggested Interpretation, April 1937, Econometrica 5, p147 – 159.

[223] Hicks, J. , Economic Perspectives, 1977, Oxford: Oxford University Press.

[224] Holmes, A. R. Operational Constraints on the Stabilization of Money Supply Growth, Federal Reserve Bank of Boston, Controlling Monetary Aggregates, June 1969, p65 – 77.

[225] Horváth, E. , Katalin Mérõ and Balázs Zsámboki. Studies on the Procyclical Behaviour of Banks. National Bank of Hungary Occasional Papers, 2002 (10) .

[226] Hubbard, R. G. , and A. K. Kashyap. Internal Net Worth and the Investment Process: An Application to U. S. Agriculture. The Journal of Political Economy, 100 (3), 1992, 506 – 534.

[227] IMF, Global Financial Stability Report: Responding to the Financial Crisis and Measuring Systemic Risks, 2009.

[228] Innes, A. M. , "What is Money?" Banking Law Journal, 30 (5), 1913, p377 – 408, in "Credit and State Theories of Money" edit by Wray, L. R. , Northampton: Edward Elgar 2004, p14 – 49.

[229] Innes, A. M. , "The Credit Theory of Money. " Banking Law Journal, 31 (2), 1914, p151 – 168, in "Credit and State Theories of Money" edit by Wray, L. R. , Northampton: Edward Elgar 2004, p50 – 78.

[230] Jaffee, D. , and T. Russell, Imperfect Information, Uncertainty, and Credit Rationing. Quarterly Journal of Economics 90, November 1976, p651 – 666.

[231] James, C. , Some Evidence on the Uniqueness of Bank Loans. Journal of Financial Economics 19, 1987, p217 – 236.

[232] Jensen, M. C. , and W. H. Meckling. Theory of the Firm: Managerial Behavior, Agency Costs, and Ownership Structure. Journal of Financial Economics, 1976, 3 (4), p305 – 360.

[233] Jensen, M. C. , Agency Costs of Free Cash Flow, Corporate Finance, and Takeovers. The American Economic Review, 76 (2), 1986, 323 – 329.

[234] Jie G. , Collateral Channel and Credit Cycle: Evidence from the Land – Price collapses in Japan. The 2003 HKUST Finance Symposium. Day 1, 2003 – 12 – 15.

[235] Joint FSF – CGFS Working Group, The Role of Valuation and Leverage in Procyclicality, 2009.

[236] Jordan, J. L. , Elements of Money Stock Determination. 1969, Federal Reserve Bank of St. Louis, p10 – 19.

[237] Kaldor. N. , The Radcliffe Report, The Review of Economics and Statistics, 42 (1), 1960, p14 – 19.

[238] Kaldor. N. , The new Monetarism, Lloyds Bank Review, 97

(1)，1970，p1 – 17.

[239] Kaldor, N. The Scourge of Monetarism. 1982, New York：Oxford University Press.

[240] Kaldor, N. How Monetarism Failed. Challenge28 （2），May/June 1985，p4 – 13.

[241] Kaufman, H.，On Money and Markets：A Wall Street Memoir, 2000, McGraw – Hill（中译本：《悲观博士考夫曼论货币与市场》，孙忠译，2001，海南出版社）.

[242] Keynes, J. M.，A Treatise on Money（中译本《货币论》，何瑞英译，1986，北京：商务印书馆），1930.

[243] Keynes, J. M.，A Treatise on Probability, 1921, Macmillan.

[244] Keynes, J. M.，The General Theory of Employment, Interest and Money, 1936, Macmillan Press, Ltd.

[245] Keynes, J. M.，The Collected Writings of John Maynard Keynes, Vol. Ⅳ – Ⅵ, Vol. Ⅺ, 1971, Macmillan Press.

[246] Kindleberger, C. P. Manias, Panics and Crashes：A History of Financial Crises（Fifth Edition）. 2005, Hampshire：Palgrave Macmillan.

[247] King, R.，and C. Plosser, Money, Credit, and Prices in a Real Business Cycle. American Economic Review 74, June 1984, 363 – 380.

[248] King, J.，The Elgar Companion to Post Keynesian Economics, 2003, Cheltenham：Edward Elgar.

[249] Kiyotaki, N.，and J. Moore. Credit Cycles. Journal of Political Economy 105 （2），1997a, p211 – 248.

[250] Kiyotaki, N.，and J. Moore. Credit Chains. ESE Discussion Papers 118, Edinburgh School of Economics, University of Edinburgh, 1997b.

[251] Koo, R. C.，The Holy Grail if Macroeconomics：Lessons from

Japan's Great Recession. 2008, John Wiley & Sons（Asia）.

[252] Kliesen, K. L. , and J. A. Tatom. The Recent Credit Crunch：The Neglected Dimensions. Federal Reserve Bank of St. Louis Review, September 1992, p18 – 36.

[253] Kregel J. A. , Margins of Safety and Weight of the Argument in Generating Financial Fragility. Journal of Economics Issues, 1997, Vol 31, p543 – 548.

[254] Krugman, P. , "The Great Recession versus the Great Depression," Conscience of a Liberal, 20 March, 2009, http：// krugman. blogs. nytimes. com/2009/03/20/the – great – recession – versus – the – great – depression/.

[255] Laidler, D. , Notes on the Microfoundations of Monetary Economics, Economic Journal, 107（443）, 1997, p1213 – 1223.

[256] Lars T. , Business Cycles：History, Theory and Investment Reality. John Wiley & Sons, 2006（中译本：《逃不开的经济周期》, 董裕平, 2008, 中信出版社）.

[257] Lavoie, M. , Credit and Money：The Dynamic Circuit, Overdraft Economics, and Post Keynesian Economics. in Money and Macro Policy, ed. By Jarsulic M. , Boston：Kluwer – Nijhoff Publishing, 1984a, p63 – 85.

[258] Lavoie, M. , The Endogenous Flow of Credit and the Post Keynesian Theory of Money. Journal of Economic Issue, 18（3）, 1984b, p771 – 797.

[259] Lavoie, M. , Credit and Money：The Dynamic Circuit, Overdraft Economics, and Post Keynesian Economics, in "Money and Macro Policy" edit by Jarsulic, M. , 1985, Boston：Kluwer – Nijhoff Publishing.

[260] Lavoie, M. , Foundations of Post – Keynesian Economic Analy-

sis, 1992a, Aldershot and Brookfield: Edward Elgar.

[261] Lavoie, M., Jacques Le Bourva's Theory of Endogenous Credit – Money, Review of Political Economy, 1992b, 2, 36 – 46.

[262] Lavoie, M., Horizontalism, structuralism, liquidity preference and the principle of increasing risk, Scottish Journal of Political Economy, 43 (3), 1996, p275 – 300.

[263] Lavoie, M., The Credit – Led Supply of Deposits and the Demand for Money: Kaldor's Reflux Mechanism as Previously Endorsed by Joan Robinson, Cambridge Journal of Economics, 23 (1), 1999, p13 – 103.

[264] Lavoie, M., A Primer on Endogenous Credit – Money. in Modorn Theories of Money: the Nature and Role of Money in Capitalist Economies, ed. By Rochon L. P. and S. Rossi, 2003, USA: Edward Elgar, p506 – 543.

[265] Lavoie, M. Endogenous Money: Accommodarionist. in A Handbook of Alternative Monetary Economics, ed. By Arestis P. and M. Sawyer, 2006, USA: Edward Elgar, p17 – 34.

[266] Lawson, T., Uncertainty and Economic Analysis, Economic Journal, 95 (380), 1985, p909 – 927.

[267] Leland, Hayne, and Douglas Pyle. Informational Asymmetries, Financial Structure, and Financial Intermediation. Journal of Finance 32, May 1977, p371 – 387.

[268] Lewis – Bynoe, D., S. Howard and W. Moore. Credit Booms and Busts in the Caribbean. MPRA Paper No. 21472, March 2010.

[269] Lichtenberg, F. R., and D. Siegel. The Effect of Ownership Changes on the Employment and Wages of Central Office and Other Personnel. Journal of Law and Economics, 33 (3), 1990a, 383 – 408.

[270] Lichtenberg, F. R., and D. Siegel. The Effects of Leveraged

Buyouts on Productivity and Related Aspects of Firm Behavior. Journal of Financial Economics, 27, 1990b, 165 – 194.

[271] Litterman, R. , and L. Weiss. Money, Real Interest Rates, and Output: A Reinterpretation of Postwar U. S. Date. Econometrica 53, January 1985, p129 – 156.

[272] Lummer, S. L. , and J. J. McConnell. Further Evidence on the Bank Lending Process and the Capital – market Response to Bank Loan Agreements. Journal of Financial Economics, 1989, 25 (1), 99 – 122.

[273] Mankiw, N. G. , The Allocation of Credit and Financial Collapse. Quarterly Journal of Economics 101, August 1986, p455 – 470.

[274] Martha, L. F. , Indonesia's Poni Economy: Does Financial Crises Give a Lesson. The 5th EuroSEAS Conference, University of Naples 'L'Orientale', September 2008, Italy.

[275] Meltzer, A. H. , Monetary, Credit and (Other) Transmission Processes: A Monetarist Perspective. The Journal of Economic Perspectives, 1995, 9 (4), 49 – 72.

[276] Mendoza, E. G. , and M. Terrones. An Anatomy of Credit Booms: Evidence from the Macro Aggregates and Micro Data. NBER Working Paper 14049, May 2008.

[277] Mill, J. S. Principles of Political Economy with Some of Their Applications to Social Philosophy. 1965, University of Toronto Press.

[278] Minsky, H. P. , Financial Crisis, Financial Systems, and the Performance of the Economy, in Commission on Money and Credit, Private Capital Markets, Englewood Cliffs NJ. Prentice – Hall, 1964.

[279] Minsky, H. P. , John Maynard Keynes. McGraw – Hill, 1976.

[280] Minsky, H. P. , Can "It" Happen Again? Essays on Instability and Finance, 1982, New York: M. E. Sharpe.

［281］Minsky, H. P. , Stabilizing an Unstable Economy. Yale University Press, 1986.

［282］Minsky, H. P. , The Endogeneity of Money, in "Nicholas Kaldor and Mainstream Economics: Confrontation or Convergence?" edit by E. J. Nell and W. Semmler, 1991, New York: St. Martin's Press, p207 - 220.

［283］Minsky, H. P. , The Financial Instability Hypothesis, 1992. Prepared for Handbook of Radical Political Economy, edited by Philip Arestis and Malcolm Sawyer, Edward Elgar: Aldershot, 1993.

［284］Mises, L. v. The Theory of Money and Credit. 1981, Liberty Fund.

［285］Mishkin, F. S. , The Household Balance Sheet and the Great Depression. Journal of Economic History 38, December 1978, 918 - 937.

［286］Mishkin, F. S. , The Causes and Propagation of Financial Instability: Lessons for Policymakers. Proceedings from Federal Reserve Bank of Kansas City, 1997, 55 - 96.

［287］Mishkin, F. S. , The Economics of Money, Banking, and Financial Markets (9th Edition), 2010, Boston: Pearson Addison - Wesley.

［288］Mishkin, F. S. and Stanley G. Eakins, Financial Markets and Institutions (5th Edition), 2006, Prentice Hall.

［289］Mitchener, K. J. , and Joseph Mason. "Blood and Treasure": Exiting the Great Depression and Lessons for Today. Oxford Review of Economic Policy, 26 (3), 2010, p510 - 539.

［290］Modigliani, F. , Liquidity Preference and the Theory of Interest and Money, January 1944, Econometrica, p45 - 88.

［291］Modigliani, F. , and M. H. Miller. The Cost of Capital, Corporation Finance and the Theory of Investment. The American Economic Review, 48 (3), 1958, p261 – 297.

[292] Mookerjee, R., and G. Peebles, Endogenous Money in China: Evidence and Insights on Recent Policies, Journal of Asian Economics, 9 (1), 1998, p139 – 158.

[293] Moore, B. J., Unpacking the Post Keynesian Black Box: Bank Lending and the Money Supply, Journal of Post Keynesian Economics, 5 (4), 1983, p537 – 556.

[294] Moore, B. J., Wages, Bank Lending, and the Endogeneity of Credit Money, in " Money and Macro Policy" edit by Jarsulic, M., 1984, Kluwer – Nijhoff Publishing, p1 – 28.

[295] Moore, B. J., Horizontalists and Verticalists: The Macroeconomics of Credit Money. 1988, New York: Cambridge University Press.

[296] Moore, B. J., On the Endogeneity of Money Once More. Journal of Post Keynesian Economics, 11 (3), 1989, p87 – 479.

[297] Moore, B. J., Money Supply Endogeneity: "Reserve Price Setting" or "Reserve Quantity Setting"? Journal of Post Keynesian Economics, 13 (3), 1991, p404 – 413.

[298] Moore, B. J., The Demise of the Keynesian Multiplier: A Reply to Cottrell, Journal of Post Keynesian Economics, 17 (1), 1994, p121 – 133.

[299] Moore, B. J., The money supply process: a historical reinterpretation, in "Money in Motion: The Post Keynesian and Circulation Approaches" edit by G. Deleplace and E. J. Nell, 1996, London and New York: Macmillan and St. Martin's Press, p89 – 101.

[300] Mora, N., The Effect of Bank Credit on Asset Prices: Evidence from the Japanese Real Estate Boom during the 1980s. Journal of Money, Credit and Banking, 40, 2008, p57 – 87.

［301］Morris, S., and H. S. Shin, Financial Regulation in a System Context, Brookings Papers on Economic Activity, Issue2, 2008, p229 – 274.

［302］Nan – Kuang, C., and W. Hung – Jen, The Procyclical Leverage Effect of Collateral Value on Bank Loans – Evidence from the Transaction Data of Taiwan. Economic Inquiry, 2007, 45 (2), p395 – 406.

［303］Nell, K. S., The Endogenous/Exogenous Nature of South Africa's Money Supply under Direct and Indirect Monetary Control Measures, Journal of Post Keynesian Economics, 23 (2), p313 – 329.

［304］Newlyn. W. T., The Radcliffe Report: A Socratic Scrutiny, in "Readings in British monetary economics" edit by Johnson, H. G., 1972, Oxford University Press.

［305］Nickell, P., William Perraudin and Simone Varotto. Stability of Rating Transitions. Journal of Banking & Finance, 24 (1 – 2), 2000, p203 – 227.

［306］Niggle, C. J., The Evolution of Money, Financial Institutions, and Monetary Economics, Journal of Economic Issues, 24 (2), 1990, p443 – 450.

［307］Overstone, L., Tracts and Other Publications on Metallic and Paper Currency. 1857, London: Mdccclvl.

［308］O'Donnell, R. M. Keynes: Philosophy, Economics and Politics, 1989, London: Macmillan.

［309］Palley, T. I., The Endogenous Money Supply: consensus and disagreement, Journal of Post Keynesian Economics, 13 (3), 1991, p397 – 403.

［310］Palley, T. I., Accommodationism versus Structuralism: Time for an Accommodation, Journal of Post Keynesian Economics, 18 (4), 1996a, p585 – 594.

[311] Palley, T. I. , Post Keynesian Economics. 1996b, New York: St. Martin' s Press.

[312] Palley, T. I. , General Disequilibrium Analysis with Inside Debt, Journal of Macroeconomics, 21, 1999, p785 – 804.

[313] Palley, T. I. , Endogenous Money: What It Is and Why It Matters, Metroeconomica, 53 (2), 2002, 152 – 180.

[314] Palley, T. I. , Endogenous Money: Implications for the Money Supply Process, Interest Rates, and Macroeconomics. Working Paper No. 178, 2008, Political Economy Research Institute.

[315] Papademos, L. , and F. Modiligliani, The Supply of Money and the Control of Nominal Income, in "Handbook of Monetary Economics" edit by Friedman. B. M. , and F. H. Hahn, 1990, Amsterdam: North – Holland, p399 – 496.

[316] Parguez, A. , 1984, La Dynamique de la Monnaie, Economies et Sociétés. Grenoble, France: Presses Universitaires de Grenoble, 18 (avri), p83 – 118.

[317] Patinkin, D. , Financail Intermediaries and the Logical Structure of Monetary Theory, American Economic Review 51, March 1961, p95 – 116.

[318] Persons, C. E. Credit Expansion, 1920 to 1929, and its Lessons. The Quarterly Journal of Economics, 45 (1) , 1930, p94 – 130.

[319] Pesek, B. P. , 1988, Microeconomics of Money and Banking and Other Essays, New York: New York University Pres.

[320] Phillips, C. A. , Bank Credit, 1920, The Macmillan Company.

[321] Pollin, R. , Two Theories of Money Supply Endogeneity: Some Empirical Evidence, Journal of Post Keynesian Economics, 13 (3), 1991,

366 – 396.

[322] Pollin, R., Money Supply Endogeneity: What Are the Questions and Why Do They Matter? In "Money in Motion: The Post Keynesian and Circulation Approaches" edit by G. Deleplace and E. J. Nell, 1996, London and New York: Macmillan and St. Martin's Press, p490 – 515.

[323] Ponsot, J. F., and S. Rossi, The Political Economy of Monetary Circuits: Tradition and Change in Post – Keynesian Economics, 2009, London: Palgrave Macmillan.

[324] Pozen, R. C. Too Big to Save? How to Fix the U. S. Financial System. 2010, Hoboken and New Jersey: John Wiley & Sons.

[325] Rajan, R. G., 2010, Fault Lines: How Hidden Fractures Still Threaten the World Economy, Princeton University Press.

[326] Reinhart, C. M., and Kenneth S. Rogoff. This Time Is Different: Eight Centuries of Financial Folly, 2009, Princeton and Oxford: Princeton University Press.

[327] Richardson, G., Categories and Causes of Bank Distress during the Great Depression, 1920 – 1935: the Illiquidity versus solvency Debate Revisited. Explorations in Economic History. October 2010, 44 (4), pp. 588 – 607.

[328] Robinson, J., The Accumulation of Capital, 1956, London: Macmillan.

[329] Robinson, J., Economic Heresies, 1971, New York: Basic Books.

[330] Rochon, L. P., Cambridge's contribution to endogenous money: Robinson and Kahn on credit and money, Review of Political Economy, 13 (3), 2001, p287 – 307.

[331] Rochon, L. P., Credit, Money and Production: An Alternative

Post – Keynesian Approach, 1999, Edward Elgar Publishing.

［332］Rochon, L. P. , 1939 – 1958: was Kaldor an endogenist?, Metroeconomica, 51 (2), 2000. p191 – 220.

［333］Rochon, L. P. , and S. Rossi, Endogenous Money: The Evolutionary versus Revolutionary Views, for the EAEPE 2004 Conference "Economics, History and Development" held at the University of Crete, Greece, October 2004.

［334］Rossi, S. , Money and Inflation: A New Macroeconomic Analysis, 2001 Cheltenham and Northampton: Edward Elgar.

［335］Rossi, S. , Endogenous Money and Banking Activity: Some Notes on the Workings of Modern Payment Systems, Working Paper, November 1998.

［336］Rousseas, S. , Financial Innovation and Control of the Money Supply. in Money and Macro Policy, ed. By Jarsulic, M. , 1985, Boston: Kluwer – Nijhoff.

［337］Rousseas, S. , Post Keynesian Monetary Economics, 1986, New York: M. E. Sharpe.

［338］Sawyer, M. C. , Money, Finance and Interest Rates', in "Keynes, Money and the Open Economy: Essays in Honour of Paul Davidson" edit by Arestis P. , 1996, Cheltenham: Edward Elgar.

［339］Sayers. R. S. , Monetary Thought and Monetary Policy in England, The Economic Jornal, 70 (280), 1960, p710 – 724.

［340］Schmitz, S. W. , and G. Wood, Institutional Change in the Payments System and Monetary Policy, 2006, London and New York: Routledge.

［341］Schumpeter, J. A. , Theory of Economic Development. Cambridge, Mass. Harvard University Press, 1934 (中译本:《经济周期循环论》, 叶华译,

2009,北京:中国长安出版社).

[342] Seccareccia, M., 1996, Post Keynesian Fundism and Monetary Circulation, in "Money in Motion: The Post Keynesian and Circulation Approaches", edit by Deleplace, G. and E. J. Nell, London: Palgrave Macmillan.

[343] Sims, C., Money, Income and Causality. American Economic Review 62, September 1972, p540 – 552.

[344] Short, D., Four Bad Bears, DShort: Financial Lifecycle Planning, 20 March 2009, http://dshort.com/.

[345] Sims, C., Comparison of Interwar and Postwar Business Cycles: Monetarisum Reconsidered. American Economic Review 70, May 1980, p250 – 257.

[346] Smithin, J., Controversies in Monetary Economics: Ideas, Issues and Policy, Aldershot: Edward Elgar.

[347] Snowdon, B. and H. R. Vane, Modern Macroeconomics: Its origins, Development and Current State, 2005, Cheltenham, UK and Northampton, MA, USA: Edward Elgar Publishing.

[348] Steuart, J. D., An Inquiry into the Principles of Political Economy, 1767, Edinburgh: Oliver & Boyd.

[349] Stigler, G., Memoirs of an Unregulated Economist, 1988, Chicago: University of Chicago Press.

[350] Stiglitz, J. E., The Theory of 'Screening', Education and the Distribution of Income. American Economic Review, 65 (3), 1975, p283 – 300.

[351] Stiglitz, J. E., and Andrew Weiss. Credit Rationing in Markets with Imperfect Information. American Economic Review 71, June 1981, p393 – 410.

[352] Stiglitz, J. , Capital Markets and Economic Fluctuations in Capitalist Economies, European Economic Review 36, 1992, p269 – 306.

[353] Stiglitz, J. E. , and B. Greenwald. , Towards a New Paradigm in Monetary Economics, 2003, Cambridge University Press.

[354] Stiglitz, J. E. , Needed: a new economic paradigm. Financial Times, August 19, 2010.

[355] Sunderam, A. , Money Creation and the Shadow Banking System, Review of Financial Studies, 2015, 28 (4), 939 – 977.

[356] Taihui, Z. , and Zhongqun, W. , Debt – transferring Financing Mode and Its Economical Value. 2008 International Conference of Risk Management and Engineering Management, November 2008, Beijing of China.

[357] Temin, P. , Did Monetary Forces Cause the Great Depression? 1976, New York: W. W. Norton.

[358] Tobin, J. , Commercial Banks as Creator of Money, Cowles Foundation Paper 205, 1963, p408 – 419.

[359] Tobin, J. , A General Equilibrium Approach to Monetary Theory, Journal of Money, Credit and Banking 2, 1970, p72 – 461.

[360] Tobin, J. , Asset Accumulation and Economic Activity, Chicago: Chicago University Press, 1980.

[361] Tobin, J. , and S. S. Golub. Money, Credit and Capital. 1998, McGraw – Hill Companies（中译版：《货币、信贷与资本》，张杰、陈末译，2000，东北财经大学出版社）.

[362] Taylor, A. M. , Credit, Financial Stability, and the Macroeconomy, NBER Working Paper No. 21039, March 2015.

[363] Taylor, J. B. , Discretion Versus Policy Rules in Practice. *Carnegie – Rochester Series on Public Policy*, North – Holland 39, 1993, p195 – 214.

[364] Taylor, J. B. , Housing and Monetary Policy, NBER Working Paper 13682, December 2007.

[365] Taylor, J. B. The Financial Crisis and the Policy Responses: An Empirical Analysis of What Went Wrong. NBER Working Paper 14631, January 2009.

[366] UK FSA, The Turner Review: A Regulatory Response to the Global Banking Crisis, 2009.

[367] US Treasury, Financial Regulatory Reform a New Foundation: Rebuilding Financial Supervision and Regulation, 2009.

[368] Vebled, T. , Theory of Business Enterprise, 1904, New York: Charles Scribner's Sons.

[369] Weintraub, S. , Keynes, Keynesians, and Monetarists. 1978, Philadelphia: University of Pennsylvania Press.

[370] White, E. , A Reinterpretation of the Banking Crisis of 1930, Journal of Economic History, 44 (1), 1984, p119 – 138.

[371] Whited, T. M. , Debt, Liquidity Constraints, and Corporate Investment: Evidence from Panel Data. The Journal of Finance, 47 (4), 1992, 1425 – 1460.

[372] Wicker, E. , The Banking Panics of the Great Depression. 1996, New York: Cambridge University Press.

[373] Williamson, S. D. , Current Federal Reserve Policy Under the Lens of Economic History: A Review Essay, Federal Reserve Bank of St. Louis Working Paper 2015 – 015A, July 2015.

[374] Wilson Thomas C. Portfolio Credit Risk. FRBNY Economic Policy Review, October 1998, p71 – 82.

[375] Wojnilower, A. M. , Discussion. In Real Estate and the Credit Crunch, edited by Lynn E. Browne, Eric S. Rosengreen. 1992, Boston:

Federal Reserve Bank of Boston.

［376］Wray, L. R., Keynesian monetary theory: liquidity preference or black box horizontalism?, Journal of Economic Issues, 29 (1), 1995, p273 –283.

［377］Wray, L. R., Endogenous Money: Structuralist and Horizontalist, Working Paper No. 512, 2007, The Levy Economics Institute and University of Missouri – Kansas City.

后　记

本书是我在 2012 年博士毕业论文的基础上修订而成的，三年多来，一直难以下定决心将其出版。当前，学术池塘存在"过度打捞"，没有太多附加值的出版物不仅是浪费物质资源，也是浪费读者的时间和精力。然而博士毕业后在银监会政策研究局工作的三年，让我对国内外宏观经济运行、金融体系运转、经济金融政策调控实践等有了更多更深的认识。特别是危机后主要国家量化宽松货币政策的效果不尽如人意，近年来我国影子银行体系发展花样百出，M_2/GDP、广义信贷/GDP 快速上涨的同时企业融资难融资贵问题突出等现实问题，让我对货币信贷扩张的内生性及其影响有了更直观的感受，也对相关研究的价值有了更深的认识。正因如此，我才下定决心将毕业论文修改出版。

我 2009 年 9 月进入中国人民大学开始博士阶段的学习，第一个学期瞿老师的授课和推荐的学术资料，引发了我对货币和信用的浓厚兴趣，并决定将货币信用扩张与宏观经济波动作为我博士阶段的主要研究领域。在不断查阅货币史、金融史和经济金融危机等方面的文献资料过程中，我发现货币信贷波动具有较强的"自我实现"性，即内生性。与此相应的是，传统经济学和货币银行学中的货币供给理论，坚持以货币数量论和货币供给乘数理论为基础的货币供给外生理论，对此难以做出解释。为此，我多次找瞿老师讨论。在他的指点下，我查阅了大量后凯恩斯学派的文献，特别是该学派货币供给内生理论方面的资料。对照主流的货币供给理论，我逐渐发现后凯恩斯主义的货币供给内生理论是在批判传统货币供给外生理论的基础上发展起来的，其与外生理论的争论集中在存款和贷款的因果关系上——即存款创造贷款还是贷款创造存款，陷入了"鸡生蛋和蛋生鸡"迷局。同时，随着经济的不断发展，相对于货币与经济活动之间的关系，信贷（准确地说是信用）与经济活动的关系变得更加紧密，并且随着金融体系的创新发展，这种紧密关系在不断强化。加上前期的文献学习积累，我不断意识到，通过分析信贷、货币（存款）和商业信用之间的关系来完善后凯恩斯学派货币供给内生理论框架，并以此修正传统的 IS－LM 分析框架，进而探讨货币信贷扩张"自我实现"的内生性及其对经济波动的影响，应当具有一定的理论价值和现实意义。这即是《货币信贷内生扩张及其经济效应研究》的由来。用更加朴素的语言表达，这一选题等价于：货币从哪里来，到哪里去？

本书是我博士三年的所学所思，也是工作三年的所感所悟，其成稿离不开众多老师、领导、同事、同学和朋友的指导帮助。成稿之际，深表感谢之情。

感谢我尊敬的老师们！

能跟随瞿强老师攻读博士学位，是我的幸运。瞿老师不仅是我毕业论文创作灵感的启迪者，也是我毕业论文写作的"监管者"。论文的选题、结构安排和修改都是在跟瞿老师的讨论和交流中完成的，写作过程中很多"疑难杂症"的治疗方案都是直接向瞿老师讨教来的，并且瞿老师还是我论文初稿的第一阅读人和文字校对者。瞿老师对我的影响不只体现在对我毕业论文的帮助上，更为重要的是，他踏实的研究心态、严谨的研究作风和专一的研究追求都让我钦佩，是我学习的榜样。正因如此，尽管瞿老师在我博士生学习期间并没有给我下达学习任务和论文写作的硬指标，我也仍然保持了高昂的学习和研究热情，并坚持走下去。一个好的导师不只是作为教师教授学生理论知识和研究方法，其自身在学术研究上更是要成为学生学习的榜样、奋斗的方向、追求的目标，要有"身教"，让学生佩服、崇敬、敬仰，进而形成学习和研究的激情和动力。简言之，好的导师要帮助学生形成一种研究信仰。有了这种研究信仰，即使导师不提学习要求、研究态度、研究作风，不下研究任务，学生也会在其感召下，自动自觉地学习和研究，这才是导师的"导"①。非常感谢瞿老师！

博士学习期间，为了增强对中国宏观经济、金融体系运行实践和现实问题的了解，我2011年初进入国务院发展研究中心宏观经济部实习，直到博士毕业。期间，我协助魏加宁老师参与了多项政府交办的课题研究，到多个省市调研，参与课题研讨会，并与魏老师讨论撰写研究报告。这段经历一方面让我对我国宏观经济、金融体系的运行状况、潜在风险以及未来的改革方向有了一个初步的了解，积累了很多一手的现实资料，为我撰写书稿的案例分析和政策建议部分打下了坚实的基础；另一方面，在研究报告的撰写、讨论以及调研过程中，魏老师无私地教我如何开展调研工作，如何甄别研究问题、撰写研究报告，如何保持研究的批判性和中立性等，极大地提高了我的政策研究能力，也加深了我对研究的认识。此外，他矢志不渝的研究追求也一直感染着我、影响着我。魏老师对我无导师之名，却有导师之实。在此向他深表感谢！

此外，华北电力大学的田光宁老师、吴忠群老师、郭红珍老师、孙冬老师等，是最早指导、支持我做学术研究和写学术论文的人，是他们带我上的路。博士三年，田老师还是我学习心得和研究探索最真诚、最耐心的倾听者，这种倾听对研究者而言是一种极大的隐形鼓励。非常感谢这些老师！

感谢论文答辩委员们！

---

① 弗里德曼夫妇在他们的回忆录《两个幸运的人》（2003中文版，p63）中指出，教授的角色由两个方面构成：一方面要吸引好学生及向他们提供大量的讨论题目；另一方面还要有学术功底引发学生的广泛讨论。在我看来，依照弗氏标准，瞿老师有"过之而无不及"。

中国社科院金融研究所的殷剑峰研究员、中国银监会政策研究局的张晓朴研究员、中央财经大学的应展宇教授、中国人民大学的吴晓求教授和赵锡军教授参与了我的论文答辩，对论文提出了不少修改建议，并与我针对论文相关问题进行了有益的讨论，让我收获不少，非常感谢。同样，也感谢他们对论文做出的较高评价，这对我是一种莫大的鼓励。

感谢我可爱的同学们！

博士三年期间，我结实了很多特点各异的同学，夏润中倡导民主法治，让我看到了中国市场经济未来深化改革的民间力量；蒲斯纬身心俱"宽"，容许了我平时太多的无厘头玩笑；杜斌"垄断"三年班长，对我们班的大小事务贡献良多，我也不少"搭便车"；段希文年纪虽小，但进取心极强。还有刘知博、张守川、王新亮、罗刚、达谭枫、倪晋武、贾秋然、马勇、韦静强、江晶晶、夏圆圆、孙磊、兰永生，等等，他们才华各异，也都在生活、学习或者研究上给了我不少帮助和启发，是推动我博士期间不断成长和进步的重要因素。斯蒂格勒（G. Stigler，1988，p26）曾在他的自传中写到，"我坚信一个人在学院或是大学期间学到的东西有一半是来自同学。他们在一起生活，相互激烈而又坦率地争论，这种态度在与教授讨论时是不恰当的，即使是最宽容的教授也不行"，这同样适用于我。感谢我的同学们！

感谢我的各位领导同事！

银监会政策研究局是一个朝气蓬勃的集体，是一个催人奋进的平台，是一个温馨友爱的大家庭，非常有利于年轻同志的成长，非常感谢刘春航局长打造的这个平台，也非常庆幸自己在这里开启了我的工作征程。这三年来，刘局长一直要求和鼓励我们志存高远，脚踏实地，每天都要至少花半小时读书，每一个重大问题都要进行理论思考，要有理想、有知识、有能力、有爱心的"四有新人"，这些构成了我前进的强大动力。在具体工作中，张晓朴副局长非常注意带队伍，鼓励我解放思想、放开手脚、不断尝试，带着我研究写作，让我在犯错中不断成长，在研究中不断提高。书稿的出版也离不开他的大力支持。何国锋处长、陈璐处长在每一份研究报告的写作过程中，都不厌其烦、手把手地教我，分享他们多年来的研究感受，每一次都是难得的学习机会，都在推动我进步。正因如此，我对金融体系运行有了更多更直接的接触，研究的问题意识大大增强，能力也在不断提高。非常感谢各位领导，也感谢其他同事的关爱、帮助！

感谢我最爱的家人们！

在我硕士毕业后，我的父母极力支持我"一鼓作气"继续博士学习，尽管我从本科二年级开始就基本不再向他们要生活费，但是他们的支持是我博士学习坚实的精神后盾。此外，他们身上勤劳、踏实、简朴、力争上游的品质一直在影响着我，是我战胜困难的强大武器。非常感谢我亲爱的爸爸妈妈！

同时，感谢我博士学习和研究工作的最大支持者——我的妻子郭祎。她极力支持我攻读博士学位，给我创造了一个"超低压"的学习环境；她对我博士学习期间的关心和照顾细心周到，让我倍感幸福，也深深感动。在我毕业论文写作期间，她又充当我写作进度的"监工"，确保了论文的按时完稿和答辩。论文的完稿和书稿出版，有她很大的功劳。

最后，感谢中国金融出版社的戴硕老师、肖炜老师等，他们为书稿费心费力，认真审校，加工润色，书稿最终的成样离不开他们的辛勤工作。

朱太辉
2015 年 10 月